Identitätsmanagement mit
Windows Server 2016

 **Andrew Warren** betreibt sein eigenes Schulungs- und Beratungsunternehmen in Großbritannien. Er hat als Fachmann für Kurse zu Windows Server 2016, als technischer Leiter für Kurse zu Windows 10 und als Mitentwickler von TechNet-Sitzungen zu Microsoft Exchange Server gearbeitet und verfügt über mehr als 30 Jahre Erfahrung in der IT-Branche. Zu Hause ist er im ländlichen Somerset.

Identitätsmanagement mit Windows Server 2016

Original Microsoft Prüfungstraining 70-742

Andrew Warren

Andrew James Warren

Lektorat: Sandra Bollenbacher
Übersetzung & Satz: G&U Language & Publishing Services GmbH, www.gundu.com
Copy-Editing: Petra Heubach-Erdmann, Düsseldorf
Herstellung: Susanne Bröckelmann
Umschlaggestaltung: Helmut Kraus, www.exclam.de
Druck und Bindung: M.P. Media-Print Informationstechnologie GmbH, 33100 Paderborn

Bibliografische Information der Deutschen Nationalbibliothek
Die Deutsche Nationalbibliothek verzeichnet diese Publikation in der Deutschen Nationalbibliografie;
detaillierte bibliografische Daten sind im Internet über http://dnb.d-nb.de abrufbar.

ISBN:
Print   978-3-86490-443-1
PDF   978-3-96088-235-0
ePub   978-3-96088-236-7
mobi   978-3-96088-237-4

5 4 3 2 1 0

Inhaltsverzeichnis

Kapitel 2

Kapitel 3

Erstellen und Verwalten von Gruppenrichtlinien   171

Kapitel 4

Einrichten von Active Directory-Zertifikatdiensten 277

Kapitel 5

Identitätsverbund und Zugriffslösungen 341

Einführung

Bei der Prüfung 70-742 geht es um die Identitätsfunktionen von Windows Server 2016. Sie deckt die Installation und Konfiguration der Active Directory-Domänendienste (AD DS) sowie die Verwaltung und Wartung von AD DS einschließlich der Konfiguration für komplexe Unternehmensumgebungen ab. Einen wichtigen Bestandteil der Prüfung bildet das Erstellen und Verwalten von Gruppenrichtlinien. Des Weiteren werden die Implementierung der Active Directory-Zertifikatdienste (AD CS) sowie Identitätsverbund- und Zugriffslösungen wie die Active Directory-Verbunddienste (AD FS), der Webanwendungsproxies und die Active Directory-Rechteverwaltungsdienste (AD RMS) behandelt.

Dieses Buch richtet sich an AD DS-Administratoren, die eine Schulung in den Identitäts- und Zugriffstechnologien für Windows Server 2016 benötigen. Es erklärt, wie Sie AD DS in einer verteilten Umgebung bereitstellen und einrichten und wie Sie Gruppenrichtlinien einsetzen. Außerdem wird die Bereitstellung von AD FS, AD RMS und AD CS erklärt.

Zwar deckt dieses Buch alle wichtigen Themenbereiche der Prüfung ab, aber nicht jede einzelne Prüfungsfrage. Nur das Microsoft-Prüfungsteam hat Zugang zu den Prüfungsfragen, und Microsoft fügt regelmäßig neue Fragen hinzu, sodass es nicht möglich ist, sämtliche Fragen zu behandeln. Betrachten Sie dieses Buch als Ergänzung zu Ihren praktischen Erfahrungen mit unserem Lernmaterial. Wenn Sie in diesem Buch auf ein Thema stoßen, in dem Sie sich nicht richtig firm fühlen, nehmen Sie sich die Zeit, es anhand der Links zu weiteren Informationsquellen genauer zu studieren. Auf MSDN und TechNet sowie in Blogs und Foren sind hervorragende Informationen zu finden.

Der Aufbau dieses Buches

Dieses Buch ist nach den Prüfungszielen gegliedert, die für die Prüfung veröffentlicht wurden. Diese Liste können Sie für jede Prüfung von der Microsoft Learning-Website unter *https://aka. ms/exam-list* abrufen. Jedes Kapitel in diesem Buch entspricht einem größeren Themengebiet der Liste, und die einzelnen technischen Aufgaben innerhalb des Themengebiets bestimmen den Aufbau des Kapitels.

Microsoft-Zertifizierungen

Durch Microsoft-Zertifizierungen können Sie sich auszeichnen. Diese Urkunden beweisen, dass Sie eine breite Palette von Fähigkeiten und Erfahrungen mit aktuellen Produkten und Technologien von Microsoft haben. Die Prüfungen und zugehörigen Zertifizierungen wurden entwickelt, um Ihre Beherrschung entscheidender Fertigkeiten für Entwurf und Bereitstellung,

Implementierung oder Unterstützung von Lösungen mit Microsoft-Produkten und -Technologien am Firmensitz und in der Cloud zu messen. Eine Zertifizierung bietet eine Reihe von Vorteilen für Einzelpersonen sowie für Arbeitgeber und Organisationen.

> ***WEITERE INFORMATIONEN***   **Alle Microsoft-Zertifizierungen**
>
> Weitere Informationen über Microsoft-Zertifizierungen einschließlich einer kompletten Liste aller verfügbaren Zertifizierungen finden Sie unter:
>
> *https://www.microsoft.com/learning*

Danksagungen

Andrew Warren   Wenn man beginnt, ein Buch zu schreiben, sitzt man erst einmal eine Weile da und starrt den blinkenden Cursor auf dem Computerbildschirm an. Schließlich dämmert es einem, dass sich das Buch nicht von selbst schreibt, sodass man schließlich anfängt. Der Autor ist jedoch nur das erste Glied der Kette. Ohne meine Lektoren Trina MacDonald und das Pearson-Team würde mein Cursor immer noch blinken. Ich möchte auch meiner Frau und meiner Tochter dafür danken, dass sie die Espressomaschine immer betriebsbereit und mit Kaffeebohnen gefüllt gehalten haben.

Kostenlose E-Books von Microsoft Press

Die kostenlosen E-Books von Microsoft Press decken eine breite Palette von Themen ab und bieten sowohl einen technischen Überblick als auch ausführliche Informationen zu besonderen Themen (in englischer Sprache). Verfügbar sind sie als PDF EPUB und im Mobi-Format für den Kindle. Herunterladen können Sie sie von folgender Adresse:

   https://aka.ms/mspressfree

Schauen Sie ruhig häufiger dort vorbei, um sich anzusehen, was es Neues gibt!

Microsoft Virtual Academy

Erweitern Sie Ihre Kenntnisse über Microsoft-Technologien mit kostenlosen, expertengeführten Online-Schulungen an der Microsoft Virtual Academy (MVA). Sie bietet eine umfassende Sammlung von Videos sowie Live-Veranstaltungen und mehr, um Ihnen zu helfen, die jüngsten Technologien zu erlernen und sich auf die Zertifizierungsprüfungen vorzubereiten. Weitere Informationen erhalten Sie unter folgender Adresse:

   https://www.microsoftvirtualacademy.com

Schnellzugriff auf Onlinequellen

In diesem Buch finden Sie sehr viele Verweise auf empfehlenswerte Webseiten, auf denen Sie weitere Informationen erhalten können. Es kann manchmal mühselig sein, diese Webadressen (oder URLs) in den Browser einzugeben. Daher haben wir eine Gesamtliste zusammengestellt, die Sie als Leser der gedruckten Ausgabe dieses Buches während der Lektüre nutzen können. Diese Liste können Sie herunterladen von:

https://www.dpunkt.de/70-742

Die URLs sind nach Kapitel und Überschrift geordnet. Wenn Sie in diesem Buch auf einen URL stoßen, finden Sie in der Liste den zugehörigen Hyperlink, über den Sie die Webseite direkt aufsuchen können.

Errata, Aktualisierungen und Unterstützung

Wir haben jede erdenkliche Anstrengung unternommen, um die Genauigkeit dieses Buches und der begleitenden Inhalte zu gewährleisten. Aktualisierungen zu diesem Buch, etwa eine Liste eingereichter Errata (zum Originalbuch) und zugehöriger Korrekturen, finden Sie unter folgender Adresse:

https://aka.ms/examref742/errata

Wenn Sie zusätzliche Unterstützung benötigen, wenden Sie sich per E-Mail an den Microsoft Press Book Support unter *mspinput@microsoft.com* (bitte in englischer Sprache) oder in Deutsch an den dpunkt.verlag unter *hallo@dpunkt.de*.

Beachten Sie, dass wir über diese Adressen keine Produktunterstützung für Microsoft-Software und Hardware bieten. Dazu wenden Sie sich bitte an:

https://support.microsoft.com

Sagen Sie uns Ihre Meinung

Ihre Zufriedenheit hat für uns bei Microsoft Press den höchsten Stellenwert, weshalb Ihre Rückmeldung von uns von großem Wert ist. Bitte teilen Sie uns unter folgender Adresse mit, was Sie von diesem Buch halten (bitte in Englisch):

https://aka.ms/tellpress

Da wir wissen, wie kostbar Ihre Zeit ist, haben wir uns kurz gefasst und nur wenige Fragen gestellt. Ihre Antworten werden direkt an die Redakteure bei Microsoft Press weitergeleitet. (Es werden keine persönlichen Daten von Ihnen abgefragt.) Vielen Dank im Voraus für Ihre Mitarbeit!

Bleiben Sie in Verbindung

Wir möchten mit Ihnen im Gespräch bleiben. Sie finden uns auf Twitter unter:

http://twitter.com/MicrosoftPress (Englisch)
https://twitter.com/dpunkt_verlag (Deutsch)

Wichtig: Wie Sie sich mit diesem Buch auf die Prüfung vorbereiten

In den Zertifizierungsprüfungen werden Ihre praktischen Erfahrungen und Produktkenntnisse bestimmt. Verwenden Sie dieses Buch, um für sich selbst festzustellen, ob Sie schon zur Prüfung bereit sind, indem Sie Ihr Wissen über die dort abgefragten Themen kontrollieren. Bestimmen Sie, in welchen Themen Sie sich schon gut auskennen und in welchen Sie noch mehr Erfahrung benötigen. Um Ihre Kenntnisse in einzelnen Gebieten aufzufrischen, haben wir Kästen mit dem Titel »Weitere Informationen« hinzugefügt, in denen wir Sie auf ausführlichere Informationen außerhalb dieses Buches aufmerksam machen.

Dieses Buch ist kein Ersatz für praktische Erfahrung und auch nicht geeignet, um sich völlig neue Fähigkeiten anzueignen.

Wir empfehlen Ihnen, Ihre Prüfungsvorbereitung durch eine Kombination der verfügbaren Lernmaterialien und Kurse abzurunden. Mehr über Präsenzschulungen erfahren Sie unter *https://www.microsoft.com/learning*. Für viele Prüfungen gibt es auch offizielle Übungstests unter *https://aka.ms/practicetests*. Kostenlose Online-Kurse und Live-Veranstaltungen der Microsoft Virtual Academy finden Sie unter *https://www.microsoftvirtualacademy.com*.

Dieses Buch ist nach den Prüfungszielen gegliedert, die für die Prüfung veröffentlicht wurden. Diese Liste können Sie für jede Prüfung von der Microsoft Learning-Website unter *https://aka.ms/exam-list* abrufen.

Beachten Sie, dass dieses Buch auf der Grundlage öffentlich verfügbarer Informationen und der eigenen Erfahrungen des Autors geschrieben wurde. Um Betrug während der Prüfung auszuschließen, haben auch unsere Autoren keinen Zugang zu den Prüfungsfragen.

KAPITEL 1

Active Directory-Domänendienste installieren und konfigurieren

Die Active Directory-Domänendienste (AD DS) bilden den Grundstein der Identitäts- und Zugriffslösungen in Windows Server 2016. Es ist daher wichtig, sich mit der Einrichtung einer AD DS-Infrastruktur vertraut zu machen, um die Identitätsbedürfnisse Ihrer Organisation erfüllen zu können.

In diesem Kapitel sehen wir uns an, wie Sie Domänencontroller installieren und konfigurieren und wie Sie Benutzer, Gruppen, Computer und Organisationseinheiten erstellen und einrichten. Dies sind grundlegende Aufgaben für die Einrichtung von AD DS.

In diesem Kapitel behandelte Prüfungsziele:

▪ Installieren und Konfigurieren von Domänencontrollern

▪ Erstellen und Verwalten von Active Directory-Benutzern und -Computern

▪ Erstellen und Verwalten von Active Directory-Gruppen und -Organisationseinheiten

> **WICHTIG   Haben Sie Seite *xiv* gelesen?**
> Auf dieser Seite finden Sie wichtige Informationen über die Kenntnisse, die Sie zum Bestehen der Prüfung benötigen.

Prüfungsziel 1.1: Installieren und Konfigurieren von Domänencontrollern

Domänencontroller haben die Windows Server 2016-Rolle AD DS inne und stellen Authentifizierungs- und zugehörige Dienste für die Computer und sonstigen Netzwerkgeräte Ihrer Organisation bereit. Bevor Sie sich der Bereitstellung von AD DS-Domänencontrollern widmen können, müssen Sie jedoch zunächst die Grundlagen von AD DS kennen. Dazu gehören auch Grundbegriffe wie Gesamtstrukturen, Strukturen, Domänen, Sites und Organisationseinheiten.

Inhalt dieses Abschnitts:

- Grundlagen von AD DS
- Installieren einer neuen Gesamtstruktur
- Hinzufügen und Entfernen von Domänencontrollern
- Installieren von AD DS auf einer Server Core-Installation
- Installieren eines Domänencontrollers mit der Option »Installieren von Medium«
- Installieren und Konfigurieren eines schreibgeschützten Domänencontrollers
- Konfigurieren eines globalen Katalogservers
- Klonen von Domänencontrollern
- Aktualisieren von Domänencontrollern
- Übertragen und Übernehmen von Betriebsmasterrollen
- Lösen von Problemen bei der Registrierung von DNS-SRV-Einträgen

Grundlagen von AD DS

AD DS besteht sowohl aus logischen als auch aus physischen Komponenten. Physische Komponenten sind Dinge, die Sie anfassen können, also beispielsweise ein Domänencontroller, wohingegen es sich bei einer AD DS-Gesamtstruktur um eine immaterielle, logische Komponente handelt. AD DS umfasst die folgenden logischen Komponenten:

- **Gesamtstruktur**   Eine Gesamtstruktur ist eine Zusammenstellung von AD DS-Domänen, die ein gemeinsames Schema nutzen und über automatisch erstellte bidirektionale Vertrauensstellungen aneinander gebunden sind. Die meisten Organisationen richten AD DS mit einer einzigen Gesamtstruktur ein. Unter folgenden Umständen kann es jedoch nötig sein, mehrere Gesamtstrukturen zu verwenden:

  - Es ist eine vollständige administrative Trennung zwischen einzelnen Teilen der Organisation erforderlich.

  - In einzelnen Teilen der Organisation müssen im AD DS-Schema unterschiedliche Objekttypen und Attribute verwendet werden.

- **Domäne**   Eine Domäne ist eine logische Verwaltungseinheit, die Benutzer, Gruppen, Computer und andere Objekte enthält. Je nach den Bedürfnissen der Organisation können mehrere Domänen zu ein und derselben Gesamtstruktur gehören, aber auch verschiedenen Gesamtstrukturen zugeschlagen werden. Die Domänenstruktur wird durch Über-/Unterordnungs- und Vertrauensbeziehungen definiert.

PRÜFUNGSTIPP

Da für alle Domänen in einer Gesamtstruktur derselbe Gesamtstrukturadministrator zuständig ist – nämlich die universelle Sicherheitsgruppe *Organisations-Admins* –, kann mit Domänen keine administrative Trennung erreicht werden. Um eine vollständige administrative Trennung zu erreichen, müssen Sie mehrere AD DS-Gesamtstrukturen einrichten.

■ **Struktur** Eine Struktur ist eine Zusammenstellung von AD DS-Domänen mit einer gemeinsamen Stammdomäne und einem zusammenhängenden Namensraum. Beispielsweise weisen *sales.adatum.com* und *marketing.adatum.com* die gemeinsame Stammdomäne *adatum.com* auf und teilen sich den zusammenhängenden Namensraum *adatum.com*. Eine AD DS-Gesamtstruktur kann aus mehreren Strukturen, aber auch nur aus einer einzigen bestehen. Ein Grund für die Verwendung mehrerer Strukturen kann das Erfordernis sein, mehrere logische Namensräume in der Organisation vorzuhalten, z. B. aufgrund einer Fusion oder Akquise.

■ **Schema** Das AD DS-Schema ist die Zusammenstellung der Objekttypen und ihrer Eigenschaften oder Attribute, die bestimmt, welche Arten von Objekten Sie in Ihrer AD DS-Gesamtstruktur erstellen, speichern und verwalten können. Ein logischer Objekttyp ist beispielsweise der Benutzer, zu dessen Eigenschaften ein vollständiger Name, eine Abteilung und ein Kennwort gehören. Die Beziehung zwischen den Objekten und ihren Attributen wird im Schema beschrieben. Alle Domänencontroller in einer Gesamtstruktur verfügen über ein Exemplar des Schemas.

■ **Organisationseinheit** Eine Organisationseinheit ist ein Container in einer Domäne, der Benutzer, Gruppen, Computer und andere Organisationseinheiten enthält. Organisationseinheiten dienen zur Vereinfachung der Verwaltung. Um ein administratives Recht für mehrere Objekte zuzuweisen, können Sie einfach die Objekte in einer Organisationseinheit gruppieren und das Recht für diese Einheit zuweisen. Des Weiteren können Sie Gruppenrichtlinienobjekte (Group Policy Objects, GPOs) nutzen, um Benutzer- und Computereinstellungen zu konfigurieren, und die GPO-Einstellungen mit einer Organisationseinheit verknüpfen, was den Konfigurationsvorgang vereinfacht. Wenn Sie AD DS installieren und eine Domäne erstellen, wird automatisch die Organisationseinheit *Domänencontroller* erstellt.

■ **Container** Um Objekte zu gruppieren, können Sie außer Organisationseinheiten auch Container verwenden. Es gibt eine Reihe integrierter Container, darunter *Computers*, *Built-in* und *Managed Service Accounts*. Eine Verknüpfung von GPOs zu Containern ist nicht möglich.

Standort   Ein Standort ist die logische Darstellung eines physischen Standorts Ihrer Organisation. Er kann für ein umfassendes Gebiet wie eine Stadt, aber auch für einen kleineren Bereich stehen, etwa eine Gruppe von Subnetzen in einem Rechenzentrum. Mithilfe von AD DS-Standorten können Netzwerkgeräte bestimmen, wo sie sich relativ zu den Diensten befinden, mit denen sie Verbindung aufnehmen möchten. Beispielsweise nutzt ein Windows 10-Computer beim Hochfahren die Standortangabe, um einen benachbarten Domänencontroller zu finden, sodass sich der Benutzer anmelden kann. Mithilfe von Standorten können Sie auch die AD DS-Replikation steuern, indem Sie einen Zeitplan und die Abstände für die Replikation zwischen Standorten festlegen.

 PRÜFUNGSTIPP

Bei der Installation von AD DS wird der Standardstandort *Default-First-Site-Name* eingerichtet. Solange Sie keine weiteren Standorte erstellen und ihnen Domänencontroller zuweisen, gehören alle Domänencontroller zu diesem Standort. Wollen Sie weitere Standortobjekte anlegen, so sollten Sie den Standardstandort umbenennen.

Subnetz   Ein Subnetz ist die logische Darstellung eines physischen Subnetzes in Ihrem Netzwerk. Durch die Definition von Subnetzen ermöglichen Sie es den Computern in Ihrer AD DS-Gesamtstruktur, ihre physische Position relativ zu den in der Gesamtstruktur angebotenen Diensten zu ermitteln. Standardmäßig sind keine Subnetze eingerichtet. Wenn Sie Subnetze erstellen, weisen Sie sie Standorten zu. Ein Standort kann mehr als ein Subnetz umfassen.

Partition   Die AD DS sind physisch in einer Datenbank auf den Domänencontrollern gespeichert. Da sich einige Teile der AD DS häufiger ändern als andere, werden in der AD DS-Datenbank verschiedene Partitionen gespeichert.

HINWEIS   AD DS-Replikation

Bei Änderungen an AD DS müssen die anderen Instanzen der betroffenen Partition aktualisiert werden. Dieser Vorgang wird als AD DS-Replikation bezeichnet. Durch die Aufteilung der Datenbank in mehrere Elemente wird die Replikationslast verringert.

Es handelt sich dabei um folgende Partitionen:

- **Schema**   Eine Partition auf der Ebene der Gesamtstruktur, die sich nur selten ändert. Sie enthält das Schema der AD DS-Gesamtstruktur.

- **Konfiguration**   Eine Partition auf der Ebene der Gesamtstruktur, die sich nur selten ändert. Sie enthält die Konfiguration der AD DS-Gesamtstruktur.

- **Domäne**   Eine Partition auf Domänenebene, die sich häufig ändert. Auf allen Domänencontrollern ist eine schreibbare Kopie dieser Partition gespeichert. Sie enthält die Objekte, die tatsächlich in der Gesamtstruktur existieren, also z. B. die Benutzer oder Computer.

■ **Vertrauensstellungen**   Eine Vertrauensstellung ist eine Sicherheitsvereinbarung zwischen zwei Domänen in einer AD DS-Gesamtstruktur, zwischen zwei Gesamtstrukturen oder zwischen einer Gesamtstruktur und einem externen Sicherheitsbereich. Diese Vereinbarung ermöglicht einem Benutzer auf der einen Seite der Vertrauensstellung den Zugriff auf Ressourcen, die sich auf der anderen Seite befinden. Die Seite mit der Ressource wird als die vertrauende, die Seite mit dem Benutzer dagegen als die vertrauenswürdige Partei bezeichnet. Um sich das klar zu machen, stellen Sie sich vor, dass Sie jemandem Ihre Autoschlüssel leihen, und überlegen sich, wer dabei wem vertraut.

Installieren einer neuen Gesamtstruktur

Um eine neue AD DS-Gesamtstruktur zu installieren, müssen Sie den ersten Domänencontroller dieser Gesamtstruktur bereitstellen. Das bedeutet, die AD DS-Serverrolle auf einem Windows Server 2016-Computer einzurichten und diesen Server dann zum Domänencontroller hochzustufen, wobei Sie die Option *Neue Gesamtstruktur hinzufügen* wählen müssen.

Um eine neue Gesamtstruktur zu erstellen, installieren Sie als Erstes wie folgt die AD DS-Rolle:

1. Melden Sie sich als lokaler Administrator an dem Windows Server 2016-Computer an.

2. Starten Sie den Server-Manager und klicken Sie auf dem Dashboard auf *Rollen und Features hinzufügen*.

3. Klicken Sie sich durch den Assistenten zum Hinzufügen von Rollen und Features. Aktivieren Sie auf der Seite *Serverrollen* aus Abbildung 1–1 das Kontrollkästchen *Active Directory-Domänendienste*, klicken Sie auf *Features hinzufügen* und dann auf *Weiter*.

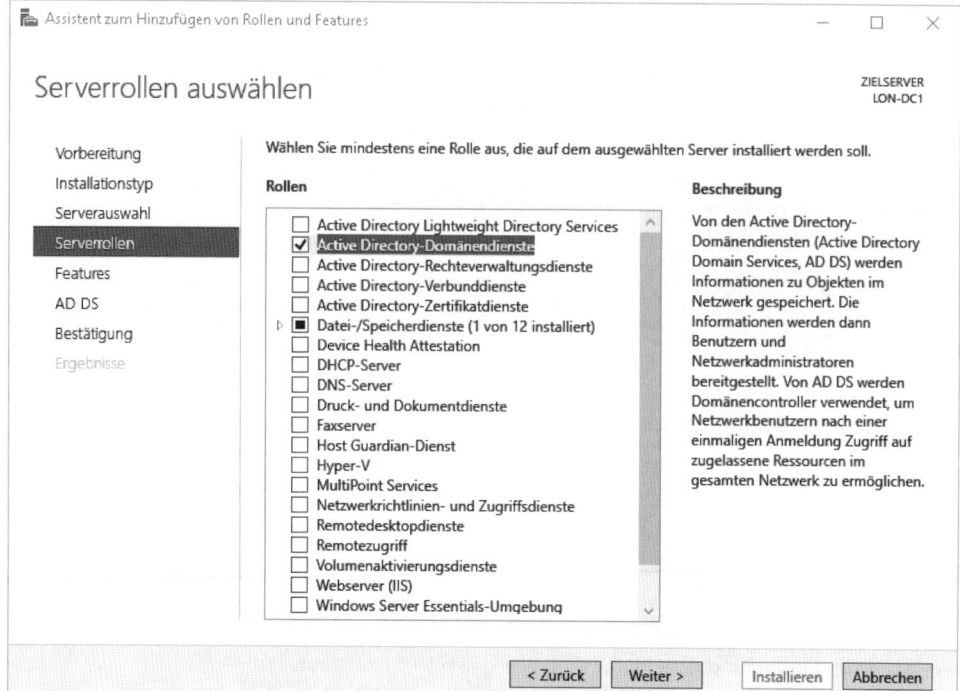

Abb. 1–1 Installieren der Serverrolle *Active Directory-Domänendienste*

4. Klicken Sie sich durch den Rest des Assistenten und schließlich auf *Installieren*.

5. Klicken Sie nach Abschluss der Installation auf *Schließen*.

 PRÜFUNGSTIPP

Sie können die erforderlichen Dateien auch über die Windows PowerShell installieren. Führen Sie dazu den Befehl `Install-WindowsFeature AD-Domain-Services` **an einer Windows PowerShell-Eingabeaufforderung mit erhöhten Rechten aus.**

Nach der Installation der Binärdateien für AD DS erstellen Sie die neue Gesamtstruktur, indem Sie den Computer zum ersten Domänencontroller in dieser Gesamtstruktur heraufstufen. Gehen Sie dazu folgendermaßen vor:

1. Klicken Sie im Server-Manager auf das gelbe Warndreieck im Bereich *Benachrichtigungen* und dann auf *Server zu einem Domänencontroller heraufstufen.*

 PRÜFUNGSTIPP

Zum Heraufstufen können Sie auch das Cmdlet `Install-ADDSDomainController` **der Windows PowerShell verwenden. Um beispielsweise den lokalen Server als zusätzlichen Domänencontroller in der Domäne** *adatum.com* **hinzuzufügen und die DNS-Serverrolle zu installieren, führen Sie** `install-ADDSDomainController -InstallDns -DomainName adatum.com` **aus.**

2. Klicken Sie im Konfigurations-Assistenten für die Active Directory-Domänendienste auf der Seite *Bereitstellungskonfiguration* unter *Wählen Sie den Bereitstellungsvorgang aus* auf *Neue Gesamtstruktur hinzufügen*. Geben Sie dann wie in Abbildung 1–2 gezeigt den Namen der Stammdomäne der Gesamtstruktur ein. Klicken Sie auf *Weiter*.

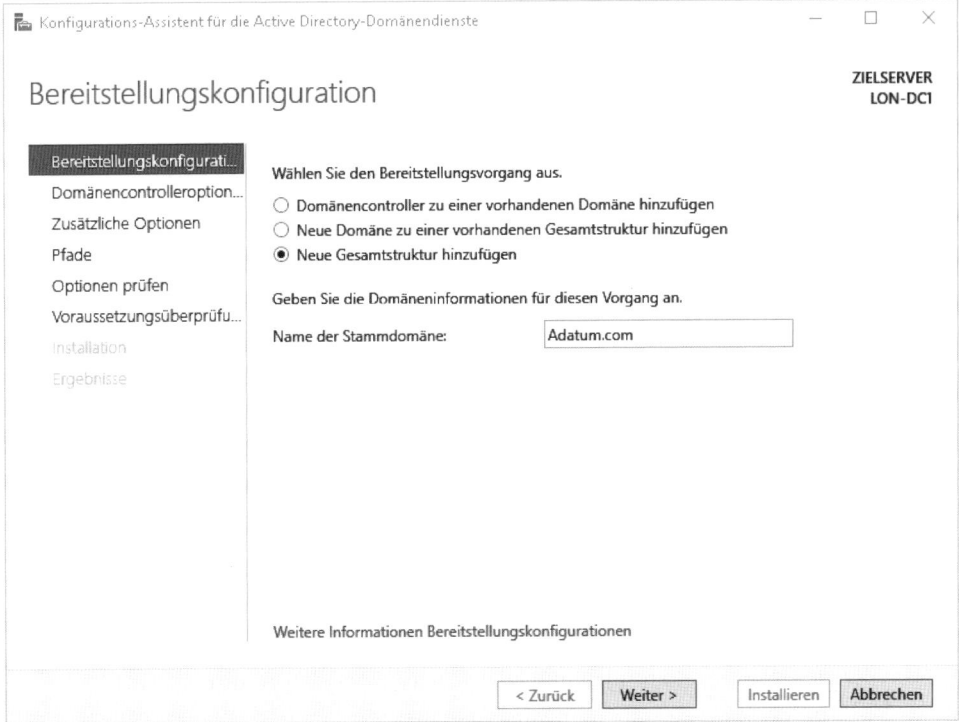

Abb. 1–2   Hinzufügen einer neuen Gesamtstruktur

3. Richten Sie auf der Seite *Domänencontrolleroptionen* aus Abbildung 1–3 die folgenden Optionen ein und klicken Sie auf *Weiter*:

- **Gesamtstrukturfunktionsebene** Die Gesamtstrukturfunktionsebene bestimmt, welche Funktionen in Ihrer Gesamtstruktur verfügbar sind, und legt außerdem die Mindestfunktionsebene für die Domänen in der Gesamtstruktur fest. Wenn Sie beispielsweise die Gesamtstrukturfunktionsebene *Windows Server 2012* wählen, bedeutet das, dass auch die Domänenfunktionsebenen mindestens *Windows Server 2012* sein müssen. Zur Auswahl stehen folgende Funktionsebenen:
  - Windows Server 2008
  - Windows Server 2008 R2
  - Windows Server 2012
  - Windows Server 2012 R2
  - Windows Server 2016

- **Domänenfunktionsebene** Bestimmt, welche Funktionen auf Domänenebene zur Verfügung stehen. Sie haben die Wahl zwischen folgenden Einstellungen:
  - Windows Server 2008
  - Windows Server 2008 R2
  - Windows Server 2012
  - Windows Server 2012 R2
  - Windows Server 2016

WEITERE INFORMATIONEN **Funktionsebenen in Windows Server 2016**

Weitere Informationen über die Domänen- und Gesamtstrukturfunktionsebenen in Windows Server 2016 finden Sie auf der Microsoft TechNet-Website unter:

https://technet.microsoft.com/de-de/windows-server-docs/identity/ad-ds/windows-server-2016-functional-levels

---

- **DNS-Server** DNS ist für die Namensauflösung zuständig und stellt damit einen unverzichtbaren Dienst für AD DS dar. Diese Option ist standardmäßig aktiviert. Sofern Sie nicht bereits eine DNS-Infrastruktur eingerichtet haben, sollten Sie diese Option nicht deaktivieren.

- **Globaler Katalog** Globale Katalogserver stellen ihre Dienste in der ganzen Gesamtstruktur zur Verfügung. Diese Option wird automatisch ausgewählt und kann nicht abgewählt werden. Der erste Domänencontroller muss ein globaler Katalogserver sein (weil er zu diesem Zeitpunkt auch der einzige Domänencontroller ist). Wenn Sie weitere Domänencontroller hinzugefügt haben, können Sie diese Einstellung ändern.

- **Schreibgeschützter Domänencontroller (RODC)** Diese Option bestimmt, ob der Domänencontroller schreibgeschützt ist. Sie ist standardmäßig nicht aktiviert. Beim ersten (und damit dem zurzeit einzigen) Domänencontroller in der Gesamtstruktur steht sie nicht zur Verfügung.

- **Kennwort für den Verzeichnisdienst-Wiederherstellungsmodus (DSRM) eingeben** Dieses Kennwort müssen Sie verwenden, wenn Sie den Domänencontroller im Wiederherstellungsmodus starten.

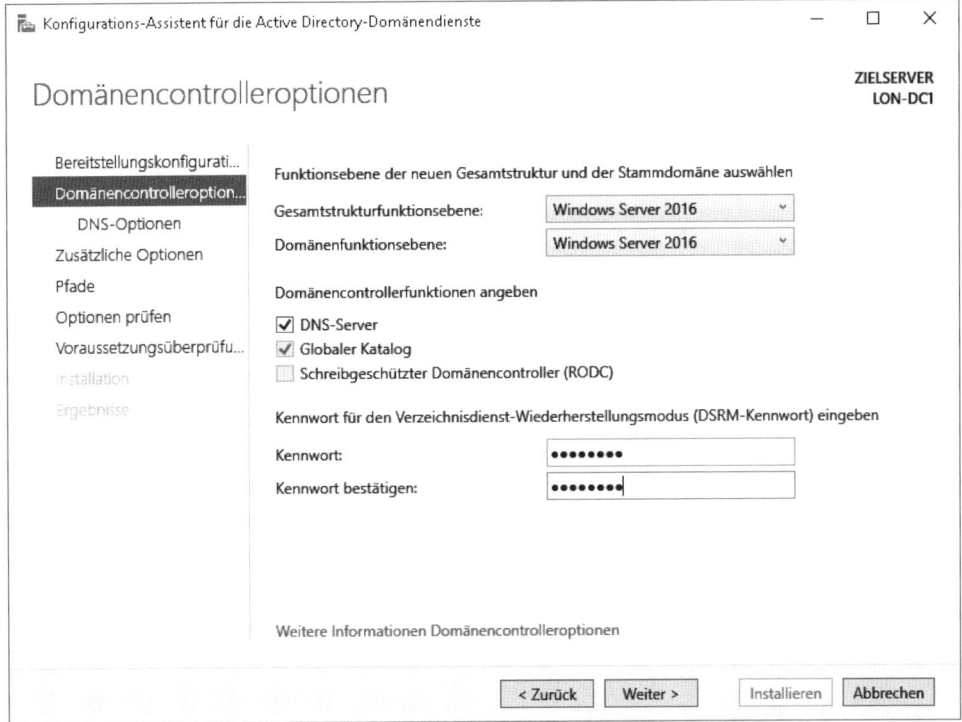

Abb. 1–3   Einrichten der Domänencontrolleroptionen

4. Legen Sie auf der Seite *Zusätzliche Optionen* den NetBIOS-Domänennamen fest. Das Protokoll NetBIOS, das auf einer nicht hierarchischen Namensstruktur beruht, ist kaum noch
   in Gebrauch. Der NetBIOS-Standardname besteht aus dem ersten Teil des Namens der
   AD DS-Gesamtstruktur. Heißt die Gesamtstruktur beispielsweise *Contoso.com*, so lautet der
   NetBIOS-Name standardmäßig *CONTOSO*. Im Allgemeinen gibt es keinen Grund, dies zu
   ändern. Klicken Sie auf *Weiter*.

5. Geben Sie wie in Abbildung 1–4 gezeigt die Speicherorte für die AD DS-Datenbank, die
   Protokolldateien und die SYSVOL-Inhalte an und klicken Sie auf *Weiter*. Die Standardwerte
   lauten wie folgt:

   - Datenbankordner: *C:\Windows\NTDS*

   - Protokolldateiordner: *C:\Windows\NTDS*

   - SYSVOL-Ordner: *C:\Windows\SYSVOL*

 PRÜFUNGSTIPP

Es ist gewöhnlich nicht sinnvoll, verschiedene Pfade zu verwenden. Wenn Ihr Server
über mehrere physische Festplatten verfügt, kann es einen kleinen Leistungsvorteil
bringen, die SYSVOL-, die Datenbank- und die Protokolldateien getrennt voneinan-
der unterzubringen, da dadurch die Last verteilt wird.

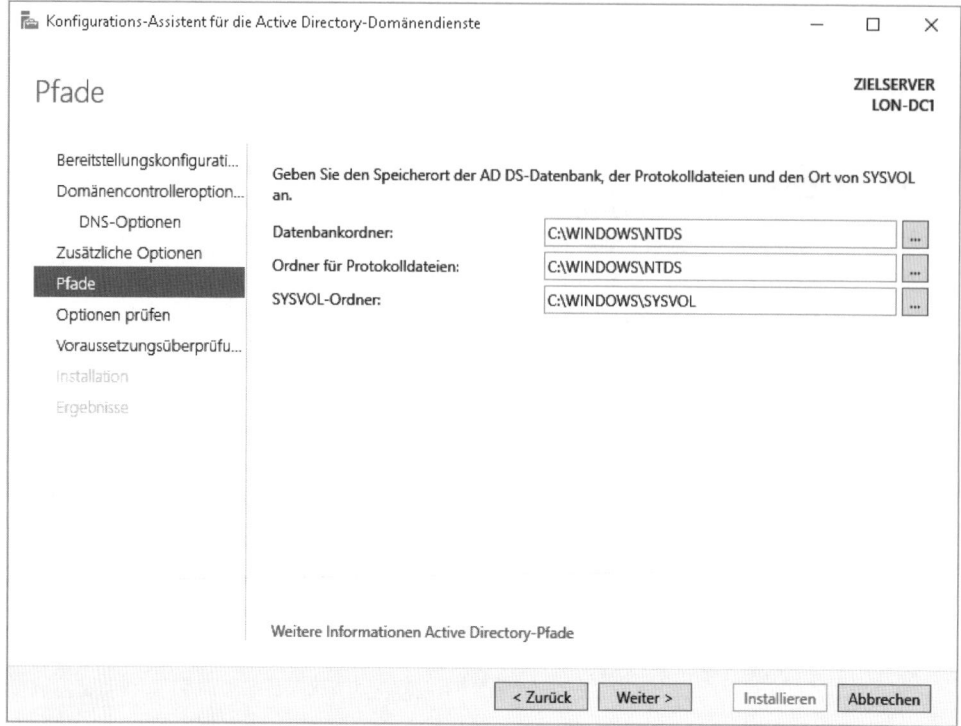

Abb. 1–4 Festlegen der AD DS-Pfade

6. Vergewissern Sie sich, dass die Konfigurationsoptionen korrekt sind, und klicken Sie auf *Weiter*, um die Voraussetzungen überprüfen zu lassen.

7. Klicken Sie auf *Installieren*, wenn Sie dazu aufgefordert werden. Während der Installation wird der Servercomputer neu gestartet.

8. Melden Sie sich mit dem Domänenadministratorkonto an dem Servercomputer an.

WEITERE INFORMATIONEN **Installieren von Active Directory-Domänendiensten**

Weitere Informationen über die Bereitstellung von AD DS finden Sie auf der Microsoft TechNet-Website unter:

https://technet.microsoft.com/de-de/windows-server-docs/identity/ad-ds/deploy/install-active-directory-domain-services--level-100-

---

Hinzufügen und Entfernen von Domänencontrollern

Nachdem Sie den ersten Domänencontroller in der AD DS-Gesamtstruktur bereitgestellt haben, können Sie weitere Domänencontroller hinzufügen, um für Ausfallsicherheit zu sorgen und die Leistung zu verbessern. Der Vorgang ist im Großen und Ganzen identisch mit dem für den ersten Domänencontroller: Sie installieren die AD DS-Serverrolle (über den Server-Manager oder die Windows PowerShell) und stufen den Computer dann zum Domänencontroller hoch (ebenfalls entweder mit dem Server-Manager oder der PowerShell).

Welche Optionen Sie zum Heraufstufen wählen sollten, hängt jedoch von der Art der Bereitstellung ab. Es gibt die beiden folgenden grundlegenden Situationen:

- **Hinzufügen eines neuen Domänencontrollers zu einer vorhandenen Domäne**   Um diesen Vorgang auszuführen, müssen Sie sich als Mitglied der globalen Sicherheitsgruppe *Domänen-Admins* der Zieldomäne anmelden.

- **Hinzufügen eines neuen Domänencontrollers in einer neuen Domäne**   Um diesen Vorgang auszuführen, müssen Sie sich als Mitglied der universellen Sicherheitsgruppe *Organisations-Admins* der Stammdomäne der Gesamtstruktur anmelden. Dadurch erhalten Sie ausreichende Rechte, um die Konfigurationspartition von AD DS zu ändern und die neue Domäne im Rahmen einer neuen oder einer vorhandenen Domänenstruktur zu erstellen.

Neue Domänen werden meistens hinzugefügt, um Replikationsgrenzen einzurichten. Da die meisten Änderungen an der AD DS-Datenbank in der Domänenpartition stattfinden, ruft diese Partition auch den meisten Replikationsdatenverkehr hervor. Durch die Aufteilung der Gesamtstruktur in mehrere Domänen verteilen Sie den Umfang der Änderungen und verringern dadurch die Replikation zwischen Standorten. Nehmen Sie beispielsweise an, die Firma Adatum unterhält umfassende Bereitstellungen von Computern sowohl in Europa als auch in Kanada. Das Unternehmen kann dann innerhalb der Stammdomäne *adatum.com* die beiden getrennten Domänen *europe.adatum.com* und *canada.adatum.com* erstellen, damit Änderungen in *europe.adatum.com* nicht auf Domänencontroller in *canada.adatum.com* repliziert werden müssen und umgekehrt.

Hinzufügen eines neuen Domänencontrollers zu einer vorhandenen Domäne

Um einen neuen Domänencontroller zu einer vorhandenen Domäne hinzuzufügen, melden Sie sich als Domänenadministrator an und führen den folgenden Vorgang aus:

PRÜFUNGSTIPP

Eine Anmeldung als Mitglied der globalen Sicherheitsgruppe *Domänen-Admins* setzt voraus, dass der Servercomputer, den Sie heraufstufen möchten, zur Zieldomäne gehört. Ist das nicht der Fall, so ist es einfacher, den Servercomputer erst zu der Zieldomäne hinzuzufügen und den Vorgang danach auszuführen. Wollen Sie den Computer nicht zu der Zieldomäne hinzufügen, müssen Sie sich als lokaler Administrator anmelden und während des Heraufstufungsvorgangs die Anmeldeinformationen eines Domänenadministrators bereitstellen. Eine weitere Voraussetzung besteht darin, dass der Servercomputer, den Sie heraufstufen, Namen mithilfe des DSN-Dienstes in der AD DS-Gesamtstruktur auflösen kann.

1. Fügen Sie die Serverrolle *Active Directory-Domänendienste* hinzu.

2. Klicken Sie im Server-Manager auf *Benachrichtigungen* und dann auf *Server zu einem Domänencontroller heraufstufen.*

3. Klicken Sie im Konfigurations-Assistenten für die Active Directory-Domänendienste auf der Seite *Bereitstellungskonfiguration* aus Abbildung 1–5 auf *Domänencontroller zu einer vorhandenen Domäne hinzufügen.*

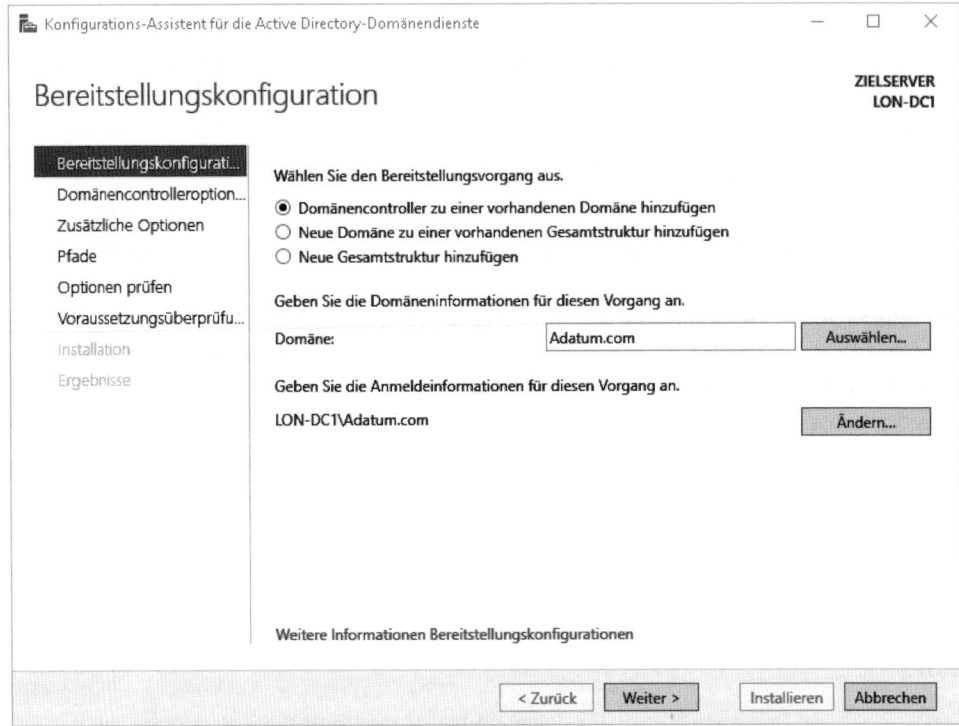

Abb. 1–5   Bereitstellen eines zusätzlichen Domänencontrollers in einer vorhandenen Domäne

4. Geben Sie den Domänennamen an. Vorgegeben ist der Name der Domäne, zu der der Servercomputer gehört. Sie können jedoch auch andere in der Gesamtstruktur verfügbare Domänen auswählen.

5. Geben Sie die Anmeldeinformationen eines Benutzerkontos mit ausreichenden Rechten für den Heraufstufungsvorgang an. Vorgegeben ist das aktuelle Benutzerkonto. Klicken Sie auf *Weiter.*

6. Richten Sie auf der Seite *Domänencontrolleroptionen* die Optionen *DNS-Server* (standardmäßig aktiviert), *Globaler Katalog* (standardmäßig aktiviert) und *Schreibgeschützter Domänencontroller (RODC)* (standardmäßig nicht aktiviert) ein. Im Gegensatz zur Heraufstufung des ersten Domänencontrollers in der Gesamtstruktur ist die Option *Schreibgeschützter Domänencontroller* jetzt verfügbar.

7. Wählen Sie in der Dropdownliste *Standortname* den Standort aus, in dem der physische Domänencontroller aufgestellt ist (siehe Abbildung 1–6). Vorausgewählt ist *Default-First-Site-Name*. Solange Sie keine zusätzlichen AD DS-Standorte hinzufügen, ist dies der einzige verfügbare Standort. Nach der Bereitstellung können Sie den Domänencontroller verschieben.

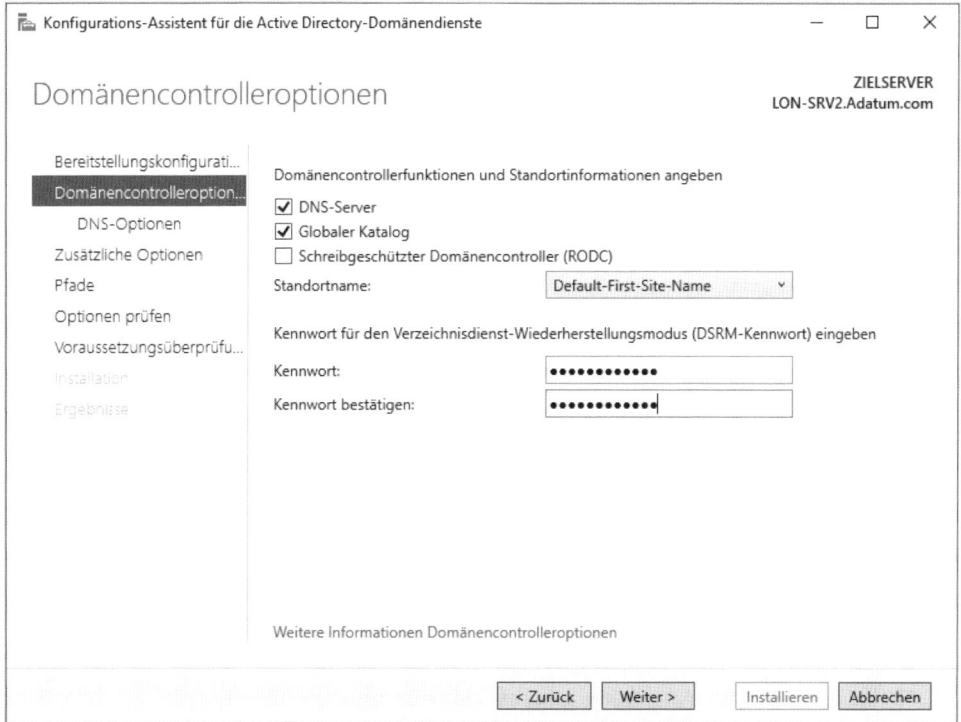

Abb. 1–6   Einrichten der Optionen eines zusätzlichen Domänencontrollers

8. Geben Sie das Kennwort für den Verzeichnisdienst-Wiederherstellungsmodus (DSRM) ein und klicken Sie auf *Weiter*.

9. Auf der Seite *Zusätzliche Optionen* müssen Sie festlegen, wie der Domänencontroller die AD DS-Datenbank füllen soll. Sie können wie in Abbildung 1–7 die Option *Beliebiger Domänencontroller* wählen, um die Erstauffüllung von einem beliebigen Domänencontroller zu beziehen, der online ist, oder einen bestimmten Domänencontroller angeben. Alternativ können Sie auch die Option *Installieren von Medium* auswählen. Klicken Sie auf *Weiter*.

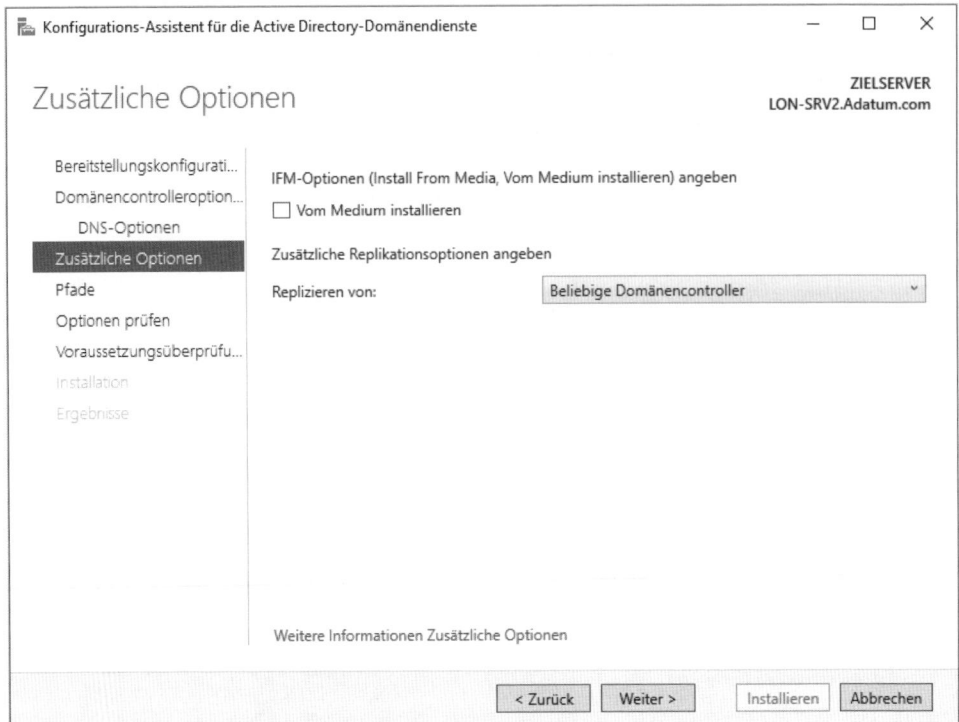

Abb. 1–7   Zusätzliche Domänencontrolleroptionen

10. Geben Sie wie zuvor die Pfade an und klicken Sie sich durch den Rest des Konfigurations-Assistenten.

11. Klicken Sie auf *Installieren*, wenn Sie dazu aufgefordert werden. Der Servercomputer wird während des Heraufstufungsvorgangs neu gestartet.

Nach dem Abschluss der Heraufstufung melden Sie sich mit einem Domänenadministratorkonto an.

Hinzufügen eines neuen Domänencontrollers in einer vorhandenen Domäne

Um einen neuen Domänencontroller in einer neuen Domäne einer vorhandenen Gesamtstruktur hinzuzufügen, müssen Sie sich als Mitglied der universellen Sicherheitsgruppe *Organisations-Admins* der Gesamtstruktur anmelden und dann den folgenden Vorgang ausführen.

PRÜFUNGSTIPP

Eine Anmeldung als Mitglied der universellen Sicherheitsgruppe *Organisations-Admins* setzt voraus, dass der Servercomputer, den Sie heraufstufen möchten, zur einer der Domänen Ihrer AD DS-Gesamtstruktur gehört. Ist das nicht der Fall, so ist es einfacher, den Servercomputer erst zur Stammdomäne der Gesamtstruktur hinzuzufügen und den Vorgang danach auszuführen. Wollen Sie den Computer nicht zu der Stammdomäne hinzufügen, müssen Sie sich als lokaler Administrator anmelden und während des Heraufstufungsvorgangs die Anmeldeinformationen eines Unternehmensadministrators bereitstellen. Eine weitere Voraussetzung besteht darin, dass der Servercomputer, den Sie heraufstufen, Namen mithilfe des DSN-Dienstes in der AD DS-Gesamtstruktur auflösen kann.

1. Fügen Sie die Serverrolle *Active Directory-Domänendienste* hinzu.

2. Klicken Sie im Server-Manager auf *Benachrichtigungen* und dann auf *Server zu einem Domänencontroller heraufstufen*.

3. Klicken Sie im Konfigurations-Assistenten für die Active Directory-Domänendienste auf der Seite *Bereitstellungskonfiguration* aus Abbildung 1–8 auf *Neue Domäne zu einer vorhandenen Gesamtstruktur hinzufügen*.

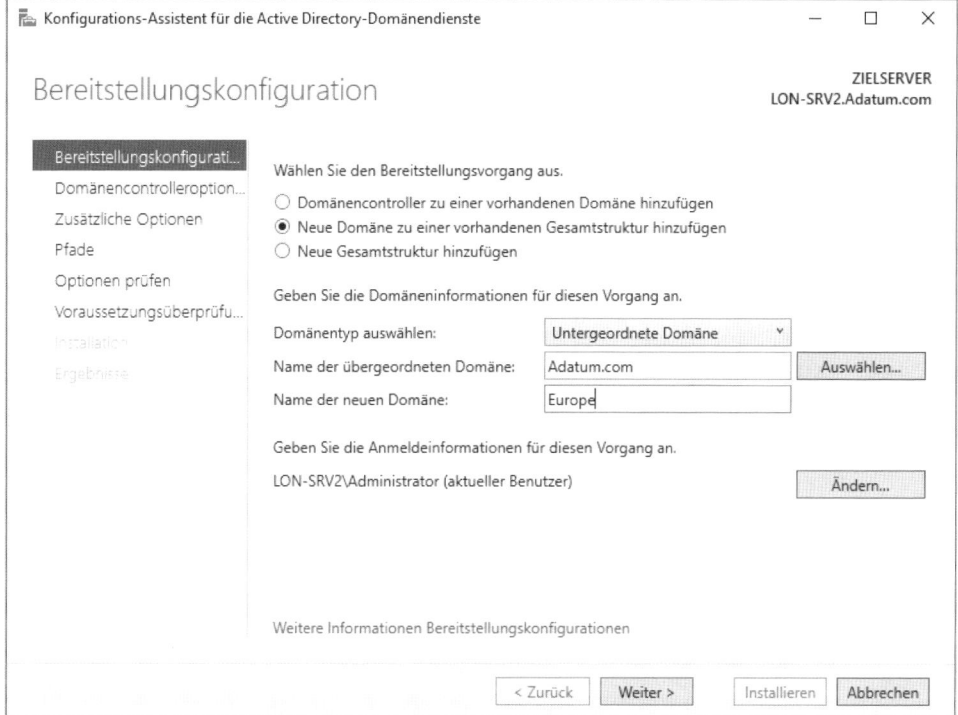

Abb. 1–8   Bereitstellen einer neuen untergeordneten Domäne in einer vorhandenen Gesamtstruktur

4. Wählen Sie aus, wie die neue Domäne hinzugefügt werden soll. Es gibt folgende Möglichkeiten:

   • **Untergeordnete Domäne**   Wenn Sie diese Option wählen, wird die neue Domäne als untergeordnete Domäne der angegebenen übergeordneten Domäne erstellt, also innerhalb der vorhandenen Domänenstruktur.

- **Strukturdomäne**   Wählen Sie diese Option, um eine neue Struktur in der Gesamt-struktur zu erstellen. Diese Struktur verwendet das gleiche Gesamtstrukturschema und die gleiche Stammdomäne, kann aber einen nicht angrenzenden Namensraum definie-ren. Das ist praktisch, wenn Sie in Ihrer Gesamtstruktur aus organisatorischen Gründen mehrere DNS-Domänennamen erstellen möchten, aber keine administrative Trennung wünschen oder benötigen, wie sie mit separaten Gesamtstrukturen möglich ist. Wenn Sie *Strukturdomäne* auswählen, müssen Sie die Gesamtstrukturdomäne auswählen, zu der die Struktur hinzugefügt werden soll. Vorgegeben ist dabei die Gesamtstruktur, an der Sie angemeldet sind.

5. Geben Sie den Domänennamen an. Im Namen einer untergeordneten Domäne ist der Name der übergeordneten Domäne als Präfix enthalten. Wenn Sie beispielsweise die Domäne *europe* als untergeordnete Domäne von *adatum.com* erstellen, ergibt sich die Domäne *europe.adatum.com*. Für eine neue Strukturdomäne können Sie einen beliebigen gültigen DNS-Namen wählen. Der Name der Stammdomäne der Gesamtstruktur ist darin nicht enthalten. Klicken Sie auf *Weiter*.

6. Wählen Sie auf der Seite *Domänencontrolleroptionen* die Einstellungen für die Domänen-funktionsebene und für DNS-Server, globale Katalogserver und schreibgeschützte Domä-nencontroller aus. Geben Sie einen geeigneten Standortnamen und das DSRM-Kennwort an und klicken Sie auf *Weiter*.

7. Aktivieren Sie auf der Seite *DNS-Optionen* aus Abbildung 1–9 das Kontrollkästchen *DNS-Delegierung erstellen*. Dadurch wird eine DNS-Delegierung für die Unterdomäne in Ihrem DNS-Namensraum erstellt. Klicken Sie auf *Weiter*.

WEITERE INFORMATIONEN   **Zonendelegierung**

Weitere Informationen über die DNS-Delegierung in Windows Server finden Sie auf der Microsoft TechNet-Website unter:

https://technet.microsoft.com/library/cc771640(v=ws.11).aspx

---

8. Geben Sie den NetBIOS-Domänennamen an und klicken Sie sich durch den Rest des Assis-tenten. Klicken Sie auf *Installieren*, wenn Sie dazu aufgefordert werden.

9. Der Servercomputer wird während des Heraufstufungsvorgangs neu gestartet. Melden Sie sich anschließend mit einem Domänenadministratorkonto an.

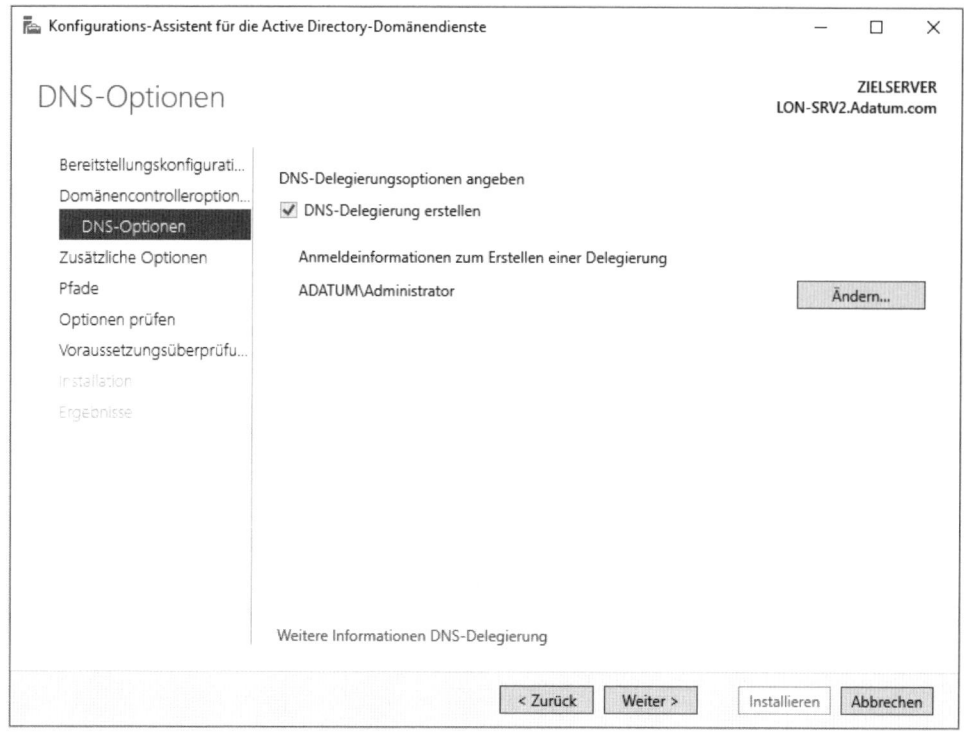

Abb. 1–9   Einrichten der DNS-Optionen für eine neue Domäne

Domänencontroller entfernen

Hin und wieder kommt es vor, dass ein Domänencontroller außer Betrieb genommen und entfernt werden muss. Der Vorgang ist ganz einfach und kann mithilfe des Server-Managers ausgeführt werden.

1. Melden Sie sich mit einem Konto an, das über ausreichende Rechte verfügt. Um einen Domänencontroller aus einer Domäne zu entfernen, melden Sie sich als Domänenadministrator an. Wollen Sie dagegen eine komplette Domäne entfernen, müssen Sie sich als Mitglied der universellen Sicherheitsgruppe *Organisations-Admins* anmelden.

2. Öffnen Sie den Server-Manager und wählen Sie im Menü *Verwalten* den Punkt *Rollen und Features entfernen*.

3. Klicken Sie auf der Seite *Vorbereitung* des Assistenten zum Entfernen von Rollen und Features auf *Weiter*.

4. Wählen Sie auf der Seite *Zielserver auswählen* den gewünschten Server aus und klicken Sie auf *Weiter*.

5. Deaktivieren Sie auf der Seite *Serverrollen entfernen* das Kontrollkästchen *Active Directory-Domänendienste*, klicken Sie auf *Features entfernen* und dann auf *Weiter*.

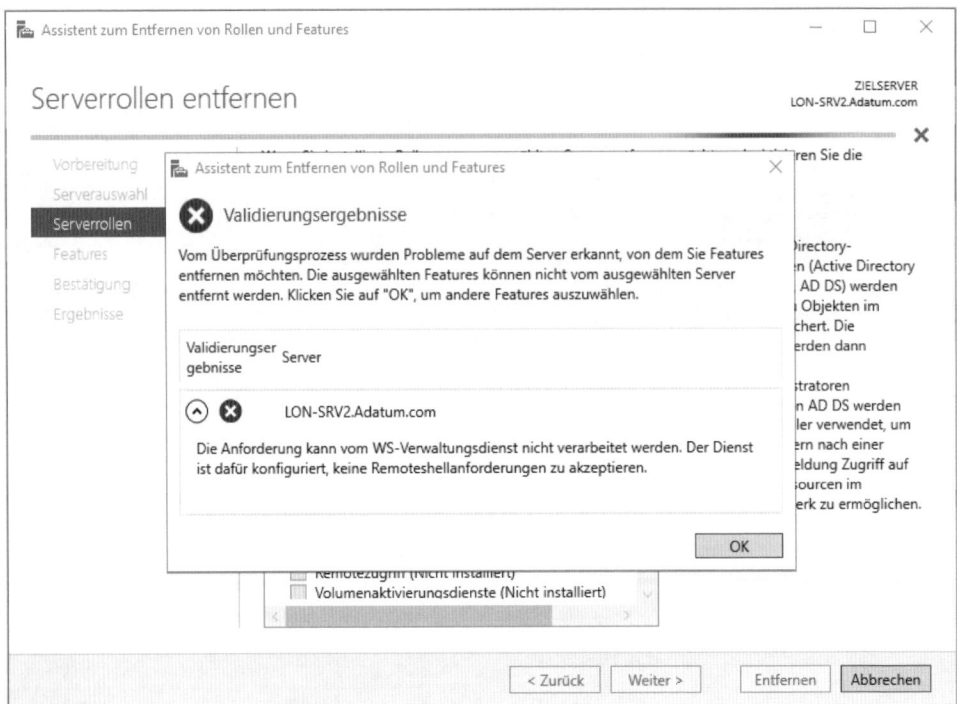

Abb. 1–10   Entfernen von AD DS

6.   Klicken Sie in dem Popup-Dialogfeld *Validierungsergebnisse* aus Abbildung 1–10 auf *Diesen Domänencontroller tiefer stufen*.

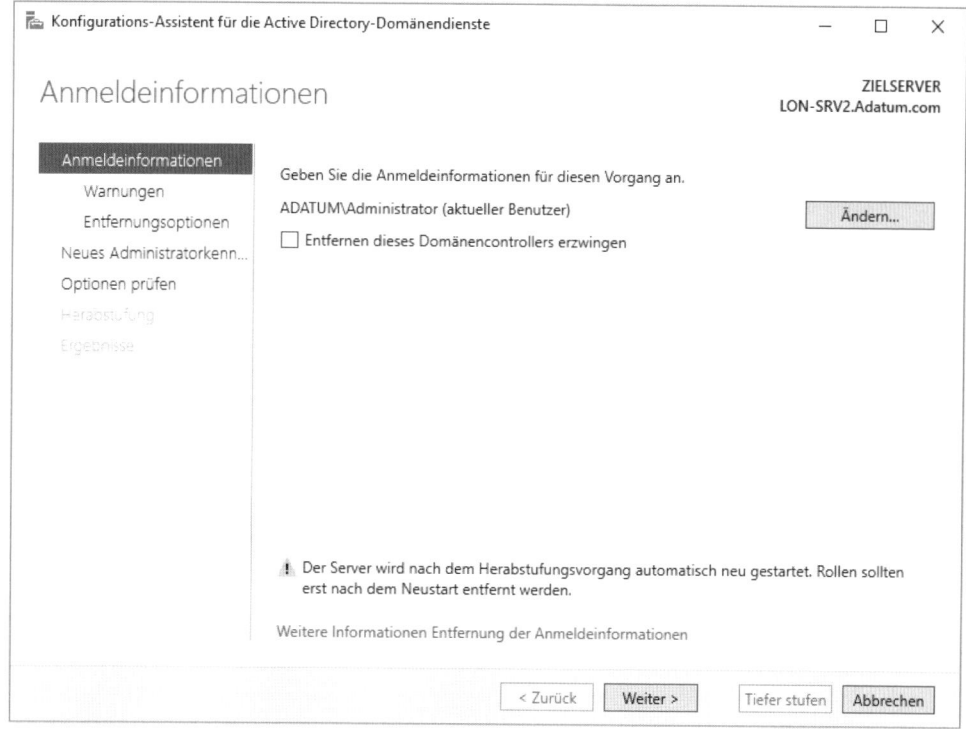

Abb. 1–11   Herunterstufen eines Domänencontrollers

7. Der Konfigurations-Assistent für die Active Directory-Domänendienste erscheint (siehe Abbildung 1–11). Geben Sie auf der Seite *Anmeldeinformationen* ggf. Anmeldeinformationen eines Benutzers mit ausreichenden Rechten für den Vorgang ein. Aktivieren Sie das Kontrollkästchen *Entfernen dieses Domänencontrollers erzwingen* nur dann, wenn der Domänencontroller ausgefallen ist und nicht erreicht werden kann. Klicken Sie auf *Weiter*.

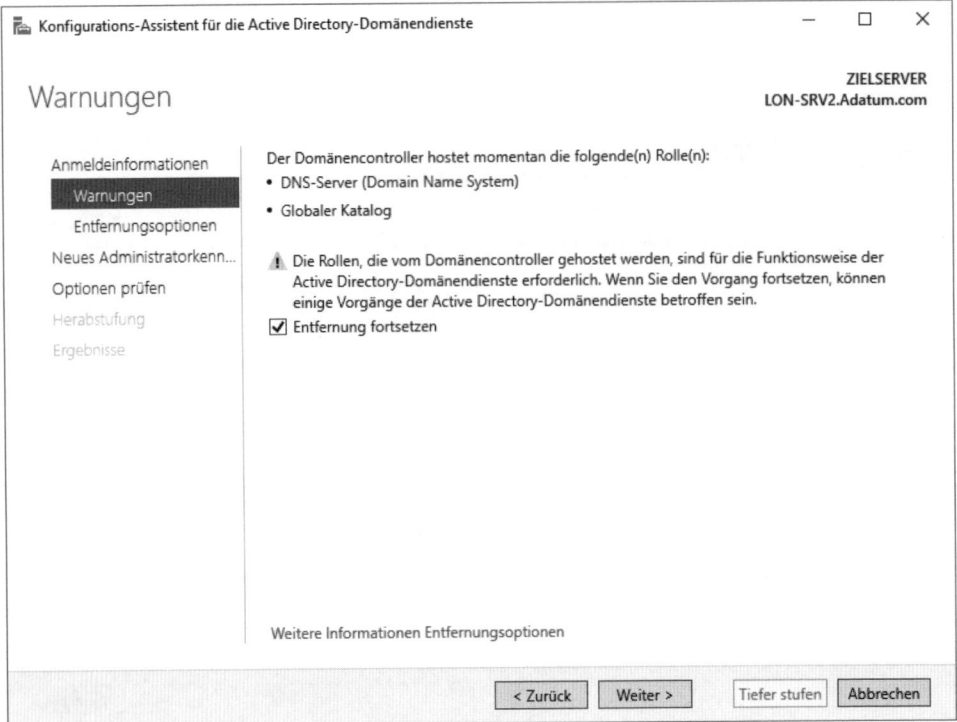

Abb. 1–12   Entfernen optionaler Komponenten

8. Auf der Seite *Warnungen* aus Abbildung 1–12 werden Sie aufgefordert, das Entfernen der Rollen als DNS-Server und globaler Katalogserver zu bestätigen. Aktivieren Sie das Kontrollkästchen *Entfernung fortsetzen* und klicken Sie auf *Weiter*.

9. Geben Sie auf der Seite *Neues Administratorkennwort* das lokale Administratorkennwort ein und bestätigen Sie es. Klicken Sie auf *Weiter*.

10. Überprüfen Sie Ihre Angaben und klicken Sie auf *Tiefer stufen*.

11. Der Server ist jetzt heruntergestuft und wird neu gestartet. Melden Sie sich mit einem lokalen Administratorkonto daran an.

Um sich zu vergewissern, dass der Domänencontroller ordnungsgemäß heruntergestuft und die Serverrolle entfernt wurde, gehen Sie wie folgt vor:

1. Öffnen Sie auf einem Domänencontroller *Active Directory-Benutzer und -Computer*. Vergewissern Sie sich, dass der heruntergestufte Domänencontroller nicht mehr in der Organisationseinheit *Domain Controllers* aufgeführt wird.

2. Klicken Sie auf den Container *Computers*. Der heruntergestufte Servercomputer sollte hier angezeigt werden.

3. Öffnen Sie *Active Directory-Standorte und -Dienste*. Erweitern Sie die Knoten *Sites* und *Default-First-Site-Name*. Löschen Sie in *Servers* das Objekt für den heruntergestuften Server.

PRÜFUNGSTIPP

Handelt es sich bei dem Server, der außer Betrieb genommen wird, um den letzten Domänencontroller einer Domäne, müssen Sie als Erstes sämtliche anderen Computer aus der Domäne entfernen, etwa indem Sie sie in andere Domänen der Gesamtstruktur verschieben. Gehen Sie dann wie zuvor beschrieben vor.

Die Herabstufung können Sie auch in der Windows PowerShell durchführen. Führen Sie dazu an der Eingabeaufforderung die beiden folgenden Cmdlets aus:

```
Uninstall-addsdomaincontroller
Uninstall-windowsfeature AD-Domain_Services
```

WEITERE INFORMATIONEN **Herabstufen von Domänencontrollern**

Weitere Informationen über das Herabstufen von Domänencontrollern finden Sie auf der Microsoft TechNet-Website unter:

https://technet.microsoft.com/de-de/windows-server-docs/identity/ad-ds/deploy/demoting-domain-controllers-and-domains--level-200-

Installieren von AD DS auf einer Server Core-Installation

Die AD DS-Serverrolle kann auch auf einer Server Core-Installation bereitgestellt werden. Dies können Sie mit dem Server-Manager über das Netzwerk oder mit dem Windows PowerShell-Cmdlet `Install-WindowsFeature AD-Domain-Services` erledigen.

Nach der Installation der erforderlichen Dateien können Sie im Server-Manager den Konfigurations-Assistenten für die Active Directory-Domänendienste starten, um die Server Core-Installation über das Netzwerk zu konfigurieren. Sie können den Vorgang aber auch mit dem Windows PowerShell-Cmdlet `Install-ADDSDomainController` durchführen. Mit anderen Worten, AD DS wird auf einer Server Core-Installation von Windows Server 2016 auf die gleiche Weise installiert wie auf einem Server mit Desktop.

PRÜFUNGSTIPP

Es ist nicht möglich, die AD DS-Serverrolle auf einem Nano-Server zu installieren. Daher kann ein Nano-Server auch nicht als Domänencontroller verwendet werden.

Installieren eines Domänencontrollers mit der Option »Installieren von Medium«

Während der Bereitstellung eines Domänencontrollers wird der Inhalt der AD DS-Datenbank auf den neuen Domänencontroller repliziert. Das schließt die gesamtstrukturweite Schema- und Konfigurationspartition sowie die zugehörige Domänenpartition ein. Nach dieser ersten Synchronisation findet die Replikation zwischen den Domänencontrollern auf die übliche Weise statt.

Unter manchen Umständen kann die Erstsynchronisation eine Herausforderung darstellen, etwa wenn Sie einen Domänencontroller an einem Standort bereitstellen, dessen Anbindung an das Netzwerk Ihrer Organisation nur eine geringe Bandbreite aufweist. In dieser Situation kann die Erstsynchronisation ziemlich lange dauern oder einen unangemessenen hohen Anteil der verfügbaren Bandbreite verschlingen.

Um dieses Problem zu mildern, können Sie die Erstsynchronisation bei der Bereitstellung eines Domänencontrollers auch mithilfe einer lokalen Kopie der AD DS-Datenbank durchführen, die auch als Momentaufnahme oder Snapshot bezeichnet wird. Für diese Form der Bereitstellung wird die Option *Installieren von Medium* verwendet. Der Vorgang erfordert sehr viele Schritte:

1. Erstellen Sie auf einem vorhandenen Domänencontroller im Datei-Explorer einen neuen Ordner, beispielsweise *C:\IFM* (»install from media«), um den AD DS-Snapshot zu speichern.

2. Öffnen Sie eine Eingabeaufforderung mit erhöhten Rechten und führen Sie dort den Befehl `ntdsutil.exe` aus.

3. Geben Sie an der Eingabeaufforderung von `ntdsutil:` den Befehl **Activate instance ntds** ein und drücken Sie die Eingabetaste.

4. Geben Sie an der Eingabeaufforderung von `ntdsutil:` die Bezeichnung **ifm** ein und drücken Sie die Eingabetaste.

5. Geben Sie an der Eingabeaufforderung von `ntdsutil:` wie in Abbildung 1–13 gezeigt den Befehl **create SYSVOL full C:\IFM** ein und drücken Sie die Eingabetaste.

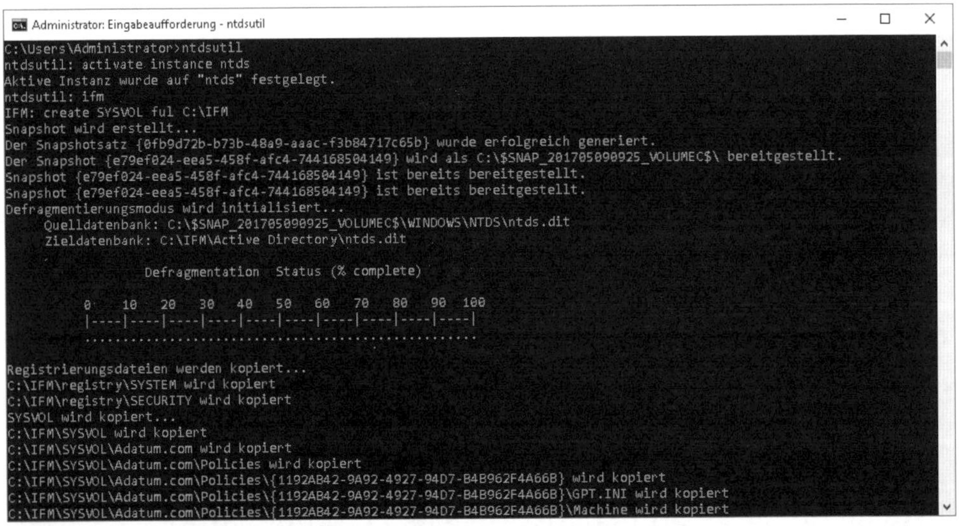

Abb. 1–13   Erstellen eines NTDS-Snapshots für die Installation vom Medium

6. Geben Sie an der Eingabeaufforderung von ifm: den Befehl **quit** ein und drücken Sie die Eingabetaste.

7. Geben Sie an der Eingabeaufforderung von ntdsutil: den Befehl **quit** ein und drücken Sie die Eingabetaste.

8. Schließen Sie die Eingabeaufforderung.

9. Kopieren Sie im Datei-Explorer den Inhalt des Ordners *C:\IFM* (siehe Abbildung 1–14) auf einen Wechseldatenträger, z. B. einen USB-Stick.

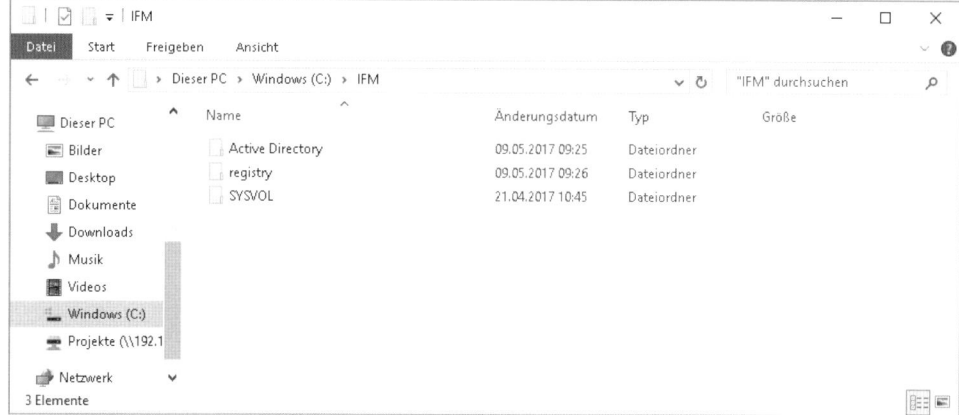

Abb. 1–14 Die für den AD DS-Snapshot erstellten Ordner

10. Installieren Sie auf dem Servercomputer, den Sie zum Domänencontroller heraufstufen wollen, auf die übliche Weise die Serverrolle der Active Directory-Domänendienste, also entweder über den Server-Manager oder mithilfe der Windows PowerShell.

11. Schließen Sie den USB-Stick mit dem AD DS-Snapshot an den Computer an oder kopieren Sie die Snapshotdateien, sodass sie auf dem Zielcomputer verfügbar sind. Starten Sie dann vom Server-Manager aus den Konfigurations-Assistenten für die Active Directory-Domänendienste und klicken Sie sich hindurch.

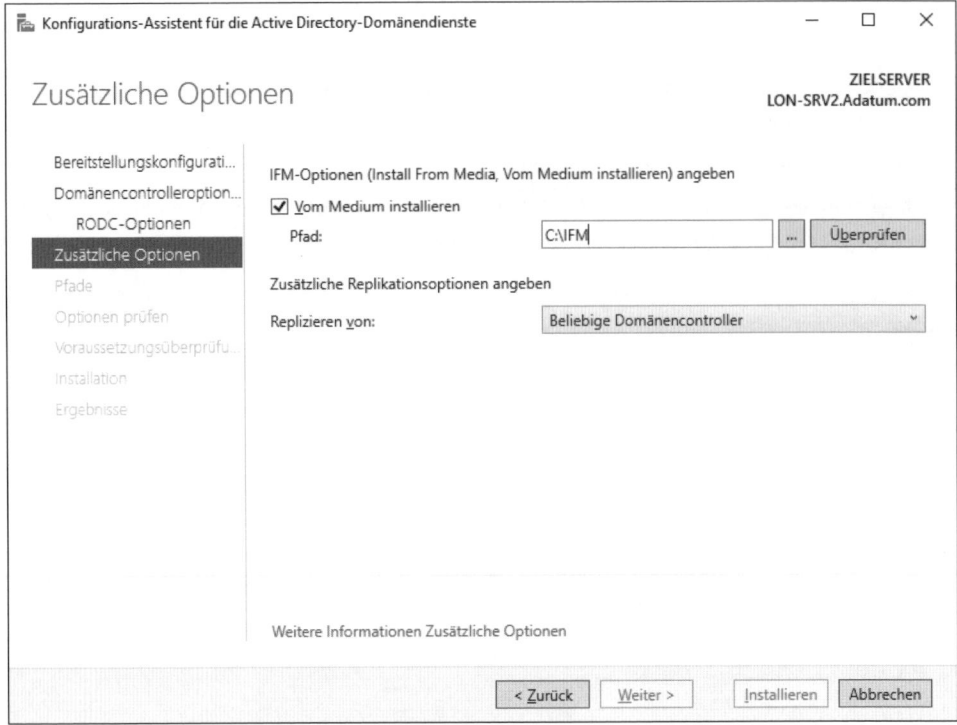

Abb. 1–15 Auswählen der Option *Installieren von Medium*

12. Aktivieren Sie auf der Seite *Zusätzliche Optionen* das Kontrollkästchen *Installieren von Medium* (siehe Abbildung 1–15). Geben Sie im Feld *Pfad* den Pfad zu der lokalen Kopie des AD DS-Snapshots ein, klicken Sie auf *Überprüfen* und dann auf *Weiter*.

13. Klicken Sie sich durch den Rest des Assistenten, überprüfen Sie Ihre Angaben und klicken Sie auf *Installieren*, wenn Sie dazu aufgefordert werden. Der Server wird beim Heraufstufen neu gestartet.

14. Melden Sie sich als Domänenadministrator an.

Die Replikation dieses Domänencontrollers mit den anderen Domänencontrollern in der Gesamtstruktur wird nun auf die übliche Weise durchgeführt. Sie können den AD DS-Standort festlegen, zu dem der Domänencontroller gehört, und dann einen Replikationszeitplan für diesen Standort aufstellen. Wie das gemacht wird, erfahren Sie in »Prüfungsziel 2.3: Konfigurieren von Active Directory in einer komplexen Unternehmensumgebung«, von Kapitel 2, »Verwaltung und Wartung von AD DS«.

  PRÜFUNGSTIPP

Sie können die Heraufstufung des Servercomputers auch mit dem Windows Power-Shell-Befehl `Install-ADDSDomaincontroller -InstallationMediaPath x:\ifm` **durchführen.**

Installieren und Konfigurieren eines schreibgeschützten Domänencontrollers

Ein schreibgeschützter Domänencontroller (Read-Only Domain Controller, RODC) enthält nur eine schreibgeschützte Kopie von AD DS. Das bietet die Möglichkeit, Domänencontroller in Büros bereitzustellen, in denen physische Sicherheit nicht garantiert werden kann, etwa in einer Filiale, die zwar einen lokalen Domänencontroller braucht, aber keinen sicheren Computerraum aufweist.

RODCs bieten zwar eine Reihe von Vorteilen für die Verwaltung, aber bevor Sie sie bereitstellen, müssen Sie sich über die folgenden Dinge im Klaren sein:

- Sie sollten pro Standort und Domäne nur einen RODC bereitstellen. Bei mehreren RODCs pro Standort kann es zu uneinheitlicher Zwischenspeicherung kommen, was zu Problemen bei der Anmeldung von Benutzern und Computern führen kann.

- Sie können die Rolle des DNS-Servers auch auf einem RODC installieren. Lokale Clients können diesen DNS-Server wie jede andere DNS-Instanz in Ihrer Organisation nutzen. Es gibt nur eine einzige Ausnahme: Da die DNS-Zoneninformationen schreibgeschützt sind, können die Clients auf einem RODC keine dynamischen Aktualisierungen durchführen. In einer solchen Situation teilt der RODC den Clients jedoch den Namen eines schreibbaren Domänencontrollers mit, den die Clients zur Aktualisierung der Datensätze nutzen können.

- RODCs können die folgenden AD DS-Funktionen nicht ausführen:

  - **Betriebsmasterrollen**   Betriebsmaster müssen in der AD DS-Datenbank schreiben können. Daher können RODCs keine der fünf Betriebsmasterrollen ausüben. Mit Betriebsmastern werden wir uns weiter hinten in diesem Prüfungsziel noch ausführlicher beschäftigen.

  - **Bridgehead für die AD DS-Replikation**   Da Bridgeheads für die AD DS-Replikation zuständig sind, müssen sie sowohl die eingehende als auch die ausgehende AD DS-Replikation ermöglichen. Da auf RODCs nur eine eingehende Replikation möglich ist, können sie nicht als Bridgeheads fungieren.

- RODCs können folgende Tätigkeiten nicht durchführen:

  - **Authentifizierung über mehrere Vertrauensstellungen hinweg, wenn keine WAN-Verbindung zur Verfügung steht**   Wenn eine Filiale Benutzer aus mehreren Domänen der Gesamtstruktur einschließt, können sich Benutzer und Computer aus anderen Domänen als derjenigen, zu der der RODC gehört, nicht authentifizieren, wenn keine WAN-Verbindung zur Verfügung steht. Das liegt daran, dass der RODC nur die Anmeldeinformationen für Konten der Domäne zwischenspeichert, zu der er selbst gehört.

  - **Unterstützung von Anwendungen, die eine ständige Interaktion mit AD DS erfordern**   Manche Anwendungen erfordern eine Interaktion mit AD DS, beispielsweise Microsoft Exchange Server. Ein RODC kann dies nicht bieten. In Standorten mit Exchange Server-Computern müssen Sie daher schreibbare Domänencontroller bereitstellen.

Bereitstellen eines RODC

Bevor Sie einen RODC bereitstellen, müssen Sie sich vergewissern, dass es in Ihrer Organisation mindestens einen schreibbaren Domänencontroller gibt. Die Bereitstellung erfolgt größtenteils auf die gleiche Weise wie bei jedem anderen Domänencontroller auch:

1. Installieren Sie die Serverrolle *Active Directory-Domänendienste* auf dem Servercomputer, den Sie als RODC bereitstellen wollen.

2. Starten Sie den Konfigurations-Assistenten für die Active Directory-Domänendienste und klicken Sie sich hindurch.

3. Aktivieren Sie auf der Seite *Domänencontrolleroptionen* aus Abbildung 1–16 das Kontroll-kästchen *Schreibgeschützter Domänencontroller (RODC)* und alle anderen gewünschten Optionen. Klicken Sie auf *Weiter*.

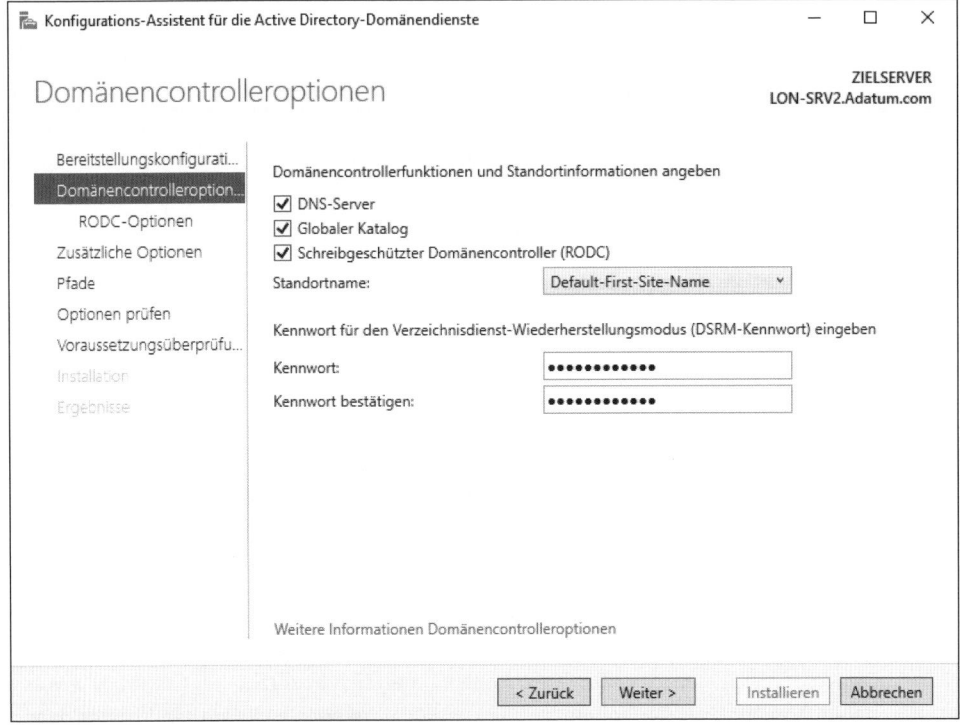

Abb. 1–16 Installieren eines RODC

4. Richten Sie auf der Seite *RODC-Optionen* aus Abbildung 1–17 die im Folgenden beschrie-benen Optionen ein und klicken Sie auf *Weiter*.

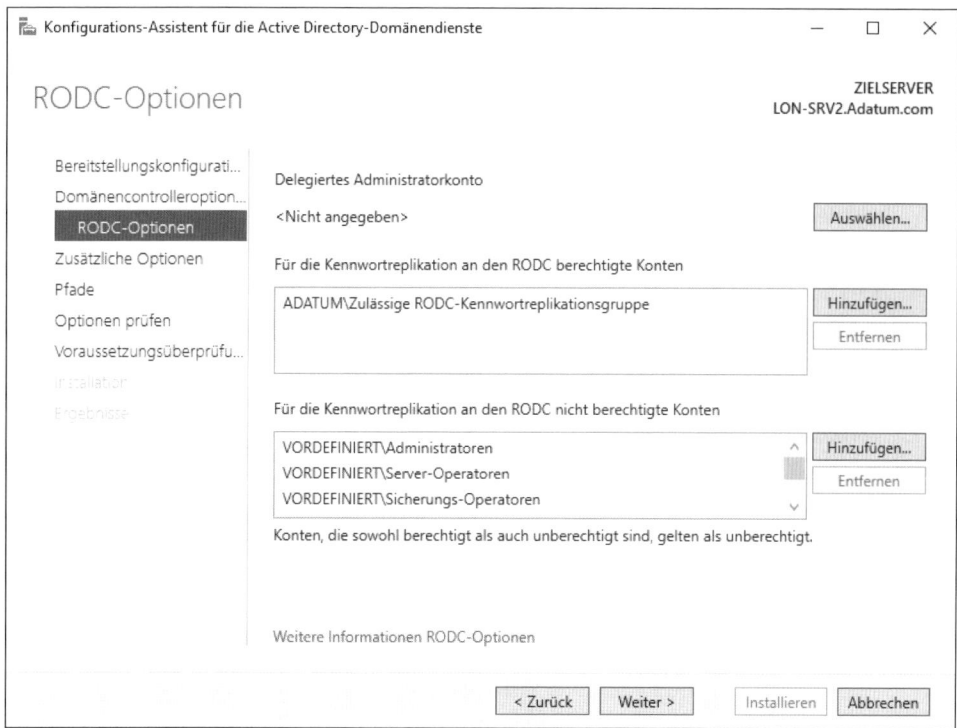

Abb. 1–17 Einrichten der RODC-Optionen

- **Delegiertes Administratorkonto** Delegierte Administratoren können den RODC lokal verwalten, ohne über die Rechte eines Domänenadministrators zu verfügen. Gewöhnlich sind sie in der Lage, die folgenden Aufgaben auszuführen:

  - Installieren und Verwalten von Geräten und Treibern, Festplatten und Aktualisierungen

  - Verwalten der AD DS-Dienste

  - Verwalten von Serverrollen und -features

  - Einsehen der Ereignisprotokolle

  - Verwalten von freigegebenen Ordnern, Apps und Diensten

- **Für die Kennwortreplikation an den RODC berechtigte Konten** Standardmäßig werden auf RODCs keine sensiblen Kennwortinformationen gespeichert. Wenn sich ein Benutzer anmeldet, leitet der RODC die Anmeldeanforderung an einen verfügbaren schreibbaren Domänencontroller in der Organisation weiter.

  Aus praktischen Gründen können Sie jedoch festlegen, dass bestimmte Benutzer- und Computerkonten auf dem RODCs zwischengespeichert werden, sodass eine lokale Authentifizierung erfolgen kann. Dazu definieren Sie eine Richtlinie zur RODC-Kennwortreplikation. Grundsätzlich sollten Sie zu dieser Richtlinie nur Benutzer und Computer hinzufügen, die sich im selben Standort befinden wie der RODC.

Wie Sie in Abbildung 1–17 sehen, ist standardmäßig nur die *Zulässige RODC-Kennwortreplikationsgruppe* aktiviert. Nach der Bereitstellung des RODC können Sie Benutzer und Computer zu dieser Gruppe hinzufügen.

- **Für die Kennwortreplikation an den RODC nicht berechtigte Konten** Standardmäßig ist die Gruppe *Abgelehnte RODC-Kennwortreplikationsgruppe* ausgewählt. Nach der Bereitstellung des RODC können Sie Benutzer und Computer zu dieser Gruppe hinzufügen. Des Weiteren ist die Kennwortreplikation für folgende lokale Gruppen unzulässig: *Administratoren*, *Server-Operatoren*, *Backup-Operatoren* und *Konten-Operatoren*.

5. Klicken Sie sich durch den Assistenten, überprüfen Sie Ihre Angaben und klicken Sie auf *Installieren*, wenn Sie dazu aufgefordert werden. Während des Vorgangs wird der Servercomputer neu gestartet.

Nach der Bereitstellung des RODC können Sie die Gruppen *Zulässige RODC-Kennwortreplikationsgruppe* und *Abgelehnte RODC-Kennwortreplikationsgruppe* einrichten, um die Kennwortreplikationsrichtlinie zu steuern.

Konfigurieren eines globalen Katalogservers

In einer AD DS-Gesamtstruktur mit einer einzigen Domäne enthält jeder Domänencontroller eine Kopie aller Objekte in der Gesamtstruktur. Das gilt jedoch nicht mehr, wenn die Gesamtstruktur mehrere Domänen umfasst. Zwar haben alle Domänencontroller nach wie vor eine Kopie der Schema- und der Konfigurationspartition, enthalten aber nur die jeweilige Domänenpartition. Wird ein Domänencontroller von einer Anwendung nach Attributen eines Objekts aus einer anderen Domäne gefragt, hat er daher keine Möglichkeit, diese Anfrage zu beantworten.

An dieser Stelle kommt der globale Katalog ins Spiel. Dabei handelt es sich um eine Kopie aller Objekte in der Gesamtstruktur, allerdings nur mit einer Teilmenge ihrer Attribute. Alle Domänencontroller, die als globale Katalogserver dienen, halten lokal eine Kopie dieser Informationen vor. Dadurch können sie Fragen nach Attributen von Objekten in anderen Domänen der Gesamtstruktur beantworten, ohne sich dazu an einen Domänencontroller in dieser anderen Domäne wenden zu müssen.

 PRÜFUNGSTIPP

In einer Gesamtstruktur mit nur einer Domäne richten Sie alle Domänencontroller als globale Katalogserver ein. In einer Gesamtstruktur mit mehreren Domänen dürfen Sie den Infrastrukturmaster nicht als globalen Katalogserver einrichten, es sei denn, dass sämtliche Domänencontroller globale Katalogserver sind.

Einen Domänencontroller können Sie während seiner Bereitstellung als globalen Katalogserver einrichten. Aktivieren Sie dazu das Kontrollkästchen *Globaler Katalog* auf der Seite *Domänencontrolleroption*, wenn Sie den Konfigurations-Assistenten für die Active Directory-Domänendienste ausführen (siehe Abbildung 1–16).

Alternativ können Sie nach der Installation *Active Directory-Standorte und -Dienste* verwenden:

1. Öffnen Sie auf einem Domänencontroller den Server-Manager, klicken Sie auf *Tools* und dann auf *Active Directory-Standorte und -Dienste*.

2. Erweitern Sie den Knoten *Sites* und dann den gewünschten Standort, den Ordner *Servers* und den Knoten für den Domänencontroller, den Sie bearbeiten wollen.

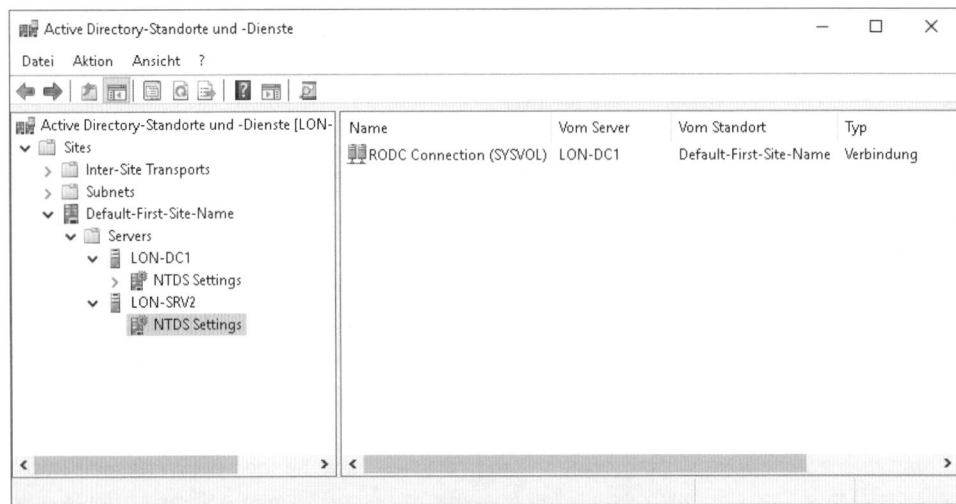

Abb. 1–18   Einrichten eines globalen Katalogservers

3.   Klicken Sie wie in Abbildung 1–18 gezeigt auf das Objekt *NTDS Settings*.

4.   Rechtsklicken Sie auf den Knoten *NTDS Settings*. Aktivieren Sie auf der Registerkarte *Allge-mein* wie in Abbildung 1–19 gezeigt das Kontrollkästchen *Globaler Katalog* und klicken Sie auf *OK*.

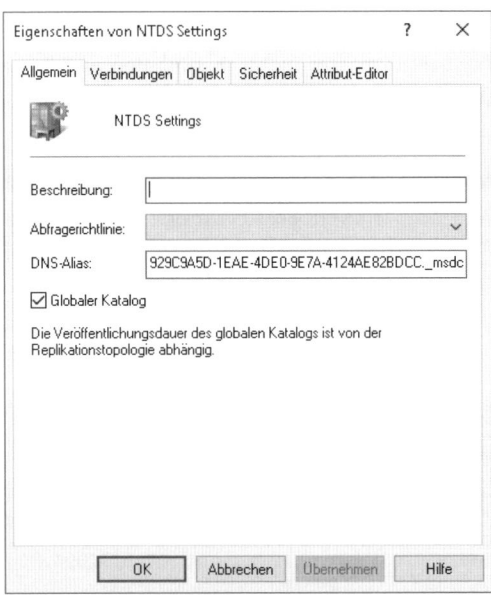

Abb. 1–19   Aktivieren der Eigenschaft *Globaler Katalog*

Sie können auch die Windows PowerShell verwenden, um aus einem Domänencontroller einen globalen Katalogserver zu machen.

1. Öffnen Sie die Windows PowerShell mit Administratorrechten.

2. Führen Sie den Befehl `get-ADDomainController | select-object -property Name,IsGlobal-Catalog` aus, um eine Liste der Domänencontroller abzurufen und zu prüfen, ob es sich bei ihnen um globale Katalogserver handelt (siehe Abbildung 1–20).

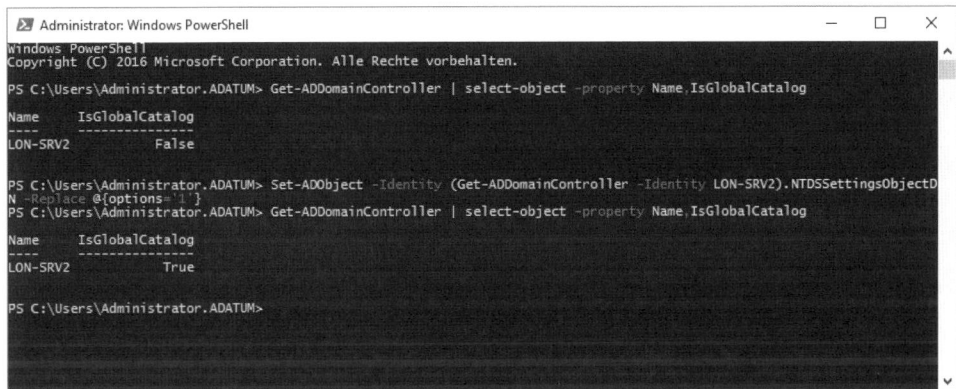

Abb. 1–20   Abrufen einer Liste der Domänencontroller

3. Führen Sie für den gewünschten Domänencontroller den folgenden Befehl aus, wobei Sie *LON-SVR3* durch den Namen Ihres Domänencontrollers ersetzen müssen:

   ```
   Set-ADObject -Identity (Get-ADDomainController -Identity LON-SVR3).
   NTDSSettingsObjectDN -Replace @{options='1'}
   ```

4. Führen Sie erneut den Befehl `get-ADDomainController | select-object -property Name, IsGlobalCatalog` aus, um die Änderung zu überprüfen (siehe Abbildung 1–21).

Abb. 1–21   Einrichten eines Domänencontrollers als globaler Katalogserver mithilfe der Windows PowerShell

PRÜFUNGSTIPP

Viele Organisationen neigen dazu, sämtliche Domänencontroller zu globalen Katalogservern zu machen.

Attribute zum globalen Katalog hinzufügen

Beachten Sie, dass der Katalog nicht sämtliche Attribute der Objekte enthält, sondern nur die nützlichsten, also die Teilmenge, die in Windows Server 2016 »Teilattributsatz« genannt wird. Es ist jedoch möglich, Einfluss darauf zu nehmen, welche Objektattribute im globalen Katalog festgehalten werden. Dies wird als Erweiterung des Teilattributsatzes bezeichnet und auf die im Folgenden beschriebene Weise durchgeführt.

> **HINWEIS** **Vorsicht bei der Bearbeitung des AD DS-Schemas**
>
> Wenn Sie das AD DS-Schema auf diese Weise direkt bearbeiten, müssen Sie äußerste Vorsicht walten lasen.

1. Führen Sie auf einem Domänencontroller mit Onlinezugriff zum Schemabetriebsmaster den Befehl `regsvr32 schmmgmt.dll` an einer Eingabeaufforderung mit erhöhten Rechten aus. Dadurch wird das Active Directory-Schema über die Verwaltungskonsole zugänglich gemacht.

2. Führen Sie an einer Eingabeaufforderung mit erhöhten Rechten den Befehl `mmc.exe` aus, um die Verwaltungskonsole zu öffnen.

3. Klicken Sie im Fenster *Konsole1 – [Konsolenstamm]* auf *Datei* und dann auf *Snap-In hinzufügen/entfernen*.

4. Klicken Sie in der Snap-In-Liste des Dialogfelds *Snap-Ins hinzufügen oder entfernen* auf *Active Directory-Schema*. Klicken Sie auf *Hinzufügen* und dann auf *OK*.

5. Erweitern Sie unterhalb des Konsolenstamms im Navigationsbereich den Knoten *Active Directory-Schema* und klicken Sie auf *Attribute*. Eine lange Liste der Attribute wird angezeigt.

6. Um die Eigenschaften eines Attributs ändern zu können, müssen Sie dessen Namen kennen. Suchen Sie das Attribut, rechtsklicken Sie darauf und wählen Sie *Eigenschaften*.

7. Aktivieren Sie im Eigenschaftendialogfeld des ausgewählten Attributs – in Abbildung 1–22 ist beispielhaft *Eigenschaften von accountExpires* dargestellt – das Kontrollkästchen *Attribut in den globalen Katalog replizieren* und klicken Sie auf *OK*.

8. Schließen Sie die Verwaltungskonsole.

Abb. 1–22   Hinzufügen eines Attributs zum globalen Katalog

Klonen von Domänencontrollern

Mit den zuvor beschriebenen Verfahren lassen sich Domänencontroller relativ schnell und einfach bereitstellen. Wenn Sie jedoch viele größtenteils identische Server als Domänencontroller einrichten wollen, geht es schneller, sie zu klonen, insbesondere wenn die Domänencontroller virtualisiert sind.

In früheren Versionen war es nicht möglich, virtuelle Domänencontroller zu klonen, allerdings ist dies sowohl in Windows Server 2012 als auch 2016 erlaubt. Die Bereitstellung von Domänencontrollern durch Klonen bietet die folgenden Vorteile:

- **Schnelle Bereitstellung**   Klonen beschleunigt nicht nur die ursprüngliche Bereitstellung, sondern erlaubt es Ihnen auch, schneller auf den Ausfall eines Domänencontrollers zu reagieren, indem Sie einfach einen neuen Klon bereitstellen.

- **Reagieren auf erhöhte Nachfrage**   Wenn es in einer Zweigstelle oder an einem anderen Ort zu einer erhöhten Nachfrage kommt, können Sie rasch Klone bereitstellen, um sie zu befriedigen.

Erstellen eines Klons

Bevor Sie einen virtuellen Domänencontroller klonen, müssen Sie sich vergewissern, dass die Infrastruktur die folgenden Voraussetzungen erfüllt:

- **Windows Server 2012 oder höher**   Die Domänencontroller-VMs müssen Windows Server 2012 oder höher ausführen.

▨ **PDC-Emulator-Betriebsmaster** Der Betriebsmaster mit der Rolle des PDC-Emulators (»Primärer Domänencontroller«) muss auf einem Domänencontroller mit Windows Server 2012 oder höher laufen. Außerdem muss er online sein, wenn Sie die geklonten Domänencontroller zum ersten Mal starten.

▨ **VM-Generationskennung** Sie müssen einen Hypervisor verwenden, der Generationskennungen für virtuelle Maschinen unterstützt, z. B. Hyper-V auf Windows Server 2012.

Nachdem Sie die Voraussetzungen überprüft haben, können Sie einen virtuellen Domänencontroller auf die im Folgenden beschriebene Weise klonen. Der Vorgang läuft in zwei Phasen ab. Als Erstes müssen Sie den Quelldomänencontroller einrichten und dann einen oder mehr Zieldomänencontroller als Klone erstellen.

DEN QUELLCOMPUTER VORBEREITEN

1. Melden Sie sich als Mitglied der globalen Sicherheitsgruppe *Domänen-Admins* an Ihrem Domänencontroller an.

2. Öffnen Sie *Active Directory-Benutzer und -Computer*, erweitern Sie den Ordner *Benutzer* und führen Sie den Quellcomputer zur globalen Sicherheitsgruppe *Klonbare Domänencontroller* hinzu (siehe Abbildung 1–23).

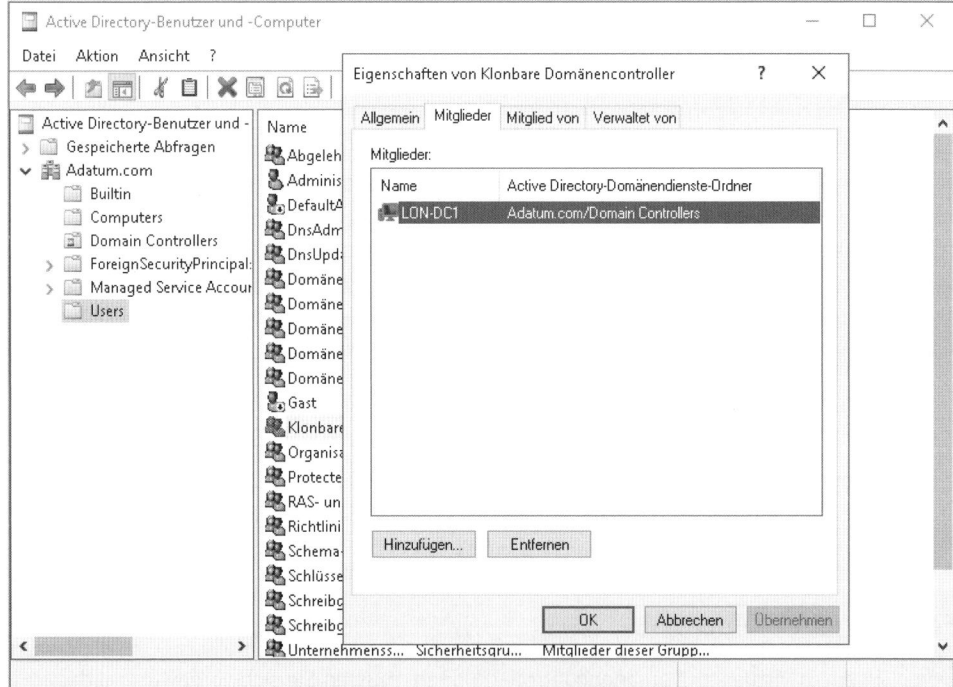

Abb. 1–23   Hinzufügen eines Servers zur Sicherheitsgruppe *Klonbare Domänencontroller*

3. Führen Sie das Windows PowerShell-Cmdlet `Get-ADDCCloningExcludedApplicationList` aus, um zu prüfen, dass alle Apps und Dienste auf dem Quelldomänencontroller klonfähig sind. Entfernen Sie alle Apps, bei denen dies nicht der Fall ist.

4. Führen Sie das Windows PowerShell-Cmdlet `Get-ADDCCloningExcludedApplicationList -GenerateXML` aus.

5. Führen Sie wie in Abbildung 1–24 gezeigt das Windows PowerShell-Cmdlet `New-ADDCClone-ConfigFile` aus, um die Datei *DCCloneConfig.xml* zu erstellen, die zur Konfiguration der Klone benötigt wird. Dabei geben Sie einen Computernamen, die IP-Konfiguration und den Standortnamen für den vorgesehenen Klon an. Diese Informationen werden in die genannte Datei geschrieben. Wollen Sie mehrere Klone erstellen, benötigt gewöhnlich jeder davon seine eigene *DCCloneConfig.xml*-Datei.

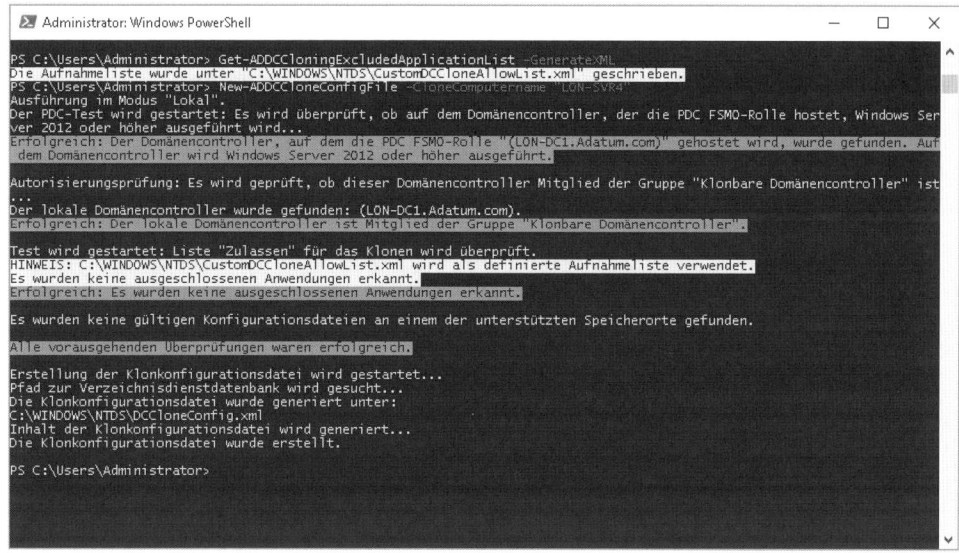

Abb. 1–24   Erstellen der Datei *DCCloneConfig.xml* mit der Windows PowerShell

6. Fahren Sie den virtuellen Quelldomänencontroller herunter.

7. Exportieren Sie wie folgt den virtuellen Quelldomänencontroller:

   • Rechtsklicken Sie im Navigationsbereich auf die VM des Quelldomänencontrollers und wählen Sie *Exportieren*.

   • Geben Sie im Textfeld *Speicherort* des Dialogfelds *Virtuellen Computer exportieren* den Ordner an, in dem die exportierte VM gespeichert werden soll, und klicken Sie auf *Exportieren*.

8. Wenn Sie mehrere Klone bereitstellen wollen, müssen Sie jetzt die *DCCloneConfig.xml*-Datei für jeden einzelnen davon bearbeiten. Stellen Sie dazu die virtuelle Festplatte für den Klon bereit, führen Sie das Cmdlet `New-ADDCCloneConfigFile` aus und legen Sie die besonderen Informationen für den Klon fest. Bei der Bereitstellung eines einzigen Klons lassen Sie diesen Schritt aus.

ERSTELLEN DER KLONE

1. Vergewissern Sie sich, dass der PDC-Emulator und ein globaler Katalogserver online sind und von den Klonen erkannt werden können.

2. Importieren Sie im Hyper-V-Manager die virtuelle Maschine:

   a. Klicken Sie im Aktionsbereich auf *Virtuellen Computer importieren*.

   b. Geben Sie auf der Seite *Ordner suchen* des Assistenten zum Importieren von virtuellen Maschinen den Pfad zu den exportierten VM-Dateien in das Textfeld *Ordner* ein und klicken Sie auf *Weiter*.

   c. Markieren Sie ggf. auf der Seite *Virtuellen Computer auswählen* aus Abbildung 1–25 die gewünschte virtuelle Maschine auf der Liste und klicken Sie auf *Weiter*.

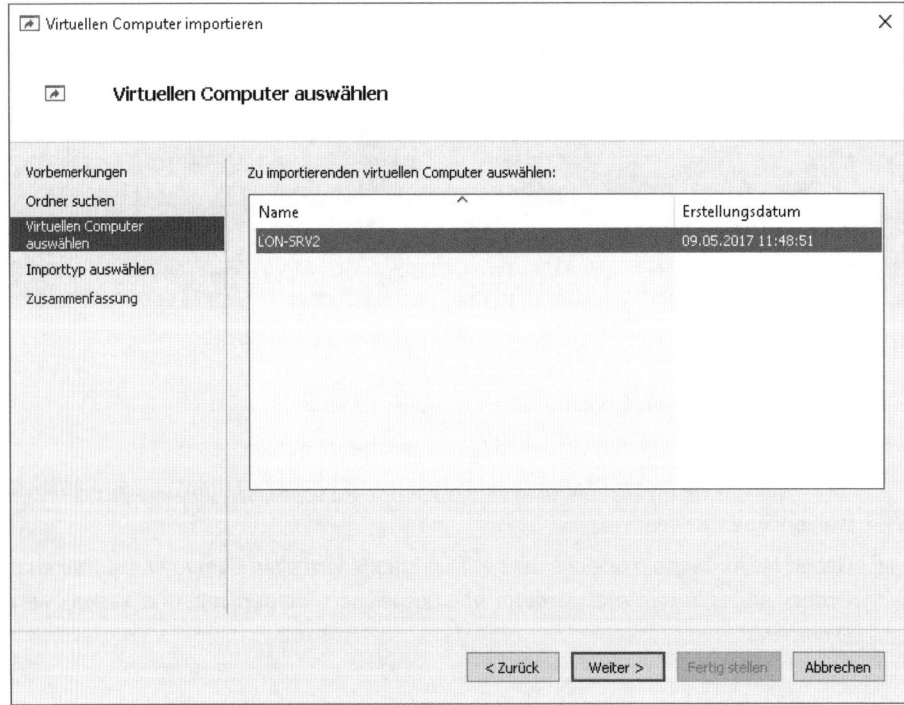

Abb. 1–25   Importieren einer virtuellen Maschine

3. Klicken Sie auf der Seite *Importtyp auswählen* aus Abbildung 1–26 auf *Virtuellen Computer kopieren (neue eindeutige ID erstellen)* und dann auf *Weiter*.

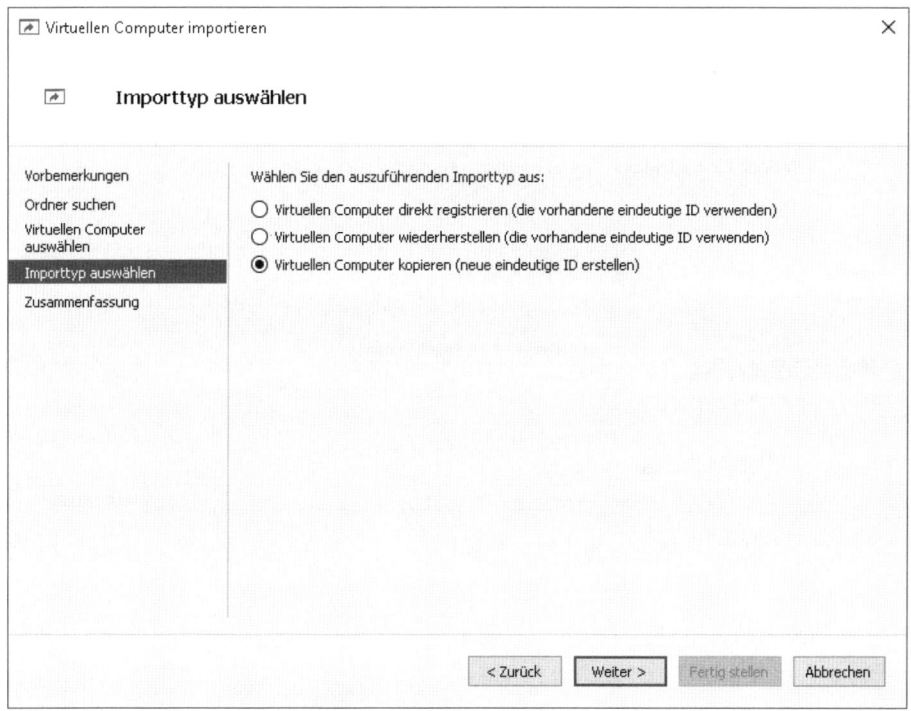

Abb. 1–26   Festlegen der Art des Imports

4. Aktivieren Sie auf der Seite *Ordner für die Dateien des virtuellen Computers auswählen* aus Abbildung 1–27 das Kontrollkästchen *Virtuellen Computer an einem anderen Speicherort speichern* und geben Sie für jeden Ordner einen geeigneten Pfad an. Klicken Sie dann auf *Weiter*.

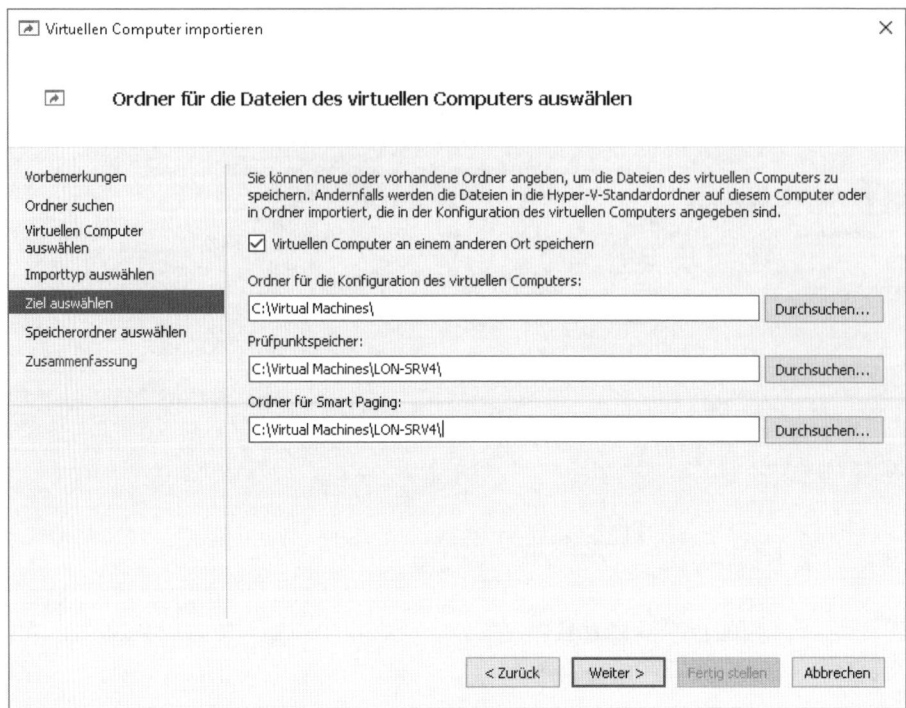

Abb. 1–27   Angeben des Speicherorts für die importierten VM-Dateien

5. Geben Sie auf der Seite *Ordner zum Speichern virtueller Festplatten auswählen* aus Abbildung 1–28 einen geeigneten Ordnerpfad an und klicken Sie auf *Weiter*.

6. Klicken Sie auf der Seite *Fertigstellen des Import-Assistenten* auf *Fertigstellen*. Die virtuelle Maschine wird jetzt importiert. Dies kann bis zu 20 Minuten dauern.

7. Benennen Sie die importierte virtuelle Maschine nach Abschluss des Imports im Navigationsbereich des Hyper-V-Managers um.

8. Klicken Sie im Aktionsbereich des Hyper-V-Managers auf die neu importierte virtuelle Maschine, dann auf *Start* und schließlich auf *Verbinden*, um das Hochfahren der VM zu beobachten. Während des Klonvorgangs wird die Meldung *Das Domänencontrollerklonen ist zu x% abgeschlossen* angezeigt.

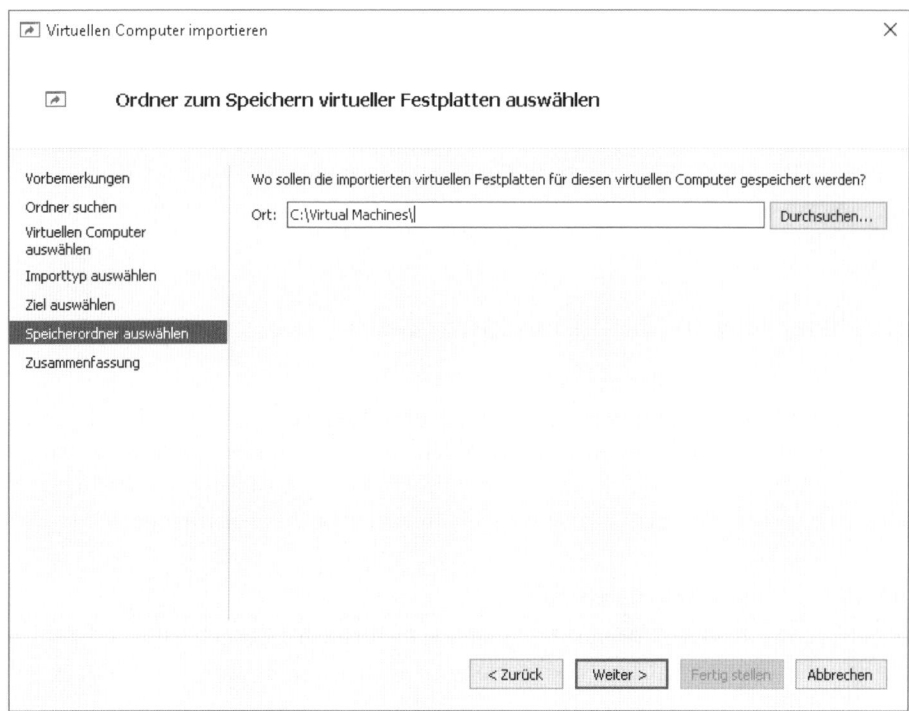

Abb. 1–28   Angeben des Speicherorts für die virtuellen Festplatten

---

HINWEIS   Zur Erinnerung

Vergewissern Sie sich, dass der PDC-Emulator und ein globaler Katalogserver online und für den Klon erreichbar sind.

Wenn der geklonte Domänencontroller hochfährt, geschieht Folgendes:

1. Der Klon prüft, ob eine Generationskennung für virtuelle Maschinen vorhanden ist. Sie ist erforderlich, und wenn sie fehlt, startet der Computer ganz normal (als würde es die Datei *DCCloneConfig.xml* nicht geben) oder benennt *DCCloneConfig.xml* um und startet im Wiederherstellungsmodus neu. In einem solchen Fall muss der Administrator nachsehen, warum keine VM-Generationskennung vorhanden ist.

2. Ist eine VM-Generationskennung vorhanden, prüft der Klon, ob sie sich geändert hat:

   - Hat sie sich nicht geändert, handelt es sich um den Quelldomänencontroller. Jegliche *DCCloneConfig.xml*-Datei wird umbenannt, und die VM wird normal hochgefahren.

   - Hat sie sich geändert, wird der Klonvorgang fortgesetzt. Sofern es die *DCCloneConfig.xml* gibt, ruft die VM den neuen Computernamen und die IP-Adresse daraus ab. Daraufhin wird die Initialisierung fortgeführt, um einen neuen Domänencontroller zu erstellen.

Aktualisieren von Domänencontrollern

Wenn Sie eine frühere Version von Windows Server verwenden und Ihre Domänencontroller auf Windows Server 2016 aktualisieren wollen, können Sie eine direkte Aktualisierung durchführen. Allerdings ist dieser Vorgang mit gewissen Risiken verbunden. Im Allgemeinen ist es besser, neue Windows Server 2016-Domänencontroller zu Ihrer bestehenden Infrastruktur hinzuzufügen und dann die Rollen auf diese neuen Servercomputer zu übertragen.

> **HINWEIS   Direkte Aktualisierung**
>
> Von einer direkten Aktualisierung spricht man, wenn Windows Server 2016 auf einem Servercomputer installiert wird, auf dem zurzeit eine frühere Version läuft, z. B. Windows Server 2008 R2.

Bevor Sie den ersten Windows Server 2016-Domänencontroller in einer vorhandenen Gesamtstruktur bereitstellen können, müssen Sie dafür sorgen, dass die aktuelle Gesamtstruktur- und Domänenfunktionsebene mindestens Windows Server 2008 ist. Dazu gehen Sie folgendermaßen vor:

1. Rechtsklicken Sie im Navigationsbereich von *Active Directory-Domänen und -Vertrauensstellungen* auf den Knoten *Active Directory-Domänen und -Vertrauensstellungen* und klicken Sie dann auf *Gesamtstrukturfunktionsebene heraufstufen*.

2. Im Dialogfeld *Gesamtstrukturfunktionsebene heraufstufen* wird die aktuelle Funktionsebene der Gesamtstruktur angezeigt (siehe Abbildung 1–29).

3. Klicken Sie ggf. in der Liste *Wählen Sie eine verfügbare Gesamtstrukturfunktionsebene aus* auf eine Funktionsebene höher als Windows Server 2008 und dann auf *Heraufstufen*.

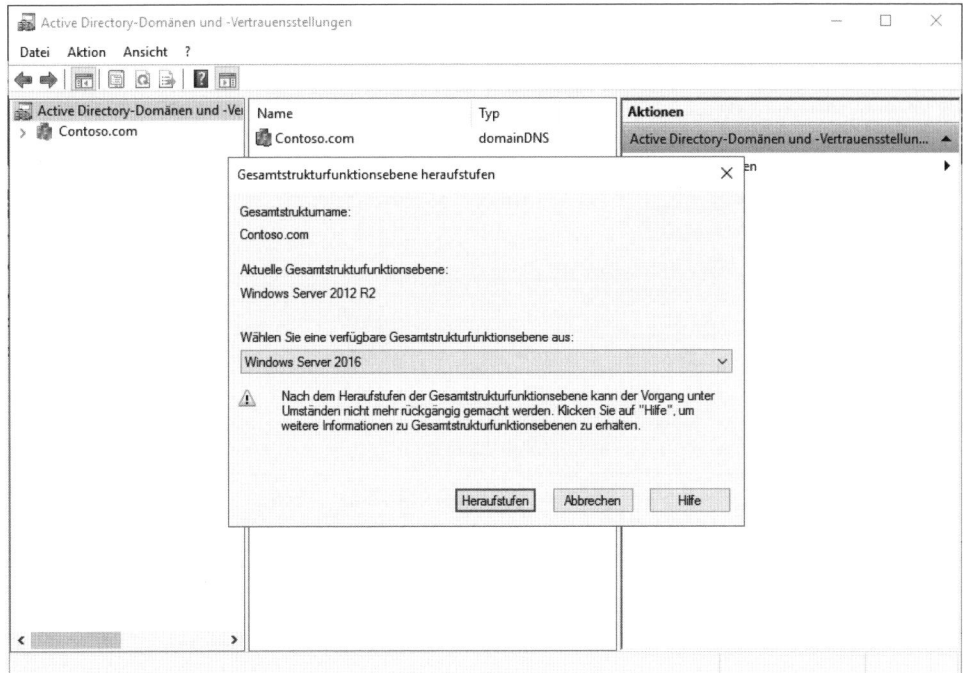

Abb. 1–29   Anheben der Gesamtstrukturfunktionsebene

4. Rechtsklicken Sie im Navigationsbereich auf die gewünschte AD DS-Domäne und wählen
    Sie *Domänenfunktionsebene heraufstufen*.

5. Im Dialogfeld *Domänenfunktionsebene heraufstufen* wird die aktuelle Funktionsebene der
    Domäne angezeigt (siehe Abbildung 1–30).

6. Klicken Sie ggf. in der Liste *Wählen Sie eine verfügbare Domänenfunktionsebene aus* auf
    eine Funktionsebene höher als Windows Server 2008 und dann auf *Heraufstufen*.

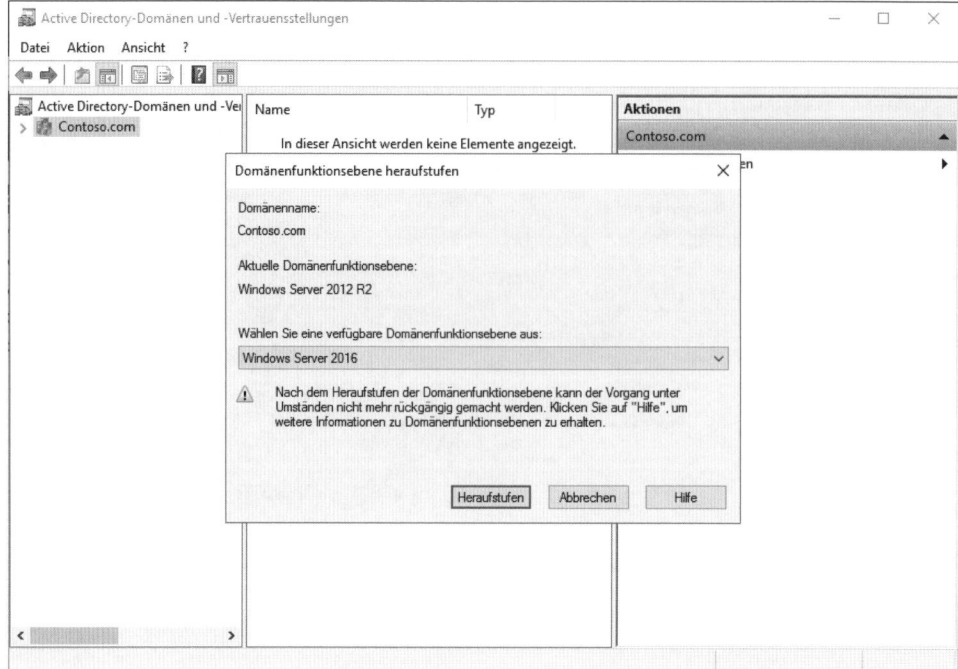

Abb. 1–30   Anheben der Domänenfunktionsebene

Falls Ihre Infrastruktur auf Windows Server 2008 oder Windows Server 2008 R2 beruht, müssen Sie nach dem Überprüfen und ggf. Anheben der Gesamtstruktur- und Domänenfunktionsebene noch folgende zusätzlichen Aufgaben ausführen:

 Gesamtstruktur vorbereiten   Führen Sie auf einem Domänencontroller in der vorhandenen Gesamtstruktur adprep /forestprep aus.

 Domäne vorbereiten   Führen Sie auf einem Domänencontroller in der vorhandenen Gesamtstruktur adprep /domainprep aus.

Wenn Ihre vorhandene Infrastruktur auf Windows Server 2012 oder höher basiert, erledigt der Konfigurations-Assistent der Active Directory-Domänendienste diese Schritte automatisch. Sie können sie allerdings nach wie vor als eigenständige Schritte ausführen.

PRÜFUNGSTIPP

Adprep.exe befindet sich im Ordner *\Support\Adprep* der Windows Server 2016-DVD.

Nachdem Sie die Vorarbeiten erledigt haben, können Sie nun den ersten Windows Server 2016-Domänencontroller bereitstellen. Dazu verwenden Sie die zuvor in diesem Kapitel beschriebenen Verfahren. Anschließend können Sie die Betriebsmasterrollen wie im nächsten Abschnitt beschrieben auf die neuen Windows Server 2016-Domänencontroller übertragen. Abschließend stufen Sie die alten Domänencontroller herunter und entfernen sie.

Übertragen und Übernehmen von Betriebsmasterrollen

Die AD DS-Datenbank unterstützt Multimaster-Aktualisierungen. Grob ausgedrückt bedeutet das, dass Änderungen an einer beliebigen Instanz dieser Datenbank vorgenommen werden können und dann auf alle Instanzen der Datenbank auf sämtlichen anderen Domänencontrollern der Gesamtstruktur repliziert werden.

Es gibt jedoch einige Vorgänge, für die die Multimaster-Aktualisierung nicht geeignet ist. Beispielsweise ist es sicherer, wenn Änderungen an Benutzerkennwörtern nur auf einem bestimmten Domänencontroller vorgenommen und dann an alle anderen repliziert werden.

Was sind Betriebsmasterrollen?

Für Änderungen, die besser auf einem bestimmten Servercomputer vorgenommen werden sollten, gibt es in Windows Server AD DS fünf Betriebsmasterrollen (auch FSMO-Rollen für »Flexible Single Master Operators« genannt). Zwei davon sind Betriebsmaster für die Gesamtstruktur:

- **Schemamaster**   Der Schemamaster pflegt das Schema und ist für die Weiterleitung von Änderungen an dem Schema an die anderen Kopien dieser AD DS-Partition auf sämtlichen anderen Domänencontrollern in der Gesamtstruktur verantwortlich. Da sich das Schema nur selten ändert, fällt eine vorübergehende Abwesenheit des Schemamasters oft gar nicht auf. Er muss allerdings online sein, wenn Sie Änderungen am Schema durchführen, beispielsweise wenn Sie eine Anwendung wie Exchange Server installieren, die zusätzliche Objekttypen und neue Attribute für bestehende Objekttypen erfordert.

- **Domänennamenmaster**   Der Domänennamenmaster kümmert sich darum, Domänen zur Gesamtstruktur hinzuzufügen oder daraus zu entfernen. Da solche Änderungen selten vorkommen, fällt eine vorübergehende Abwesenheit des Domänennamenmasters oft gar nicht auf.

PRÜFUNGSTIPP

Standardmäßig werden diese beiden Rollen dem ersten Domänencontroller in der Gesamtstruktur zugewiesen.

Abb. 1–31   Ermitteln der derzeitigen Inhaber von gesamtstrukturweiten Betriebsmasterrollen

Mit dem Windows PowerShell-Cmdlet `Get-ADForest` können Sie in Erfahrung bringen, welche Computer zurzeit die Rollen des Schema- und des Domänennamenmasters innehaben (siehe Abbildung 1–31).

Der Zuständigkeitsbereich der restlichen Betriebsmasterrollen beschränkt sich auf die jeweilige Domäne. Das heißt, dass jede Domäne ihre eigenen drei Betriebsmaster dieser Art haben muss. Es handelt sich dabei um folgende Rollen:

▪ **PDC-Emulator**   Dieser Betriebsmaster führt verschiedene unverzichtbare domänenweite Operationen aus:

  • Er dient als Zeitquelle der Domäne.

  • Er leitet Kennwortänderungen weiter.

  • Er bildet die Hauptquelle für die Bearbeitung von Gruppenrichtlinienobjekten.

▪ **Infrastrukturmaster**   Dieser Master unterhält Verweise auf andere Domänen und ist daher nur in Gesamtstrukturen mit mehreren Domänen erforderlich. Unter anderem sorgt der Infrastrukturmaster für die Integrität der Sicherheitszugriffssteuerungsliste eines Objekts, wenn diese Liste Sicherheitsprinzipale aus anderen Domänen enthält.

 PRÜFUNGSTIPP

Weisen Sie einem Infrastrukturmaster nicht die Rolle eines globalen Katalogservers zu, sofern die Gesamtstruktur aus mehr als einer Domäne besteht. Die einzige Ausnahme besteht dann, wenn sämtliche Domänencontroller globale Katalogserver sind, da die Rolle des Infrastrukturmasters dann redundant ist.

▪ **RID-Master**   Dieser Master weist ID-Blöcke zu den einzelnen Domänencontrollern in seiner Domäne zu. Jedes Objekt in einer Domäne benötigt eine eindeutige ID.

Mit dem Windows PowerShell-Cmdlet `Get-ADDomain` können Sie in Erfahrung bringen, welche Computer zurzeit die Rollen des PDC-Emulators, des Infrastruktur- und des RID-Masters innehaben (siehe Abbildung 1–32).

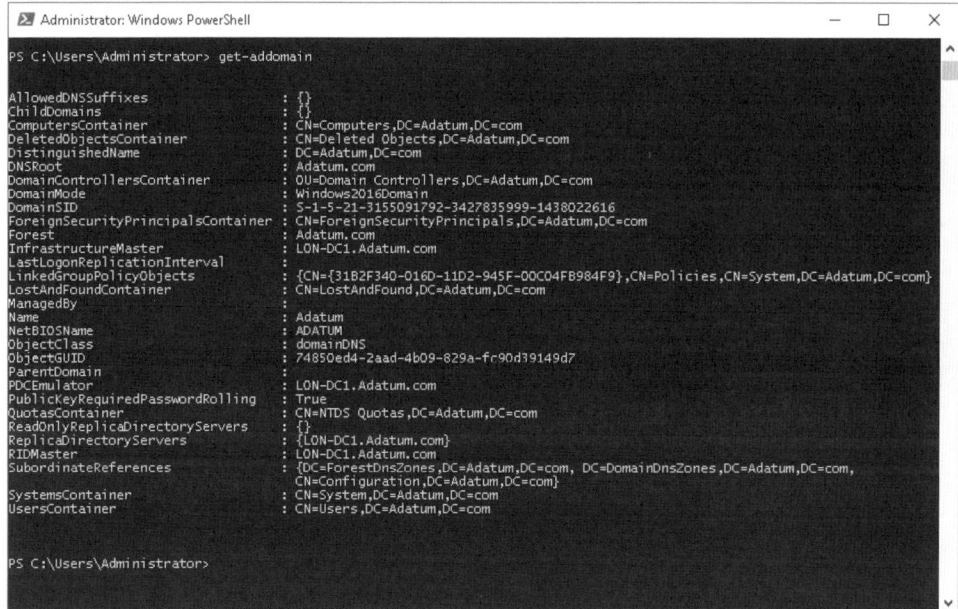

Abb. 1–32 Ermitteln der derzeitigen Inhaber von domänenweiten Betriebsmasterrollen

Wenn einer der gesamtstruktur- oder domänenweiten Betriebsmaster kurzzeitig nicht verfügbar ist, hat das gewöhnlich keine Auswirkungen auf den normalen Betrieb in der AD DS-Infrastruktur. Längere Ausfallzeiten dagegen können erhebliche Probleme nach sich ziehen.

Übertragen der Rollen

Wenn Sie einen Domänencontroller mit einer Betriebsmasterrolle längere Zeit herunterfahren müssen, können Sie die Rolle auf einen anderen Servercomputer übertragen. Verwenden Sie dazu die jeweils passende der folgenden Vorgehensweisen.

Für den Schemamaster:

1. Öffnen Sie auf dem Domänencontroller, auf den Sie die Rolle übertragen wollen, die Konsole *Active Directory-Schema*.

2. Rechtsklicken Sie im Navigationsbereich auf den Knoten *Active Directory-Schema* und klicken Sie dann auf *Active Directory-Domänencontroller ändern*. Wählen Sie den Domänencontroller aus, auf den Sie die Rolle übertragen wollen, und klicken Sie auf *OK*.

3. Rechtsklicken Sie im Navigationsbereich auf den Knoten *Active Directory-Schema* und klicken Sie dann auf *Betriebsmaster*.

4. Vergewissern Sie sich im Dialogfeld *Schemamaster ändern* aus Abbildung 1–33, dass der Zieldomänencontroller in dem Textfeld *Ändern* aufgeführt wird, klicken Sie auf *Ändern*, auf *Ja*, auf *OK* und dann auf *Schließen*.

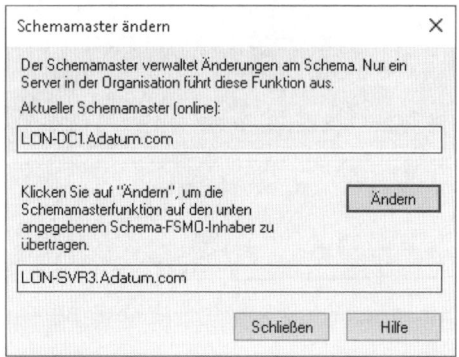

Abb. 1–33   Übertragen der Schemamasterrolle

Für den Domänennamenmaster:

1. Öffnen Sie auf dem Zieldomänencontroller die Konsole *Active Directory-Domänen und -Vertrauensstellungen*.

2. Rechtsklicken Sie im Navigationsbereich auf den Knoten *Active Directory-Domänen und -Vertrauensstellungen* und klicken Sie dann auf *Active Directory-Domänencontroller ändern*. Wählen Sie den Domänencontroller aus, auf den Sie die Rolle übertragen wollen, und klicken Sie auf *OK*.

3. Rechtsklicken Sie im Navigationsbereich auf den Knoten *Active Directory-Domänen und -Vertrauensstellungen* und klicken Sie dann auf *Betriebsmaster*.

4. Vergewissern Sie sich im Dialogfeld *Betriebsmaster*, dass der Zieldomänencontroller in dem Textfeld *Ändern* aufgeführt wird, klicken Sie auf *Ändern*, auf *Ja*, auf *OK* und dann auf *Schließen*.

Für jede der drei domänenweiten Betriebsmasterrollen:

1. Öffnen Sie auf dem Zieldomänencontroller die Konsole *Active Directory-Benutzer und -Computer*.

2. Rechtsklicken Sie im Navigationsbereich auf die gewünschte Domäne und klicken Sie dann auf *Betriebsmaster*.

3. Vergewissern Sie sich auf der Registerkarte *RID*, *PDC* bzw. *Infrastruktur* des Dialogfelds *Betriebsmaster*, dass der Zieldomänencontroller in dem Textfeld *Ändern* aufgeführt wird (siehe Abbildung 1–34). Klicken Sie auf *Ändern*, auf *Ja*, auf *OK* und dann auf *Schließen*.

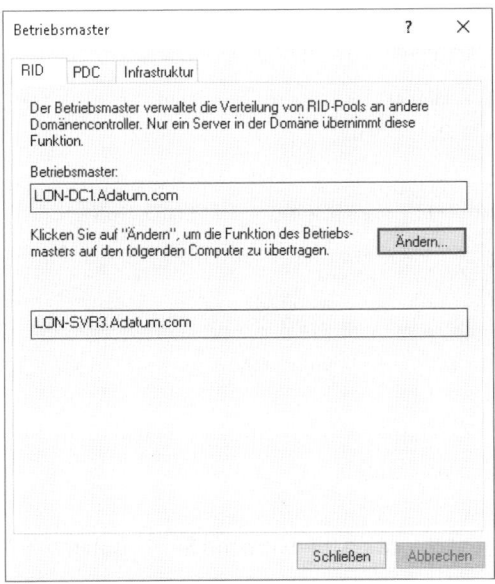

Abb. 1–34   Übertragen der domänenweiten Betriebsmasterrollen

Sie können die Rollen auch mit dem Windows PowerShell-Cmdlet `Move-ADDirectoryServer-OperationMasterRole` verschieben. Um beispielsweise die Rolle des PDC-Emulators auf den Computer *LON-SVR3* zu übertragen, verwenden Sie folgenden Befehl:

```
Move-ADDirectoryServerOperationMasterRole -Identity "LON-SVR3"
-OperationMasterRole PDCEmulator
```

Übernehmen von Rollen

Der Ausfall eines Betriebsmasters lässt sich nicht immer vorhersehen. Wenn ein Domänencontroller, der eine dieser Rollen innehat, nicht mehr zugänglich ist und Sie ihn nicht rasch wieder in Betrieb nehmen können, können Sie einen anderen Computer die betroffene Betriebsmasterrolle übernehmen lassen.

Diese Aufgabe lässt sich nicht über die Verwaltungskonsole erledigen. Stattdessen müssen Sie das Cmdlet `Move-ADDirectoryServerOperationMasterRole -force` verwenden. Den einzelnen Rollen sind numerische Bezeichner zugewiesen, die Sie in Tabelle 1–1 finden.

Bezeichner	Rolle
0	PDC-Emulator
1	RID-Master
2	Infrastrukturmaster
3	Schemamaster
4	Domänennamenmaster

Tab. 1–1   Betriebsmasterrollen

Um beispielsweise die Rollen des PDC-Emulators, des RID- und des Infrastrukturmasters auf *LON-SVR3* zu übernehmen, geben Sie folgende Befehle ein:

```
Move-ADDirectoryServerOperationMasterRole -Identity "LON-SVR3"
-OperationMasterRole 0,1,2 -Force
```

WEITERE INFORMATIONEN   **Verschieben von FSMO-Rollen**

Weitere Informationen über das Verschieben von FSMO-Rollen finden Sie auf der Microsoft TechNet-Website unter:

http://social.technet.microsoft.com/wiki/contents/articles/6736.move-transfering-or-seizing-fsmo-roles-with-ad-powershell-command-to-another-domain-controller.aspx

Zum Übertragen und Übernehmen von Betriebsmasterrollen können Sie auch das Befehlszeilenwerkzeug Ntdsutil.exe verwenden.

WEITERE INFORMATIONEN   **Verschieben von FSMO-Rollen mit Ntdsutil.exe**

Weitere Informationen über das Verschieben von FSMO-Rollen mit Ntdsutil.exe finden Sie auf der Microsoft-Website unter:

https://support.microsoft.com/de-de/kb/255504

Lösen von Problemen bei der Registrierung von DNS-SRV-Einträgen

Damit DNS-Clients die von AD DS bereitgestellten Dienste finden können, registrieren Domänencontroller SRV-Einträge (Service Location) in DNS (siehe Abbildung 1–35). Wenn sich beispielsweise ein Benutzer an einem Windows 10-Computer anmeldet, ruft das Betriebssystem über DNS eine Liste der benachbarten Domänencontroller ab, die Authentifizierungsdienste bereitstellen.

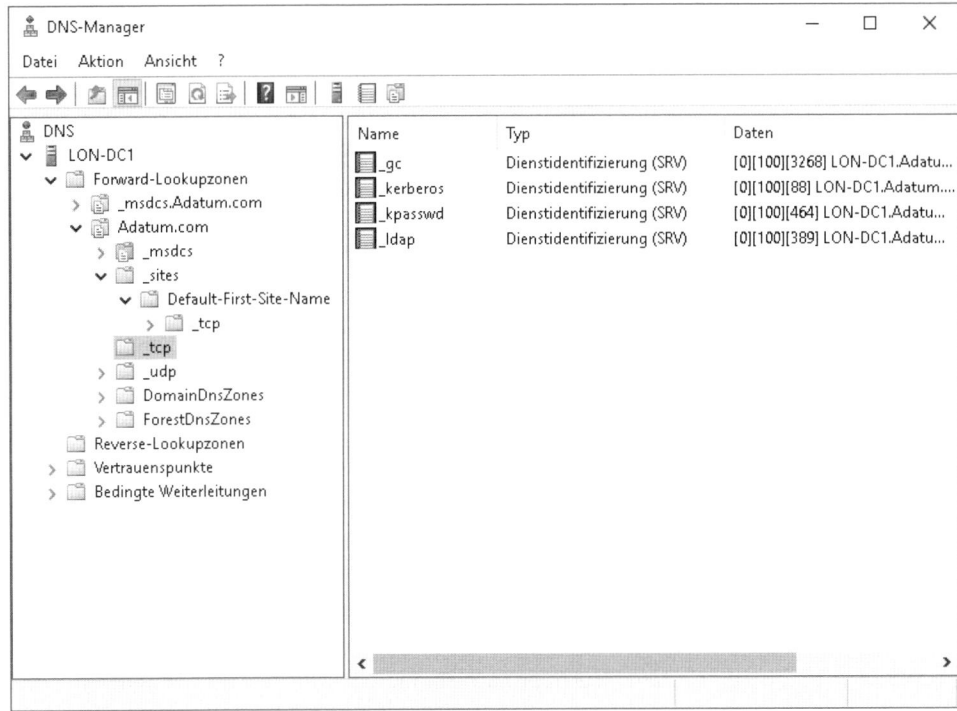

Abb. 1–35   SRV-Einträge von AD DS in der DNS-Verwaltungskonsole

Ein SRV-Eintrag besteht aus verschiedenen Elementen, die zusammengenommen den AD DS-Dienst identifizieren, nämlich Dienst, Protokoll, Priorität und Gewichtung, Protokollport und vollqualifizierter Domänenname (FQDN) des Hosts, der den Dienst anbietet (siehe Abbildung 1–36).

Abb. 1–36   Der SRV-Eintrag für den globalen Katalog der Domäne *Adatum.com*

Wenn beispielsweise ein Computer mit Microsoft Exchange Server versucht, einen Domänencontroller mit globalem Katalog in der Domäne *Adatum.com* ausfindig zu machen, fragt er DNS nach *_gc._tcp.Adatum.com* ab.

Damit die Clients Zugriff auf AD DS-Dienste erhalten, die geografisch in der Nähe liegen, werden in den DNS-SRV-Einträgen auch Informationen über die Standorte vorgehalten. Wenn ein Windows 10-Computer startet, sucht er nach standortspezifischen SRV-Einträgen in DNS. Eine typische DNS-Antwort auf die Abfrage eines Clients enthält Folgendes:

- Eine Liste der Domänencontroller am Standort des Clients
- Eine Liste der Domänencontroller am nächstliegenden Standort, falls am eigenen Standort kein Domänencontroller verfügbar ist und die Gruppenrichtlinieneinstellung *Am nächstgelegenen Standort suchen* aktiviert ist
- Eine willkürliche Liste verfügbarer Domänencontroller in der Domäne, falls es am nächstliegenden Standort keinen Domänencontroller gibt

Behebung von Registrierungsproblemen

Jeder Domänencontroller führt den Dienst NETLOGON aus, der unter anderem dafür zuständig ist, die SRV-Einträge der Domänencontroller in DNS zu registrieren. Wenn Sie feststellen, dass die SRV-Einträge eines Domänencontrollers nicht korrekt in DNS erscheinen, starten Sie den NETLOGON-Dienst neu. Das sollte für eine ordnungsgemäße Registrierung der Einträge sorgen.

Sie können auch das Befehlszeilenwerkzeug Nslookup.exe verwenden, um zu überprüfen, ob die SRV-Einträge korrekt registriert werden. Um sich beispielsweise zu vergewissern, dass die Einträge für die Domäne *Adatum.com* richtig registriert sind, gehen Sie an einer Eingabeaufforderung wie folgt vor:

1. Geben Sie nslookup ein und drücken Sie die Eingabetaste.

2. Geben Sie set type=all ein und drücken Sie die Eingabetaste.

3. Geben Sie _ldap._tcp.dc._msdcs.Adatum.com ein und drücken Sie die Eingabetaste.

Dadurch erhalten Sie eine Ausgabe wie in Abbildung 1–37.

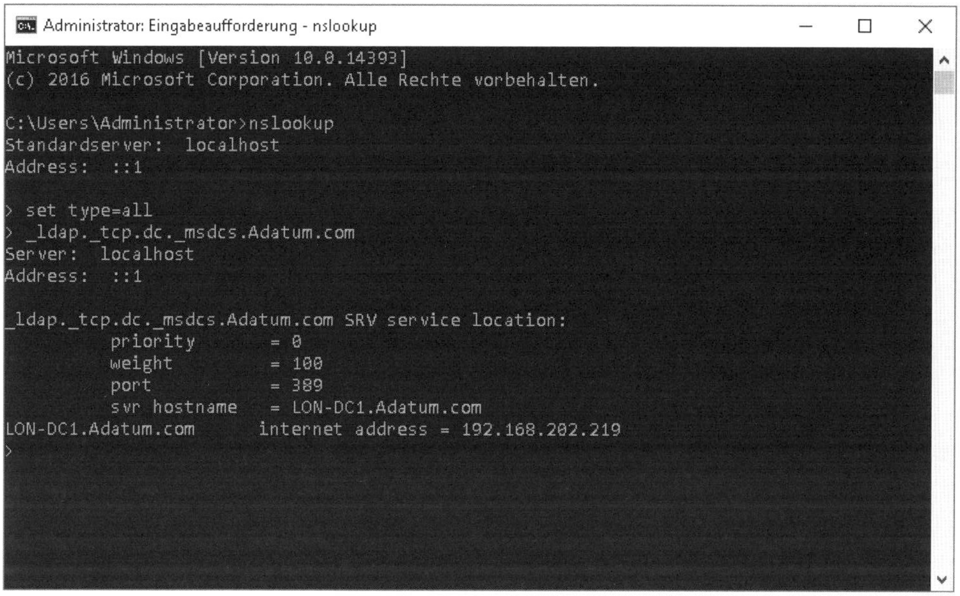

Abb. 1–37   Suche nach Fehlern bei der Registrierung von DNS-SRV-Einträgen mit Nslookup

Prüfungsziel 1.2:
Erstellen und Verwalten von Active Directory-Benutzern und -Computern

Nachdem Sie die Domänencontroller installiert und bereitgestellt haben, füllen Sie AD DS mit Objekten wie Benutzern und Computern. Für diese Verwaltungsaufgaben stehen verschiedene grafische Werkzeuge im Server-Manager zur Verfügung. Sie können jedoch auch die Windows PowerShell nutzen, um sie zu automatisieren.

Inhalt dieses Abschnitts:

- Erstellen, Kopieren, Konfigurieren und Löschen von Benutzern und Computern
- Durchführen eines Offline-Domänenbeitritts
- Einrichten von Benutzerrechten
- Durchführen von Active Directory-Massenoperationen

Erstellen, Kopieren, Konfigurieren und Löschen von Benutzern und Computern

Für jeden Benutzer in Ihrer Organisation müssen Sie ein Benutzerkonto in AD DS anlegen. Dieses Konto identifiziert die Person, wenn sie versucht, Aufgaben auszuführen (Rechte) oder auf Ressourcen zuzugreifen (Berechtigungen).

In einem Benutzerkonto können Sie Eigenschaften (Attribute) angeben, die den Benutzer genauer beschreiben. Dazu gehören der vollständige Name, Kontaktdaten, die Rolle in der Organisation, die Abteilung und viele weitere Einstellungen, die festlegen, was die Person in dem Netzwerk tun kann.

Bevor Sie damit beginnen, müssen Sie sich etwas Zeit nehmen, um ein Namenssystem für Benutzerkonten festzulegen. Ein Kontoname muss den zugehörigen Benutzer eindeutig identifizieren und in der Organisation einmalig sein. Viele Organisationen verwenden eine Kombination aus dem Nachnamen und dem Anfangsbuchstaben des Vornamens o. Ä. In einer großen Organisation müssen Sie das System genau bedenken, da es oft mehrere Benutzer mit demselben Nachnamen und manchmal sogar mit demselben Vor- und Nachnamen gibt.

In AD DS müssen jedoch nicht nur die Benutzer über ein Konto verfügen. Computer, die Verbindung mit den Netzwerkressourcen der Organisation aufnehmen, müssen ebenfalls identifiziert werden. Das ist in mancher Hinsicht einfacher, da Sie die Entscheidung über den Computerkontonamen treffen, wenn Sie den Computer bereitstellen, und die Benennung bei der Installation durchführen. Es ist wichtig, die Namen der Computer für die Benutzer sorgfältig zu wählen.

Hinzufügen von Benutzerkonten

Es gibt verschiedene Werkzeuge, um Benutzerkonten zu erstellen und zu verwalten, nämlich die Windows PowerShell, das Befehlszeilenwerkzeug `dsadd.exe`, *Active Directory-Benutzer und -Computer* (siehe Abbildung 1–38) und das *Active Directory-Verwaltungscenter* (siehe Abbildung 1–39). In den Beschreibungen in diesem Kapitel verwenden wir *Active Directory-Benutzer und -Computer* und die Windows PowerShell.

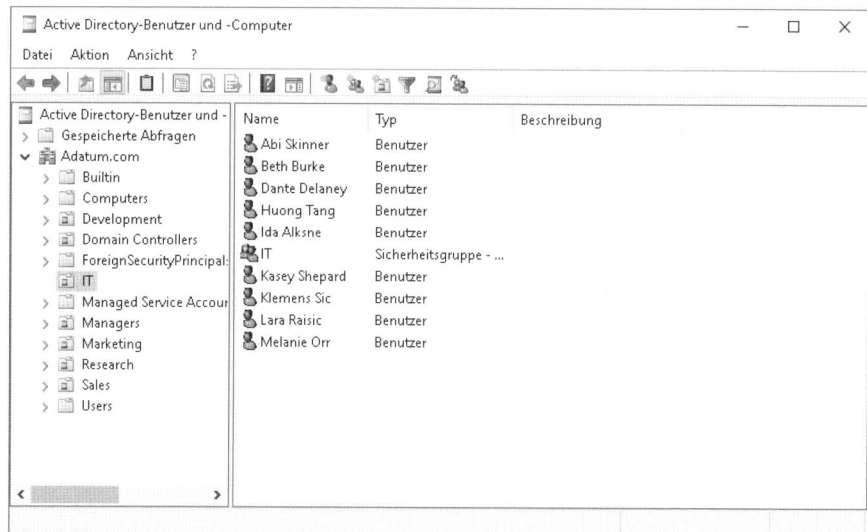

Abb. 1–38   *Active Directory-Benutzer und -Computer*

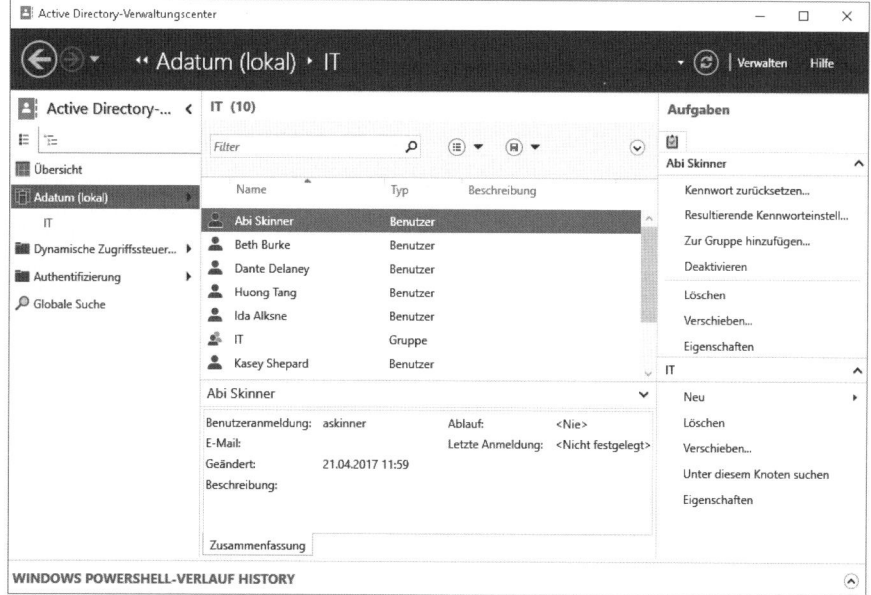

Abb. 1–39   *Active Directory-Verwaltungscenter*

Nachdem Sie ein Namenssystem für Benutzerkonten aufgestellt haben, können Sie die folgende Vorgehensweise nutzen, um Benutzerkonten hinzuzufügen:

1. Melden Sie sich als Mitglied der globalen Sicherheitsgruppe *Domänen-Admins* an.

 PRÜFUNGSTIPP

Sie können sich auch als Mitglied der Gruppe *Konten-Operatoren* anmelden. Mitglieder dieser Gruppe haben ausreichend Rechte, um Aufgaben der Kontoverwaltung durchzuführen.

---

2. Öffnen Sie *Active Directory-Benutzer und -Computer* und markieren Sie die Organisationseinheit, in der Sie das Benutzerkonto erstellen möchten.

 PRÜFUNGSTIPP

Sie können Benutzerkonten auch in den Containern *Builtin*, *Computers* und *Users* erstellen, aber die empfohlene Vorgehensweise besteht darin, die Benutzer in der jeweils zugehörigen Organisationseinheit zu sammeln, um die Verwaltung zu erleichtern.

---

3. Rechtsklicken Sie auf die Organisationseinheit, zeigen Sie auf *Neu* und wählen Sie *Benutzer*.

4. Geben Sie im Dialogfeld *Neues Objekt – Benutzer* aus Abbildung 1–40 die folgenden Informationen ein und klicken Sie dann auf *Weiter*:

   - **Vorname, Mittelinitial und Nachname**   Damit sollte der Benutzer eindeutig bezeichnet sein. Diese Elemente werden zum vollständigen Benutzernamen kombiniert, der innerhalb des AD DS-Containers, in dem der Benutzer erstellt wird, eindeutig sein muss. Es ist jedoch ratsam, dafür zu sorgen, dass der Name auch innerhalb der Gesamtstruktur eindeutig ist.

   - **Benutzeranmeldename**   Dieser Name wird mit dem daneben angegebenen Suffix (in Abb. 1–40 @*Adatum.com*) kombiniert, um den Benutzerprinzipalnamen (User Principal Name, UPN) zu bilden, z. B. *BurkeB@Adatum .com*. Der UPN muss innerhalb der Gesamtstruktur eindeutig sein. Als UPN-Suffix wird gewöhnlich der Name der Domäne verwendet, in der Sie das Konto hinzufügen. Es ist jedoch auch möglich, in *Active Directory-Domänen und -Vertrauensstellungen* zusätzliche UPN-Suffixe zu definieren.

   - **Benutzeranmeldename (Prä-Windows 2000)**   Dieser Name wird manchmal auch als SAM-Kontoname bezeichnet. Er muss innerhalb der Domäne eindeutig sein.

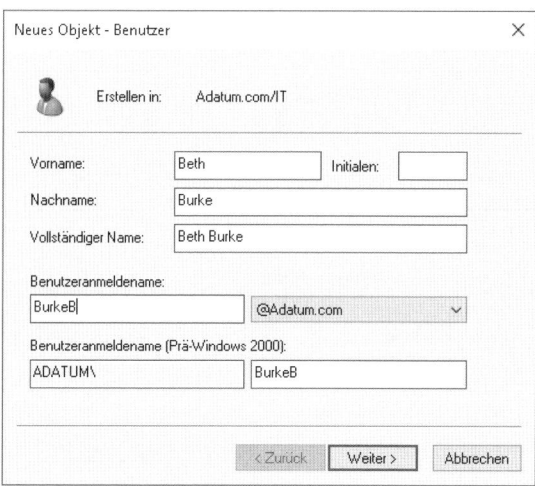

Abb. 1–40   Hinzufügen eines Benutzerkontos

5. Geben Sie als Nächstes ein Kennwort ein, das den aktuellen Komplexitätsregeln der Domäne genügt, und bestätigen Sie es (siehe Abbildung 1–41). Richten Sie dann die weiteren Einstellungen ein und klicken Sie auf *Weiter*.

*   **Benutzer muss Kennwort bei der nächsten Anmeldung ändern**   Es ist empfehlenswert, die Benutzer dazu zu zwingen, bei der ersten Anmeldung ein neues Kennwort zu wählen.

*   **Benutzer kann Kennwort nicht ändern**   Aktivieren Sie diese Option für besondere Benutzerkonten, die nicht von einer Person, sondern von einer App oder einem Dienst verwendet werden. Diese Option und *Benutzer muss Kennwort bei der nächsten Anmeldung ändern* schließen sich gegenseitig aus.

*   **Kennwort läuft nie ab**   Auch diese Option ist für Sonderkonten gedacht, die von einer App oder einem Dienst verwendet werden. Diese Option und *Benutzer muss Kennwort bei der nächsten Anmeldung ändern* schließen sich gegenseitig aus.

*   **Konto ist deaktiviert**   Benutzerkonten sollten so lange deaktiviert bleiben, bis der Benutzer bereit ist, sich zum ersten Mal anzumelden. In vielen Organisationen werden Benutzer- und E-Mail-Konten für neue Mitarbeiter schon geraume Zeit vor ihrem ersten Arbeitstag erstellt. Es ist allerdings keine sichere Vorgehensweise, unbenutzte Benutzerkonten mit dem ursprünglichen Konto aktiviert zu lassen.

Abb. 1–41   Einrichten der Kennwort- und Kontooptionen

6. Klicken Sie zum Abschluss auf *Fertig stellen*.

Nach dem Erstellen des Kontos können Sie Gruppenmitgliedschaften, organisatorische Angaben und besondere Eigenschaften ergänzen. Gehen Sie dazu auf folgende Weise vor:

1. Suchen Sie in *Active Directory-Benutzer und -Computer* die Organisationseinheit mit dem neuen Benutzerkonto.

2. Rechtsklicken Sie auf das Konto und wählen Sie *Eigenschaften*. Es gibt eine große Menge an einstellbaren Eigenschaften für Benutzerkonten, doch am wichtigsten sind die im Folgenden vorgestellten.

3. Klicken Sie im Eigenschaftendialogfeld für den Benutzer auf die Registerkarte *Konto* aus Abbildung 1–42 und richten Sie folgende Eigenschaften ein:

Abb. 1–42 Einstellen der Eigenschaften eines Benutzerkontos

- **Anmeldezeiten** Geben Sie die Wochentage und die Tageszeiten an, zu denen das Konto genutzt werden kann. Die Standardeinstellung lautet *Immer*.

- **Anmelden an** Legen Sie fest, an welchen Computern sich das Benutzerkonto anmelden kann. Die Standardeinstellung lautet *Alle Computer*.

- **Kontosperrung aufheben** Diese Option steht nur zur Verfügung, wenn das Konto gesperrt wurde. Das kann geschehen, wenn der Benutzer versucht hat, sich mit einem falschen Kennwort anzumelden und dabei den Grenzwert für mögliche Fehleingaben überschritten hat.

- **Kontooptionen** Neben den bereits beim Erstellen des Kontos festgelegten Optionen (*Benutzer muss Kennwort bei der nächsten Anmeldung ändern* usw.) können Sie hier erweiterte Optionen für Konten einrichten, die mehr Sicherheit erfordern. Unter anderem finden Sie hier die Einstellungen *Benutzer muss sich mit einer Smartcard anmelden*, *Konto ist vertraulich und kann nicht delegiert werden* und *Dieses Konto unterstützt Kerberos-AES-256-Bit-Verschlüsselung*.

- **Konto läuft ab** Hier können Sie ein Ablaufdatum für das Konto angeben. Das ist eine praktische Einstellung für die Konten von Werkstudenten oder Mitarbeitern mit Zeitarbeitsvertrag. Nachdem das Konto abgelaufen ist, können Sie es dem nächsten Werkstudenten zuwiesen und eine neue Ablaufzeit festlegen.

4. Richten Sie auf der Registerkarte *Profil* aus Abbildung 1–43 die folgenden Einstellungen ein:

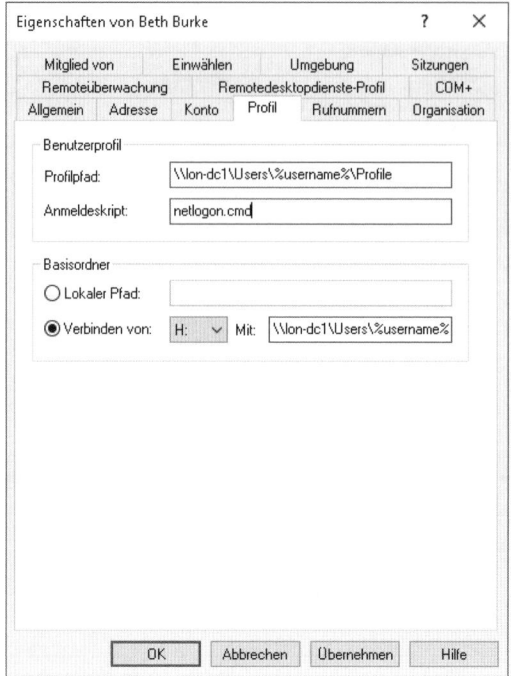

Abb. 1–43   Einstellen der Eigenschaften des Benutzerprofils

- **Profilpfad**   Wenn Sie einen Profilpfad mit einem freigegebenen Ordner festlegen, nimmt der Benutzer seine Desktop- und App-Einstellungen zu allen Rechnern mit. Beim Abmelden werden die Desktop- und App-Einstellungen an dem angegebenen Speicherort festgehalten. Legen Sie einen UNC-Namen fest und definieren Sie mit der Variablen *%username%* einen Unterordner des freigegebenen Ordners. In dem Beispiel aus Abbildung 1–43 zeigt der UNC-Name auf den freigegebenen Ordner *Users* auf dem Server *LOND-DC1*. Wenn Sie auf *Übernehmen* klicken, wird automatisch ein Unterordner mit dem Namen des Benutzerkontos und darunter wiederum ein Unterordner für das Benutzerprofil angelegt (siehe Abbildung 1–44).

- **Anmeldeskript**   Geben Sie den Namen einer Batchdatei an, die als Anmeldeskript für den Benutzer verwendet werden soll. Dabei dürfen Sie den Pfad zu der Datei nicht angeben. Stattdessen müssen sich alle Skripte in dem freigegebenen Ordner *NOTLOGON* befinden (der zu *SYSVOL* gehört), sodass sie auf alle Domänencontroller repliziert werden können. Diese Einstellung wird nur selten genutzt, da Anmeldeskripte gewöhnlich mithilfe von Gruppenrichtlinienobjekten bereitgestellt werden.

- **Basisordner** Es ist empfehlenswert, persönliche Speicherbereiche für die einzelnen Benutzer vorzuhalten, sogenannte *Basisordner*. Wenn Sie mit der Variablen *%username%* einen Unterordner unter einem geeigneten freigegebenen Ordner anlegen, wird der automatisch angelegte Basisordner für den Benutzer mit dem Benutzernamen bezeichnet. Geben Sie einen Laufwerksbuchstaben an, der als Verweis auf den Basisordner des Benutzers verwendet werden kann.

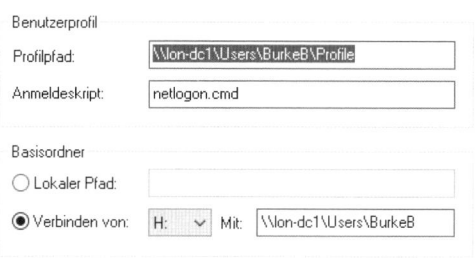

Abb. 1–44 Anwenden von Benutzerprofiloptionen

5. Fügen Sie den Benutzer auf der Registerkarte *Mitglied von* aus Abbildung 1–45 den gewünschten Gruppen hinzu und klicken Sie auf *OK*. Gruppen werden im Abschnitt zum nächsten Prüfungsziel erläutert.

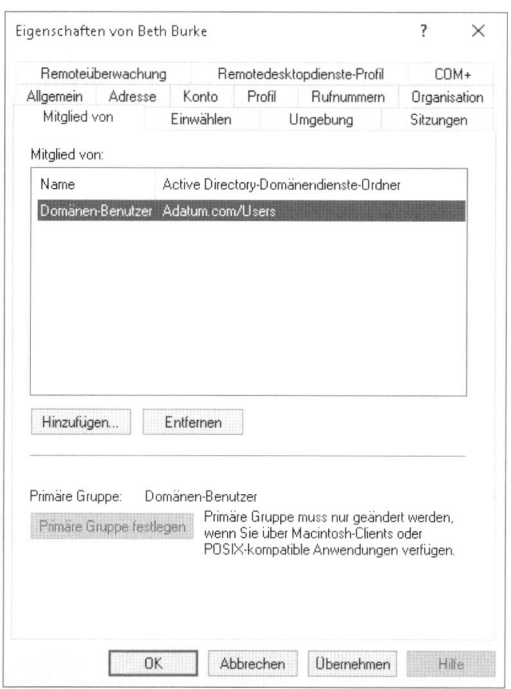

Abb. 1–45 Festlegen der Gruppenmitgliedschaften

PRÜFUNGSTIPP

Legen Sie die erforderlichen freigegebenen Ordner an, bevor Sie die ersten Benutzerkonten erstellen. Dadurch kann Windows Server automatisch die erforderlichen
Unterordner für die Benutzer anlegen und ihnen die passenden Berechtigungen
zuweisen. Wenn Sie das Konto kopieren, wird die Variable *%username%* durch den
Namen des Kontos ersetzt, das Sie als Kopie erstellen.

Einrichten von Vorlagen

Wenn Sie viele ähnliche Konten hinzufügen müssen, können Sie Vorlagen verwenden, um den
Vorgang zu beschleunigen. Bei einer solchen Vorlage handelt es sich um ein gewöhnliches
Benutzerkonto mit den Eigenschaften und Einstellungen, die den geplanten Benutzerkonten
gemeinsam sind. Kopieren Sie dieses Konto in *Active Directory-Benutzer und -Computer* und
nehmen Sie anschließend die individuellen Einstellungen vor:

- Vorname und Nachname
- Vollständiger Name
- Benutzeranmeldename
- Kennwort

PRÜFUNGSTIPP

Sie sollten die Kontovorlage deaktivieren und die Einstellung *Benutzer kann Kennwort nicht ändern* festlegen, um zu verhindern, dass dieses Konto tatsächlich benutzt
wird.

Beim Kopieren der Vorlage werden die folgenden Kontoeigenschaften übernommen:

- Gruppenmitgliedschaften
- Basisordner
- Profileinstellungen
- Anmeldeskripte
- Anmeldezeiten
- Kennworteinstellungen
- Abteilungsname
- Vorgesetzter

PRÜFUNGSTIPP

Die Verwendung einer Kontovorlage klingt zwar verführerisch, allerdings gibt es einfachere und schnellere Möglichkeiten zur Massenverwaltung von Konten. Um mehrere Konten zu erstellen, verwenden die meisten Administratoren Windows PowerShell-Skripte.

Benutzerkonten verwalten

In *Active Directory-Benutzer und -Computer* und in der Windows PowerShell können Sie die folgenden Verwaltungsaufgaben für Benutzerkonten durchführen:

- **Kennwort zurücksetzen** Rechtsklicken Sie auf das gewünschte Benutzerkonto und wählen Sie *Kennwort zurücksetzen*. In der Windows PowerShell verwenden Sie das Cmdlet Set-ADAccountPassword. Um beispielsweise das Kennwort von Beth Burke zurückzusetzen, geben Sie folgenden Befehl ein:

  ```
  Set-ADAccountPassword 'CN=Beth Burke,OU=IT,DC=Adatum,DC=com'
  -Reset -NewPassword (ConvertTo-SecureString -AsPlainText
  "Pa55w.rd" -Force)
  ```

- **Kontosperrung aufheben** Rechtsklicken Sie auf das gewünschte Benutzerkonto und wählen Sie *Entsperren*. In der Windows PowerShell verwenden Sie das Cmdlet Unlock-ADAccount.

- **Konto umbenennen** Rechtsklicken Sie auf das gewünschte Benutzerkonto und wählen Sie *Umbenennen*. Geben Sie den neuen vollständigen Namen ein und drücken Sie die Eingabetaste. Machen Sie im Dialogfeld *Benutzer umbenennen* aus Abbildung 1–46 die erforderlichen Angaben und klicken Sie auf *OK*. In der Windows PowerShell verwenden Sie das Cmdlet Rename-ADObject.

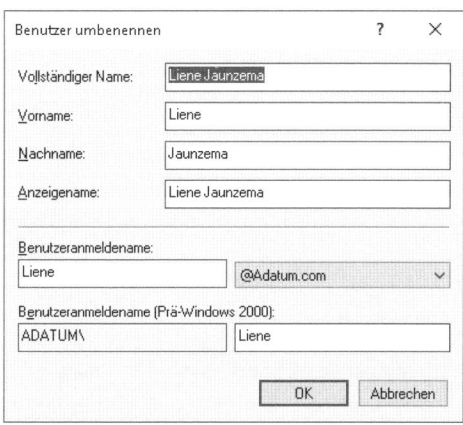

Abb. 1–46   Umbenennen eines Benutzerkontos

Benutzer verschieben Rechtsklicken Sie auf das gewünschte Benutzerkonto und wählen Sie *Verschieben*. Klicken Sie im Dialogfeld *Verschieben* auf den neuen Speicherort und klicken Sie auf *OK*. In der Windows PowerShell verwenden Sie das Cmdlet Move-ADObject. Um beispielsweise Beth Burke in der Domäne *Adatum.com* von der Organisationseinheit *IT* in die Organisationseinheit *Marketing* zu verschieben, geben Sie folgenden Befehl ein:

```
Move-ADObject -Identity 'CN=Beth Burke,OU=IT,DC=Adatum,DC=com'
-TargetPath 'OU=Marketing,DC=Adatum,DC=com'
```

PRÜFUNGSTIPP

Viele dieser Aufgaben können Sie auch mit dem Befehlszeilenwerkzeug Dsmod.exe **erledigen.**

Alle gängigen Aufgaben zur Benutzerverwaltung lassen sich mithilfe von Windows PowerShell-Cmdlets ausführen. Die wichtigsten Cmdlets und ihren Verwendungszweck finden Sie in Tabelle 1–2.

Cmdlet	Verwendung
New-ADUser	Erstellt Benutzerkonten
Set-ADUser	Ändert die Eigenschaften von Benutzerkonten
Remove-ADUser	Löscht Benutzerkonten
Set-ADAccountPassword	Setzt das Kennwort eines Benutzerkontos zurück
Set-ADAccountExpiration	Ändert das Ablaufdatum eines Benutzerkontos
Unlock-ADAccount	Entsperrt ein Benutzerkonto
Enable-ADAccount	Aktiviert ein Benutzerkonto
Disable-ADAccount	Deaktiviert ein Benutzerkonto

Tab. 1–2 Windows PowerShell-Cmdlets für die Benutzerverwaltung

Inaktive und deaktivierte Konten verwenden

Konten können aus verschiedenen Gründen inaktiv werden, z. B. den folgenden:

- Ein Mitarbeiter verlässt die Organisation.
- Ein Werkstudent oder nur befristet angestellter Mitarbeiter verlässt die Organisation.
- Ein Mitarbeiter legt ein Sabbatjahr ein oder ist für längere Zeit krank.
- Ein Mitarbeiter geht in Elternzeit.

Um die Sicherheit des Netzwerks zu gewährleisten, sollten inaktive Konten deaktiviert werden. Rechtsklicken Sie dazu in *Active Directory-Benutzer und -Computer* auf das Konto und wählen Sie *Konto deaktivieren*. Um das Konto wieder zu aktivieren, rechtsklicken Sie darauf und wählen *Konto aktivieren*.

Computerkonten hinzufügen und verwalten

Für die Geräte Ihrer Organisation sollten Sie Computerkonten in Active Directory einrichten. Damit schützen Sie die Netzwerkinfrastruktur Ihrer Organisation, da die Computer sich dadurch an der Domäne identifizieren können, zu der sie gehören.

Gewöhnlich werden Computerkonten im Standardcontainer *Computers* erstellt und gespeichert. Da es sich dabei nicht um eine Organisationseinheit handelt, können Sie die Verwaltung nicht delegieren und auch keine Gruppenrichtlinien darauf anwenden. In großen Organisationen sollten Sie Computer daher lieber in Organisationseinheiten unterbringen als im Container *Computers*.

Um einen Computer zu der Domäne hinzuzufügen, müssen Sie sich mit einem Konto anmelden, das über die entsprechende Berechtigung verfügt. Außerdem brauchen Sie lokale Administratorrechte auf dem betreffenden Computer. Standardmäßig verfügen die folgenden Gruppen über die Berechtigung, Computerobjekte in beliebigen Organisationseinheiten zu erstellen:

- Organisations-Admins
- Domänen-Admins
- Administratoren
- Konten-Operatoren

PRÜFUNGSTIPP

Standardbenutzer können maximal zehn Computer zu einer Domäne hinzufügen. Wenn das nicht ausreicht, können Sie die Quote mit der Konsole *ADSI Edit* (*Active Directory Services Interfaces Editor*) erhöhen.

Zum Hinzufügen von Computerkonten können Sie auf zwei verschiedene Weisen vorgehen:

- **Computerkonto beim Hinzufügen des Computers zur Domäne erstellen**   Wenn Sie die Einstellungen eines Clientcomputers ändern, um ihn zu einer Domäne hinzuzufügen, können Sie unter Angabe geeigneter Anmeldeinformationen gleichzeitig das erforderliche Computerkonto dafür anlegen.

- **Computerkonto vorab erstellen**   Sie können das AD DS-Computerkonto vorab erstellen und den Domänenbeitritt anschließend auf dem Clientcomputer selbst durchführen. Dadurch trennen Sie die Verwaltungsaufgaben des Domänenbeitritts und der Verwaltung von Computerkonten. Außerdem werden die im AD DS-Container des Computers eingerichteten Gruppenrichtlinien schneller angewendet.

Um einen Windows 10-Computer in einem Schritt zu einer Domäne hinzuzufügen, gehen Sie wie folgt vor:

1. Melden Sie sich als lokaler Administrator an dem Windows 10-Computer an.

2. Rechtsklicken Sie auf *Start* und wählen Sie *System*.

3. Klicken Sie unter *System* auf *Erweiterte Systemeinstellungen*.

4. Klicken Sie auf der Registerkarte *Computer* des Dialogfelds *Systemeigenschaften* auf *Ändern*.

5. Aktivieren Sie im Dialogfeld *Ändern des Computernamens bzw. der Domäne* aus Abbildung 1–47 die Option *Domäne* und geben Sie den Domänennamen ein.

Abb. 1–47   Hinzufügen eines Computers zu einer Domäne

6. Klicken Sie auf *OK* und geben Sie anschließend im Dialogfeld *Windows-Sicherheit* den Benutzernamen und das Kennwort eines Benutzerkontos in der Domäne ein, das über Berechtigungen zum Hinzufügen eines Computerkontos verfügt. Klicken Sie auf *OK*.

7. Klicken Sie in dem nun eingeblendeten Dialogfeld *Ändern des Computernamens bzw. der Domäne* aus Abbildung 1–48 auf *OK*.

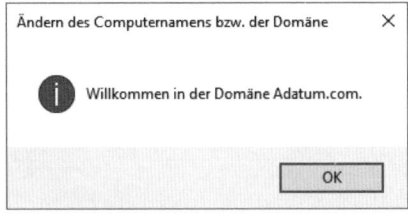

Abb. 1–48   Abschließen des Domänenbeitritts

8. Klicken Sie in dem Warnhinweis, dass der Computer neu gestartet werden muss, auf *OK*.

9. Klicken Sie im Dialogfeld *Systemeigenschaften* auf *Schließen* und anschließend auf *Jetzt nur starten*.

10. Melden Sie sich mit einem Domänenkonto an dem Computer an.

11. Öffnen Sie auf dem Domänencontroller *Active Directory-Benutzer und -Computer*.

12. Öffnen Sie den Container *Computers* und machen Sie dort das neue Computerkonto ausfindig.

13. Um das Konto ggf. zu verschieben, rechtsklicken Sie darauf und wählen *Verschieben* (siehe Abbildung 1–49).

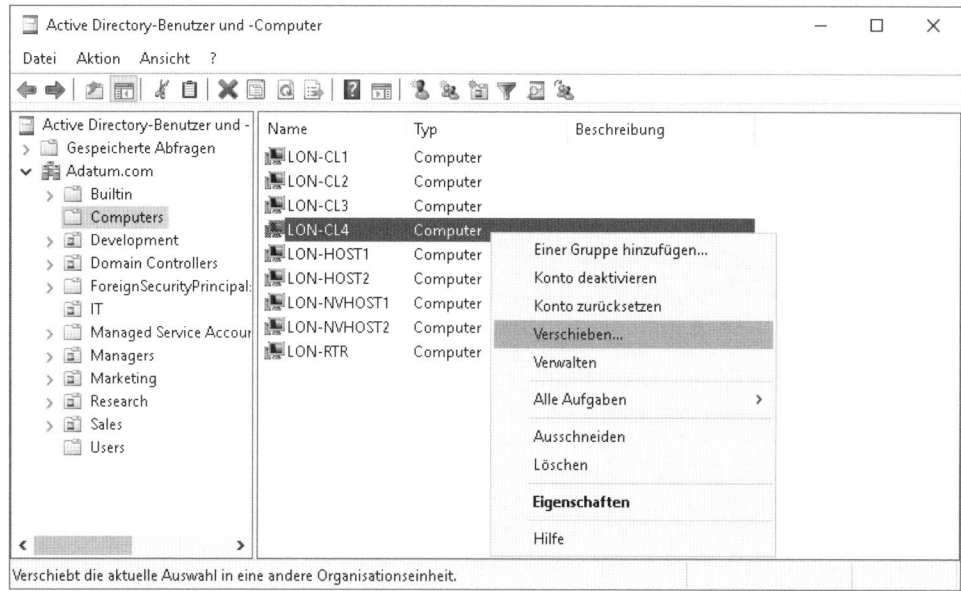

Abb. 1–49   Verschieben eines Computerkontos

14. Wählen Sie die neue Organisationseinheit für den Computer aus und klicken Sie auf *OK*.

Computerkonten erfordern gewöhnlich nicht viel Verwaltung. Sie können einen Computer zu einer Sicherheitsgruppe hinzufügen, was praktisch genauso funktioniert wie bei einem Benutzerkonto. Zur Computerverwaltung verwenden Sie *Active Directory-Benutzer und -Computer*, das *Active Directory-Verwaltungscenter* oder die Windows PowerShell. Tabelle 1–3 nennt die gebräuchlichsten Cmdlets für die Computerverwaltung.

Cmdlet	Verwendung
New-ADComputer	Erstellt ein neues Computerkonto
Get-ADComputer	Zeigt die Eigenschaften eines Computerkontos an
Set-ADComputer	Ändert die Eigenschaften eines Computerkontos
Remove-ADComputer	Löscht ein Computerkonto
Test-ComputerSecureChannel	Überprüft oder repariert die Vertrauensstellung zwischen einem Computer und der Domäne
Reset-ComputerMachinePassword	Setzt das Kennwort eines Computerkontos zurück

Tab. 1–3   Windows PowerShell-Cmdlets für die Computerverwaltung

ZURÜCKSETZEN DES SICHEREN KANALS

Es kann vorkommen, dass Sie den sicheren Kanal eines Computers zurücksetzen müssen. Wenn sich ein Computer an seiner Domäne anmeldet, richtet er einen sicheren Kanal oder eine Vertrauensstellung zu dem Domänencontroller ein. Wenn der Computer den sicheren Kanal aus irgendeinem Grund nicht einrichten kann, sind die Benutzer nicht mehr in der Lage, sich an dem Computer anzumelden. Auch die Anwendung von Gruppenrichtlinien auf den Computer schlägt dann fehl.

In einem solchen Fall erhalten die Benutzer bei der versuchten Anmeldung die folgende Fehlermeldung:

```
Die Vertrauensstellung zwischen dieser Arbeitsstation und der primären Domäne
konnte nicht hergestellt werden.
```

Manche Administratoren nehmen den Computer dann aus der Domäne heraus, fügen ihn vorübergehend zu einer Arbeitsgruppe hinzu, starten ihn neu und weisen ihn dann wieder der Domäne zu. Diese Vorgehensweise ist meistens erfolgreich, allerdings wird dabei das Computerkonto aus Active Directory entfernt und ein neues erstellt. Es trägt zwar denselben Namen, hat aber eine neue Sicherheitskennung (Security Identifier, SID). Außerdem sind sämtliche frühere Gruppenmitgliedschaften des Computers nicht mehr vorhanden. Das ist zwar oft kein Problem, aber wenn der Computer Mitglied in vielen Gruppen war, ist es praktischer, den sicheren Kanal zurückzusetzen, anstatt den Computer aus der Domäne herauszunehmen. Das Zurücksetzen können Sie in *Active Directory-Benutzer und -Computer*, in der Windows PowerShell und mit dem Befehlszeilenprogramm Dsmod.exe durchführen. Die SID des Computers und seine Gruppenmitgliedschaften bleiben dabei erhalten.

PRÜFUNGSTIPP

Sie können auch die Befehlszeilenwerkzeuge Netdom.exe und Nltest.exe verwenden.

Zum Zurücksetzen des sicheren Kanals gehen Sie in *Active Directory-Benutzer und -Computer* wie folgt vor:

1. Rechtsklicken Sie auf den Computer, wählen Sie *Konto zurücksetzen* und dann *Ja* (siehe Abbildung 1–50).

2. Fügen Sie den Computer erneut zur Domäne hinzu und starten Sie ihn neu.

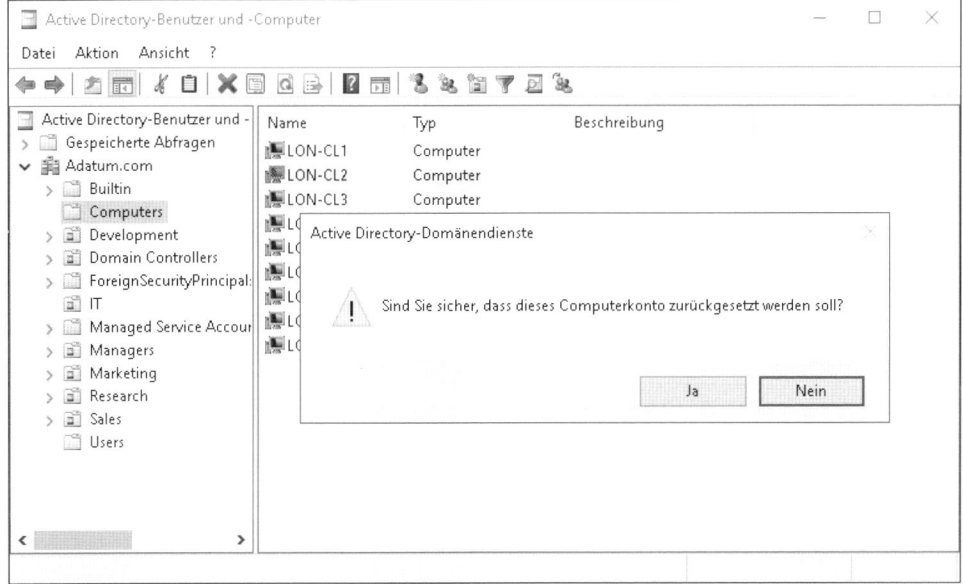

Abb. 1–50   Zurücksetzen des Computerkontos

In der Windows PowerShell führen Sie für diesen Vorgang den folgenden Befehl an einer Eingabeaufforderung mit erhöhten Rechten aus:

```
Test-ComputerSecureChannel -Repair
```

Im Befehlszeilenprogramm Dsmod.exe geben Sie auf dem Computer den folgenden Befehl ein und fügen den Rechner dann wieder der Domäne hinzu:

```
dsmod computer "ComputerDN" -reset
```

Durchführen eines Offline-Domänenbeitritts

Wenn Sie einen Computer zu einer Active Directory-Domäne hinzufügen, ist deren Domänencontroller normalerweise online und von dem betreffenden Rechner aus erreichbar. Es kann jedoch vorkommen, dass es nicht möglich ist, den Domänenbeitritt online zu erledigen, etwa wenn der hinzuzufügende Computer nur über eine instabile Verbindung zu dem Domänencontroller verfügt.

In Windows Server 2016 können Sie für Clientcomputer mit Windows 7 und höher einen sogenannten Offline-Domänenbeitritt durchführen, um dieses Problem zu umgehen. Dazu verwenden Sie das Befehlszeilenwerkzeug `Djoin.exe`. Es erstellt ein Metadaten-Blob ähnlich einer Konfigurationsdatei, das Sie anschließend auf dem Clientcomputer einsetzen, um den Vorgang abzuschließen. Wenn Sie `Djoin.exe` ausführen, müssen Sie den Namen der gewünschten Domäne, den Namen des hinzuzufügenden Computers sowie Name und Speicherort der Datei angeben, in der die Informationen gespeichert werden sollen.

Um einen Offline-Domänenbeitritt durchzuführen, gehen Sie folgendermaßen vor:

1. Öffnen Sie auf einem Domänencontroller eine Eingabeaufforderung mit erhöhten Rechten und führen Sie den folgenden Befehl aus:

    ```
    djoin.exe /Provision /Domain <Domänenname> /Machine <Computername> /SaveFile
    <Dateipfad>
    ```

    Um beispielsweise *LON-CL4* zur Domäne *Adatum.com* hinzuzufügen, verwenden Sie folgenden Befehl:

    ```
    djoin.exe /provision /domain adatum.com /machine LON-CL4 /savefile c:\cl4.txt
    ```

2. Kopieren Sie anschließend die Datei auf den Zielcomputer und führen Sie dort folgenden Befehl aus:

    ```
    djoin.exe /requestODJ /LoadFile <Dateipfad> /WindowsPath %systemroot% /Localos
    ```

    In unserem Beispiel verwenden Sie auf *LON-CL4* den folgenden Befehl:

    ```
    djoin.exe /requestODJ /loadfile c:\LON-CL4.txt /windowspath C:\Windows /Localos
    ```

3. Starten Sie den Zielcomputer neu.

Einrichten von Benutzerrechten

Benutzerrechte unterscheiden sich von Berechtigungen darin, dass Berechtigungen den Zugang etwa zu einem Ordner oder einem Drucker gewähren, während Rechte die Möglichkeit einräumen, etwas zu tun, z. B. einen Drucker zu verwalten.

Rechte werden oft als die Zuweisung von Verwaltungsfähigkeiten bezeichnet. Das ist meistens auch korrekt, da viele Rechte die entsprechenden Benutzer in die Lage versetzen, Verwaltungsaufgaben auszuführen. Nicht alle Rechte sind jedoch administrativer Natur. Einige sind auch für einfache Benutzeraufgaben wie lokale Anmeldung oder die Änderung der Systemzeit da.

Normalerweise werde Rechte dadurch zugewiesen, dass die Benutzer in Gruppen mit den entsprechenden Rechten aufgenommen werden. Beispielsweise können die Mitglieder der lokalen Administratorengruppe viele Verwaltungsaufgaben ausführen, da die entsprechenden Rechte dieser Gruppe zugewiesen sind. Wenn Sie einen Benutzer in die Administratorengruppe aufnehmen, erlangt er ebenfalls die entsprechenden Rechte.

Um einem Benutzer ein Recht direkt zuzuordnen – und natürlich auch, um einer Gruppe Rechte zuzuweisen! –, wird in einer Umgebung ohne Domänen am häufigsten eine lokale Sicherheitsrichtlinie verwendet. In einer AD DS-Gesamtstruktur verwenden Sie dagegen Gruppenrichtlinienobjekte.

Um Benutzerrechte zu ändern, gehen Sie wie folgt vor:

1. Öffnen Sie die Gruppenrichtlinien-Verwaltungskonsole.

2. Markieren Sie den Container *Gruppenrichtlinienobjekte*.

3. Rechtsklicken Sie im Detailbereich auf *Default Domain Policy* und wählen Sie *Bearbeiten*.

4. Erweitern Sie im Navigationsbereich des Gruppenrichtlinienverwaltungs-Editors die Knoten *Computerkonfiguration*, *Richtlinien*, *Windows-Einstellungen*, *Sicherheitseinstellungen* und *Lokale Richtlinien* und klicken Sie dann wie in Abbildung 1–51 gezeigt auf *Zuweisen von Benutzerrechten*.

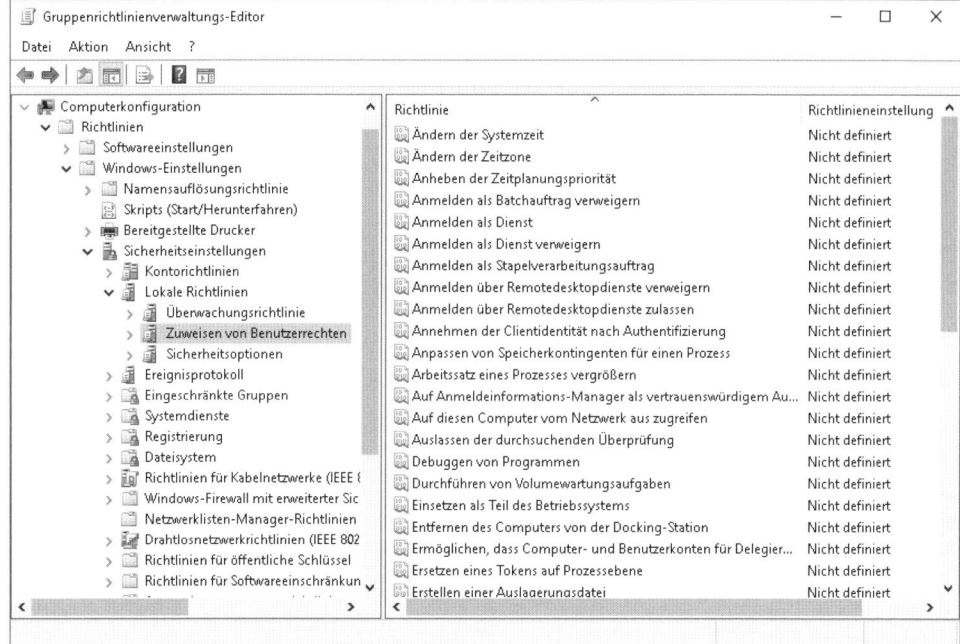

Abb. 1–51   Der Knoten *Zuweisen von Benutzerrechten*

5. Doppelklicken Sie im Detailbereich auf das Recht, das Sie zuweisen möchten.

6. Aktivieren Sie im Eigenschaftendialogfeld für das Recht die Option *Diese Richtlinieneinstellungen definieren* (siehe Abbildung 1–52), klicken Sie auf *Benutzer oder Gruppe hinzufügen*, wählen Sie den gewünschten Benutzer oder die Gruppe aus und klicken Sie auf *OK*.

Abb. 1–52   Zuweisen eines Rechts

7.   Klicken Sie im Eigenschaftendialogfeld für das Recht auf *OK*.

> **WEITERE INFORMATIONEN   Zuweisen von Benutzerrechten**
>
> Eine Liste häufig verwendeter Benutzerrechte finden Sie auf der Microsoft TechNet-Website unter:
>
> *https://technet.microsoft.com/library/dn221963(v=ws.11).aspx*

Durchführen von Active Directory-Massenoperationen

Von Massenoperationen spricht man, wenn ein Administrator auf einen Schlag die gleiche Aufgabe für mehrere Objekte ausführt. Das kann unter anderem bei den folgenden Verwaltungsaufgaben geschehen:

▦   Automatisches Erstellen von Active Directory-Konten

▦   Automatisches Entsperren von deaktivierten Konten mithilfe der Windows PowerShell

▦   Automatisches Zurücksetzen von Kennwörtern mithilfe der Windows PowerShell

▦   Ändern der Eigenschaften vieler Benutzer auf einmal, z. B. des Abteilungsnamens oder der Postanschrift

In kleinen Organisationen sind Massenoperationen weniger wahrscheinlich, doch in großen Organisationen kann es regelmäßig erforderlich sein, ganze Blöcke von Benutzern hinzuzufügen oder ihre Eigenschaften zu ändern, also eine Massenerstellung oder Massenverwaltung durchzuführen.

Eine der Möglichkeiten zur Massenverwaltung von Konten besteht in der Verwendung von CSV-Dateien (Comma-Separated Values) und Windows PowerShell-Skripten. Dies kann die Arbeit mit mehreren AD DS-Objekten schneller einfacher machen.

Eine solche CSV-Datei kann beispielsweise wie folgt aussehen:

```
FullName, Department
Abbie Parsons, Sales
Allan Yoo, Sales
Erin Bull, Sales
```

Nachdem Sie eine sauber formatierte CSV-Datei erstellt haben, können Sie sie zusammen mit einem Windows PowerShell-Skript einsetzen, um eine Massenoperation durchzuführen.

PRÜFUNGSTIPP

Um den Inhalt der CSV-Datei in eine Variable im Speicher einzulesen, sodass das Skript ihn verwenden kann, führen Sie das Windows PowerShell-Cmdlet Import-csv **aus.**

Zum Erstellen neuer Konten können Sie beispielsweise das folgende grundlegende Skript verwenden:

```
$users=Import-CSV -LiteralPath "C:\new-users.csv"
foreach ($user in $users)
{
    New-ADUser $user.FullName -AccountPassword (Read-Host -AsSecureString
    "Enter password") -Department $user.Department
}
```

WEITERE INFORMATIONEN   **Massenerstellung von Benutzern mit der PowerShell**

Weitere Informationen über die Verwendung der Windows PowerShell zum Erstellen von AD DS-Benutzerobjekten in Windows Server 2016 finden Sie auf der Microsoft MSDN-Website unter:

https://blogs.msdn.microsoft.com/amitgupta/2012/02/06/creating-bulk-users-in-active-directory-using-powershell

Bearbeiten von AD DS-Objekten mit der Windows PowerShell

Um Massenoperationen an Benutzer-, Computer- oder Gruppenobjekten durchzuführen, müssen Sie eine Liste der betroffenen Objekte an ein Windows PowerShell-Cmdlet übergeben, das anschließend die gewünschten Änderungen vornimmt. Dazu verwenden Sie häufig eines der folgenden Cmdlets:

- Set-ADUser
- Set-ADComputer
- Set-ADGroup
- Set-ADOrganizationalUnit

Nehmen wir an, Sie möchten nach einer Fusion bei allen Benutzern den Firmennamen ändern. Dazu können Sie folgenden Befehl verwenden:

```
Get-ADUser -Filter {company -like "A Datum"} | Set-ADUser -Company "Contoso"
```

Um alle Konten in der Verkaufsabteilung zu deaktivieren, führen Sie folgenden Befehl aus:

```
Get-ADUser -Filter {Department -like "Sales"} | Disable-ADAccount
```

Wollen Sie die Kennwörter aller Benutzer in der Marketingabteilung zurücksetzen, so können Sie das mit folgendem Befehl erledigen:

```
Get-ADUser -Filter {Department -like "Marketing"} | Set-ADAccountPassword
-Reset-NewPassword (ConvertTo-SecureString -AsPlainText "Pa55w.rd" -Force)
```

> **WEITERE INFORMATIONEN**   **Massenänderungen von Active Directory-Benutzern**
>
> Weitere Informationen über die Verwendung der Windows PowerShell zum Verwalten von AD DS-Benutzerobjekten in Windows Server 2016 finden Sie auf der Microsoft Tech-Net-Website unter:
>
> *https://blogs.technet.microsoft.com/poshchap/2014/05/14/active-directory-bulk-user-modification*

Prüfungsziel 1.3:
Erstellen und Verwalten von Active Directory-Gruppen und -Organisationseinheiten

Neben Benutzern und Computern enthalten AD DS-Gesamtstrukturen auch Gruppen und Organisationseinheiten. Um sie zu erstellen und zu verwalten, können Sie sowohl ein grafisches Werkzeug als auch Windows PowerShell-Cmdlets verwenden.

Gruppen und Organisationseinheiten ähneln sich in gewisser Hinsicht: Beide enthalten Objekte wie Benutzer und Computer oder sogar andere Gruppen und Organisationseinheiten. Streng genommen jedoch *haben* Gruppen Mitglieder, während Organisationseinheiten Objekte *enthalten*.

Organisationseinheiten und Gruppen werden auf unterschiedliche Weise verwendet. Gewöhnlich dienen Gruppen in AD DS dazu, Rechte und Berechtigungen zuzuweisen, während Organisationseinheiten verwendet werden, um die Verwaltung durch die Zuweisung von Gruppenrichtlinienobjekten und durch Delegierung zu vereinfachen.

Ein Domänencontroller mit Windows Server 2016 legt automatisch mehrere integrierte Gruppenkonten an, insbesondere diejenigen aus Tabelle 1–4.

Name	Beschreibung
Server-Operatoren	Eine lokale Domänengruppe mit der Standardfähigkeit, Software auf dem Server zu installieren und freizugeben, Datenträger zu verwalten und den Server zu sichern
Konten-Operatoren	Eine lokale Domänengruppe mit der Fähigkeit, Benutzer- und Gruppenkonten zu erstellen und zu verwalten. Außerdem können Mitglieder dieser Gruppe die Konten löschen, die sie selbst erstellt haben.
Druck-Operatoren	Eine lokale Domänengruppe, deren Mitglieder Drucker und Druckwarteschlangen installieren, freigeben und verwalten können
Administratoren	Diese lokale Domänengruppe hat die Rechte für jegliche Funktionen eines Windows Server 2016-Computers. Mitglieder können neue Konten erstellen, Konten löschen, Datenträger und Drucker verwalten, Sicherheits- und Überwachungsrichtlinien festlegen usw.
Benutzer	Eine lokale Domänengruppe, die die Berechtigungen zur Verwendung von Ressourcen erbt, gewöhnlich Leseberechtigungen für Datenträger und die Berechtigungen zum Erteilen von Druckaufträgen. Diese Konten können über ein Profil und ein Basisverzeichnis verfügen.
Gäste	Eine lokale Domänengruppe mit eingeschränktem Zugriff auf den Server. Diese Konten haben weder Profile noch Basisverzeichnisse.
Sicherungs-Operatoren	Eine lokale Domänengruppe mit dem Recht, den Server zu sichern. Mitglieder haben auch das Recht, die von ihnen gesicherten Daten wiederherzustellen.
Netzwerkkonfigurations-Operatoren	Die Mitglieder haben gewisse Rechte zur Netzwerkverwaltung.
Remotedesktopbenutzer	Die Mitglieder können sich über das Netzwerk an dem Server anmelden (erforderlich für Remotedesktopdienste).
Domänencomputer	Eine globale Gruppe, die alle Arbeitsstationen und Server in der Domäne enthält
Domänencontroller	Eine globale Gruppe, die alle Domänencontroller in der Domäne enthält
Domänengäste	Eine globale Gruppe, die automatisch zu allen lokalen Gastgruppen hinzugefügt wird
Domänen-Admins	Eine globale Gruppe, die automatisch zu allen lokalen Administratorgruppen hinzugefügt wird
Domänenbenutzer	Eine globale Gruppe, die automatisch zu allen lokalen Benutzergruppen hinzugefügt wird
Organisations-Admins	Eine universelle Gruppe (nur in der Stammdomäne der Gesamtstruktur), die vollständigen administrativen Zugriff auf alle Objekte in der Gesamtstruktur hat

Tab. 1–4   AD DS-Standardgruppen in Windows Server 2016

Neben diesen Gruppen gibt es in Windows Server auch *Sonderidentitäten* (»spezielle Identitäten«). Das Betriebssystem behandelt sie insofern wie Gruppen, als dass ihnen wie jeder anderen Gruppe Berechtigungen und Rechte zugewiesen werden können. Allerdings ist es nicht möglich, die Mitgliedschaften zu ändern, das heißt, Sie können keine Benutzer oder Gruppen zu einer solchen Identität hinzufügen. Stattdessen wird die Mitgliedschaft durch die Merkmale eines Benutzers in der jeweiligen Situation bestimmt. Es gibt folgende Sonderidentitäten:

- **Jeder** Diese Identität steht für alle und schließt sowohl Benutzer mit Konto als auch Gäste ohne eigenes Konto ein, vorausgesetzt, dass das Gastkonto aktiviert ist.

- **Authentifizierte Benutzer** Diese Identität schließt alle Benutzer außer Gästen ein.

- **Anonyme Anmeldung** Diese Identität wird von Ressourcen verwendet, bei denen zur Gewährung des Zugriffs kein Benutzername und kein Kennwort benötigt werden. Gäste sind darin nicht eingeschlossen.

- **Interaktiv** Ein Benutzer, der versucht, Zugriff auf eine Ressource auf dem lokalen Computer zu erlangen, gehört zur Identität *Interaktiv*.

- **Netzwerk** Ein Benutzer, der versucht, Zugriff auf eine Ressource auf einem Remotecomputer zu erlangen, gehört zur Identität *Netzwerk*.

- **Ersteller-Besitzer** Eine Person, die ein Objekt erstellt, z. B. eine Datei, gehört zur Identität *Ersteller-Besitzer* dieses Objekts und erhält damit den Vollzugriff auf das Objekt.

Inhalt dieses Abschnitts:

- Erstellen und Verwalten von Gruppen
- Erstellen und Verwalten von Organisationseinheiten
- Delegieren der Verwaltung von Active Directory-Objekten

Erstellen und Verwalten von Gruppen

Ein wichtiger Aspekt der Verwaltung von Gruppen besteht in der Entscheidung, wann die integrierten Standardgruppen und Sonderidentitäten genutzt werden und wann es notwendig ist, eigene Gruppen zu erstellen und einzurichten, um die besonderen Bedürfnisse der Organisation zu erfüllen.

Verschachteln von Gruppen

In Windows Server 2016 lassen sich Gruppen verschachteln, das heißt, eine Gruppe kann Mitglied einer anderen sein. Diese Möglichkeit ist vor allem aus Gründen der Skalierung vorgesehen. So wie es sinnvoll ist, Benutzer zu gruppieren und den Gruppen Berechtigungen (oder Rechte) zuzuweisen, statt den einzelnen Mitgliedern, kann es auch sinnvoll sein, Gruppen zu gruppieren, insbesondere in umfassenden Gesamtstrukturen mit mehreren Domänen.

Zur Vereinfachung der Verschachtelung von Gruppen gibt es in Windows Server 2016 drei Gültigkeitsbereiche und zwei Typen von Gruppen:

- **Gültigkeitsbereiche** Legen den Gültigkeitsbereich der zugewiesenen Fähigkeiten fest:
  - **Lokal in Domäne** Rechte und Berechtigungen können nur innerhalb des Bereichs der lokalen Sicherheitsautorität zugewiesen werden, also nur für Ressourcen in der lokalen Domäne. Gruppen dieser Art können folgende Objekte enthalten:

- Benutzer aus beliebigen Domänen der Gesamtstruktur
- Globale Gruppen aus beliebigen Domänen der Gesamtstruktur
- Universelle Gruppen aus beliebigen Domänen der Gesamtstruktur

- **Global** Rechte und Berechtigungen können für beliebige Ressourcen in beliebigen Domänen der Gesamtstruktur zugewiesen werden. Gruppen dieser Art können folgende Objekte enthalten:
  - Benutzer aus der Gesamtstruktur
  - Globale Gruppen aus derselben Domäne
- **Universell** Gruppen dieser Art werden für gesamtstrukturweite Operationen verwendet und ermöglichen die Zuweisung von Berechtigungen und Rechten für beliebige Domänen in der Gesamtstruktur. Sie können folgende Objekte enthalten:
  - Benutzerkonten, globale Gruppen und andere universelle Gruppen aus beliebigen Domänen der Gesamtstruktur

- **Typen** Legen den Zweck der Gruppe fest:
  - **Sicherheit** Sicherheitsgruppen dienen zur Zuweisung von Berechtigungen und Rechten. Sie können auch für E-Mail-Verteilerlisten verwendet werden.
  - **Verteilung** Verteilergruppen werden ausschließlich für E-Mail-Verteilerlisten genutzt.

PRÜFUNGSTIPP

Die Mitgliederlisten von universellen Gruppen werden im globalen Katalog geführt, die Mitgliederlisten anderer Gruppen dagegen nicht.

Die empfohlene Vorgehensweise zur Verschachtelung von Gruppen in Windows Server 2016 wird IGDLA genannt, was die Abkürzung für folgende Hierarchie ist:

- **Identitäten (I)** Benutzer- und Computerkonten für die Geschäftsfunktionen in Ihrer Organisation.
- **Globale Gruppen (G)** Sie enthalten Identitäten und gehören wiederum zu den lokalen Domänengruppen. Im Allgemeinen werden sie danach benannt, was für Mitglieder sie haben, z. B. *Sales*, *Marketing*, *European* usw.
- **Lokale Domänengruppen (DL)** Diese Gruppen gewähren Berechtigungen und Rechte für Objekte und werden im Allgemeinen nach den Funktionen benannt, die die Mitglieder ausführen, z. B. *Administratoren*, *Druck-Operatoren* usw.
- **Zugriff (Access, A)** Der Zugriff, der für eine Ressource in der lokalen Domänengruppe gewährt wird.

In umfangreichen Gesamtstrukturen mit mehreren Domänen können Sie die Verschachtelung mithilfe von universellen Gruppen besser handhabbar machen. Diese Hierarchie wird als IGUDLA bezeichnet:

- **Identitäten**   Benutzer- und Computerkonten.
- **Globale Gruppen**   Sie enthalten Identitäten und gehören wiederum zu den universellen Gruppen.
- **Universelle Gruppen**   Zusammenfassung mehrerer globaler Gruppen aus verschiedenen Domänen zu einer Einheit.
- **Lokale Domänengruppen**   Enthalten universelle Gruppen und gewähren Berechtigungen und Rechte für Objekte.
- **Zugriff**   Der Zugriff, der für eine Ressource gewährt wird.

Keine dieser Verschachtelungen ist jedoch erforderlich. In einer Gesamtstruktur mit nur einer Domäne besteht nicht einmal ein großer Unterschied zwischen den Gruppen, da sie alle den gleichen Gültigkeitsbereich haben und theoretisch auch alle dieselben Mitglieder haben könnten. In einer Gesamtstruktur mit nur einer Domäne kann es jedoch sinnvoll sein, zumindest die IGDLA-Hierarchie für den Fall umzusetzen, dass Sie später weitere Domänen hinzufügen.

Umwandeln von Gruppen

Wenn Sie eine Gruppe erstellen, legen Sie dabei ihren Gültigkeitsbereich und ihren Typ fest. Unter gewissen Umständen können Sie dies jedoch später noch ändern. Die folgende Aufstellung nennt die zulässigen Umwandlungen:

- **Global in universell**   Nur zulässig, wenn die Gruppe, deren Gültigkeitsbereich Sie ändern wollen, nicht Mitglied einer anderen globalen Gruppe ist, da eine universelle Gruppe nicht Mitglied einer globalen Gruppe sein kann.
- **Lokale Domäne in universell**   Nur zulässig, wenn die Gruppe, deren Gültigkeitsbereich Sie ändern wollen, nicht Mitglied einer anderen lokalen Domänengruppe ist, da eine universelle Gruppe nicht Mitglied einer lokalen Domänengruppe sein kann.
- **Universell in global**   Nur zulässig, wenn die Gruppe, deren Gültigkeitsbereich Sie ändern wollen, keine andere universelle Gruppe als Mitglied enthält, da eine universelle Gruppe nicht Mitglied einer globalen Gruppe sein kann.
- **Universell in lokale Domäne**   Stets zulässig.

Auch eine Änderung des Gruppentyps ist unter Beachtung der folgenden Hinweise möglich:

- **Verteiler- in Sicherheitsgruppe**   Stets zulässig.
- **Sicherheits- in Verteilergruppe**   Stets zulässig, allerdings gehen jegliche der Gruppe zugewiesenen Rechte und Berechtigungen verloren, da Verteilergruppen keine Rechte und Berechtigungen zugewiesen werden können.

Erstellen, Einrichten und Löschen von Gruppen

Gruppen lassen sich auf recht einfache Weise erstellen und verwalten. Ebenso wie für Benutzer und Computer können Sie für alle Aufgaben der Gruppenverwaltung *Active Directory-Benutzer und -Computer*, das Active Directory-Verwaltungscenter und die Windows PowerShell verwenden.

Um in *Active Directory-Benutzer und -Computer* eine Gruppe zu erstellen, gehen Sie wie folgt vor:

1. Rechtsklicken Sie auf die gewünschte Organisationseinheit, zeigen Sie auf *Neu* und klicken Sie auf *Gruppe*.

2. Geben Sie im Dialogfeld *Neues Objekt – Gruppe* aus Abbildung 1–53 den Gruppennamen ein. Der Prä-Windows 2000-Name wird automatisch eingefügt.

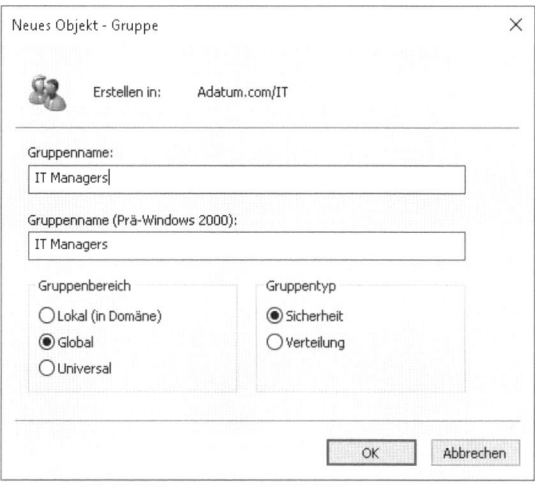

Abb. 1–53   Hinzufügen einer Gruppe

3. Geben Sie Gültigkeitsbereich und Typ an. Vorausgewählt ist eine globale Sicherheitsgruppe. Klicken Sie auf *OK*.

Um die Eigenschaften der Gruppe – darunter auch die Mitglieder – festzulegen, doppelklicken Sie anschließend im Detailbereich von *Active Directory-Benutzer und -Computer* auf die Gruppe. Zum Hinzufügen von Mitgliedern öffnen Sie die Registerkarte *Mitglieder* aus Abbildung 1–54, klicken auf *Hinzufügen*, wählen die gewünschten Benutzer oder Gruppen aus und klicken auf *OK*.

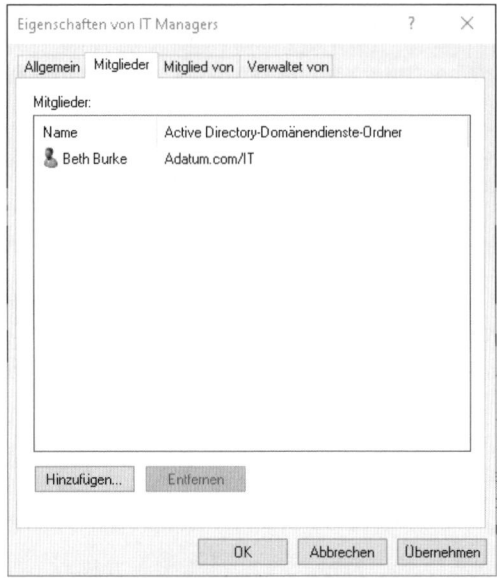

Abb. 1–54   Einrichten einer Gruppe

Wenn Sie Gruppenverwalter festlegen (in der deutschen Oberfläche auch als »Manager« oder »Vorgesetzte« bezeichnet), können Sie die Verantwortung für die Verwaltung der Gruppe delegieren (siehe Abbildung 1–55).

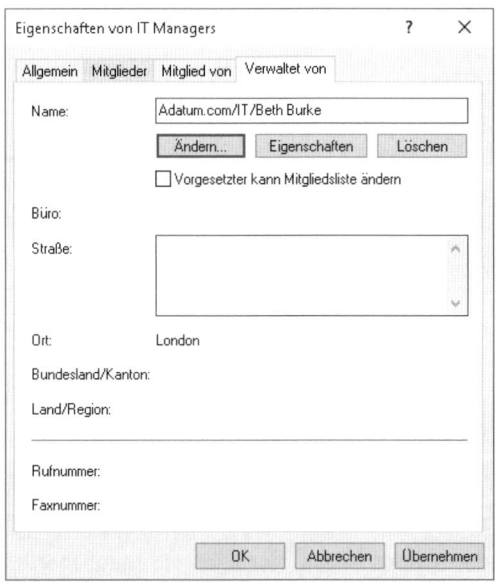

Abb. 1–55   Zuweisen eines Gruppenverwalters

Gruppen können auch auf einfache Weise aus *Active Directory-Benutzer und -Computer* gelöscht werden. Rechtsklicken Sie dazu auf die betreffende Gruppe und wählen Sie *Löschen*. Wenn Sie zur Bestätigung aufgefordert werden, klicken Sie auf *Ja*.

Sie können alle Aufgaben der Gruppenverwaltung auch mit der Windows PowerShell durchführen. Die dazu geeigneten Cmdlets finden Sie in Tabelle 1–5.

Cmdlet	Verwendung
New-ADGroup	Erstellt neue Gruppen
Set-ADGroup	Ändert Eigenschaften von Gruppen
Get-ADGroup	Zeigt Eigenschaften von Gruppen an
Remove-ADGroup	Löscht Gruppen
Add-ADGroupMember	Fügt Mitglieder zu Gruppen hinzu
Get-ADGroupMember	Zeigt Mitglieder von Gruppen an
Remove-ADGroupMember	Entfernt Mitglieder aus einer Gruppe
Add-ADPrincipalGroupMembership	Fügt eine Gruppenmitgliedschaft zu Objekten hinzu
Get-ADPrincipalGroupMembership	Zeigt Gruppenmitgliedschaft von Objekten an
Remove-ADPrincipalGroupMembership	Entfernt Gruppenmitgliedschaft von einem Objekt

Tab. 1–5 Windows PowerShell-Cmdlets für die Gruppenverwaltung

Um beispielsweise die Gruppe *IT Managers* in der Organisationseinheit *IT* der Domäne *Adatum. com* zu erstellen, führen Sie folgenden Befehl aus:

```
New-ADGroup -Name "IT Managers" -SamAccountName ITManagers -GroupCategory Security
-GroupScope Global -DisplayName "IT Managers" -Path "OU=IT,DC=Adatum,DC=Com"
-Description "Members of this group are RODC Administrators"
```

Mitglieder fügen Sie dieser Gruppe wie folgt hinzu:

```
Add-ADGroupMember "IT Managers" "Beth", "Ida"
```

Um die aktuellen Mitglieder der Gruppe einzusehen, verwenden Sie den folgenden Befehl:

```
Get-ADGroupMember "IT Managers"
```

Verwalten von Gruppenmitgliedschaften mithilfe von Gruppenrichtlinien

Sie können die Mitgliedschaft in Gruppen zwar manuell mit der Windows PowerShell oder den grafischen Werkzeugen wie *Active Directory-Benutzer und -Computer* verwalten, allerdings kann dies sehr zeitraubend sein, vor allem in umfangreichen Organisationen.

In Windows Server 2016 AD DS haben Sie auch die Möglichkeit, Gruppenrichtlinienobjekte zur Verwaltung von Gruppenmitgliedschaften einzusetzen. Dadurch werden die Mitgliedschaften automatisch zentral verwaltet. Man spricht hier auch von *eingeschränkten Gruppen*.

Damit können Sie die Mitglieder einer Gruppe festlegen, aber auch angeben, dass die Gruppe selbst Mitglied einer anderen Gruppe sein soll. Es ist auch möglich, beides zu bestimmen, um eine Verschachtelung zu erreichen. Zur Einrichtung von eingeschränkten Gruppen öffnen Sie auf einem Domänencontroller die Gruppenrichtlinien-Verwaltungskonsole.

1. Suchen Sie den Ordner *Gruppenrichtlinienobjekte*.

2. Rechtsklicken Sie im Detailbereich auf *Default Domain Policy* und wählen Sie *Bearbeiten*. Sie können natürlich auch ein eigenes Gruppenrichtlinienobjekt erstellen und mit der gewünschten Organisationseinheit verknüpfen.

3. Erweitern Sie im Navigationsbereich des Gruppenrichtlinienverwaltungs-Editors die Knoten *Computerkonfiguration*, *Richtlinien*, *Windows-Einstellungen* und *Sicherheitseinstellungen* und klicken Sie auf den Knoten *Eingeschränkte Gruppen*.

4. Rechtsklicken Sie auf *Eingeschränkte Gruppen* und wählen Sie *Gruppe hinzufügen*.

5. Suchen Sie im Dialogfeld *Gruppe hinzufügen* die Gruppe, die Sie einschränken wollen, wählen Sie sie aus und klicken Sie auf *OK*.

6. Klicken Sie dann im Eigenschaftendialogfeld der Gruppe aus Abbildung 1–56 im Bereich *Mitgliedschaft für <Gruppe> konfigurieren* auf *Hinzufügen* und fügen Sie dann alle Benutzer und Gruppen hinzu, die zu dieser Gruppe gehören müssen.

7. Optional können Sie unter *Diese Gruppe ist Mitglied von* alle Gruppen auswählen, zu der die vorliegende Gruppe gehören muss. Klicken Sie auf *OK*.

Abb. 1–56   Einschränken der Gruppenmitgliedschaft

PRÜFUNGSTIPP

Eingeschränkte Gruppen können Sie nur in Gruppenrichtlinienobjekten auf Domänenebene einrichten. Weder in Windows-Client- noch in Windows-Serverbetriebssystemen können Sie dafür lokale Gruppenrichtlinien benutzen.

Erstellen und Verwalten von Organisationseinheiten

Organisationseinheiten erleichtern die Verwaltung von AD DS-Domänen, da Sie damit Benutzer, Gruppen und Computer in Containern ordnen und den Containern dann mithilfe von Gruppenrichtlinienobjekten Konfigurationseinstellungen zuweisen können. Außerdem können Sie für Organisationseinheiten Sicherheitseinstellungen vornehmen, sodass ein Teil der Verwaltungsberechtigungen zu einem Benutzer oder einer Gruppe in der Organisationseinheit zugewiesen wird. Dieser Vorgang wird als *Delegierung* bezeichnet.

Bevor Sie Organisationseinheiten anlegen und mit Benutzern, Gruppen und Computern füllen, müssen Sie sich jedoch darüber klar werden, was Sie damit erreichen wollen. Zur Sortierung von AD DS-Objekten in Organisationseinheiten werden vor allem folgende Kriterien herangezogen:

- **Geschäftseinheiten** Dies können Abteilungen wie *Vertrieb* oder *Forschung* sein, aber auch Produktbereiche wie *Luftfahrt* oder *Farben*.

- **Geografischer Standort** Je nach Größe der Organisation können das einzelne Büros, Städte oder sogar Länder und Kontinente sein. Da Sie das physische Netzwerk schon mithilfe von Standortobjekten in AD DS nachstellen, müssen geografische Organisationseinheiten eine Bedeutung für die Delegierung oder Konfiguration haben.

- **Hybrid** Dies stellt eine Kombination der beiden vorherigen Vorgehensweisen dar, die allerdings nur für sehr große Organisationen sinnvoll ist. Meistens werden die Organisationseinheiten dabei verschachtelt, das heißt, sie werden erst nach Region und darunter nach Abteilung sortiert – oder umgekehrt, je nach der Verwaltungsstruktur der Organisation.

Wenn Sie sich die bestmögliche Vorgehensweise zur Einteilung in Organisationseinheiten überlegt haben, können Sie damit beginnen, die Einheiten zu erstellen und Objekte wie Benutzer und Computer dorthin zu verschieben. Die Verwaltung von Organisationseinheiten erfolgt größtenteils mithilfe grafischer Werkzeuge wie *Active Directory-Benutzer und -Computer*, allerdings können Sie auch die Windows PowerShell verwenden. In Tabelle 1–6 finden Sie die gebräuchlichsten PowerShell-Cmdlets für die Verwaltung von Organisationseinheiten.

Cmdlet	Verwendung
New-ADOrganizationalUnit	Erstellt Organisationseinheiten
Set-ADOrganizationalUnit	Ändert Eigenschaften von Organisationseinheiten
Get-ADOrganizationalUnit	Zeigt Eigenschaften von Organisationseinheiten an
Remove-ADOrganizationalUnit	Löscht Organisationseinheiten

Tab. 1–6   Windows PowerShell-Cmdlets für die Verwaltung von Organisationseinheiten

Um eine Organisationseinheit zu erstellen, öffnen Sie die Konsole *Active Directory-Benutzer und -Computer*. Suchen Sie das Domänenobjekt und gehen Sie dann folgendermaßen vor:

1. Rechtsklicken Sie auf die Domäne (bzw. die Organisationseinheit, falls Sie Organisationseinheiten verschachteln wollen), zeigen Sie auf *Neu* und klicken Sie auf *Organisationseinheit*.

2. Geben Sie im Dialogfeld *Neues Objekt – Organisationseinheit* aus Abbildung 1–57 den Namen der Organisationseinheit ein und klicken Sie auf *OK*.

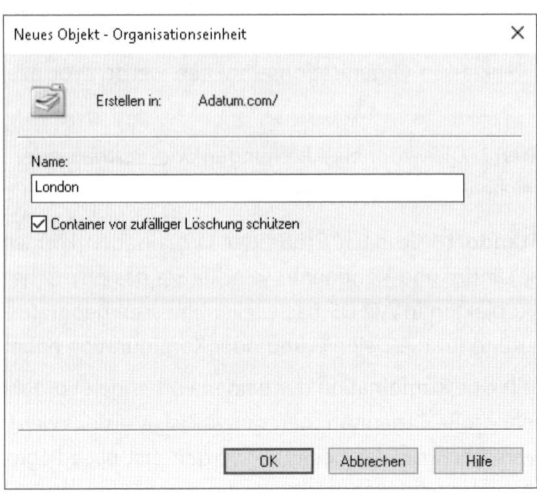

Abb. 1–57   Hinzufügen einer Organisationseinheit

Anschließend können Sie Objekte in die Organisationseinheit verschieben oder darin erstellen. Nachdem Sie diese Aufgabe abgeschlossen haben, können Sie Gruppenrichtlinienobjekte erstellen und mit der Organisationseinheit verknüpfen, um die Benutzer- und Computereinstellungen für die darin enthaltenen Objekte festzulegen. Gruppenrichtlinienobjekte werden ausführlich in Kapitel 3 behandelt.

Delegieren der Verwaltung von Active Directory-Objekten

Die Verwaltung der Objekte innerhalb der Organisationseinheiten können Sie an Gruppen in Active Directory delegieren.

> **HINWEIS** **Delegierung heißt nicht Trennung**
>
> Sie können zwar die Verantwortung für Aufgaben in einer Organisationseinheit an Benutzer oder Gruppen delegieren, aber dies stellt keine Trennung der Verwaltungsbereiche dar. Mitglieder der Gruppe *Domänen-Admins* können nach wie vor alle Verwaltungsaufgaben für die aktuelle Domäne erledigen, auch diejenigen für Organisationseinheiten mit delegierter Verwaltung, und die Mitglieder von *Organisations-Admins* sind in der Lage, alle Organisationseinheiten sämtlicher Domänen in der Gesamtstruktur zu verwalten. Eine Trennung der Verwaltung können Sie nur dadurch erreichen, dass Sie mehrere Gesamtstrukturen mit jeweils einer eigenen *Organisations-Admins*-Gruppe einrichten.

Zur Delegierung von Aufgaben verwenden Sie den Assistenten zum Zuweisen der Objektverwaltung in *Active Directory-Benutzer und -Computer*. Alternativ können Sie auch manuell objektspezifische Berechtigungen auf der Registerkarte *Sicherheit* eines AD DS-Objekts zuweisen, was allerdings ein ziemlich zeitraubender und komplizierter Vorgang ist.

Um die Verwaltung mithilfe des Assistenten zu delegieren, gehen Sie folgendermaßen vor:

1. Rechtsklicken Sie in *Active Directory-Benutzer und -Computer* auf die Organisationseinheit und wählen Sie *Objektverwaltung zuweisen*.
2. Klicken Sie auf der Willkommensseite des Assistenten zum Zuweisen der Objektverwaltung auf *Weiter*.
3. Klicken Sie auf der Seite *Benutzer oder Gruppen* auf *Hinzufügen* und suchen Sie den Benutzer oder die Gruppe, der Sie die gewünschte Aufgabe übertragen möchten. Klicken Sie auf *OK* und dann auf *Weiter*.

 PRÜFUNGSTIPP

Auch wenn Sie die Verwaltung nur einem einzelnen Benutzer übertragen wollen, ist es empfehlenswert, sie an eine Gruppe zu delegieren, die nur diesen einen Benutzer als Mitglied aufweist. Dadurch haben Sie es später einfacher, wenn Sie die Aufgabe an einen anderen Benutzer übertragen müssen. Anstatt wieder ganz von vorn anzufangen, müssen Sie dann einfach nur den alten Benutzer aus der Gruppe entfernen und den neuen hinzufügen.

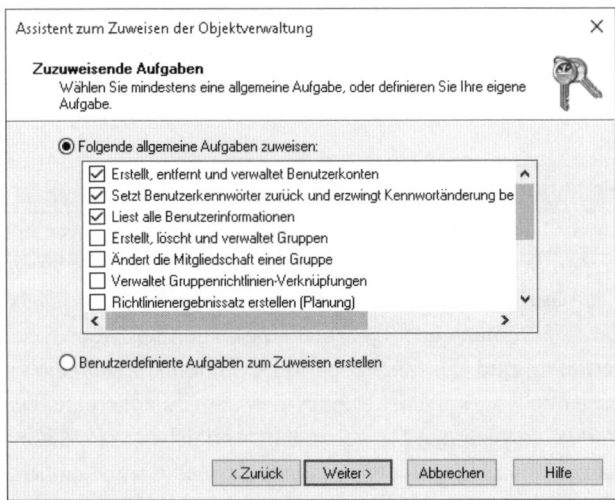

Abb. 1–58 Delegieren einer allgemeinen Aufgabe

4. Aktivieren Sie in der Liste *Folgende allgemeine Aufgaben zuweisen* der Seite *Zuzuweisende Aufgaben* aus Abbildung 1–58 die Kontrollkästchen für die Aufgaben, die Sie delegieren möchten. Klicken Sie anschließend auf *Weiter*.

 PRÜFUNGSTIPP

Zu den allgemeinen Aufgaben zählen Benutzer- und Gruppenverwaltung, Teile der GPO-Verwaltung sowie die `inetORgPerson`-Verwaltung.

---

5. Die AD DS-Berechtigungen werden eingerichtet. Klicken Sie auf *Fertig stellen*.

Den Assistenten zum Zuweisen der Objektverwaltung können Sie beliebig oft ausführen, um die erforderlichen Berechtigungen zuzuweisen. Für anspruchsvollere Aufgaben und Sonderberechtigungen müssen Sie jedoch benutzerdefinierte Aufgaben erstellen, etwa um die Fähigkeit zum Erstellen und Löschen von Computerobjekten zu delegieren.

1. Starten Sie den Assistenten zum Zuweisen der Objektverwaltung, wählen Sie den Benutzer oder die Gruppe aus, der Sie die neue Aufgabe zuweisen möchten, aktivieren Sie auf der Seite *Zuzuweisende Aufgaben* die Option *Benutzerdefinierte Aufgaben zum Zuweisen erstellen* und klicken Sie auf *Weiter*.

2. Aktivieren Sie auf der Seite *Active Directory-Objekttyp* aus Abbildung 1–59 die Option *Diesem Ordner, bestehenden Objekten in diesem Ordner und neuen Objekte in diesem Ordner*. Dadurch kann der Administrator, dem Sie die Aufgabe übertragen, alle Aspekte der ausgewählten Objekttypen verwalten. Klicken Sie auf *Weiter*.

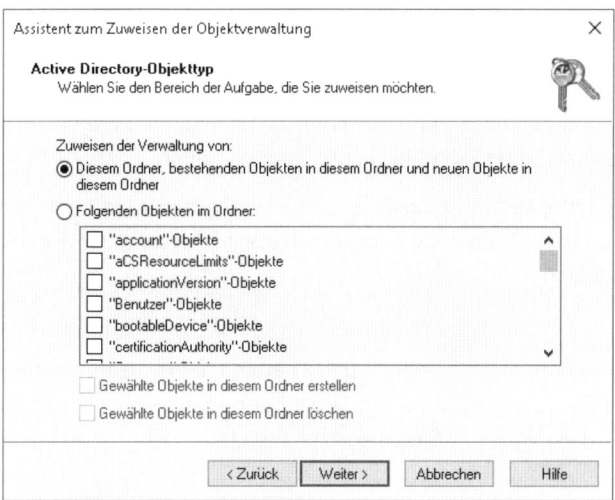

Abb. 1–59   Delegieren einer benutzerdefinierten Aufgabe

3. Aktivieren Sie auf der Seite *Berechtigungen* das Kontrollkästchen *Erstellen/Löschen der Berechtigungen von bestimmten untergeordneten Objekten* (die in der deutschen Oberfläche leider irreführend übersetzt ist und eigentlich *Erstellen/Löschen von bestimmten untergeordneten Objekten* heißen sollte) und dann die Kontrollkästchen "*Computer*" *erstellen* und "*Computer*" *löschen*. Klicken Sie auf *Weiter* (siehe Abbildung 1–60).

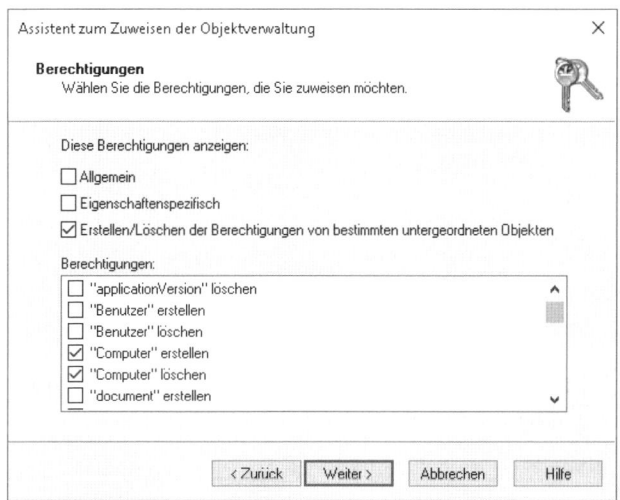

Abb. 1–60   Auswählen der Berechtigungen

4. Klicken Sie auf *Fertig stellen*. Die AD DS-Berechtigungen werden eingerichtet.

Auch die Verwendung des Assistenten zum Zuweisen der Objektverwaltung kann jedoch zu zeitraubend werden. Er lässt sich zwar sehr einfach nutzen, doch wenn Sie ihn wiederholt durchlaufen müssen, um mehrere benutzerdefinierte Aufgaben festzulegen, dauert das länger, als die AD DS-Berechtigungen direkt zuzuweisen. Um die AD DS-Berechtigungen eines Objekts einzusehen und zu bearbeiten, können Sie wie folgt vorgehen:

1. Wählen Sie in *Active Directory-Benutzer und -Computer* im Menü *Ansicht* den Punkt *Erweiterte Features*. Dadurch wird die Registerkarte *Sicherheit* auf den Eigenschaftsseiten aller Objekte eingeblendet.

2. Rechtsklicken Sie auf die Organisationseinheit und wählen Sie *Eigenschaften*.

3. Auf der Registerkarte *Sicherheit* des Eigenschaftendialogfelds für die Organisationseinheit finden Sie die Berechtigungen für die Organisationseinheit (siehe Abbildung 1–61). Dazu gehören auch diejenigen, die Sie delegiert haben.

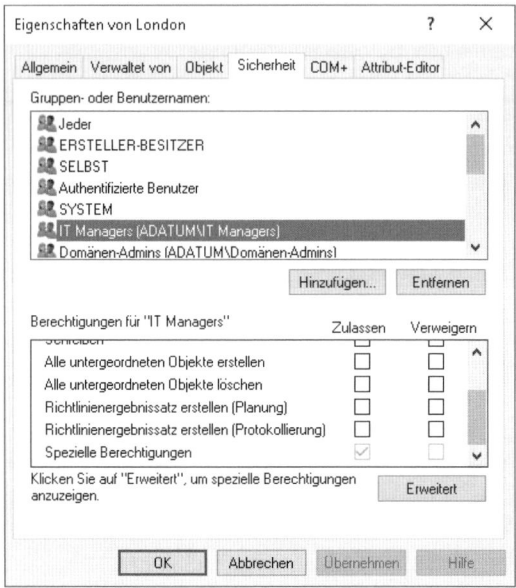

Abb. 1–61   Einsehen der AD DS-Objektberechtigungen

4. Um sich die einzelnen delegierten Berechtigungen anzusehen, klicken Sie auf *Erweitert* (siehe Abbildung 1–62).

5. Mithilfe der Schaltfläche *Hinzufügen* können Sie nun einzelne Berechtigungen konfigurieren, ohne den Assistenten zum Zuweisen der Objektverwaltung durchlaufen zu müssen (siehe Abbildung 1–63).

6. Klicken Sie dreimal auf *OK*, um den Vorgang abzuschließen.

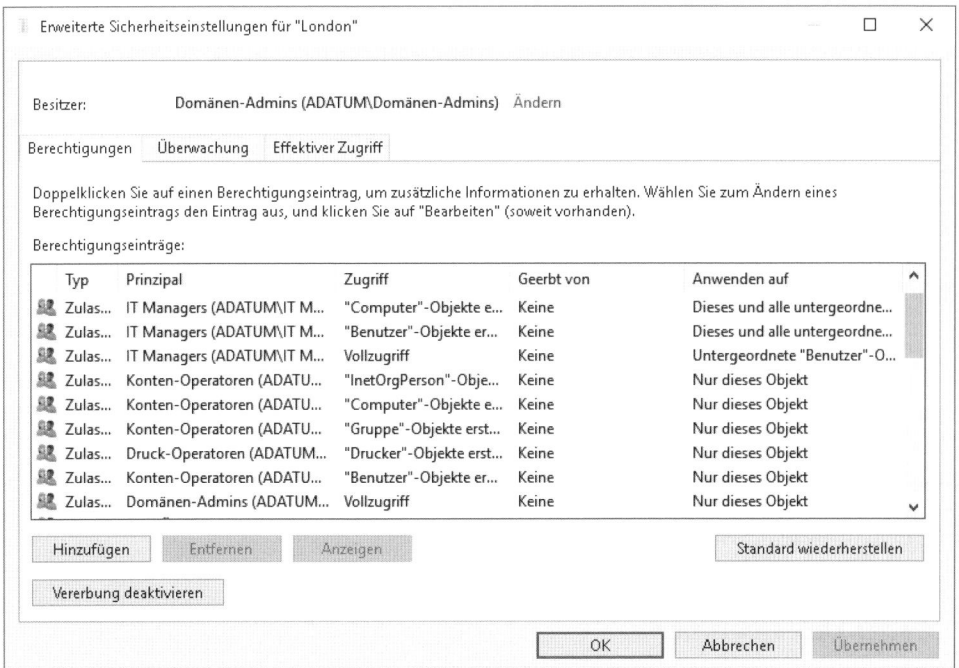

Abb. 1–62   Einsehen der erweiterten AD DS-Objektberechtigungen

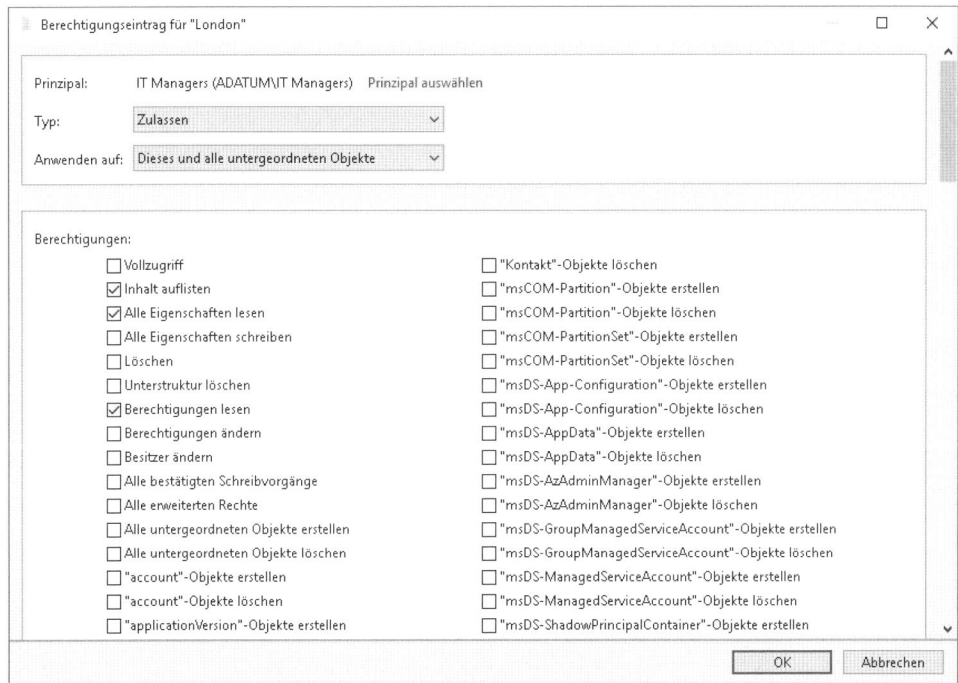

Abb. 1–63   Manuelles Hinzufügen von AD DS-Objektberechtigungen

Zusammenfassung des Kapitels

- AD DS umfasst sowohl logische als auch physische Komponenten.

- Um eine AD DS-Gesamtstruktur anzulegen, stellen Sie den ersten Domänencontroller darin bereit.

- Eine AD DS-Gesamtstruktur basiert auf einer Struktur aus Domänen.

- An Standorten, die physisch nicht so sicher sind wie Büros mit zweckbestimmten Computerräumen, können Sie schreibgeschützte Domänencontroller (RODCs) bereitstellen.

- Die Windows PowerShell ermöglicht die einfache Verwaltung von Benutzern, Gruppen, Computern und Organisationseinheiten.

- Organisationseinheiten sind praktisch, um die Verwaltung innerhalb einer Gesamtstruktur zu delegieren, und erlauben auch eine einfachere Konfiguration von AD DS-Objekten mithilfe von verknüpften Gruppenrichtlinienobjekten.

- Gruppen können in AD DS verschachtelt werden, um auch die Bedürfnisse größerer Organisationen zu erfüllen.

Gedankenexperiment

In diesem Gedankenexperiment sollen Sie Ihre Fähigkeiten und Kenntnisse über die in diesem Kapitel behandelten Themen unter Beweis stellen. Die Antworten finden Sie im folgenden Abschnitt.

Sie arbeiten als Berater der Firma Adatum. Beantworten Sie die folgenden Fragen über die Einrichtung von AD DS in der Organisation Adatum:

1. Adatum hat das Pharmaunternehmen Contoso aufgekauft. Benutzer müssen unbedingt von IHREN Computern in Adatum aus auf Ressourcen in der Organisation Contoso zugreifen können. Allerdings möchte Contoso die Verwaltung komplett getrennt halten. Welchen Aufbau von AD DS empfehlen Sie in dieser Situation?

2. In den Londoner Büros unterhält Adatum mehrere Abteilungen, nämlich IT, Research, Sales und Marketing. Die Konfigurationsbedürfnisse sind je nach Abteilung sehr unterschiedlich. Wie können Sie diese Unterschiede berücksichtigen und die Verwaltung gleichzeitig so schlank wie möglich gestalten?

3. In einem der Vertriebsbüros sind ca. 100 Benutzer tätig. Wenn sie sich morgens anmelden, haben sie zurzeit Probleme. Bei der Untersuchung stellen Sie fest, dass die Verbindung zum Hauptsitz instabil ist und manchmal nicht zur Verfügung steht. Daher entscheiden Sie, in dem Büro einen Domänencontroller bereitzustellen. Was müssen Sie dabei bedenken?

→

Antworten zum Gedankenexperiment

Dieser Abschnitt enthält die Lösungen der Aufgaben im Gedankenexperiment.

1. Eine vollständige Trennung der Verwaltung lässt sich nur durch die Einrichtung von zwei Gesamtstrukturen erreichen.

2. Erstellen Sie Organisationseinheiten für die Abteilung und verschieben Sie die Computerkonten in die jeweils passenden Organisationseinheiten. Erstellen Sie Gruppenrichtlinienobjekte, verknüpfen Sie sie mit den Organisationseinheiten und richten Sie sie so ein, dass sie für die erforderlichen Computereinstellungen sorgen.

3. Es ist möglich, dass das Zweigbüro weniger sicher ist als der Hauptsitz. Um die Sicherheit der Benutzerkonten zu gewährleisten, bietet sich die Verwendung eines RODC an. Eine Zwischenspeicherung der Benutzerkonten, die nur in der Zweigstelle verwendet werden, ermöglicht eine Anmeldung auch dann, wenn die Verbindung zum Hauptsitz ausgefallen ist.

KAPITEL 2

Verwaltung und Wartung von AD DS

Nach der Bereitstellung und Konfiguration der Domänencontroller müssen Sie sich um Dienstkonten, Kontorichtlinien und andere Sicherheitseinstellungen kümmern. Auch eine Wartung der Active Directory-Domänendienste (AD DS) ist erforderlich, damit dieser entscheidende Identitätsdienst verfügbar bleibt. Dazu gehören Sicherung und Wiederherstellung sowie die Pflege der AD DS-Datenbank.

Bei der Bereitstellung von AD DS in einer umfangreichen Organisation müssen Sie auch anspruchsvollere Aspekte von AD DS konfigurieren, beispielsweise eine Infrastruktur mit mehreren Gesamtstrukturen. In Organisationen mit mehreren Standorten ist es erforderlich, Subnetze und Standorte zu erstellen und die AD DS-Replikation sowohl innerhalb eines Standorts sowie zwischen den Standorten einzurichten und zu verwalten.

In diesem Kapitel behandelte Prüfungsziele:

- Einrichten der Dienstauthentifizierung und von Kontorichtlinien
- Warten von Active Directory
- Konfigurieren von Active Directory in einer komplexen Unternehmensumgebung

Prüfungsziel 2.1: Einrichten der Dienstauthentifizierung und von Kontorichtlinien

Viele der Apps und Dienste, die Sie auf Windows Server installieren, werden im Kontext eines Benutzerkontos ausgeführt, das als Dienstkonto bezeichnet wird. Es ist sehr wichtig, dass diese Dienstkonten – ebenso wie andere Benutzerkonten – nicht geknackt werden. Zur einfacheren Verwaltung von Dienstkonten gibt es in Windows Server 2016 verwaltete Dienstkonten (Managed Service Accounts, MSAs) und gruppenverwaltete Dienstkonten (Group Managed Service Accounts, gMSAs).

Mit Kontorichtlinien können Sie grundlegende Sicherheitsmerkmale wie Komplexität und Länge von Passwörtern oder das Ablaufdatum und die Sperrung von Konten steuern, um Ihr Netzwerk und die darin ausgeführten Apps und Dienste zu schützen.

Erstellen und Konfigurieren von MSAs und gMSAs

In früheren Versionen von Windows Server wurden normale Benutzerkonten verwendet, um Apps und Dienste auszuführen. Dabei wurde beispielsweise ein Benutzerkonto namens *E-Mail* angelegt und das E-Mail-Programm so eingerichtet, dass es im Kontext dieses Benutzerkontos lief.

Die Verwendung von Standardbenutzerkonten für diesen Zweck ruft jedoch Bedenken hervor:

▦ **Verwaltung der Kontokennwörter**   Um die Sicherheit der Apps und Dienste zu gewährleisten, müssen die Kennwörter für diese Standardbenutzerkonten regelmäßig geändert werden. Ein Versäumnis dieser Änderung würde dann dazu führen, dass die App oder der Dienst nicht mehr funktioniert.

▦ **Dienstprinzipalnamen**   Ein Dienstprinzipalname (Service Principal Name, SPN) ist ein eindeutiger Bezeichner für eine spezifische Instanz eines Dienstes und dient dazu, die Dienstinstanz mit einem Dienstkonto zu verknüpfen. Die Verwendung eines Standardbenutzerkontos in Verbindung mit einem SPN kann den Verwaltungsaufwand erhöhen und zu Authentifizierungsproblemen führen, die es wiederum möglich machen, dass die App nicht mehr funktioniert.

Eine mögliche Lösung besteht darin, die Konten des lokalen Systems (*NT AUTHORITY\SYSTEM*), des lokalen Dienstes (*NT AUTHORITY\LOCAL SERVICE*) oder des Netzwerkdienstes (*NT AUTHORITY\NETWORK SERVICE*) zur Einrichtung der App zu verwenden. Allerdings bieten diese drei Konten möglicherweise nicht die geforderte Sicherheit oder ausreichende Rechte.

In Windows Server 2016 stehen verwaltete und gruppenverwaltete Dienstkonten (Managed/Group Managed Service Accounts oder kurz MSAs und gMSAs) zur Verfügung, um diese Probleme zu lösen:

▦ **MSAs**   Im Gegensatz zu herkömmlichen Benutzerkonten ist ein Teil des Verhaltens von MSAs den Computerkonten entlehnt, insbesondere die Handhabung von Kennwortänderungen. Das bietet die folgenden Vorteile:

  • Automatische Kennwortverwaltung

  • Vereinfachte SPN-Verwaltung

▪ **gMSAs** Hiermit können Sie die Funktion von MSAs auf mehrere Server in der AD DS-Domäne ausdehnen. Das ist praktisch, wenn Sie einen Lastenausgleich einsetzen. Um gMSAs verwenden zu können, muss Ihre AD DS-Umgebung folgende Anforderungen erfüllen:

- Alle Clientcomputer müssen mindestens Windows 8 ausführen.

- Sie müssen einen Stammschlüssel der Schlüsselverteilungsdienste (Key Distribution Services, KDS) für die Domäne erstellen.

- Mindestens ein Domänencontroller muss Windows Server 2012 oder höher ausführen.

Beim Erstellen eines gMSA müssen Sie festlegen, welche Computer Kennwortinformationen von AD DS empfangen können. Dazu können Sie eine Liste der gewünschten Computerobjekte oder eine AD DS-Gruppe angeben, die diese Computerobjekte enthält.

Zum Erstellen und Verwalten von gMSAs verwenden Sie in Windows Server 2016 die gleichen Windows PowerShell-Cmdlets wie für MSAs. Das bedeutet, dass in Windows Server 2016 alle MSAs als gMSAs verwaltet werden. Um gMSAs zu erstellen, legen Sie zunächst den KDS-Stammschlüssel an. Dazu führen Sie auf einem Domänencontroller das folgende Windows PowerShell-Cmdlet aus:

```
Add-KdsRootKey -EffectiveImmediately
```

Nachdem Sie den Stammschlüssel erstellt haben, können Sie gMSAs erstellen, indem Sie auf einem beliebigen Domänencontroller das Cmdlet `New-ADServiceAccount` im Active Directory-Modul für die Windows PowerShell ausführen:

```
New-ADServiceAccount -Name LON-IIS-GMSA -DNSHostname LON-DC1.Adatum.com
  -PrincipalsAllowedToRetrieveManagedPassword LON-DC1$, LON-DC2$, LON-IIS$
```

Mit dem Parameter `PrincipalsAllowedToRetrieveManagedPassword` legen Sie dabei fest, welche Computer oder Gruppen auf die Eigenschaften von gMSA-Kennwörtern zugreifen können.

Das neue gMSA müssen Sie nun mit den Servercomputern verknüpfen, auf denen es verwendet werden soll. Dazu verwenden Sie das Cmdlet `Add-ADComputerServiceAccount` im Active Directory-Modul für die Windows PowerShell:

```
Add-ADComputerServiceAccount -identity LON-DC1 -ServiceAccount LON-IIS-GMSA
```

Als Nächstes müssen Sie das gMSA auf den Servern installieren, auf denen es verwendet wird. Dazu verwenden Sie `Install-ADServiceAccount`:

```
Install-ADServiceAccount -Identity LON-IIS-GMSA
```

Richten Sie anschließend den Dienst oder die App zur Verwendung des gMSA ein. Dazu gehen Sie folgendermaßen vor:

1. Klicken Sie im Server-Manager auf dem Zielserver auf *Tools* und dann auf *Dienste*.

2. Doppelklicken Sie auf den gewünschten Dienst. Aktivieren Sie auf der Seite *Anmelden* des Eigenschaftendialogfelds die Option *Dieses Konto* und geben Sie den Namen des Kontos ein, z. B. *ADATUM\LON-IIS-GMSA* (siehe Abbildung 2–1).

Abb. 2–1   Einrichten eines Dienstkontos

3. Löschen Sie den Inhalt der Felder *Kennwort* und *Kennwort bestätigen* und klicken Sie auf *OK*.

Verwalten von SPNs

Dienstprinzipalnamen (Service Principal Names, SPNs) ähneln im Prinzip den DNS-Aliaseinträgen (*CNAME*), zeigen allerdings nicht auf einen Computereintrag in einer DNS-Zone, sondern auf ein Domänenkonto. Verwendet werden sie von Kerberos, dem Authentifizierungsprotokoll, das auf Windows Server 2016-Domänencontrollern verwendet wird. Sie verknüpfen einen Dienst mit einem Dienstanmeldekonto, sodass eine App auf einem Clientcomputer eine Authentifizierung anfordern kann, ohne den Kontonamen zu kennen. Dienste müssen SPNs in AD DS registrieren, damit Kerberos sie nutzen kann.

SPNs müssen innerhalb der Gesamtstruktur eindeutig sein. Sie bestehen aus folgenden Elementen:

- **Dienstklasse** Gibt die Klasse des Dienstes an, z. B. www für einen Webserver. Es gibt eine Reihe von Standarddienstklassen.
- **Host** Der Name des Computers, auf dem der Dienst ausgeführt wird. Gewöhnlich wird hier der vollständig qualifizierte Domänenname (FQDN) angegeben, z. B. LON-SVR2.ADATUM.com.
- **Port** Optional kann auch die von dem Dienst verwendete Portnummer angegeben werden, um zwischen mehreren Instanzen eines Dienstes auf einem Computer zu unterscheiden. Beispielsweise verwenden sichere Websites TCP-Port 443.
- **Dienstname** Dieses optionale Element beruht auf dem DNS-Namen der Domäne oder einem SRV- (Service Locator) oder MX-Eintrag (Mail Exchanger) in der Domäne. Es dient zur Bezeichnung von domänenweit gültigen Diensten.

Insgesamt ist ein SPN also wie folgt aufgebaut:

```
<Dienstklasse>/<Host>:<Port>/<Dienstname>
```

Beispiel:

```
WebService/LON-SVR2.Adatum.com:443
```

Im Allgemeinen müssen SPNs praktisch gar nicht verwaltet werden. Gelegentlich kann es vorkommen, dass Sie die Registrierung erzwingen müssen. Das können Sie mit dem Befehlszeilenwerkzeug Setspn.exe tun.

 PRÜFUNGSTIPP
Die Verwendung von gMSAs verringert erheblich die Wahrscheinlichkeit dafür, SPNs manuell nachkonfigurieren zu müssen.

Um beispielsweise einen SPN für IIS auf *LON-SVR2* in der Domäne *Adatum.com* mit dem gMSA *LON-IIS-GMSA* zu registrieren, verwenden Sie wie in Abbildung 2–2 gezeigt den folgenden Befehl:

```
setspn -A WebService/lon-svr2.adatum.com:433 lon-iis-gmsa
```

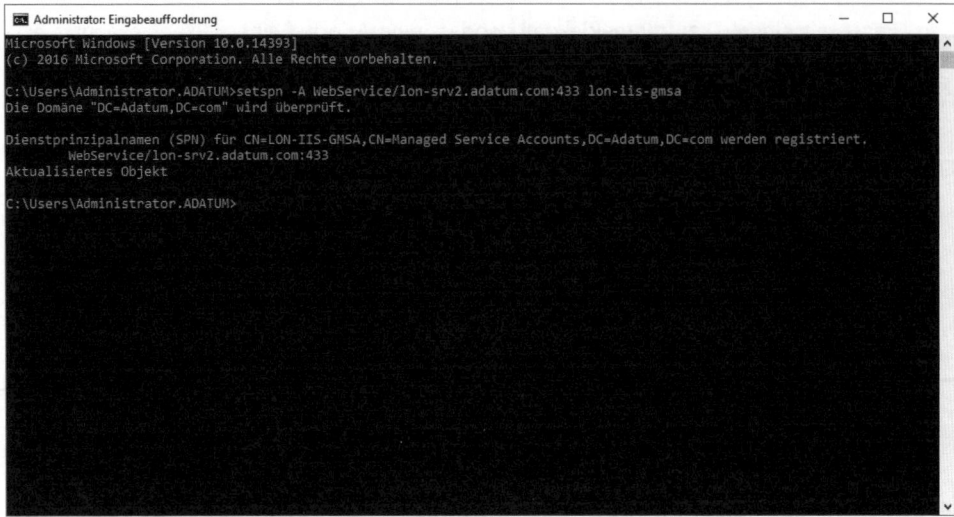

Abb. 2–2   Hinzufügen eines SPN

WEITERE INFORMATIONEN **Manuelle SPN-Registrierung**

Weitere Informationen über die manuelle Registrierung von SPNs finden Sie auf der Microsoft MSDN-Website unter:

https://msdn.microsoft.com/library/ms191153.aspx

Einrichten der eingeschränkten Kerberos-Delegierung

Es kann vorkommen, dass Apps oder Dienste Verbindungen zu Remote-Apps oder -Diensten auf anderen Servercomputern herstellen. Dies geschieht im Namen des Clientcomputers, der die Verbindung zu der ursprünglichen App bzw. dem ursprünglichen Dienst aufgenommen hat.

Diese Situation tritt gewöhnlich ein, wenn ein Front-End-Dienst mit einem Back-End-Dienst im Namen eines Benutzers kommuniziert, der auf einem Clientcomputer die Back-End-App verwendet. Um dies zu ermöglichen, muss eine Delegierung der Authentifizierung verwendet werden. Dabei erlaubt die authentifizierende Stelle (in Windows Server 2016 ist das der Domänencontroller) einem Dienst, im Namen eines anderen Dienstes zu handeln. In früheren Versionen von Windows Server gab es jedoch leider keine Möglichkeit, um zu verhindern, dass diese Delegierung auch auf einen dritten oder sogar vierten Dienst ausgedehnt wurde. Dies wird erst durch die eingeschränkte Kerberos-Delegierung in Windows Server 2016 erreicht.

Um die eingeschränkte Delegierung einzurichten, sodass eine Front-End-App im Namen eines Benutzers auf einen Back-End-Dienst zugreifen kann, müssen Sie zunächst eines der folgenden Cmdlets auf den Sicherheitsprinzipal anwenden, der den Front-End-Dienst ausführt:

- `Get-ADUser`
- `Get-ADComputer`
- `Get-ADServiceAccount`

Als Nächstes übergeben Sie in einem der folgenden Windows Power-Shell-Cmdlets das Sicherheitsprinzipalobjekt im Parameter `PrincipalsAllowedToDelegateToAccount`:

- `Set-ADUser`
- `Set-ADComputer`
- `Set-ADServiceAccount`

Beispiel:

```
$computer = Get-ADComputer -Identity WEBSVR1
Set-ADComputer LON-SVR2 -PrincipalsAllowedToDelegateToAccount $computer
```

> **WEITERE INFORMATIONEN**   **Eingeschränkte Kerberos-Delegierung**
>
> Weitere Informationen über die eingeschränkte Kerberos-Delegierung (Kerberos Constrained Delegation, KCD) finden Sie auf der Microsoft TechNet-Website unter:
>
> *https://technet.microsoft.com/library/cc995228.aspx#Anchor_0*

Einrichten von virtuellen Konten

Es ist nicht möglich, Kennwörter für virtuelle Konten zu erstellen, zu löschen oder zu verwalten. Diese Konten werden automatisch verwaltet und stehen für das lokale Computerkonto, wenn sie für den Zugriff auf Apps oder Ressourcen verwendet werden.

Um einen Dienst so einzurichten, dass er ein virtuelles Konto verwendet, gehen Sie wie folgt vor:

1. Klicken Sie im Server-Manager auf *Tools* und dann auf *Dienste*.
2. Doppelklicken Sie auf den gewünschten Dienst. Aktivieren Sie auf der Seite *Anmelden* des Eigenschaftendialogfelds die Option *Dieses Konto* und geben Sie den Namen des Kontos ein, z. B. *NT SERVICE\LON-SVR2$* (siehe Abbildung 2–3).

Abb. 2–3   Einrichten eines virtuellen Kontos für einen Dienst

3. Löschen Sie den Inhalt der Felder *Kennwort* und *Kennwort bestätigen* und klicken Sie auf *OK*.

Einrichten von Kontorichtlinien

Mithilfe von Kontorichtlinien können Sie Kennworteinstellungen festlegen. Zur Verfügung stehen dazu die Kennwortrichtlinie, die Kontosperrungsrichtlinie und die Kerberos-Richtlinie. Zugänglich sind sie in der *Default Domain Policy* im Gruppenrichtlinienverwaltungs-Editor.

Um sie einzusehen und zu ändern, gehen Sie wie folgt vor:

1. Klicken Sie im Server-Manager auf *Tools* und dann auf *Gruppenrichtlinienverwaltung*.

2. Erweitern Sie in der Gruppenrichtlinien-Verwaltungskonsole die Gesamtstruktur, den Ordner *Domänen* und die gewünschte Domäne.

3. Klicken Sie auf den Ordner *Gruppenrichtlinienobjekte*. Rechtsklicken Sie anschließend im Detailbereich auf *Default Domain Policy* und wählen Sie *Bearbeiten* (siehe Abbildung 2–4).

4. Erweitern Sie im Gruppenrichtlinienverwaltungs-Editor unter dem Knoten *Default Domain Policy* die Knoten *Computerkonfiguration*, *Richtlinien*, *Windows-Einstellungen* und *Sicherheitseinstellungen* und klicken Sie auf *Kontorichtlinien* (siehe Abbildung 2–5).

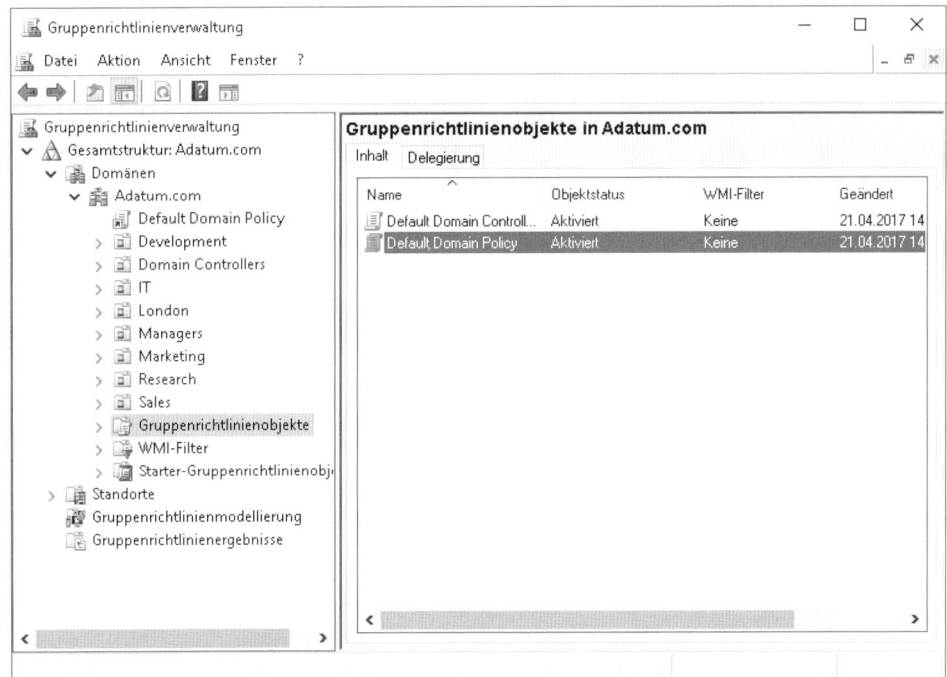

Abb. 2–4   Anzeigen der verfügbaren Standardgruppenrichtlinienobjekte

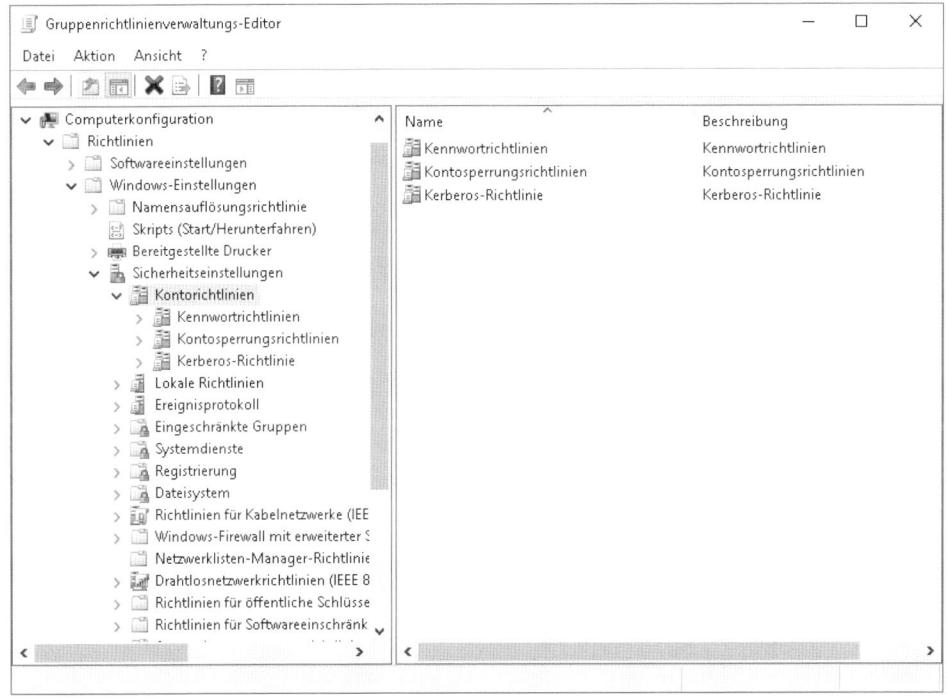

Abb. 2–5   Bearbeiten von Kontorichtlinien in der *Default Domain Policy*

Einrichten von domänenweiten und lokalen Kennwortrichtlinien

In Kennwortrichtlinien können Sie Einstellungen für die Verwaltung der Kennwörter von Domänenbenutzern festlegen. Richten Sie dazu die folgenden Kennworteinstellungen im Ordner *Kennwortrichtlinien* ein, den Sie im Ordner *Kontorichtlinien* des Gruppenrichtlinienverwaltungs-Editors finden (siehe Abbildung 2–6):

■ **Kennwortchronik erzwingen** Verhindert, dass die Benutzer Kennwörter wiederverwenden. Der Standardwert beträgt 24.

■ **Maximales Kennwortalter** Sorgt dafür, dass die Benutzer ihre Kennwörter im vorgegebenen Zeitraum ändern. Der Standardwert beträgt 42 Tage.

■ **Minimales Kennwortalter** Sorgt dafür, dass die Benutzer ihre Kennwörter vor Ablauf dieses Zeitraums nicht ändern können. Damit wird verhindert, dass sie ihr Kennwort rasch hintereinander 24 Mal ändern, sodass die Kennwortchronik erschöpft ist und sie wieder ihr altes Kennwort verwenden können. Der Standardwert beträgt 1 Tag.

■ **Minimale Kennwortlänge** Sorgt dafür, dass Kennwörter nicht zu kurz sind. Längere Kennwörter lassen sich schwerer erraten, insbesondere wenn auch Komplexität verlangt wird. Der Standardwert beträgt 7 Zeichen.

■ **Kennwort muss Komplexitätsvoraussetzungen entsprechen** Trägt dazu bei, dass sich Kennwörter schwer erraten lassen. Diese Einstellung ist standardmäßig aktiviert. Folgende Anforderungen müssen erfüllt sein:

  • Benutzername und Kontoname können nicht als Kennwort verwendet werden.

  • Das Kennwort muss mindestens sechs Zeichen lang sein.

  • Das Kennwort muss Zeichen aus mindestens drei der folgenden vier Gruppen enthalten:

    – Großbuchstaben [A–Z]

    – Kleinbuchstaben [a–z]

    – Ziffern [0–9]

    – Nicht alphanumerische Sonderzeichen wie !@#)(*&^%

■ **Kennwörter mit umkehrbarer Verschlüsselung speichern** Bietet Unterstützung für ältere Anwendungen, die das Kennwort eines Benutzers kennen müssen. Wenn Sie ein Kennwort mit umgekehrter Verschlüsselung speichern, können Sie es jedoch auch gleich im Klartext speichern, weshalb Sie dies nur dann tun sollten, wenn es absolut notwendig ist. Diese Option ist standardmäßig deaktiviert.

PRÜFUNGSTIPP

Falls nötig, können Sie die Speicherung der Kennwörter mit umkehrbarer Verschlüsselung für einzelne Benutzerkonten aktivieren.

Für Computer in einer Arbeitsgruppe können Sie eine lokale Kontorichtlinie einrichten. Dazu klicken Sie im Server-Manager auf *Tools* und dann auf *Lokale Sicherheitsrichtlinie*. Erweitern Sie *Kontorichtlinien* und klicken Sie auf *Kennwortrichtlinien* (siehe Abbildung 2–7). Sie können auch eine lokale Kontosperrungsrichtlinie einrichten.

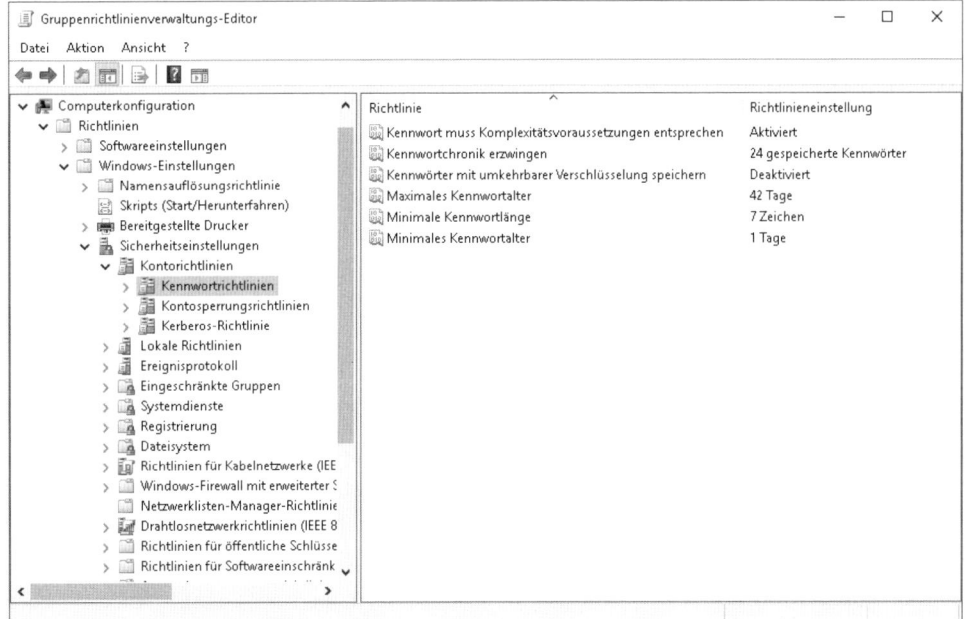

Abb. 2–6   Bearbeiten der domänenweiten Kennwortrichtlinie

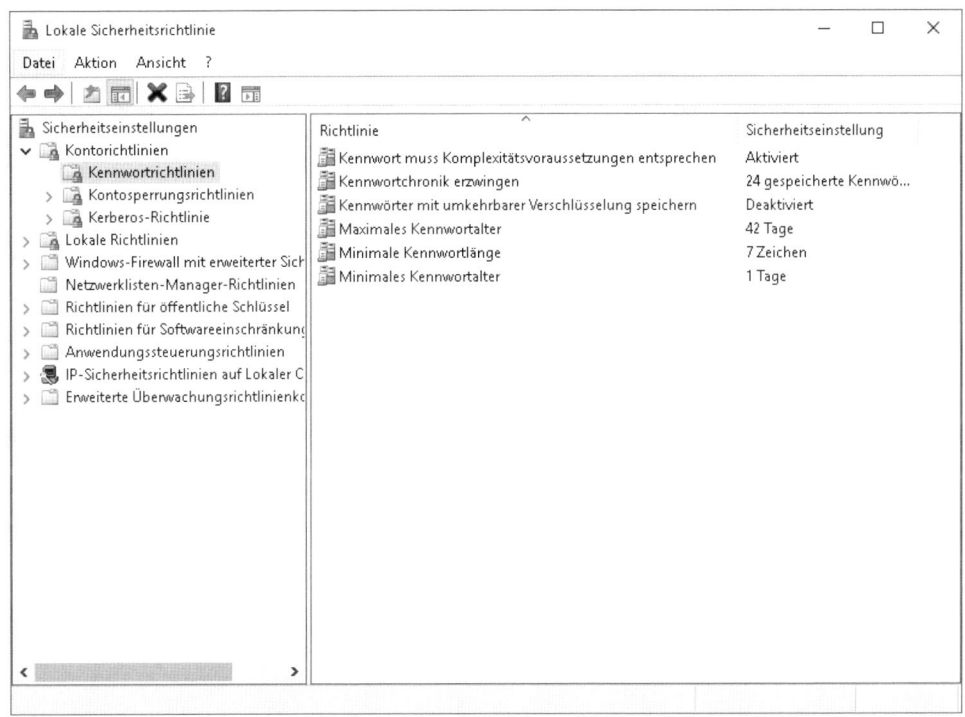

Abb. 2–7   Bearbeiten der lokalen Kennwortrichtlinie

PRÜFUNGSTIPP

Bei Computern, die zu einer AD DS-Domäne gehören, werden die Einstellungen in der lokalen Sicherheitsrichtlinie von den Einstellungen in der Domänensicherheitsrichtlinie überschrieben.

Einrichten von Kontosperrungsrichtlinien

Die Kontosperrungseinstellungen legen fest, was geschieht, wenn ein Benutzer ein falsches Kennwort eingibt. Ist das Konto eines Benutzers gesperrt, so kann er sich nicht mehr anmelden, bis das Konto wieder entsperrt ist. Im Ordner *Kontosperrungsrichtlinien* aus Abbildung 2–8 können Sie folgende Einstellungen vornehmen:

▪ **Kontosperrdauer** Gibt die Sperrdauer in Minuten an. Nach Ablauf dieses Zeitraums wird ein gesperrtes Konto automatisch wieder freigegeben. Administratoren können das Konto jedoch jederzeit manuell wieder entsperren. Um nur die manuelle Freigabe zuzulassen, setzen Sie die Sperrdauer auf 0. Standardmäßig ist diese Einstellung nicht aktiviert.

▪ **Kontosperrungsschwelle** Gibt an, wie viele Fehleingaben ein Benutzer machen darf, bevor das Konto gesperrt wird. Der Standardwert lautet 0, womit die Sperrfunktion praktisch aufgehoben wird.

▪ **Zurücksetzungsdauer des Kontosperrungszählers** Gibt an, wie viele Minuten vergangen sein müssen, bevor der Kontosperrungszähler zurückgesetzt wird. In Kombination mit dem Schwellenwert können Sie damit die Empfindlichkeit eines Systems gegenüber Kennwort-Fehleingaben einstellen. Nehmen wir an, Sie geben hierfür den Wert 5 und für den Schwellenwert den Wert 2 an. Das bedeutet, dass zwei Fehleingaben im Verlauf von fünf Minuten zu einer Sperrung des Kontos führen. Eine Änderung des Wertes auf 30 macht das System empfindlicher, da das Konto dann bei zwei Fehleingaben im Verlauf von 30 Minuten gesperrt wird. Diese Einstellung ist standardmäßig nicht aktiviert.

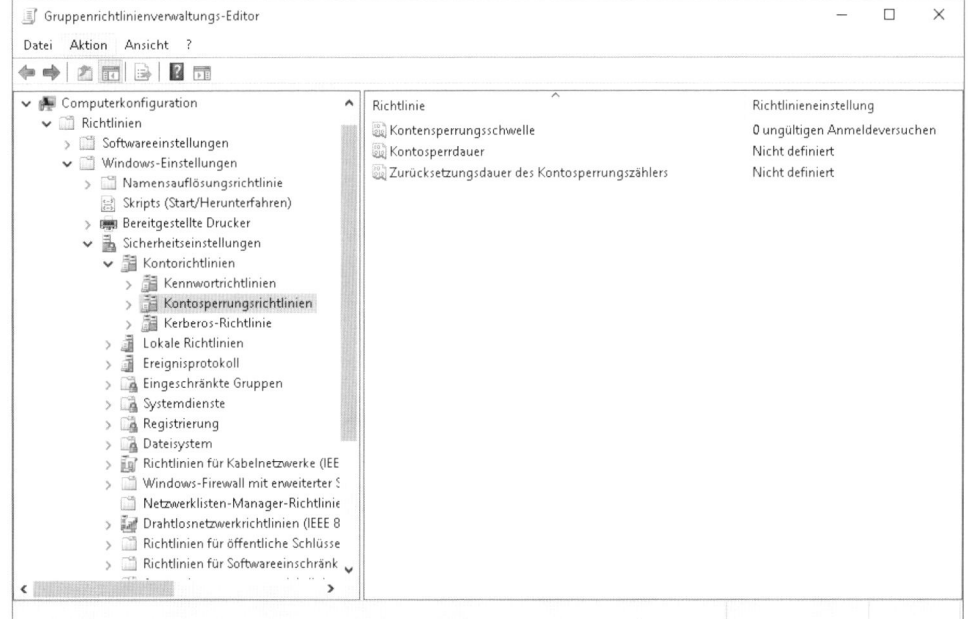

Abb. 2–8   Bearbeiten der Kontosperrungsrichtlinie

Um ein Konto manuell zu entsperren, öffnen Sie in *Active Directory-Benutzer und -Computer* das Eigenschaftendialogfeld für den Benutzer und aktivieren auf der Registerkarte *Konto* das Kontrollkästchen *Kontosperrung aufheben* (siehe Abbildung 2–9). Klicken Sie anschließend auf *OK*.

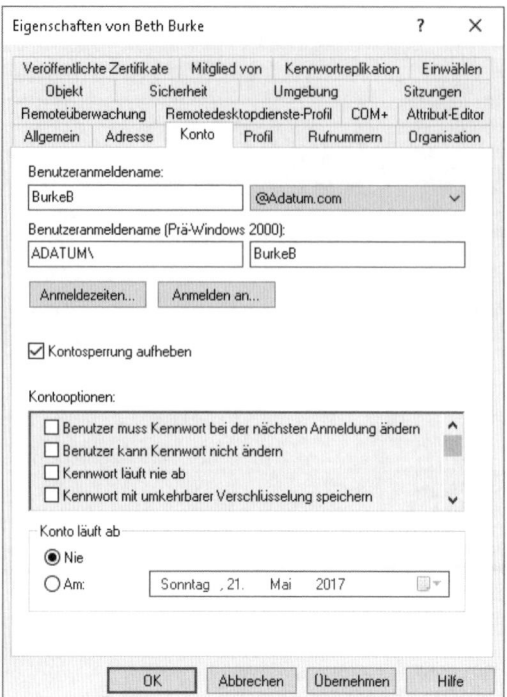

Abb. 2–9   Entsperren eines Kontos

Einrichten von Kerberos-Richtlinien

Kerberos stellt eine Authentifizierungsarchitektur für Windows Server 2016 bereit. Wenn sich Benutzer anmelden, erhalten sie ein ticketgewährendes Kerberos-Ticket von einem Domänencontroller, und wenn sie Verbindung mit einem Server aufnehmen, bekommen sie ein Dienstticket. Mithilfe der Kerberos-Richtlinie können Sie die Handhabung und Erneuerung von Kerberos-Tickets steuern.

Folgende Einstellungen lassen sich im Ordner *Kerberos-Richtlinie* aus Abbildung 2–10 vornehmen:

- **Benutzeranmeldeeinschränkungen erzwingen**   Zwingt Domänencontroller dazu, eine zusätzliche Validierung anhand der Richtlinie für die Rechte des Benutzers durchzuführen, was die Sicherheit verstärkt. Diese Einstellung ist standardmäßig aktiviert.

- **Max. Gültigkeitsdauer des Diensttickets**   Gibt an, wie alt das Dienstticket eines Benutzers maximal sein darf. Der Wert muss mindestens zehn Minuten betragen und darf nicht größer sein als die maximale Gültigkeitsdauer des Benutzertickets. Der Standardwert liegt bei 600 Minuten.

- **Max. Gültigkeitsticket des Benutzertickets**   Gibt an, wie alt das ticketgewährende Ticket eines Benutzers maximal sein darf. Der Standardwert liegt bei zehn Stunden.

- **Max. Zeitraum, in dem ein Benutzerticket erneuert werden kann** Gibt an, wie lange ein Benutzer sein ticketgewährendes Ticket verlängern kann. Der Standardwert beträgt sieben Tage.

- **Max. Toleranz für die Synchronisation des Computertakts** Gibt die Empfindlichkeit gegenüber Abweichungen zwischen der Zeit auf dem Clientcomputer und auf dem Domänencontroller an. Der Standardwert beträgt fünf Minuten.

PRÜFUNGSTIPP

Der Domänencontroller mit der Betriebsmasterrolle des PDC-Emulators ist die Zeitquelle für die Domäne.

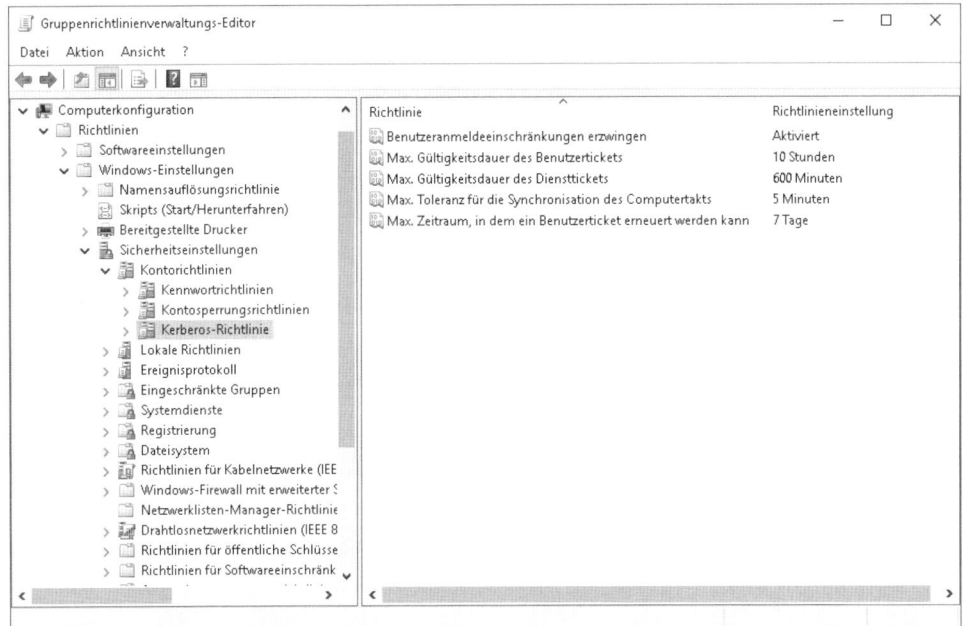

Abb. 2–10   Bearbeiten der Kerberos-Richtlinie

Einrichten und Anwenden von Kennworteinstellungsobjekten

Kennwortrichtlinien können Sie nur für die Domäne als Ganzes, aber nicht für einzelne Organisationseinheiten darin festlegen. Wenn Sie für verschiedene Geschäftsbereiche oder geografische Standorte unterschiedliche Kontorichtlinien benötigten, mussten Sie in früheren Versionen von Windows Server mehrere Domänen in Ihrer Gesamtstruktur anlegen. In Windows Server 2016 dagegen können Sie mithilfe von Kennworteinstellungsobjekten (Password Settings Objects, PSOs) unterschiedliche Kontorichtlinien umsetzen. Sie wirken sich nicht auf Container, sondern auf Benutzer und Gruppen aus, was eine feinere Verwaltung ermöglicht.

PRÜFUNGSTIPP

Kennworteinstellungsobjekte wurden in Windows Server 2008 eingeführt.

Windows Server 2016 erstellt den Kennworteinstellungsordner, in dem die von Ihnen erstellten und in der Domäne angewendeten Kennworteinstellungsobjekte gespeichert werden.

PRÜFUNGSTIPP

Kennworteinstellungsobjekte können Sie nur Benutzern, InetOrgPerson-Objekten und globalen Sicherheitsgruppen zuweisen. Um sie auf eine Organisationseinheit anzuwenden, müssen Sie eine Schattengruppe erstellen und ihr das Objekt zuweisen. Eine Schattengruppe ist eine globale Sicherheitsgruppe, die Sie manuell erstellen und in die Sie alle Benutzer aus einer Organisationseinheit aufnehmen.

Nachdem Sie ein Kennworteinstellungsobjekt erstellt haben, müssen Sie es mit dem gewünschten Benutzer- oder Gruppenobjekt verknüpfen. Um beispielsweise eine besonders strenge Kennwortrichtlinie für Administratorkonten durchzusetzen, gehen Sie wie folgt vor:

1. Erstellen Sie die globale Sicherheitsgruppe *Secure Admins*.

2. Fügen Sie die gewünschten Benutzerkonten zu dieser Gruppe hinzu.

3. Erstellen Sie ein Kennworteinstellungsobjekt und verknüpfen Sie es mit der Gruppe *Secure Admins*.

Wenn mit einem Objekt mehrere Kennworteinstellungsobjekte verknüpft sind, gelten folgende Regeln für den Vorrang:

▦ Sind mit einem Benutzer keinerlei Kennworteinstellungsobjekte verknüpft, so werden die Einstellungen der Kontorichtlinie aus der *Default Domain Policy* angewendet.

▦ Wenn Sie ein Kennworteinstellungsobjekt direkt mit einem Benutzerobjekt verknüpfen, hat es Vorrang gegenüber allen Kennworteinstellungsobjekten, die mit Gruppen verknüpft sind, zu denen der Benutzer gehört.

▦ Wenn Sie Kennworteinstellungsobjekte mit Gruppen verknüpfen, vergleicht AD DS die Kennworteinstellungsobjekte für alle globalen Sicherheitsgruppen, zu denen der Benutzer gehört.

PRÜFUNGSTIPP

Wenn Sie mehrere Kennworteinstellungsobjekte direkt mit einem Benutzer- oder Gruppenobjekt verknüpfen, wird das Kennworteinstellungsobjekt mit dem niedrigsten Vorrangwert angewendet. Dieser Wert ist im Attribut msDS-PasswordSettings-Precedence des Kennworteinstellungsobjekts gespeichert.

Ein Kennworteinstellungsobjekt enthält zwar die gleichen Einstellungen wie die Kennwortrichtlinien in der *Default Domain Policy*, allerdings verwenden Sie zum Einrichten und Anwenden
nicht den Gruppenrichtlinienverwaltungs-Editor, sondern die Windows PowerShell oder das
Active Directory-Verwaltungscenter.

PRÜFUNGSTIPP

Um Kennworteinstellungsobjekte nutzen zu können, muss Ihre Domäne mindestens
die Funktionsebene Windows Server 2008 aufweisen.

Erstellen von Kennworteinstellungsobjekten mit der Windows PowerShell

In der Windows PowerShell verwenden Sie die beiden folgenden Cmdlets, um Kennworteinstellungsobjekte zu erstellen:

New-ADFineGrainedPasswordPolicy   Erstellt das Kennworteinstellungsobjekt und
weist ihm die in den Cmdlet-Parametern angegebenen Eigenschaften zu (siehe Tabelle 2–1).

Add-FineGrainedPasswordPolicySubject   Verknüpft das Kennworteinstellungsobjekt
mit dem Benutzer oder der Gruppe, die Sie in den Cmdlet-Parametern angegeben haben.

In dem Beispiel aus Abbildung 2–11 wurden die folgenden Befehle verwendet, um das Kennworteinstellungsobjekt *Admins* zu erstellen und mit der globalen Sicherheitsgruppe *Secure
Admins* zu verknüpfen:

```
New-ADFineGrainedPasswordPolicy Admins -ComplexityEnabled:$true
-LockoutDuration:"00:45:00" -LockoutObservationWindow:"00:45:00"
-LockoutThreshold:"0" -MaxPasswordAge:"24.00:00:00"
-MinPasswordAge:"2.00:00:00" -MinPasswordLength:"8"
-PasswordHistoryCount:"30" -Precedence:"1"
-ReversibleEncryptionEnabled:$false -ProtectedFromAccidentalDeletion:$true

Add-ADFineGrainedPasswordPolicySubject Admins -Subjects "Secure Admins"
```

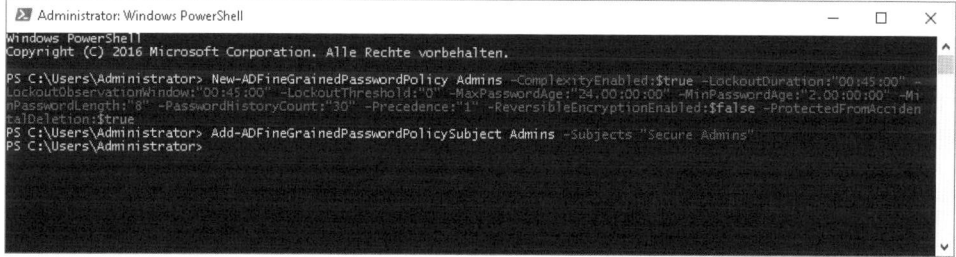

Abb. 2–11   Erstellen und Anwenden eines Kennworteinstellungsobjekts mit der Windows PowerShell

Einstellung	Format	Erklärung
Kennwortrichtlinieneinstellung		
Name	String	Gibt den Namen des Kennworteinstellungsobjekts an
ComplexityEnabled	True oder False	Gibt an, ob komplexe Kennwörter erzwungen werden
MinPasswordLength	Integer	Gibt die Mindestlänge von Kennwörtern an
MaxPasswordAge	Zeit: dd.hh:mm:ss	Gibt an, nach wie vielen Tagen die Benutzer ihre Kennwörter spätestens ändern müssen
MinPasswordAge	Zeit: dd.hh:mm:ss	Gibt an, wie viel Zeit mindestens verstrichen sein muss, bevor ein Benutzer sein Kennwort erneut ändern kann
PasswordHistoryCount	Integer	Gibt die Anzahl der Kennwortänderungen an, die erfolgen müssen, bevor ein Kennwort wiederverwendet werden kann
ReversibleEncryptionEnabled	True oder False	Gibt an, ob die umkehrbare Verschlüsselung zugelassen ist
Kontosperrungseinstellungen		
LockoutThreshold	Integer	Gibt an, wie oft das falsche Kennwort eingegeben werden darf, bevor das Konto gesperrt wird
LockoutObservationWindow	Zeit: hh:mm:ss	Gibt an, nach wie vielen Minuten der Kontosperrungszähler zurückgesetzt wird
LockoutDuration	Zeit: hh:mm:ss	Gibt an, wie lange ein Konto gesperrt bleibt, bevor es automatisch wieder entsperrt wird
Spezifische PSO-Einstellungen		
Precedence	Integer	Gibt den Vorrang des Kennworteinstellungsobjekts an, wenn mehrere Kennworteinstellungsobjekte mit demselben Benutzer- oder Gruppenobjekt verknüpft sind
PSOApplied	Liste von definierten Namen	Gibt an, mit welchen Benutzern oder globalen Sicherheitsgruppen das Kennworteinstellungsobjekt verknüpft ist
ProtectedFromAccidentalDeletion	True oder False	Gibt an, ob das Kennworteinstellungsobjekt gegen unabsichtliches Löschen geschützt werden soll

Tab. 2–1 Einstellungen Kennworteinstellungsobjekte

Erstellen von Kennworteinstellungsobjekten im Active Directory-Verwaltungscenter

Um Kennworteinstellungsobjekte im Active Directory-Verwaltungscenter zu erstellen und zu verknüpfen, gehen Sie folgendermaßen vor:

1. Klicken Sie im Active Directory-Verwaltungscenter auf *Verwalten* und dann auf *Navigationsknoten hinzufügen*. Wählen Sie im gleichnamigen Dialogfeld die gewünschte Zieldomäne aus und klicken Sie auf die Schaltfläche >> und dann auf *OK* (siehe Abbildung 2–12).

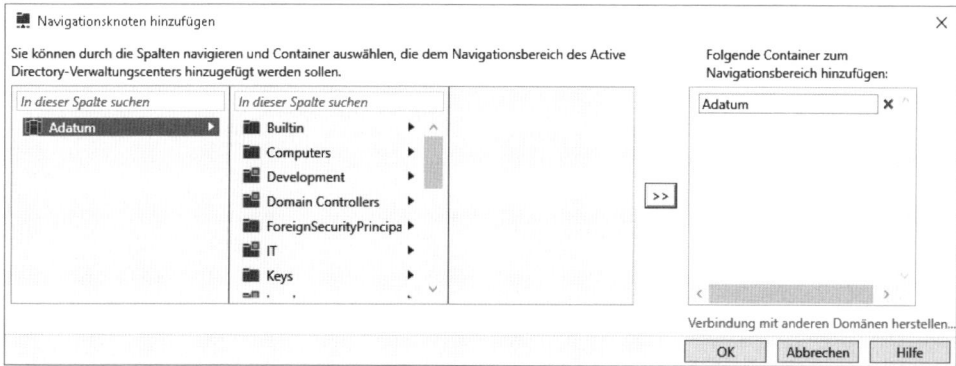

Abb. 2–12   Hinzufügen eines Navigationsknotens

2. Erweitern Sie im Navigationsbereich die Domäne und klicken Sie nacheinander auf die Container *System* und *Password Settings* (siehe Abbildung 2–13). Drücken Sie die Eingabetaste.

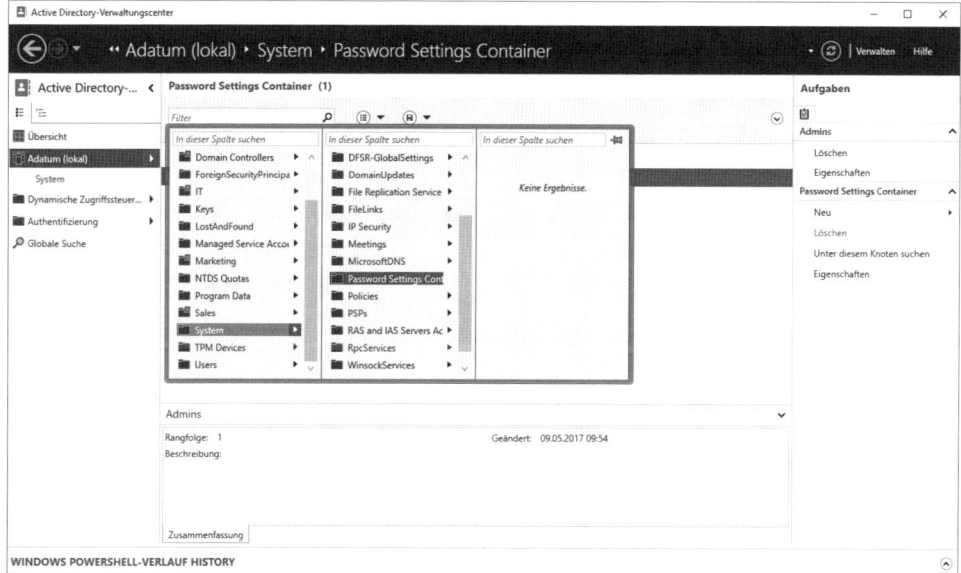

Abb. 2–13   Auswählen des Kennworteinstellungscontainers

3. Klicken Sie im Aufgabenbereich auf *Neu* und dann auf *Kennworteinstellungen*.

4. Nehmen Sie im Dialogfeld *Kennworteinstellungen erstellen* die gewünschten Einstellungen für das neue Kennworteinstellungsobjekt vor (siehe Abbildung 2–14).

Abb. 2–14 Erstellen eines neuen Kennworteinstellungsobjekts

5. Klicken Sie unter der Überschrift *Direkt anwendbar auf Hinzufügen*. Geben Sie im Dialogfeld *Benutzer oder Gruppen auswählen* dann den Namen des gewünschten Benutzers bzw. der Gruppe ein und klicken Sie auf *OK* (siehe Abbildung 2–15).

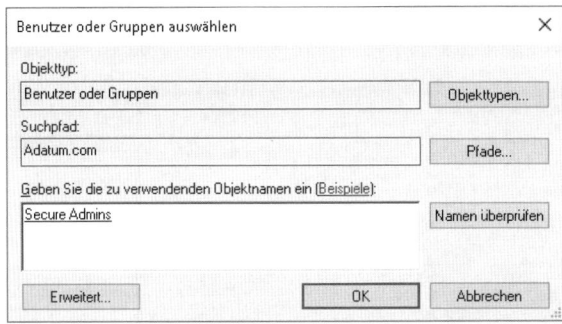

Abb. 2–15 Auswählen der Gruppe, mit der das Kennworteinstellungsobjekt verknüpft werden soll

6. Klicken Sie auf *OK*.

Delegieren der Verwaltung von Kennworteinstellungen

Um die Verwaltung von Kennworteinstellungen zu delegieren, können Sie wie folgt den Assistenten zum Zuweisen der Objektverwaltung in *Active Directory-Benutzer und -Computer* verwenden:

1. Rechtsklicken Sie in *Active Directory-Benutzer und -Computer* auf die gewünschte Organisationseinheit und wählen Sie *Objektverwaltung zuweisen*.

2. Klicken Sie auf der Willkommensseite des Assistenten zum Zuweisen der Objektverwaltung auf *Weiter*.

Klicken Sie auf der Seite *Benutzer oder Gruppen* auf *Hinzufügen* und wählen Sie die Benutzer oder Gruppen aus, denen Sie die Verwaltung von Kennworteinstellungen übertragen möchten. Klicken Sie auf *OK* und dann auf *Weiter*.

Aktivieren Sie auf der Seite *Zuzuweisende Aufgaben* im Bereich *Folgende allgemeine Aufgaben zuweisen* das Kontrollkästchen *Setzt Benutzerkennwörter zurück und erzwingt Kennwortänderung bei der nächsten Anmeldung* (siehe Abbildung 2–16). Klicken Sie auf *Weiter* und dann auf *Fertig stellen*.

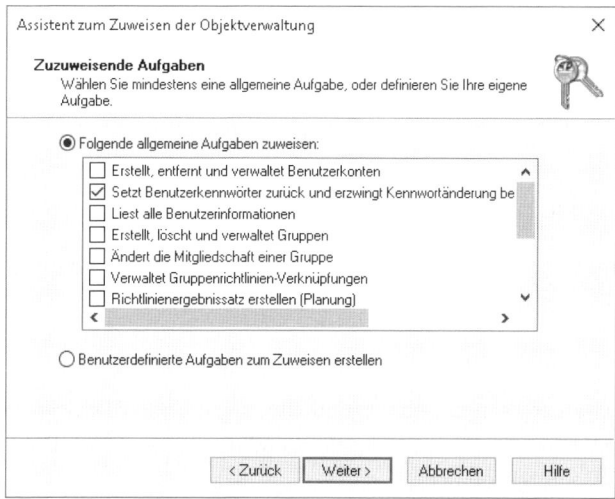

Abb. 2–16 Delegieren der Verwaltung von Kennworteinstellungen

Die Delegierung von Verwaltungsfunktionen wird ausführlich im Abschnitt »Delegieren der Verwaltung von Active Directory-Objekten« von »Prüfungsziel 1.3: Erstellen und Verwalten von Active Directory-Gruppen und -Organisationseinheiten« in Kapitel 1, »Active Directory-Domänendienste installieren und konfigurieren«, beschrieben.

Prüfungsziel 2.2:
Warten von Active Directory

AD DS ist ein sehr stabiler und zuverlässiger Verzeichnisdienst, der sehr wenig Wartung erfordert. Von Zeit zu Zeit kann es jedoch erforderlich sein, eine Datenbankdefragmentierung vorzunehmen, um AD DS zu optimieren. Um gegen Datenverluste und eine Beschädigung der Datenbank gewappnet zu sein, sollten Sie auch wissen, wie Sie AD DS sichern und wiederherstellen.

In Zweigstellen oder an anderen Standorten, an denen die physische Sicherheit nicht garantiert ist, können Sie schreibgeschützte Domänencontroller (RODCs) aufstellen. Da sie nur eine schreibgeschützte Kopie von AD DS enthalten, ist es wichtig, die Replikation auf diese Domänencontroller richtig einzurichten und zu verwalten und eine Kennwortreplikationsrichtlinie zu nutzen.

Inhalt dieses Abschnitts:

▦ Offline-Verwaltung von Active Directory

▦ Sichern und Wiederherstellen von Active Directory

▦ Verwalten von schreibgeschützten Domänencontrollern

▦ Verwalten der AD DS-Replikation

Offline-Verwaltung von Active Directory

AD DS ist auf Domänencontrollern in einer Datenbank und zugehörigen Protokolldateien gespeichert.

 PRÜFUNGSTIPP

Den Speicherort der Datenbank und der zugehörigen Dateien legen Sie bei der Installation von AD DS fest. Standardmäßig werden diese Dateien in *%System-Root%\NTDS* untergebracht.

Die meisten AD DS-Datenbankoperationen erfolgen online, also wenn AD DS läuft und über das Netzwerk zugänglich ist. Einige Vorgänge müssen jedoch offline ausgeführt werden, darunter die Datenbankwartung. Das bedeutet meistens, dass Sie den Domänencontroller im Verzeichnisdienst-Wiederherstellungsmodus (Directory Service Restore Mode, DSRM) neu starten müssen. In diesem Modus kann der Server keine Anmeldeanforderungen von Dienstclients bearbeiten oder irgendwelche anderen AD DS-Aufgaben ausführen. Damit das Netzwerk weiterhin ordnungsgemäß funktioniert, müssen Sie die Verzeichnisdienste in der Zwischenzeit von anderen Domänencontrollern bereitstellen lassen.

In Windows Server 2016 ist es bei einigen Arbeiten an der Datenbank auch möglich, den AD DS-Dienst zu beenden, anstatt den Domänencontroller in den Wiederherstellungsmodus zu versetzen.

PRÜFUNGSTIPP

Die Möglichkeit, AD DS auf diese Weise zu beenden, wird als »Neustartmodus« von AD DS bezeichnet. Sie steht nur in Windows Server 2012 und höher zur Verfügung.

Mit dem Neustartmodus von AD DS können Sie Wartungsarbeiten schneller erledigen, was die Ausfallzeit des Domänencontrollers reduziert.

Offline-Defragmentierung einer AD DS-Datenbank

Mit der Offline-Defragmentierung der AD DS-Datenbank sorgen Sie dafür, dass ungenutzter Platz in der Datenbank dem Dateisystem zur Verfügung gestellt wird. Die Datenbank wird dadurch komprimiert. Für diesen Vorgang verwenden Sie das Befehlszeilenwerkzeug `NtdsUtil.exe`.

Um die AD DS-Datenbank zu komprimieren, gehen Sie wie folgt vor:

1. Klicken Sie im Server-Manager auf dem Domänencontroller auf *Tools* und dann auf *Dienste*, um die gleichnamige Konsole zu öffnen.
2. Beenden Sie die Active Directory-Domänendienste (siehe Abbildung 2–17).

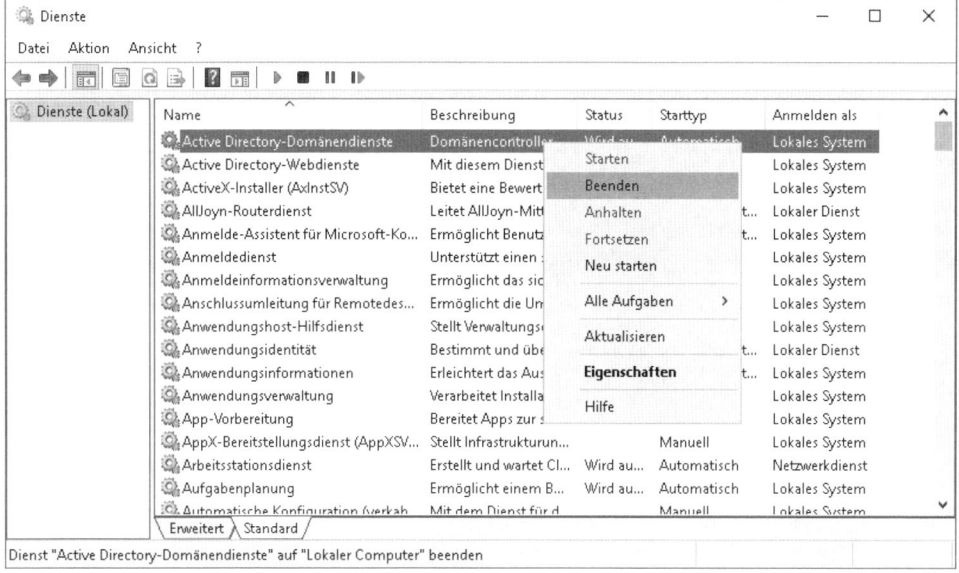

Abb. 2–17   Beenden der Active Directory-Domänendienste

3. Sie werden gefragt, ob auch die zugehörigen Dienste *DNS-Server*, *Kerberos-Schlüsselverteilungscenter*, *Standortübergreifender Messagingdienst* und *DFS-Replikation* beendet werden sollen. Klicken Sie auf *Ja*, um auch diese Dienste zu beenden.
4. Öffnen Sie eine Eingabeaufforderung mit erhöhten Rechten.
5. Führen Sie `NtdsUtil.exe` aus.

6. Führen Sie wie in Abbildung 2–18 gezeigt die folgenden Befehle aus:

- Activate instance NTDS

- Files

- Compact to C:\

- Integrity

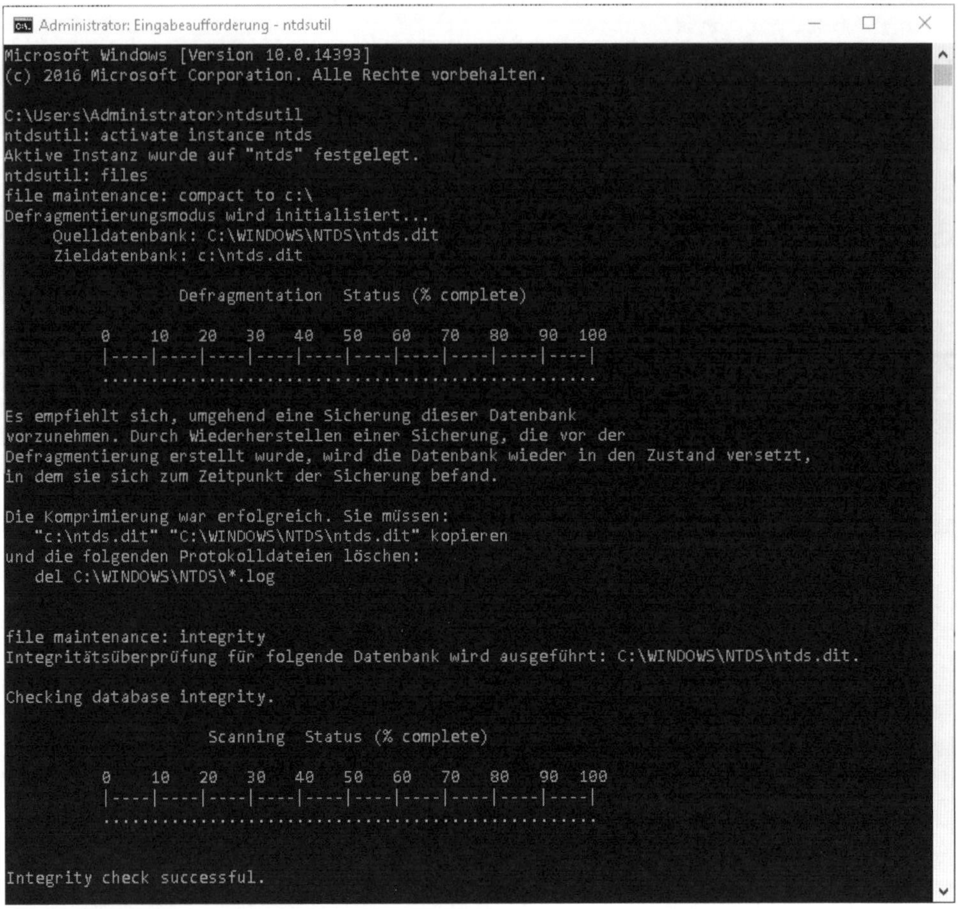

```
[o:] Administrator: Eingabeaufforderung - ntdsutil                           —    □    ×
Microsoft Windows [Version 10.0.14393]
(c) 2016 Microsoft Corporation. Alle Rechte vorbehalten.

C:\Users\Administrator>ntdsutil
ntdsutil: activate instance ntds
Aktive Instanz wurde auf "ntds" festgelegt.
ntdsutil: files
file maintenance: compact to c:\
Defragmentierungsmodus wird initialisiert...
    Quelldatenbank: C:\WINDOWS\NTDS\ntds.dit
    Zieldatenbank: c:\ntds.dit

                Defragmentation  Status (% complete)

        0   10   20   30   40   50   60   70   80   90  100
        |----|----|----|----|----|----|----|----|----|----|
        ..................................................

Es empfiehlt sich, umgehend eine Sicherung dieser Datenbank
vorzunehmen. Durch Wiederherstellen einer Sicherung, die vor der
Defragmentierung erstellt wurde, wird die Datenbank wieder in den Zustand versetzt,
in dem sie sich zum Zeitpunkt der Sicherung befand.

Die Komprimierung war erfolgreich. Sie müssen:
    "c:\ntds.dit" "C:\WINDOWS\NTDS\ntds.dit" kopieren
und die folgenden Protokolldateien löschen:
    del C:\WINDOWS\NTDS\*.log


file maintenance: integrity
Integritätsüberprüfung für folgende Datenbank wird ausgeführt: C:\WINDOWS\NTDS\ntds.dit.

Checking database integrity.

                Scanning  Status (% complete)

        0   10   20   30   40   50   60   70   80   90  100
        |----|----|----|----|----|----|----|----|----|----|
        ..................................................

Integrity check successful.
```

Abb. 2–18   Defragmentieren der AD DS-Datenbank

7. Schließen Sie die Datenbankwartung ab, indem Sie an der Eingabeaufforderung mit erhöhten Rechten die folgenden Befehle ausführen:

- Quit

- Quit

- Copy C:\ntds.dit C:\Windows\NTDS\ntds.dit

- Del C:\Windows\NTDS*.log

- Exit

8. Starten Sie die Active Directory-Domänendienste in der Dienstekonsole neu. Die zugehörigen Dienste werden dabei ebenfalls gestartet.

WEITERE INFORMATIONEN **Komprimieren der Verzeichnisdatenbankdatei**

Weitere Informationen über die Komprimierung der AD DS-Datenbank finden Sie auf der Microsoft TechNet-Website auf:

https://technet.microsoft.com/library/cc794920(v=ws.10).aspx

Metadatenbereinigung

Die Metadaten müssen bereinigt werden, wenn Sie einen Domänencontroller aus der Gesamtstruktur herausgenommen haben, z.B. nachdem er ausgefallen ist. In den Metadaten wird der Domänencontroller nach wie vor in AD DS geführt. Wird dies nicht bereinigt, so kann die Replikation für AD DS und für das verteilte Dateisystem (Distributed File System, DFS) beeinträchtigt werden.

Die Metadatenbereinigung nehmen Sie in *Active Directory-Benutzer und -Computer* und *Active Directory-Standorte und -Dienste* vor. Sie können auch das Befehlszeilenwerkzeug Ntds-Util.exe einsetzen.

VERWENDUNG DER GRAFISCHEN WERKZEUGE

In den grafischen Werkzeugen führen Sie die Metadatenbereinigung wie folgt aus:

1. Klicken Sie im Server-Manager auf einem Domänencontroller auf *Tools* und dann auf *Active Directory-Benutzer und -Computer*.

2. Öffnen Sie den Ordner *Domain Controllers*, rechtsklicken Sie auf den Domänencontroller, den Sie aus der Domäne entfernt haben, und klicken Sie auf *Löschen*. Bestätigen Sie den Vorgang durch einen Klick auf *Ja*.

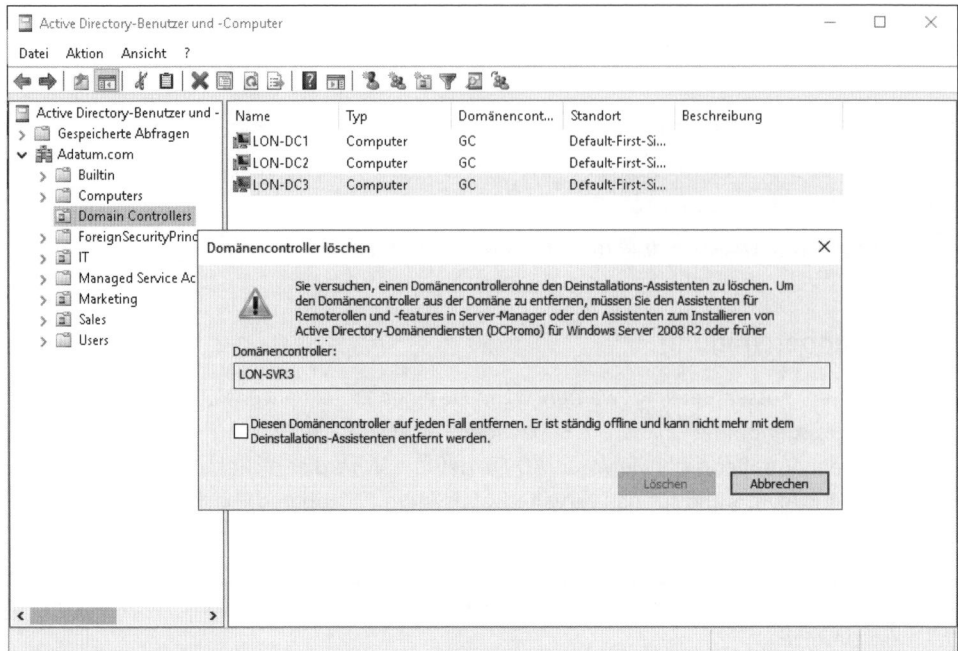

Abb. 2–19   Zwangsweises Entfernen eines Domänencontrollers

3. Aktivieren Sie in dem Dialogfeld *Domänencontroller löschen* aus Abbildung 2–19 das Kontrollkästchen *Diesen Domänencontroller auf jeden Fall entfernen* und klicken Sie auf *Löschen*.

4. Wenn es sich bei dem Domänencontroller um einen globalen Katalogserver handelt, klicken Sie auf *Ja*, um den Löschvorgang zu bestätigen.

5. Wenn der Domänencontroller, den Sie entfernen, ein Betriebsmaster ist, müssen Sie die entsprechenden Rollen auf einen anderen Domänencontroller übertragen, der online ist. Klicken Sie auf *OK*, um die Rollen auf den vorgeschlagenen Domänencontroller zu verschieben. Sie können bei diesem Vorgang keinen anderen Domänencontroller auswählen. Wollen Sie die Rollen auf einen anderen Domänencontroller übertragen, müssen Sie sie nach dem Bereinigen der Metadaten dorthin verschieben. Mehr über die Übertragung von Betriebsmasterrollen erfahren Sie im Abschnitt »Übertragen und Übernehmen von Betriebsmasterrollen« von »Prüfungsziel 1.1: Installieren und Konfigurieren von Domänencontrollern«.

6. Klicken Sie im Server-Manager auf *Tools* und dann auf *Active Directory-Standorte und -Dienste*.

7. Suchen Sie das Standortobjekt, das den von Ihnen entfernten Domänencontroller enthält. Erweitern Sie den Ordner *Servers* und suchen Sie den betroffenen Servercomputer.

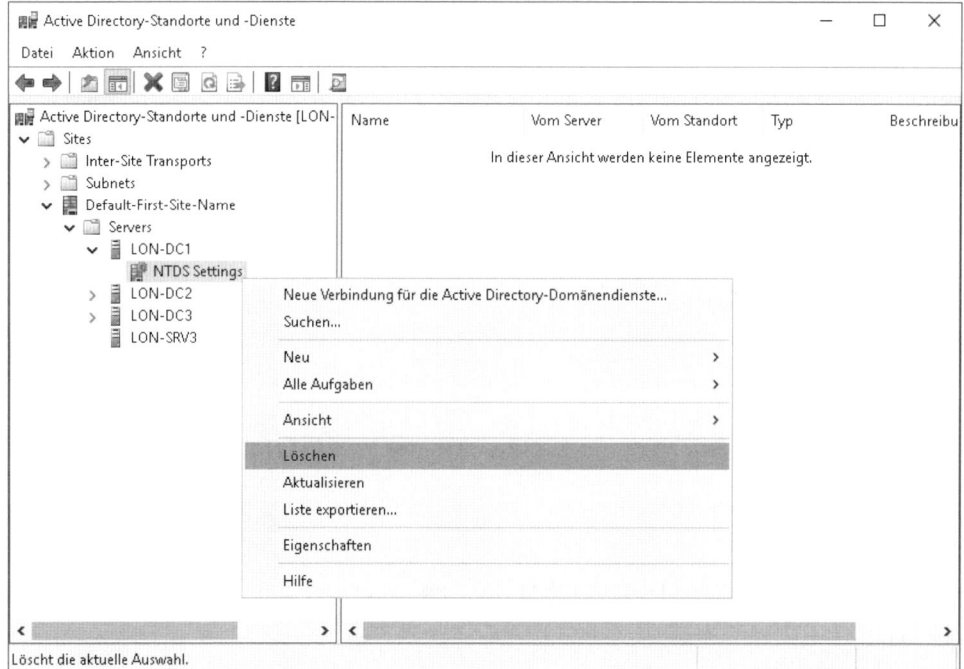

Abb. 2–20 Löschen des NTDS-Einstellungsobjekts

8. Rechtsklicken Sie auf den Knoten *NTDS-Einstellungen* und klicken Sie auf *Löschen* (siehe Abbildung 2–20).

9. Klicken Sie im Dialogfeld *Active Directory-Domänendienste* auf *Ja*, um den Löschvorgang zu bestätigen.

10. Aktivieren Sie in dem Dialogfeld *Domänencontroller löschen* das Kontrollkästchen *Diesen Domänencontroller auf jeden Fall entfernen* und klicken Sie auf *Löschen*.

11. Wenn es sich bei dem Domänencontroller um einen globalen Katalogserver handelt, klicken Sie im Dialogfeld *Domänencontroller löschen* auf *Ja*.

12. Wenn der Domänencontroller, den Sie entfernen, ein Betriebsmaster ist, müssen Sie die entsprechenden Rollen auf einen anderen Domänencontroller übertragen, der online ist. Klicken Sie auf *OK*, um die Rollen auf den vorgeschlagenen Domänencontroller zu verschieben. Sie können bei diesem Vorgang keinen anderen Domänencontroller auswählen. Wollen Sie die Rollen auf einen anderen Domänencontroller übertragen, müssen Sie sie nach dem Bereinigen der Metadaten dorthin verschieben.

13. Rechtsklicken Sie anschließend in der Navigationskonsole auf den Domänencontroller, den Sie zwangsweise entfernt haben, und klicken Sie auf *Löschen*. Klicken Sie auf *Ja*, um den Vorgang zu bestätigen.

VERWENDEN VON NTDSUTIL.EXE

Die vorstehende Aufgabe können Sie auch mit NtdsUtil.exe an einer Eingabeaufforderung mit erhöhten Rechten durchführen. Dabei müssen Sie zur Auswahl des Zieldomänencontrollers erst die Domäne und den Standort angeben. Führen Sie den Vorgang wie folgt durch:

1. Führen Sie den Befehl NtdsUtil.exe aus.

2. Führen Sie die folgenden Befehle in der angegebenen Reihenfolge aus (siehe Abbildung 2–21):

   - Metadata cleanup
   - Connections
   - Connect to server *<servername>* (wobei *<servername>* ein erreichbarer Domänencontroller ist)
   - Quit
   - Select Operation Target
   - List domains
   - Select Domain *X* (wobei *X* die Domäne ist, aus der Sie den Domänencontroller entfernt haben)
   - List sites
   - Select Site *Y* (wobei *Y* die Domäne ist, aus der Sie den Domänencontroller entfernt haben)
   - List servers in site
   - Select Server *Z* (wobei *Z* der Offline-Domänencontroller ist, den Sie entfernen möchten)
   - Quit
   - Remove selected server
   - Klicken Sie im Dialogfeld *Bestätigung des Entfernens des Servers* auf *Ja*, um den Vorgang abzuschließen.
   - Quit

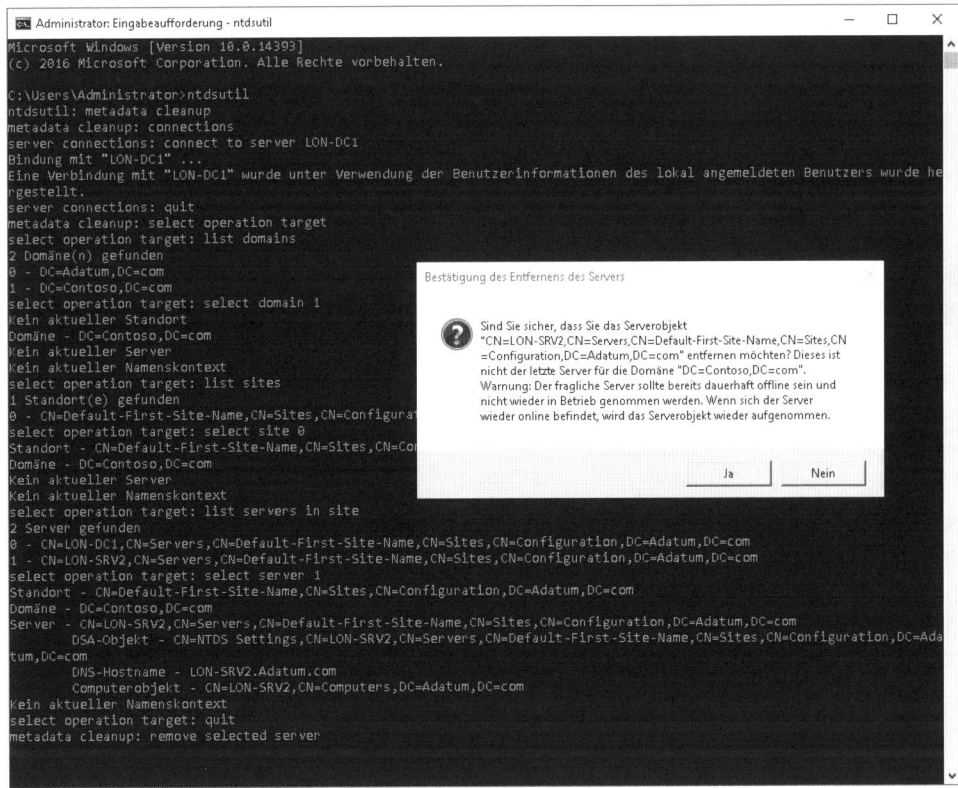

Abb. 2–21 Zwangsweises Entfernen eines Domänencontrollers mit `NtdsUtil.exe`

WEITERE INFORMATIONEN   **Bereinigen von Servermetadaten**

Weitere Informationen über die Metadatenbereinigung in AD DS finden Sie auf der Microsoft TechNet-Website unter:

https://technet.microsoft.com/library/cc816907(v=ws.10).aspx

Sichern und Wiederherstellen von Active Directory

AD DS ist ein kritischer Dienst und muss daher gegen den Verlust und die Beschädigung von
Daten geschützt werden. Dazu können Sie den Active Directory-Papierkorb sowie ein geeignetes Sicherungs- und Wiederherstellungsverfahren einrichten.

Einrichten und Verwenden des Active Directory-Papierkorbs

Die erste Schutzmaßnahme gegen Datenverlust in AD DS bildet der Active Directory-Papierkorb. Um ihn zu aktivieren, klicken Sie in der Aufgabenliste des Active Directory-Verwaltungscenters wie in Abbildung 2–22 gezeigt auf *Papierkorb aktivieren*. Sie können auch das Windows PowerShell-Cmdlet Enable-ADOptionalFeature verwenden.

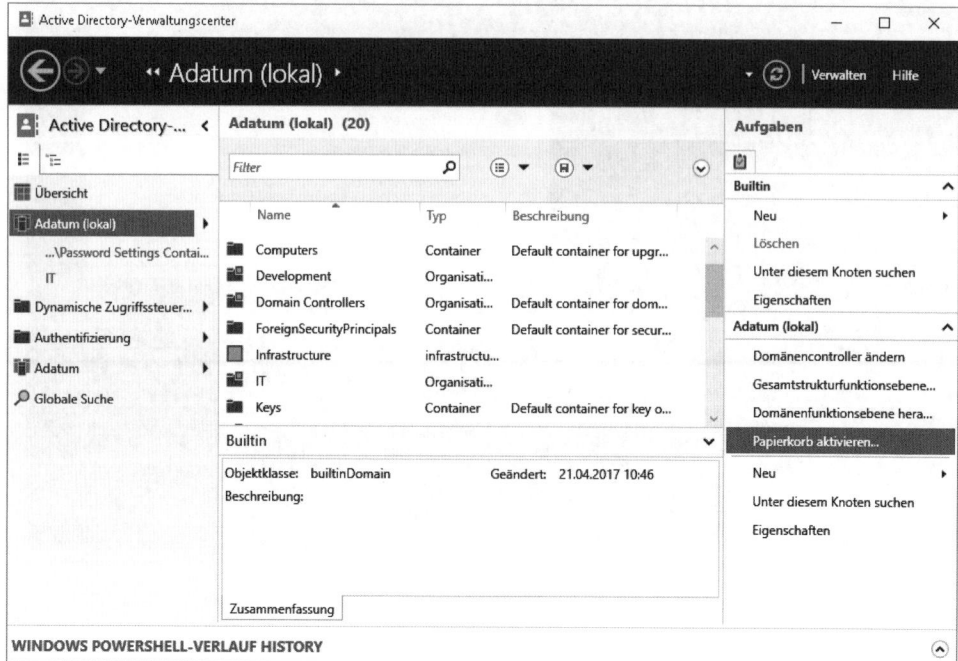

Abb. 2–22   Aktivieren des Active Directory-Papierkorbs

PRÜFUNGSTIPP

Ist der Active Directory-Papierkorb erst einmal aktiviert, können Sie ihn nicht wieder deaktivieren.

Im Active Directory-Verwaltungscenter wird jetzt der Container *Deleted Objects* angezeigt. Wenn Sie AD DS-Objekte löschen, werden sie zunächst in diesem Ordner abgelegt (siehe Abbildung 2–23).

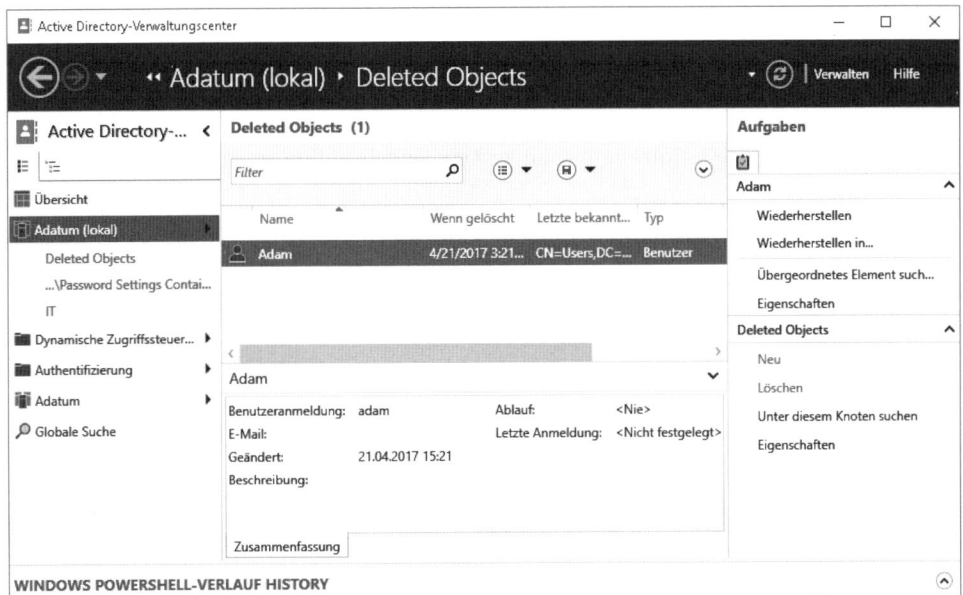

Abb. 2–23   Gelöschte Objekte im Active Directory-Papierkorb

WIEDERHERSTELLEN VON OBJEKTEN UND CONTAINERN

Um ein gelöschtes Objekt wiederherzustellen, rechtsklicken Sie im Ordner *Deleted Objects* darauf und wählen *Wiederherstellen* oder *Wiederherstellen in*. Mit *Wiederherstellen* bringen Sie das Objekt an seinen ursprünglichen Speicherort in AD DS zurück, wohingegen Sie bei *Wiederherstellen in* die Möglichkeit haben, einen neuen Ort für das Objekt anzugeben. Alle Attribute des Objekts werden wiederhergestellt, auch seine Gruppenmitgliedschaften und Zugriffsrechte.

Standardmäßig lassen sich Objekte bis zu 180 Tagen nach ihrer Löschung wiederherstellen. Das können Sie jedoch ändern, indem Sie die Werte `tombstoneLifetime` und `msDS-Deleted-ObjectLifetime` in der Windows PowerShell anpassen. Um beispielsweise den Wiederherstellungszeitraum in der Domäne *Adatum.com* auf 30 Tage einzustellen, führen Sie die beiden folgenden Befehle aus:

```
Set-ADObject -Identity "CN=Directory Service,CN=Windows
NT,CN=Services,CN=Configuration,DC=Adatum,DC=com" -Partition
"CN=Configuration,DC=Adatum,DC=com" -Replace:@{"tombstoneLifetime" = 30}

Set-ADObject -Identity "CN=Directory Service,CN=Windows
NT,CN=Services,CN=Configuration,DC=Adatum,DC=com" -Partition
"CN=Configuration,DC=Adatum,DC=com" -Replace:@{"msDSDeletedObjectLifetime"= 30}
```

Einrichten von Active Directory-Snapshots

Ein Active Directory-Snapshot ist eine Momentaufnahme des Zustands von AD DS. Sie können sie wie folgt mit dem Befehlszeilenwerkzeug `NtdsUtil.exe` erstellen:

1. Öffnen Sie auf einem Domänencontroller eine Eingabeaufforderung mit erhöhten Rechten.

2. Führen Sie `NtdsUtil.exe` und anschließend die folgenden Befehle in der angegebenen Reihenfolge aus:

   - `Activate instance NTDS`
   - `Snapshot`
   - `Create`
   - `List all`
   - `Quit`

Nun können Sie den Snapshot untersuchen. Dazu müssen Sie ihn erst mit `NtdsUtil.exe` bereitstellen und anschließend in *Active Directory-Benutzer und -Computer* anzeigen. Zur Bereitstellung gehen Sie wie folgt vor:

1. Öffnen Sie auf einem Domänencontroller eine Eingabeaufforderung mit erhöhten Rechten.

2. Führen Sie `NtdsUtil.exe` und anschließend die folgenden Befehle in der angegebenen Reihenfolge aus:

   - `Activate instance NTDS`
   - `Snapshot`
   - `List all`
   - `Mount *<GUID>*` (wobei *<GUID>* der eindeutige Bezeichner des gewünschten Snapshots ist)
   - `Quit`
   - `Quit`

3. Führen Sie an der Eingabeaufforderung nun den folgenden Befehl aus:

   `dsamain -dbpath c:\$snap_datetime_volumec$\windows\ntds\ntds.dit -ldapport 50000`

Lassen Sie den Befehl `dsamain.exe` weiterlaufen und führen Sie den folgenden Vorgang aus, um den Snapshot anzuzeigen:

1. Öffnen Sie im Server-Manager *Active Directory-Benutzer und -Computer*.

2. Rechtsklicken Sie auf den Stammknoten und wählen Sie *Domänencontroller ändern*.

3. Klicken Sie im Dialogfeld *Domänencontroller ändern* auf *<Verzeichnisservername[:port] hier eingeben>*.

4. Geben Sie den Namen des Domänencontrollers gefolgt von der zuvor angegebenen Portnummer ein, z. B. *LON-DC1:50000*. Drücken Sie die Eingabetaste und klicken Sie auf *OK*.

Jetzt können Sie den bereitgestellten Snapshot einsehen. Wenn Sie die Untersuchung beendet haben, haben Sie die Bereitstellung wie folgt wieder auf:

1. Führen Sie in `NtdsUtil.exe` die folgenden Befehle aus:
   - `Activate instance NTDS`
   - `Snapshot`
   - `Unmount` *<GUID>*
   - `Quit`
   - `Quit`

Sichern von Active Directory und SYSVOL

Der Active Directory-Papierkorb und AD DS-Snapshots sind zwar praktische Einrichtungen, stellen aber keine zuverlässigen Maßnahmen zur Wiederherstellung von AD DS dar. Außerdem bieten sie keinerlei Schutz für die in `SYSVOL` gespeicherten Daten.

 PRÜFUNGSTIPP

SYSVOL ist ein Ordner, der von allen Domänencontrollern in der Gesamtstruktur gepflegt wird. Er enthält Skripte und Dateien im Zusammenhang mit Gruppenrichtlinien.

Als Schutz gegen Datenverlust oder -beschädigung in AD DS sollten Sie eine Sicherungs- und Wiederherstellungslösung einrichten. Dazu können Sie die Windows Server-Sicherung verwenden.

Die Windows Server-Sicherung besteht aus dem Befehlszeilenwerkzeug `Wbadmin.exe` und einer grafischen Konsole. Damit können Sie AD DS sichern und bei Bedarf wiederherstellen.

Installiert wird die Windows Server-Sicherung über den Server-Manager (siehe Abbildung 2–24).

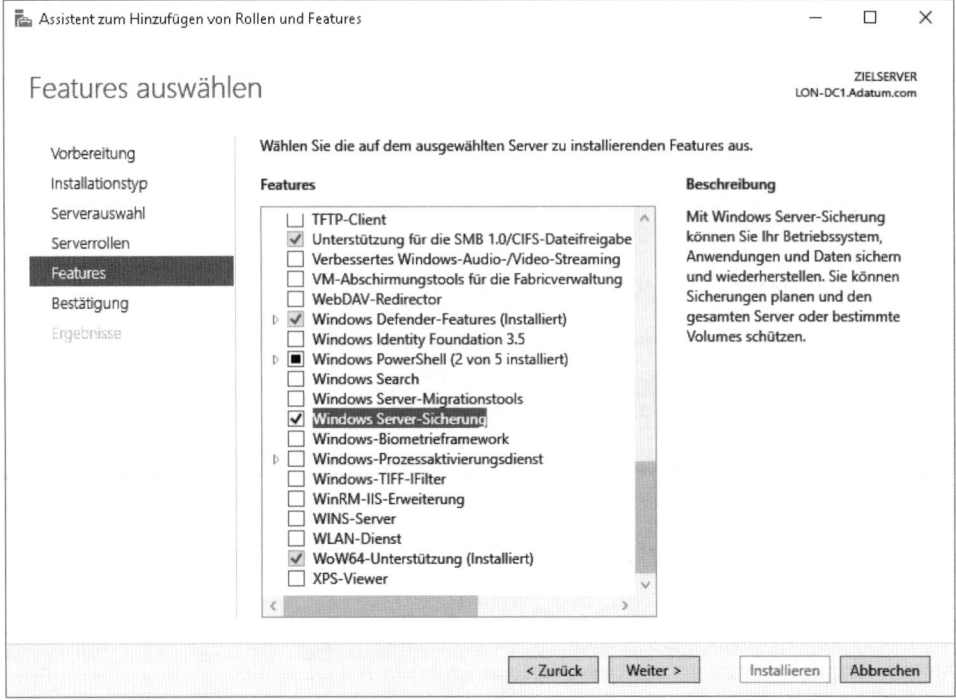

Abb. 2–24   Installieren der Windows Server-Sicherung

Mithilfe der Windows Server-Sicherung können Sie folgende Arten von Sicherungen durchführen:

▦ **Bare-Metal-Recovery**   Bei einem Totalausfall des Servers, z.B. aufgrund des Ausfalls einer physischen Festplatte, können Sie den Server mithilfe der Bare-Metal-Recovery-Sicherung in den Zustand zu dem Zeitpunkt zurückversetzen, an dem die Sicherung durchgeführt wurde.

▦ **Systemstatus**   Der Systemstatus besteht aus der Serverkonfiguration einschließlich der installieren Rollen und Features. Das schließt auch die AD DS-Datenbank und den Inhalt von SYSVOL ein.

▦ **Ausgewählte Volumes**   Damit können Sie einzelne Ordner und sogar Dateien sichern.

Nach der Installation der Windows Server-Sicherung gehen Sie wie folgt vor, um AD DS zu sichern:

1. Öffnen Sie im Startmenü eines Domänencontrollers *Windows-Zubehör* und klicken Sie auf *Windows Server-Sicherung*.

2. Rechtsklicken Sie im Navigationsbereich der Windows Server-Sicherung auf *Lokale Sicherung* und wählen Sie *Einmalsicherung*.

3. Klicken Sie auf der Seite *Sicherungsoptionen* des Assistenten für die Einmalsicherung auf *Unterschiedliche Optionen* und dann auf *Weiter*.

4. Klicken Sie auf der Seite *Sicherungskonfiguration auswählen* auf *Benutzerdefiniert* und dann auf *Weiter*.

5. Klicken Sie auf der Seite *Elemente für Sicherung auswählen* auf *Elemente hinzufügen*.

6. Aktivieren Sie im Dialogfeld *Elemente auswählen* das Kontrollkästchen *Systemstatus* (siehe Abbildung 2–25) und klicken Sie auf *OK*.

Abb. 2–25   Auswählen der zu sichernden Elemente

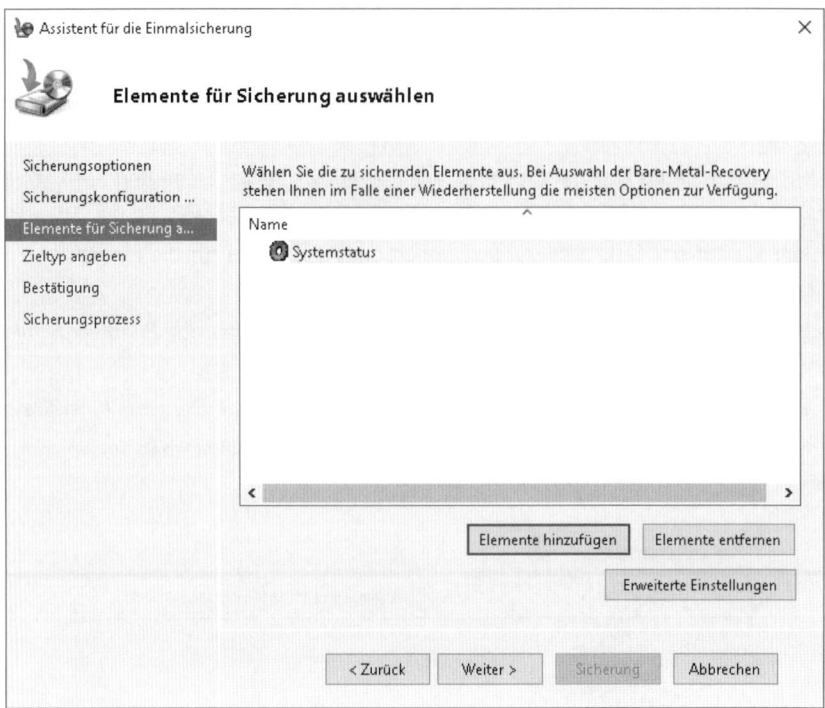

Abb. 2–26   Auswählen des Systemstatus für die Sicherung

7. Klicken Sie auf der Seite *Elemente für Sicherung auswählen* aus Abbildung 2–26 auf *Weiter*.

8. Wählen Sie auf der Seite *Zieltyp angeben*, ob die Sicherung auf einem lokalen Laufwerk oder auf einem freigegebenen Remoteordner erfolgen soll. Klicken Sie auf *Weiter*.

9. Wenn Sie sich für einen Remoteordner entschieden haben, müssen Sie auf der Seite *Remoteordner angeben* den UNC-Namen des gewünschten Ordners in das Feld *Speicherort* eingeben (siehe Abbildung 2–27).

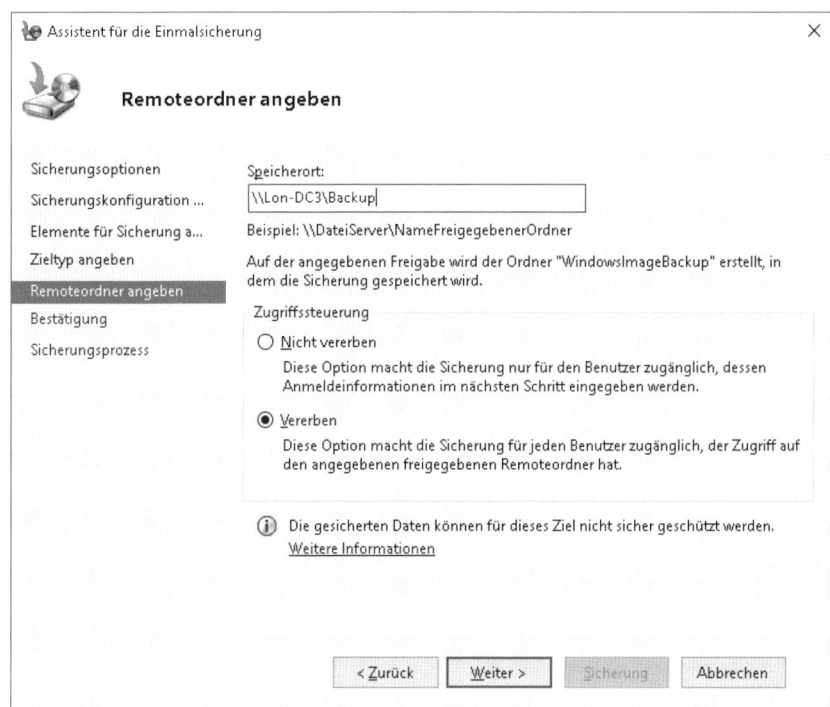

Abb. 2–27   Angeben des Sicherungsziels

10. Aktivieren Sie im Abschnitt *Zugriffssteuerung* entweder *Nicht vererben* oder *Vererben*. Dadurch wird festgelegt, wer auf die Sicherungsdateien zugreifen kann. Wenn Sie den Zugriff auf den Benutzer beschränken wollen, der die Sicherung durchgeführt hat, entscheiden Sie sich für *Nicht vererben*. Soll die Sicherung dagegen für alle Benutzer zur Verfügung stehen, die Zugriff auf den Remoteordner haben, wählen Sie *Vererben*. Klicken Sie in jedem Fall anschließend auf *Weiter*.

11. Klicken Sie auf der Bestätigungsseite auf *Sichern*.

WEITERE INFORMATIONEN   **Wbadmin**

Informationen über die Sicherungs- und Wiederherstellungsoptionen des Befehlszeilenwerkzeugs `Wbadmin.exe` finden Sie auf der Microsoft TechNet-Website unter:

https://technet.microsoft.com/library/cc754015(v=ws.11).aspx

Wiederherstellen von Active Directory

Wie Sie zur Instandsetzung von AD DS vorgehen, hängt von der Situation ab. Wenn beispiels-weise ein Domänencontroller ausfällt, in der Domäne aber weitere Domänencontroller zur Verfügung stehen, können Sie einfach den betroffenen Domänencontroller entfernen, die Metadaten bereinigen und einen neuen Domänencontroller als Ersatz bereitstellen.

Es kann jedoch auch vorkommen, dass Sie AD DS auf einem Domänencontroller wieder-herstellen, anstatt einfach den Servercomputer auszutauschen. Das kann beispielsweise der Fall sein, wenn der Computer noch weitere Apps, Dienste oder Daten enthält, die sich nicht so einfach ersetzen lassen. Manchmal ist es auch lediglich erforderlich, einige wenige gelöschte Objekte zurückzugewinnen. In solchen Situationen können Sie eine AD DS-Wiederherstellung durchführen.

Es ist dabei wichtig, sich über die Natur der AD DS-Datenbank im Klaren zu sein. Es handelt sich dabei um eine Multimaster-Datenbank, was bedeutet, dass auch beim Ausfall eines Domä-nencontrollers noch Änderungen an den Instanzen der Datenbank auf anderen Domänencon-trollern erfolgen können. Wenn Sie einfach den Zustand der AD DS-Datenbank zum Zeitpunkt der letzten Sicherung wiederherstellen, wird sie durch die Replikation von den anderen Domä-nencontrollern überschrieben, sobald die Wiederherstellung abgeschlossen ist. Das ist meistens auch wünschenswert, da es seit der letzten Sicherung ja schließlich Änderungen gegeben hat, die wieder eingeschlossen werden sollen.

Wenn Sie allerdings versuchen, nur einen Teil von AD DS wiederherzustellen, dann möch-ten Sie diesen Teil gerade nicht mit replizierten Änderungen überschreiben. Nehmen Sie bei-spielsweise an, dass Sie versuchen, versehentlich gelöschte Objekte wiederherzustellen. Wenn die Löschung nach der Sicherung erfolgt ist, würde sie nach der Wiederherstellung wieder repliziert werden!

Um dieses Problem zu lösen, können Sie eine autorisierende Wiederherstellung durchfüh-ren. Dadurch werden die wiederhergestellten Daten nicht von replizierten Änderungen über-schrieben.

 PRÜFUNGSTIPP

Wenn Sie den Active Directory-Papierkorb aktiviert haben, können Sie Objekte al-ternativ zu einer autorisierenden Wiederherstellung auch aus dem Ordner *Deleted Objects* zurückgewinnen.

Um eine nicht autorisierende AD DS-Wiederherstellung durchzuführen, starten Sie den Domänencontroller im Wiederherstellungsmodus (DSRM). Öffnen Sie dann die Windows Server-Sicherungskonsole und stellen Sie die Systemstatusdaten mithilfe des Wiederherstel-lungs-Assistenten aus einer früheren Sicherung wieder her. Dieser Vorgang ist unkomplizier-ter. Starten Sie den Domänencontroller dann normal. Änderungen seit der letzten Sicherung werden jetzt auf ihn repliziert.

Um dagegen eine autorisierende AD DS-Wiederherstellung durchzuführen, starten Sie ebenfalls den Domänencontroller im DSRM und stellen den Systemstatus wieder her, öffnen dann aber eine Eingabeaufforderung mit erhöhten Rechten. Führen Sie dort `NtdsUtil.exe` und anschließend die folgenden Befehle aus:

- `Authoritative restore`
- `Restore object` *<Objekt-DN>*

Der definierte Name eines Objekts sieht beispielsweise wie folgt aus: `CN=Adam,OU=Sales,` `DC=adatum,DC=com`. Starten Sie den Domänencontroller normal.

Wenn Sie eine ganze Organisationseinheit autorisierend wiederherstellen möchten, führen Sie an der Eingabeaufforderung von `NtdsUtil.exe` folgende Befehle aus:

- `Authoritative restore`
- `Restore subtree` *<Objekt-DN>*

Die als autorisierend gekennzeichneten Objekte werden nicht überschrieben, sondern von dem wiederhergestellten Domänencontroller aus in der ganzen Gesamtstruktur repliziert.

Verwalten von schreibgeschützten Domänencontrollern

Schreibgeschützte Domänencontroller (RODCs) enthalten nur eine schreibgeschützte Kopie von AD DS. Sie eignen sich zur Bereitstellung in Büros, in denen die physische Sicherheit nicht garantiert werden kann.

Die Bereitstellung von RODCs wird im Abschnitt »Installieren und Konfigurieren eines schreibgeschützten Domänencontrollers« von »Prüfungsziel 1.1: Installieren und Konfigurieren von Domänencontrollern«, in Kapitel 1, »Active Directory-Domänendienste installieren und konfigurieren«, behandelt.

Einrichten der Kennwortreplikationsrichtlinie für RODCs

Standardmäßig werden auf RODCs keine sensiblen Kennwortinformationen gespeichert. Wenn sich ein Benutzer anmeldet, leitet der RODC die Anforderung daher an einen schreibbaren Domänencontroller in der Organisation weiter.

Um die Handhabung zu vereinfachen, können Sie jedoch festlegen, dass bestimmte Benutzer- und Gruppenkonten auf dem RODC zwischengespeichert werden, sodass eine lokale Authentifizierung erfolgen kann. Dazu definieren Sie eine RODC-Kennwortreplikationsrichtlinie. Im Allgemeinen sollen Sie zu dieser Richtlinie ausschließlich Benutzer und Computer hinzufügen, die sich am selben Standort befinden wie der RODC.

Um die Kennwortreplikationsrichtlinie für einen RODC einzurichten, verwenden Sie zwei lokale Domänengruppen:

- **Zulässige RODC-Kennwortreplikationsgruppe** Fügen Sie zu dieser Gruppe die Benutzer und Computer hinzu, deren Kennwörter auf dem RODC zwischengespeichert werden sollen.

- **Abgelehnte RODC-Kennwortreplikationsgruppe** Fügen Sie zu dieser Gruppe die Benutzer und Computer hinzu, deren Kennwörter auf dem RODC nicht zwischengespeichert werden dürfen.

PRÜFUNGSTIPP

Darüber hinaus sind auch die folgenden lokalen Gruppen von der Passwortreplikation ausgeschlossen: *Administratoren*, *Server-Operatoren*, *Sicherungs-Operatoren* und *Konten-Operatoren*.

Diese beiden Gruppen werden bei der Bereitstellung eines RODCs automatisch angelegt und ermöglichen es Ihnen, die Kennwortreplikationsrichtlinie für alle RODCs zu steuern. Wenn Sie jedoch mehrere RODCs in mehreren Zweigstellen haben, ist es sicherer, für jeden dieser RODCs eine eigene Gruppe für die Zulassung der Kennwortreplikation einzurichten. In diesem Fall müssen Sie *Zulässige RODC-Kennwortreplikationsgruppe* löschen und manuell eine Gruppe erstellen, der Sie dann die gewünschten Mitglieder für die Zweigstelle hinzufügen. Dazu gehen Sie folgendermaßen vor:

1. Erstellen Sie in *Active Directory-Benutzer und -Computer* eine globale Sicherheitsgruppe für die Benutzer und Computer, deren Kennwörter repliziert werden sollen.

2. Öffnen Sie den Container *Domain Controllers*.

3. Rechtsklicken Sie auf den RODC und wählen Sie *Eigenschaften*.

4. Entfernen Sie auf der Registerkarte *Kennwortreplikationsrichtlinie* des Eigenschaftendialogfelds die Gruppe *Zulässige RODC-Kennwortreplikationsgruppe* (siehe Abbildung 2–28).

Abb. 2–28   Einrichten der Kennwortreplikationsrichtlinie für einen RODC

5. Klicken Sie auf *Hinzufügen* und dann wie in Abbildung 2–29 gezeigt auf *Kennwörter für das Konto auf diesen RODC replizieren*. Klicken Sie anschließend auf *OK*.

Abb. 2–29   Einrichten der Zulassungsrichtlinie

6. Geben Sie im Dialogfeld *Benutzer, Computer, Dienstkonten oder Gruppen auswählen* den Namen der Gruppe ein, bei deren Mitgliedern die Replikation der Kennwörter auf den RODC erlaubt sein soll. Klicken Sie zweimal auf *OK*.

7. Fügen Sie die erforderlichen Benutzer und Computer zu der neuen Gruppe hinzu.

Mit einer ähnlichen Vorgehensweise können Sie auch eine serverspezifische Verweigerungsrichtlinie einrichten. Entfernen Sie *Abgelehnte RODC-Kennwortreplikationsgruppe* aus der Kennwortreplikationsgruppe und fügen Sie Ihre eigene Gruppe mit den Mitgliedern hinzu, deren Kennwörter nicht auf den Ziel-RODC repliziert werden dürfen.

In der erweiterten Ansicht der Registerkarte *Kennwortreplikationsrichtlinie* können Sie einsehen, welche Benutzer- und Computerkennwörter auf den RODC repliziert werden, und die effektive Richtlinie für einen ausgewählten Benutzer oder Computer ermitteln. Gehen Sie dazu folgendermaßen vor:

1. Rechtsklicken Sie im Container *Domain Controllers* von *Active Directory-Benutzer und -Computer* auf den RODC und wählen Sie *Eigenschaften*.

2. Klicken Sie auf der Registerkarte *Kennwortreplikationsrichtlinie* auf *Erweitert*.

3. Rufen Sie im Dialogfeld *Richtlinie für erweiterte Kennwortreplikation* die Registerkarte *Richtlinienverwendung* auf (siehe Abbildung 2–30). Wählen Sie dort in der Dropdownliste *Benutzer und Computer, die den folgenden Kriterien entsprechen, anzeigen* die folgenden Optionen:

    • **Konten, deren Kennwörter auf diesem schreibgeschützten Domänencontroller gespeichert sind**   Damit können Sie sich ansehen, welche Benutzer und Computer ihre Kennwörter auf dem RODC zwischenspeichern lassen.

    • **Von diesem schreibgeschützten Domänencontroller authentifizierte Konten**   Damit können Sie sich ansehen, welche Benutzer und Computer sich über diesen RODC angemeldet haben.

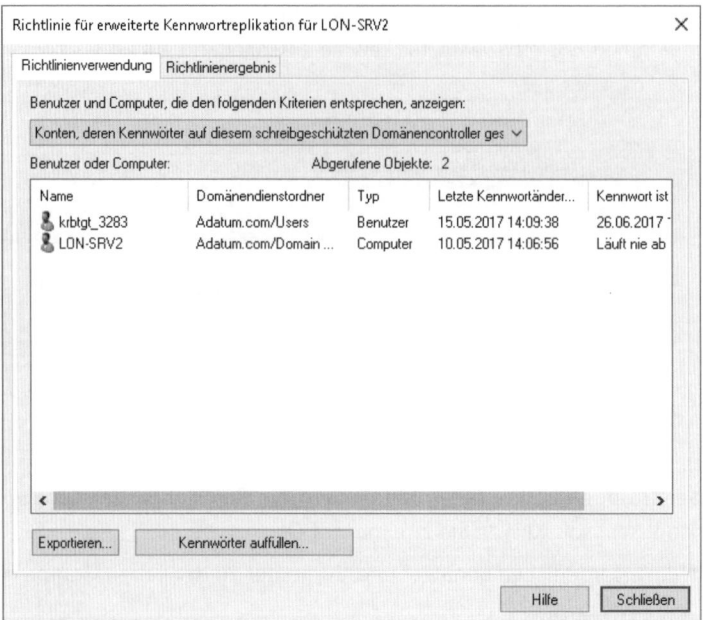

Abb. 2–30   Anzeigen der erweiterten Einstellungen für die Kennwortreplikationsrichtlinie

4.   Klicken Sie auf *Kennwörter auffüllen*, um die Kennwörter für die aufgeführten Benutzer abzurufen. Das kann die Anmeldezeit für die betreffenden Benutzer verkürzen.

5.   Fügen Sie auf der Registerkarte *Richtlinienergebnis* Benutzer oder Computer hinzu, um sich anzusehen, wie die effektive Kennwortreplikationsrichtlinie für die ausgewählten Objekte aussieht. Das ist hilfreich, wenn Sie auf der Registerkarte *Kennwortreplikationsrichtlinie* mehrere Zulassungs- oder Verweigerungsgruppen angegeben haben.

Verwalten der AD DS-Replikation

AD DS hat die Form einer Datenbank auf Windows Server-Domänencontrollern und besteht aus mehreren Partitionen:

■   **Schema**   Eine gesamtstrukturweite Partition, die sich nur selten ändert und das Schema der Gesamtstruktur enthält.

■   **Konfiguration**   Eine gesamtstrukturweite Partition, die sich ebenfalls nur selten ändert und die Konfigurationsdatei der Gesamtstruktur enthält.

■   **Domäne**   Eine domänenweite Partition, die sich häufig ändert. Auf allen Domänencontrollern ist ein schreibbares Exemplar dieser Partition untergebracht.

PRÜFUNGSTIPP

Sie können auch Anwendungspartitionen erstellen und konfigurieren. Sie enthalten nicht domänenspezifische Daten, z. B. Informationen über DNS-Zonen, und können so eingerichtet werden, dass sie auf bestimmte Domänencontroller repliziert werden.

In der Schema- und der Konfigurationspartition treten nur selten Änderungen auf. Der Großteil des AD DS-Replikationsdatenverkehrs geht daher auf Änderungen der Domänenpartition zurück, z. B. auf die Erstellung neuer Objekte (Benutzer, Gruppen, Computer) und die Änderung ihrer Attribute (Eigenschaften wie Kennwörter, Gruppenmitgliedschaften usw.). Eine Ihrer Aufgaben als AD DS-Administrator besteht darin, die Topologie und den Datenverkehr der Replikation zu überwachen und zu verwalten.

Bei der AD DS-Replikation werden die einzelnen Exemplare der AD DS-Datenbank in der Gesamtstruktur synchronisiert. Die Replikation weist folgende Eigenschaften auf:

■ **Multimaster-Replikation** Mit der Ausnahme bestimmter Elemente ist AD DS eine Multimaster-Datenbank, das heißt, alle Exemplare sind schreibbar und können geändert werden. Das hat den Vorteil, dass es keine kritischen Fehlerstellen gibt. Außerdem verbessert es die Leistung.

■ **Pull-Replikation** Domänencontroller fordern Änderungen von ihren Replikationspartnern an, anstatt Änderungen zu senden.

■ **Detailreplikation** Um Replikationskonflikte zu vermeiden, werden nicht ganze Objekte repliziert, sondern Attribute von Objekten. Das verringert die Gefahr eines Konflikts, der auftreten könnte, wenn ein komplettes Objekt gleichzeitig auf zwei Domänencontrollern geändert wird.

■ **Unterscheidung nach Standorten** Da die meisten Änderungen in der Domänenpartition auftreten, fordern alle Domänencontroller in einer Domäne diese Änderungen an. Um auch langsamere Netzwerkverbindungen zwischen Zweigstellen zu berücksichtigen, können Sie AD DS-Standorte einrichten und festlegen, wie die Replikation zwischen diesen Standorten ablaufen soll. Dies wird als standortübergreifende Replikation bezeichnet.

■ **Automatisch generierte Topologie** Windows Server baut die AD DS-Replikationstopologie automatisch auf, sodass eine robuste und effiziente Infrastruktur entsteht. Es ist meistens nicht nötig, diese Topologie manuell zu ändern.

Bei der Beschäftigung mit der AD DS-Replikation ist es wichtig, zwischen den beiden folgenden Arten zu unterscheiden:

■ **Innerhalb eines Standorts** Dies ist die Replikation zwischen Domänencontrollern im selben AD DS-Standort. Dabei setzt Windows Server ständig verfügbare Hochgeschwindigkeitsverbindungen zwischen den Domänencontrollern in einem Standort voraus. Bei dieser Form der Replikation ist kaum ein manuelles Eingreifen erforderlich, da sich Windows Server sehr wirkungsvoll darum kümmert. Allerdings müssen Sie eine geeignete Standortinfrastruktur einrichten und die Domänencontroller den entsprechenden Standorten zuweisen.

Standortübergreifend Dies ist die Replikation zwischen Domänencontrollern in verschiedenen AD DS-Standorten. Dabei geht Windows Server nicht davon aus, dass es sich bei den Verbindungen zwischen den Domänencontrollern um ständig verfügbare Hochgeschwindigkeitsverbindungen handelt. Bei dieser Form der Replikation haben Sie eine genauere manuelle Kontrolle, unter anderem über die Intervalle und den Zeitplan.

WEITERE INFORMATIONEN **Active Directory-Replikation**

Weitere Informationen über die Active Directory-Replikation finden Sie auf der Microsoft TechNet-Website unter:

https://technet.microsoft.com/library/cc961788.aspx

Überwachen und Verwalten der Replikation

Die Replikation innerhalb eines Standorts erfolgt über ein Netzwerk von Verbindungsobjekten zwischen den Domänencontrollern. Bei diesen Objekten handelt es sich um Einwegverbindungen für die Pullreplikation.

Die Verbindungsobjekte werden automatisch von der sogenannten Konsistenzprüfung (Knowledge Consistency Checker, KCC) erstellt, die für eine optimale Replikationstopologie sorgt, bei der es zwischen zwei Domänencontrollern höchstens drei Hops geben darf, um Verzögerungen bei der Weiterleitung der Replikationsdaten so weit wie möglich zu verringern.

Wenn Sie einen Domänencontroller zu einem Standort hinzufügen oder daraus entfernen, passt die Konsistenzprüfung die Replikationstopologie an, um diese Änderung zu berücksichtigen.

 PRÜFUNGSTIPP

Die Konsistenzprüfung wird regelmäßig ausgeführt, nach Voreinstellung alle 15 Minuten.

Abbildung 2–31 zeigt die Verbindungsobjekte im Standort *Default-First-Site-Name* der Domäne *Adatum.com*.

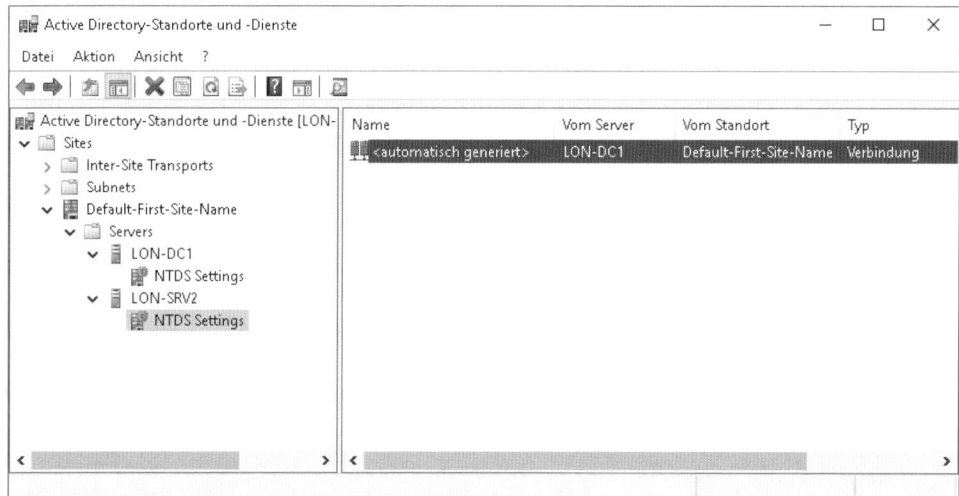

Abb. 2–31 Ein Verbindungsobjekt

Sie können zwar auch manuell dauerhafte Verbindungsobjekte innerhalb eines Standorts hinzufügen, aber das ist gewöhnlich nicht nötig und auch nicht empfehlenswert, da die Konsistenzprüfung solche manuell erstellten Verbindungsobjekte nicht berücksichtigt. Bei der Verwaltung der standortübergreifenden Replikation ist es eher wahrscheinlich, dass Sie Verbindungsobjekte erstellen und einrichten müssen, was in Abschnitt »Einrichten von AD DS-Standorten und Subnetzen« von »Prüfungsziel 2.3: Konfigurieren von Active Directory in einer komplexen Unternehmensumgebung« genauer erläutert wird.

Die AD DS-Replikation können Sie wie in Abbildung 2–31 gezeigt in *Active Directory-Standorte und -Dienste* einsehen und verwalten. Beispielsweise können Sie auf die folgende Weise die Replikation über ein bestimmtes Verbindungsobjekt zwischen zwei Domänencontrollern erzwingen:

1. Öffnen Sie in *Active Directory-Standorte und -Dienste* das Serverobjekt, mit dem Sie arbeiten möchten.

2. Markieren Sie den Knoten *NTDS Settings* unter dem Serverobjekt und rechtsklicken Sie im Detailbereich auf das Objekt *<automatisch generiert>*.

3. Wählen Sie im Kontextmenü *Jetzt replizieren*. Dadurch werden Änderungen von dem vorgesehenen Replikationspartner abgerufen.

Sie können auch die Befehlszeilenwerkzeuge `Repadmin.exe` und `DcDiag.exe` verwenden:

▪ **Repadmin** Mit diesem Werkzeug können Sie den Zustand der Replikation auf den Domänencontrollern überprüfen und die Replikationstopologie ändern:

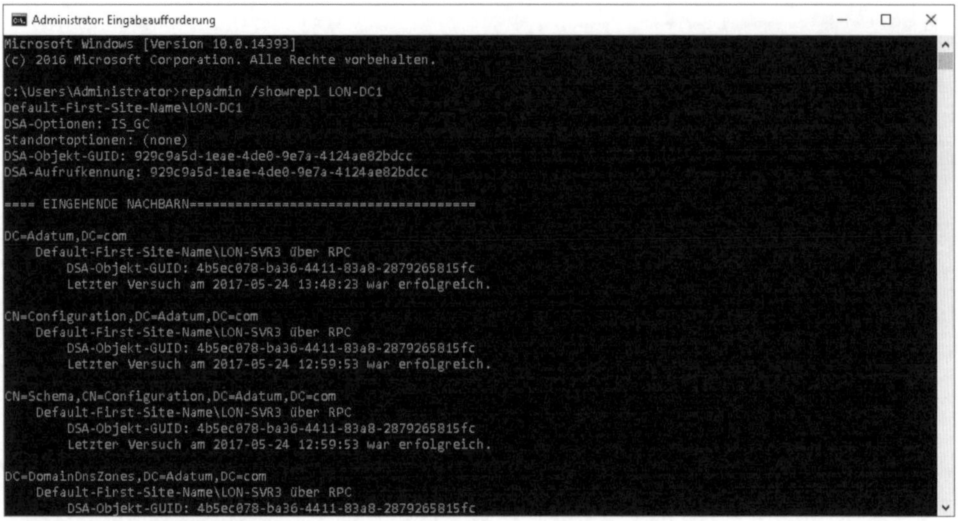

Abb. 2–32 Repadmin

- Um die Replikationspartner eines Domänencontrollers anzuzeigen, verwenden Sie *DC-Liste*, wobei Sie *DC-Liste* durch die Namen der gewünschten Domänencontroller ersetzen. Sie können auch ein Sternchen als Jokerzeichen verwenden (siehe Abbildung 2–32).

- Um die Verbindungsobjekte eines Domänencontrollers einzusehen, verwenden Sie den Befehl repadmin /showconn *DC-Liste*.

- Um Metadaten über ein Objekt anzuzeigen, verwenden Sie den Befehl repadmin /showobjmeta *DC-Liste Objekt*, wobei Sie *Objekt* durch den definierten AD DS-Namen oder die GUID des Objekts ersetzen.

- Um die Konsistenzprüfung zu starten, verwenden Sie den Befehl repadmin /kcc.

- Um die Replikation zwischen Domänencontrollern zu erzwingen, verwenden Sie den Befehl *repadmin /replicate Ziel-DC-Liste Quell-DC-Name Namenskontext*.

- Um einen Domänencontroller mit allen Replikationspartnern zu synchronisieren, verwenden Sie den Befehl repadmin /syncall DC/A /e.

WEITERE INFORMATIONEN **Syntax von Repadmin**

Weitere Informationen über Repadmin.exe finden Sie auf der Microsoft TechNet-Website unter:

https://technet.microsoft.com/library/cc736571(v=ws.10).aspx

■ **DcDiag** Mit DcDiag.exe können Sie die Replikationstopologie überprüfen, wie Sie in Abbildung 2–33 sehen. Es stehen verschiedene Parameter zur Verfügung, um unterschiedliche Arten von Tests durchzuführen, darunter FrsEvent, DFSREvent, Intersite, KccEvent, Replications, Topology und VerifyReplicas.

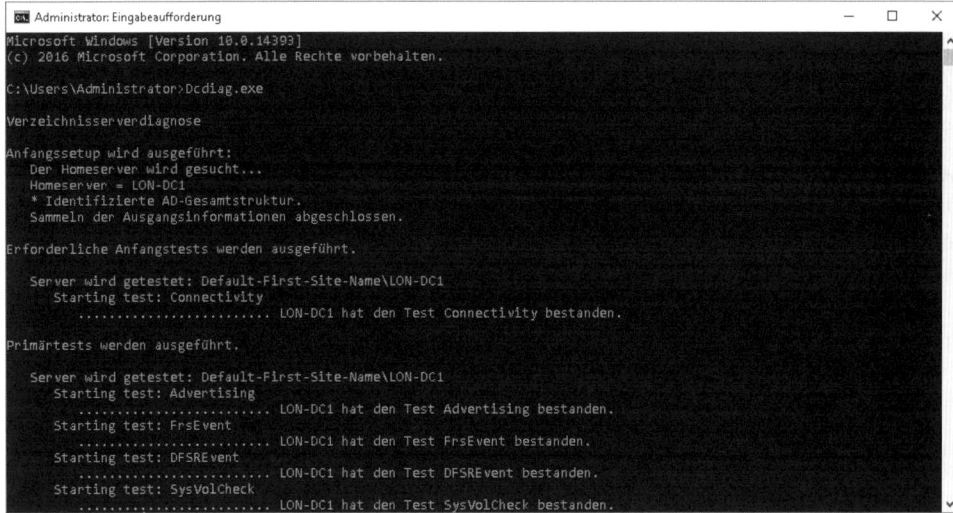

Abb. 2–33 DcDiag

WEITERE INFORMATIONEN   **DcDiag.exe**

Weitere Informationen über DcDiag.exe finden Sie auf der Microsoft TechNet-Website unter:

https://technet.microsoft.com/library/cc731968(v=ws.11).aspx

Zur Überwachung und Verwaltung der Replikation in Windows Server 2016 können Sie auch die Windows PowerShell-Cmdlets aus Tabelle 2–2 einsetzen.

Cmdlet	Beschreibung
Get-ADReplicationConnection	Gibt Informationen über die angegebenen Replikationsverbindungen aus
Get-ADReplicationFailure	Gibt eine Beschreibung einer fehlgeschlagenen Replikation aus
Get-ADReplicationPartnerMetadata	Gibt Metadaten über einen oder mehrere Replikationspartner aus
Get-ADReplicationSite	Gibt Informationen über die angegebenen Standorte
Get-ADReplicationSiteLink	Gibt Informationen über die angegebenen Standortverküpfungen
Get-ADReplicationSiteLinkBridge	Gibt Informationen über die angegebenen Standortverküpfungsbrücken
Get-ADReplicationSubnet	Gibt Informationen über die angegebenen Subnetze

Tab. 2–2   Windows PowerShell-Cmdlets für eine AdD DS-Replikation

Einrichten der Replikation an RODCs

Ihrem Zweck entsprechend befinden sich schreibgeschützte Domänencontroller an anderen physischen Standorten als schreibbare Domänencontroller, was gewöhnlich bedeutet, dass sie sich auch in einem anderen AD DS-Standort befinden. Die RODC-Replikation läuft aus diesem Grund standortübergreifend und nicht innerhalb eines Standorts ab. Daher müssen Sie die Standortobjekte in AD DS einrichten und die Domänencontroller in den entsprechenden Standorten platzieren.

Die Konsistenzprüfung legt automatisch Verbindungsobjekte für RODCs an. Wenn es Probleme gibt, können Sie die Konsistenzprüfung mit dem Befehlszeilenwerkzeug `Repadmin.exe` dazu zwingen, die Topologie zu erneuern. Gehen Sie dazu folgendermaßen vor:

1. Fügen Sie den Standort des RODCs zu einer Standortverknüpfung hinzu. Die ausgewählte Standortverknüpfung muss auch einen Standort mit einem schreibbaren Domänencontroller enthalten.

2. Erzwingen Sie mit `Repadmin.exe` die Replikation der Konfigurationspartition des RODC.

3. Lassen Sie die Replikationstopologie mit `repadmin /kcc` auf dem RODC neu erstellen.

WEITERE INFORMATIONEN   **Wiedereinsetzen der Replikation für einen RODC**

Weitere Informationen über die Einrichtung der AD DS-Replikation für schreibgeschützte Domänencontroller finden Sie auf der Microsoft TechNet-Website unter:

https://technet.microsoft.com/library/dd736126(v=ws.10).aspx

Umstellen der SYSVOL-Replikation auf die DFS-Replikation

Die *SYSVOL*-Ordner befinden sich im Ordner *%SystemRoot%\SYSVOL* auf allen Domänencontrollern und enthalten Anmeldeskripte und Gruppenrichtlinienvorlagen. In früheren Versionen von Windows Server hat AD DS den Dateireplikationsdienst (File Replication Service, FRS) genutzt, um die Inhalte der *SYSVOL*-Ordner auf den Domänencontrollern zu synchronisieren.

Ab Windows Server 2008 wird für die *SYSVOL*-Replikation jedoch die wirtschaftlichere und zuverlässigere DFS-Replikation (Distributed File System, »verteiltes Dateisystem«) verwendet.

Wenn Sie Domänencontroller aktualisiert haben, auf denen zuvor Windows Server 2003 lief, kann es sein, dass sie zur *SYSVOL*-Replikation immer noch FRS verwenden. Das können Sie wie folgt mit `Dfsrmig.exe` prüfen:

1. Öffnen Sie eine Eingabeaufforderung mit erhöhten Rechten.

2. Führen Sie `Fdsrmig.exe /GetGlobalState` aus.

Wenn in der resultierenden Meldung `Current DFSR global status: 'Eliminated'` angegeben ist, wird für die *SYSVOL*-Replikation bereits die DFS-Replikation (DFSR) verwendet. Erhalten Sie dagegen die Meldung `DFSR migration has not yet initialized`, müssen Sie auf DFSR umschalten. Dabei werden die folgenden vier Zustände durchlaufen:

- **Zustand 0**   Dies ist der Ausgangszustand, in dem FRS zur Replikation von *SYSVOL* verwendet wird.

- **Zustand 1**   Der Vorbereitungszustand. *SYSVOL* wird weiterhin mit FRS repliziert, allerdings erstellt der lokale DFRS-Dienst bereits ein Replikat von *SYSVOL*.

- **Zustand 2**   Der Umleitungszustand. DFRS beginnt mit der Replikation von *SYSVOL*, während FRS nur noch ein lokales Replikat von *SYSVOL* unterhält.

- **Zustand 3**   Der Eliminationszustand. FRS wird nicht mehr verwendet; die gesamte *SYSVOL*-Replikation läuft jetzt über DFSR.

Um die *SYSVOL*-Replikation auf DFSR umzustellen, gehen Sie wie folgt vor:

1. Führen Sie an der Eingabeaufforderung `dfsrmig /setglobalstate 1` aus. Vergewissern Sie sich anschließend mit `DFsrmig.exe /GetMigrationState`, dass alle Domänencontroller den Vorbereitungszustand erreicht haben.

2. Führen Sie an der Eingabeaufforderung `dfsrmig /setglobalstate 2` aus. Vergewissern Sie sich anschließend mit `DFsrmig.exe /GetMigrationState`, dass alle Domänencontroller den Umleitungszustand erreicht haben.

3. Führen Sie an der Eingabeaufforderung `dfsrmig /setglobalstate 3` aus. Vergewissern Sie sich anschließend mit `DFsrmig.exe /GetMigrationState`, dass alle Domänencontroller den Eliminationszustand erreicht haben.

4. Öffnen Sie auf jedem Domänencontroller die Dienstekonsole und vergewissern Sie sich, dass der Dateireplikationsdienst deaktiviert ist.

WEITERE INFORMATIONEN   **Dfsrmig.exe**

Weitere Informationen über das Befehlszeilenwerkzeug `Dfsrmig.exe` finden Sie auf der Microsoft TechNet-Website unter:

https://technet.microsoft.com/library/dd641227(v=ws.11).aspx

Prüfungsziel 2.3:
Konfigurieren von Active Directory in einer komplexen Unternehmensumgebung

In umfangreichen Netzwerkumgebungen kann es sein, dass eine einzelne AD DS-Domäne und sogar eine einzelne Gesamtstruktur nicht ausreichen. In solchen Fällen müssen Sie wissen, wie Sie mehrere Gesamtstrukturen und Domänen einrichten und ggf. Vertrauensstellungen dazwischen einrichten.

Wenn ein Netzwerk wächst und mehrere physische Standorte überspannt, wird es notwendig, AD DS-Standorte einzurichten, um die Netzwerkdienste zu optimieren, darunter auch die AD DS-Replikation. Bevor Sie solche Standorte erstellen, müssen Sie jedoch Subnetzobjekte anlegen, die den IP-Subnetzen in Ihrem Netzwerk entsprechen.

Inhalt dieses Abschnitts:

- Einrichten einer AD DS-Infrastruktur mit mehreren Domänen und Gesamtstrukturen
- Bereitstellen von Windows Server 2016-Domänencontrollern in einer vorhandenen AD DS-Umgebung
- Aktualisieren von vorhandenen Domänen und Gesamtstrukturen
- Einrichten der Domänen- und Gesamtstrukturfunktionsebenen
- Einrichten mehrerer Suffixe für Benutzerprinzipalnamen
- Einrichten von Vertrauensstellungen
- Einrichten von AD DS-Standorten und -Subnetzen

Einrichten einer AD DS-Infrastruktur mit mehreren Domänen und Gesamtstrukturen

Gesamtstrukturen und Domänen haben wir zwar bereits in Kapitel 1 vorgestellt, aber eine kurze Wiederholung mag hier angebracht sein:

- **Gesamtstruktur:** Eine Gesamtstruktur ist eine Zusammenstellung von Domänen, die ein gemeinsames Schema nutzen und über automatisch erstellte bidirektionale Vertrauensstellungen aneinander gebunden sind. Die meisten Organisationen verwenden nur eine einzige Gesamtstruktur, da dies die Verwaltung vereinfacht. Unter folgenden Umständen kann es jedoch nötig sein, mehrere Gesamtstrukturen zu verwenden:
  - Es ist eine vollständige administrative Trennung zwischen einzelnen Teilen der Organisation erforderlich.
  - In einzelnen Teilen der Organisation müssen im AD DS-Schema unterschiedliche Objekttypen und Attribute verwendet werden.
- **Domäne:** Eine Domäne ist eine logische Verwaltungseinheit, die Benutzer, Gruppen, Computer und andere Objekte enthält. Die Domänenstruktur wird durch Über-/Unterordnungs- und Vertrauensbeziehungen definiert. Domänen bieten keine Möglichkeit zur administrativen Trennung, da alle Domänen in einer Gesamtstruktur von demselben Gesamtstrukturadministrator verwaltet werden, nämlich der universellen Sicherheitsgruppe *Organisations-Admins*.
- **Struktur:** Eine Struktur ist eine Zusammenstellung von AD DS-Domänen mit einer gemeinsamen Stammdomäne und einem zusammenhängenden Namensraum. Ein Grund für die Verwendung mehrerer Strukturen kann das Erfordernis sein, mehrere logische Namensräume in der Organisation vorzuhalten, z. B. aufgrund einer Fusion oder Akquise.

Hinzufügen einer Gesamtstruktur

Um eine neue Gesamtstruktur zu einer vorhandenen AD DS-Umgebung hinzuzufügen, stellen Sie den ersten Domänencontroller in dieser Gesamtstruktur bereit. Dies erledigen Sie gewöhnlich auf einem Servercomputer, der Mitglied einer Arbeitsgruppe ist. Daher müssen Sie sich als Mitglied der lokalen Sicherheitsgruppe *Administratoren* anmelden.

Der Vorgang zur Bereitstellung einer neuen Gesamtstruktur ist größtenteils identisch mit dem Vorgang zur Bereitstellung der ersten Gesamtstruktur, der im Abschnitt »Installieren einer neuen Gesamtstruktur« von Kapitel 1, »Active Directory-Domänendienste installieren und konfigurieren«, beschrieben wurde.

Nach der Bereitstellung der neuen Gesamtstruktur können Sie alle für ihre administrativen und geschäftlichen Bedürfnisse erforderlichen Vertrauensstellungen zwischen den Gesamtstrukturen einrichten.

Hinzufügen einer Domäne

Auch um eine neue Domäne in der Gesamtstruktur anzulegen, stellen Sie den ersten Domänencontroller in dieser Domäne bereit und wählen dann im Konfigurations-Assistenten *Neue Domäne zu einer vorhandenen Gesamtstruktur hinzufügen*. Dazu müssen Sie sich als Mitglied der universellen Sicherheitsgruppe *Organisations-Admins* der Stammdomäne der Gesamtstruktur anmelden.

Beim Hinzufügen einer neuen Domäne haben Sie zwei Möglichkeiten:

- **Untergeordnete Domäne**   Erstellt die neue Domäne als untergeordnete Domäne der angegebenen übergeordneten Domäne, also innerhalb der vorhandenen Domänenstruktur.

- **Strukturdomäne**   Erstellt eine neue Struktur in der Gesamtstruktur. Das ist praktisch, wenn Sie in Ihrer Gesamtstruktur aus organisatorischen Gründen mehrere DNS-Domänennamen erstellen möchten, aber keine administrative Trennung wünschen oder benötigen, wie sie mit separaten Gesamtstrukturen möglich ist.

Dieser Vorgang wird im Abschnitt »Hinzufügen eines neuen Domänencontrollers in einer vorhandenen Domäne« von »Prüfungsziel 1.1: Installieren und Konfigurieren von Domänencontrollern« in Kapitel 1, »Active Directory-Domänendienste installieren und konfigurieren« beschrieben. Die Einrichtung neuer Vertrauensstellungen ist nach der Bereitstellung einer neuen Domäne nicht erforderlich.

Bereitstellen von Windows Server 2016-Domänencontrollern in einer vorhandenen AD DS-Umgebung

Dieser Vorgang wird im Abschnitt »Hinzufügen und Entfernen von Domänencontrollern« von »Prüfungsziel 1.1: Installieren und Konfigurieren von Domänencontrollern« in Kapitel 1, »Active Directory-Domänendienste installieren und konfigurieren« beschrieben.

Aktualisieren von vorhanden Domänen und Gesamtstrukturen

Dieser Vorgang wird im Abschnitt »Aktualisieren von Domänencontrollern« von »Prüfungsziel 1.1: Installieren und Konfigurieren von Domänencontrollern« in Kapitel 1, »Active Directory-Domänendienste installieren und konfigurieren« beschrieben.

Einrichten der Domänen- und Gesamtstrukturfunktionsebenen

Höhere Gesamtstruktur- und Domänenfunktionsebenen stellen neue Funktionen für die AD DS-Infrastruktur bereit und bieten Kompatibilität mit wichtigen Funktionen früherer Versionen. Bei der Bereitstellung von AD DS wählen Sie die für Ihre Anforderungen geeigneten Funktionsebenen aus. Sie können die Funktionsebenen aber auch später noch ändern. Es gibt folgende Gesamtstruktur- und Domänenfunktionsebenen:

▫ **Gesamtstrukturfunktionsebene** Die Gesamtstrukturfunktionsebene bestimmt, welche Funktionen in Ihrer Gesamtstruktur verfügbar sind, und legt außerdem die Mindestfunktionsebene für die Domänen in der Gesamtstruktur fest. Zur Auswahl stehen folgende Funktionsebenen:

- Windows Server 2008
- Windows Server 2008 R2
- Windows Server 2012
- Windows Server 2012 R2
- Windows Server 2016

> **WEITERE INFORMATIONEN** **Verfügbare Features auf den Gesamtstrukturfunktionsebenen**
>
> Weitere Informationen über die Features, die auf den einzelnen Gesamtstrukturfunktionsebenen zur Verfügung stehen, finden Sie auf der Microsoft TechNet-Website unter:
>
> *https://technet.microsoft.com/library/understanding-active-directory-functional-levels (v=ws.10).aspx#Features that are available at forest functional levels*

▫ **Domänenfunktionsebene** Bestimmt, welche Funktionen auf Domänenebene zur Verfügung stehen. Sie haben die Wahl zwischen folgenden Einstellungen:

- Windows Server 2008
- Windows Server 2008 R2
- Windows Server 2012
- Windows Server 2012 R2
- Windows Server 2016

Um die Gesamtstrukturfunktionsebene anzuheben, gehen Sie folgendermaßen vor:

1. Rechtsklicken Sie im Navigationsbereich von *Active Directory-Domänen und -Vertrauens-
    stellungen* auf den Knoten *Active Directory-Domänen und -Vertrauensstellungen* und wäh-
    len Sie *Gesamtstrukturfunktionsebene anheben*.

2. Im Dialogfeld *Gesamtstrukturfunktionsebene heraufstufen* wird die aktuelle Funktionsebe-
    ne der Gesamtstruktur angezeigt (siehe Abbildung 2–34).

3. Klicken Sie ggf. in der Liste *Wählen Sie eine verfügbare Gesamtstrukturfunktionsebene aus*
    auf die gewünschte Funktionsebene und dann auf *Heraufstufen*.

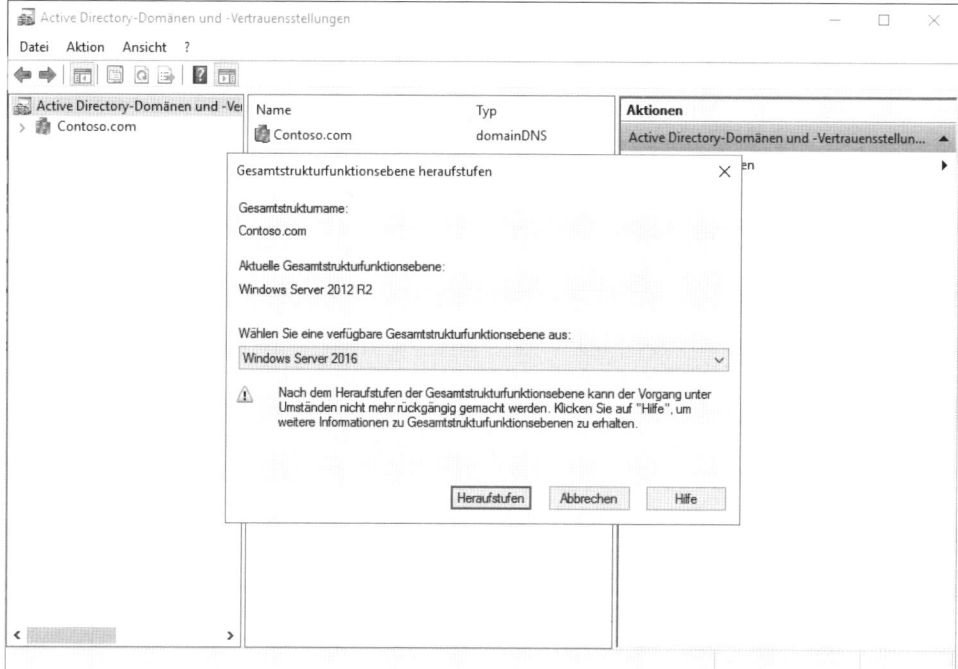

Abb. 2–34   Anheben der Gesamtstrukturfunktionsebene

Um die Domänenfunktionsebene anzuheben, gehen Sie wie folgt vor:

1. Rechtsklicken Sie im Navigationsbereich von *Active Directory-Domänen und -Vertrauens-stellungen* auf die gewünschte Domäne und wählen Sie *Domänenfunktionsebene anheben.*

2. Im Dialogfeld *Domänenfunktionsebene heraufstufen* wird die aktuelle Funktionsebene der Domäne angezeigt.

3. Klicken Sie ggf. in der Liste *Wählen Sie eine verfügbare Domänenfunktionsebene aus* auf die gewünschte Funktionsebene und dann auf *Heraufstufen.*

Einrichten mehrerer Suffixe für Benutzerprinzipalnamen

Suffixe für Benutzerprinzipalnamen (User Principal Names, UPNs) ermöglichen es Ihnen, in der Gesamtstruktur eindeutige Namen für Objekte zu definieren, beispielsweise für Benutzer. Nehmen wir an, Sie legen beim Einrichten eines neuen Benutzerkontos den Anmeldenamen fest. Neben dem Textfeld wird dabei ein Suffix angezeigt (*@Adatum.com* in Abbildung 2–35), um den Benutzerprinzipalnamen zu bilden (hier *BurkeB@Adatum.com*). Der Benutzerprinzipal-name muss in der Gesamtstruktur eindeutig sein.

Abb. 2–35   Hinzufügen eines Benutzerkontos

Bei dem UPN-Suffix handelt es sich im Allgemeinen um den Namen der Domäne, zu der Sie das Konto hinzufügen. Sie können jedoch in *Active Directory-Domänen und -Vertrauensstellungen* zusätzliche DNS-Suffixe hinzufügen. Gehen Sie dazu wie folgt vor:

1. Öffnen Sie im Server-Manager die Konsole *Active Directory-Domänen und -Vertrauensstel-lungen.*

2. Rechtsklicken Sie im Navigationsbereich auf den Knoten *Active Directory-Domänen und -Vertrauensstellungen* und wählen Sie *Eigenschaften.*

3. Geben Sie im Dialogfeld *Eigenschaften von Active Directory-Domänen und -Vertrauensstellungen [Servername]* auf der Registerkarte *Benutzerprinzipalnamen-Suffixe* im Feld *Alternative Benutzerprinzipalnamen-Suffixe* das neue Suffix ein und klicken Sie auf *Hinzufügen* (siehe Abbildung 2–36).

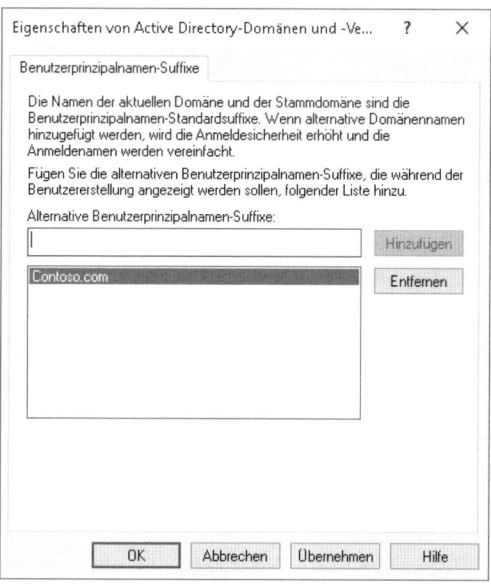

Abb. 2–36   Hinzufügen eines UPN-Suffix

4. Klicken Sie auf *OK*, nachdem Sie alle gewünschten Suffixe hinzugefügt haben.

Als Nächstes müssen Sie die Benutzerkonten bearbeiten, die das neue Suffix bekommen sollen. Das erledigen Sie wie folgt:

1. Öffnen Sie *Active Directory-Benutzer und -Computer* und suchen Sie das zu ändernde Konto.

2. Rechtsklicken Sie auf das Konto und wählen Sie *Eigenschaften*.

3. Aktivieren Sie auf der Registerkarte *Konto* des Dialogfelds *Eigenschaften für Mehrfachobjekte* das Kontrollkästchen *Benutzerprinzipalnamens-Suffix* (siehe Abbildung 2–37).

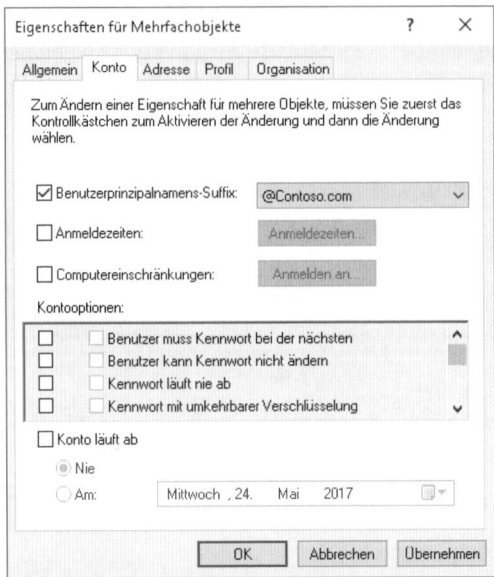

Abb. 2–37   Zuweisen von UPN-Suffixen

4. Wählen Sie in der Liste der Suffixe das neue aus und klicken Sie auf *OK*.

Sie können auch die Windows PowerShell verwenden, um das UPN-Suffix für mehrere Konten zu ändern. Dazu verwenden Sie die Cmdlets `Get-ADUser` und `Set-ADUser`. Um beispielsweise das UPN-Suffix für alle Benutzer in der Organisationseinheit *Sales* der Domäne *Adatum.com* in *Sales.Contoso.com* zu ändern, gehen Sie wie folgt vor:

1. Öffnen Sie auf einem Domänencontroller die Windows PowerShell.
2. Führen Sie das folgende Skript aus:

```
$new_suffix = "Sales.Contoso.com"

$users = Get-ADUser -Filter {UserPrincipalName -like '*'}
-SearchBase "OU=Sales,DC=Adatum,DC=Com"

foreach ($user in $users) {
   $userName = $user.UserPrincipalName.Split('@')[0]
   $UPN = $userName + "@" + $new_suffix
      Write-Host $user.Name $user.UserPrincipalName $UPN
   $user | Set-ADUser -UserPrincipalName $UPN }
```

Einrichten von Vertrauensstellungen

Eine Vertrauensstellung ist eine Sicherheitsvereinbarung zwischen zwei Domänen in einer Gesamtstruktur, zwischen zwei Gesamtstrukturen oder zwischen einer Gesamtstruktur und einem externen Sicherheitsbereich. Vertrauensstellungen ermöglichen es einem Sicherheitsprinzipal in einer Domäne, z. B. einem Benutzer oder Computer, prinzipiell Zugriff auf Ressourcen in einer anderen Domäne zu gewinnen; »prinzipiell« deshalb, weil der Prinzipal neben der Vertrauensstellung auch noch die entsprechenden Berechtigungen für die Ressource benötigt, die ihm vom Administrator der Domäne mit der Ressource eingeräumt werden muss. Bei einer unidirektionalen Vertrauensstellung wird die Partei mit der Ressource als vertrauend und die Partei mit dem Benutzer als vertrauenswürdig bezeichnet. Bei einer bidirektionalen Vertrauensstellung sind beide Parteien sowohl vertrauenswürdig als auch vertrauend.

In Windows Server 2016 haben Domänen in derselben Gesamtstruktur automatisch transitive bidirektionale Vertrauensstellungen, sodass ein Benutzer in einer Domäne der Gesamtstruktur prinzipiell Zugriff auf Ressourcen an beliebigen anderen Stellen der Gesamtstruktur haben kann. In einer Gesamtstruktur mit mehreren Domänen gibt es standardmäßig die folgenden Arten von Vertrauensstellungen:

- **Übergeordnet/untergeordnet** Transitive bidirektionale Vertrauensstellung zwischen einer Domäne und ihrer untergeordneten Domäne.

- **Struktur/Stamm** Transitive bidirektionale Vertrauensstellung zwischen einer neuen AD DS-Domänenstruktur und der vorhandenen Stammdomäne der Gesamtstruktur.

PRÜFUNGSTIPP

Eine transitive Vertrauensstellung zeichnet sich dadurch aus, dass sie auch über zwischengeschaltete Sicherheitsbereiche hinweg wirkt. Nehmen wir an, A vertraut B und B vertraut C, so vertraut A auch C.

Um technische oder administrative Bedürfnisse zu erfüllen, können Sie jedoch auch manuell Vertrauensstellungen der folgenden Arten einrichten:

- **Gesamtstrukturvertrauensstellung** Eine transitive uni- oder bidirektionale Vertrauensstellung zwischen zwei Gesamtstrukturen. Dadurch können die Benutzer in der einen Gesamtstruktur auf Ressourcen in der anderen zugreifen (und ggf. umgekehrt).

- **Externe Vertrauensstellung** Eine nicht transitive uni- oder bidirektionale Vertrauensstellung zwischen einer Gesamtstruktur und einer anderen AD DS-Domäne, z. B. einer älteren Windows NT 4.0-Domäne. Dadurch können die Benutzer in der Gesamtstruktur auf Ressourcen in der Domäne zugreifen (und ggf. umgekehrt).

- **Bereichsvertrauensstellung** Eine transitive oder nicht transitive, uni- oder bidirektionale Vertrauensstellung, die eine Authentifizierung zwischen Ihrer Windows Server-Gesamtstruktur und einem Kerberos V5-Bereich mit einem nicht auf Windows basierenden Verzeichnisdienst ermöglicht.

- **Abkürzung** Eine nicht transitive uni- oder bidirektionale Vertrauensstellung zwischen Domänen in einer Gesamtstruktur, die die Authentifizierungsleistung zu verbessern hilft. Vertrauensstellungsabkürzungen werden für Domänen verwendet, die sich innerhalb derselben Gesamtstruktur, aber in unterschiedlichen Domänenstrukturen befinden.

Vertrauensstellungen richten Sie in *Active Directory-Domänen und -Vertrauensstellungen* ein. Dabei müssen beide Parteien in der Lage sein, die Namen der anderen aufzulösen, wofür DNS eingerichtet sein muss. Um beispielsweise eine Gesamtstrukturvertrauensstellung anzulegen, muss jeder der beiden Domänencontroller die SRV-Einträge für die jeweils andere Gesamtstruktur auflösen können.

Einrichten von Gesamtstrukturvertrauensstellungen

Um eine Gesamtstrukturvertrauensstellung einzurichten, gehen Sie folgendermaßen vor:

1. Richten Sie DNS so ein, dass die Domänencontroller in beiden Gesamtstrukturen gegenseitig ihre Namen und SRV-Einträge auflösen können. Erstellen Sie für die DNS-Zone der anderen Gesamtstruktur eine DNS-Stubzone (oder richten Sie eine bedingte Weiterleitung ein).

> **WEITERE INFORMATIONEN** **Hinzufügen einer Stubzone**
>
> Weitere Informationen darüber, wie Sie eine DNS-Stubzone hinzufügen, finden Sie auf der Microsoft TechNet-Website unter:
>
> *https://technet.microsoft.com/library/cc754190(v=ws.11).aspx*

2. Öffnen Sie auf einem Domänencontroller der ersten Gesamtstruktur die Konsole *Active Directory-Domänen und -Vertrauensstellungen*.

3. Rechtsklicken Sie im Navigationsbereich auf die Stammdomäne der Gesamtstruktur und wählen Sie *Eigenschaften*.

4. Rufen Sie im Eigenschaftendialogfeld der Domäne die Registerkarte *Vertrauensstellungen* auf (siehe Abbildung 2–38) und klicken Sie auf *Neue Vertrauensstellung*.

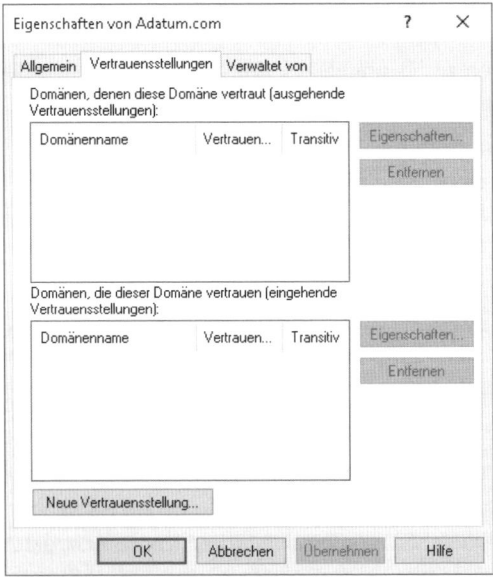

Abb. 2–38   Einsehen der verfügbaren Vertrauensstellungen

5. Klicken Sie im Assistenten für neue Vertrauensstellungen auf *Weiter* und geben Sie auf der Seite *Vertrauensstellungsname* wie in Abbildung 2–39 gezeigt den vollqualifizierten Domänennamen der anderen Gesamtstruktur an. Klicken Sie auf *Weiter*.

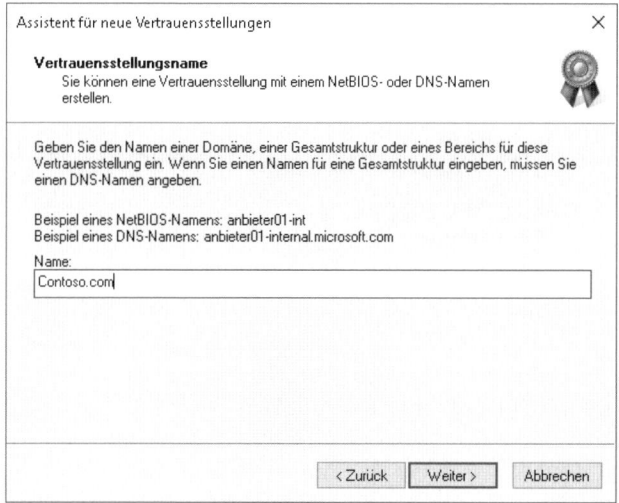

Abb. 2–39   Angeben des DNS-Namens der anderen Gesamtstruktur

6. Wählen Sie auf der Seite *Vertrauenstyp* die Option *Gesamtstrukturvertrauensstellung* und klicken Sie auf *Weiter* (siehe Abbildung 2–40).

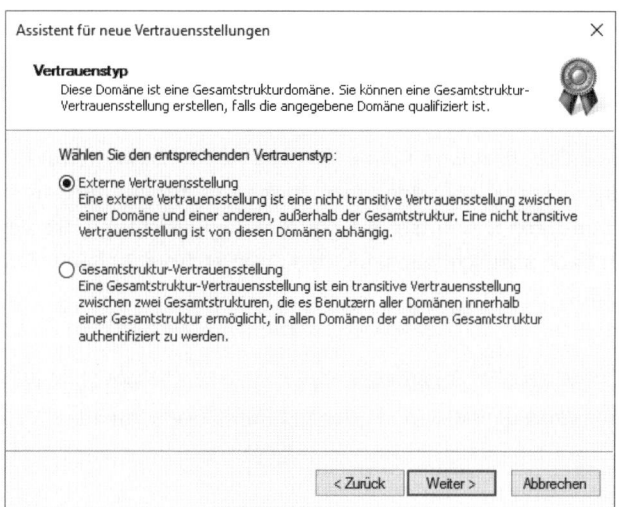

Abb. 2–40   Festlegen der Art der Vertrauensstellung

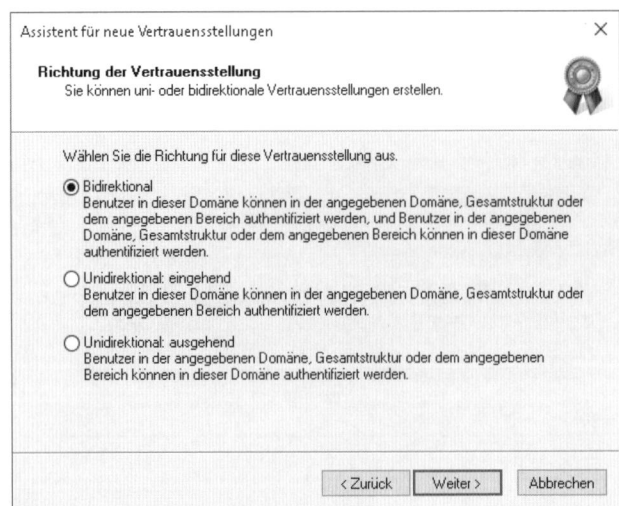

Abb. 2–41   Festlegen der Richtung der Vertrauensstellung

7. Treffen Sie auf der Seite *Richtung der Vertrauensstellung* aus Abbildung 2–41 Ihre Wahl zwischen *Bidirektional, Unidirektional: eingehend* und *Unidirektional: ausgehend*. Klicken Sie auf *Weiter*.

8. Klicken Sie auf der Seite *Vertrauensstellungsseiten* aus Abbildung 2–42 auf *Für diese Domäne und die angegebene Domäne* und dann auf *Weiter*.

PRÜFUNGSTIPP

Um die Vertrauensstellung in einem einzigen Schritt einrichten zu können, müssen Sie Anmeldeinformationen mit den erforderlichen Rechten in der anderen Gesamtstruktur angeben, also diejenigen eines Mitglieds der universellen Sicherheitsgruppe *Organisations-Admins* in der anderen Gesamtstruktur. Wenn Sie nicht über entsprechende Anmeldeinformationen verfügen, müssen Sie den Administrator der anderen Gesamtstruktur bitten, die Einrichtung der Vertrauensstellung an seinem Ende abzuschließen, indem er den entsprechenden Vorgang dort ebenfalls durchführt.

---

9. Geben Sie auf der Seite *Benutzername und Kennwort* die Anmeldeinformationen für die Einrichtung der Vertrauensstellung in der anderen Gesamtstruktur ein und klicken Sie auf *Weiter*.

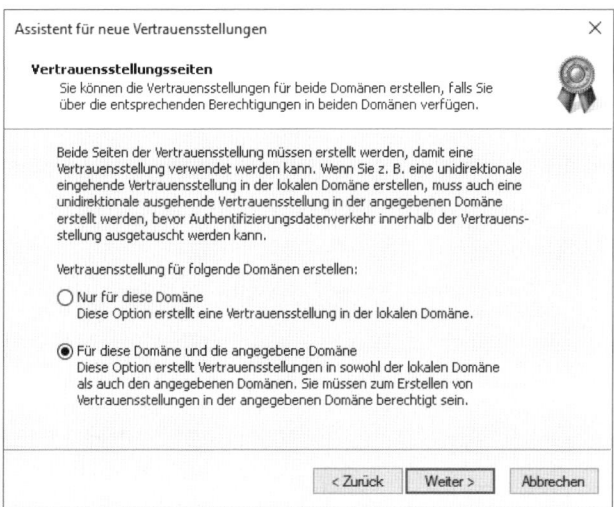

Abb. 2–42   Festlegen, ob beide Seiten der Vertrauensstellung eingerichtet werden sollen

10. Wählen Sie auf der Seite *Authentifizierungsebene für ausgehende Vertrauensstellung – Lokale Gesamtstruktur* eine der beiden Optionen aus und klicken Sie auf *Weiter*.

- **Gesamtstrukturweite Authentifizierung**   Windows Server authentifiziert Benutzer aus der anderen Gesamtstruktur automatisch für alle Ressourcen in der lokalen Gesamtstruktur. Wählen Sie diese Option, wenn beide Gesamtstrukturen von derselben Organisation verwaltet werden.

- **Ausgewählte Authentifizierung**   Windows Server authentifiziert Benutzer aus der anderen Gesamtstruktur nicht automatisch für Ressourcen in der lokalen Gesamtstruktur. Dies ist die angemessene Option, wenn die beiden Gesamtstrukturen von unterschiedlichen Organisationen verwaltet werden. Weitere Einzelheiten finden Sie im Abschnitt »SID-Filterung und Gültigkeitsbereich der Authentifizierung« weiter hinten.

11. Wählen Sie auf der Seite *Authentifizierungsebene für ausgehende Vertrauensstellung – Angegebene Gesamtstruktur* eine der beiden Optionen aus und klicken Sie auf *Weiter*.

- **Gesamtstrukturweite Authentifizierung**   Windows Server authentifiziert Benutzer aus der lokalen Gesamtstruktur automatisch für alle Ressourcen in der lokalen Gesamtstruktur. Wählen Sie diese Option, wenn beide Gesamtstrukturen von derselben Organisation verwaltet werden.

- **Ausgewählte Authentifizierung**   Windows Server authentifiziert Benutzer aus der lokalen Gesamtstruktur nicht automatisch für Ressourcen in der lokalen Gesamtstruktur. Wählen Sie diese Option, wenn die beiden Gesamtstrukturen von unterschiedlichen Organisationen verwaltet werden. Weitere Einzelheiten finden Sie im Abschnitt »SID-Filterung und Gültigkeitsbereich der Authentifizierung« weiter hinten.

12. Klicken Sie zweimal auf *Weiter* und auf der Seite *Ausgehende Vertrauensstellung bestätigen* auf *Ja*. Dadurch überprüfen Sie, ob die Vertrauensstellung funktioniert. Klicken Sie auf *Weiter*.

13. Klicken Sie auf der Seite *Eingehende Vertrauensstellung bestätigen* auf *Ja*. Dadurch überprüfen Sie, ob die Vertrauensstellung funktioniert. Klicken Sie auf *Weiter*.

14. Klicken Sie auf *Fertig stellen* und dann im Eigenschaftendialogfeld der Domäne aus Abbildung 2–43 auf *OK*.

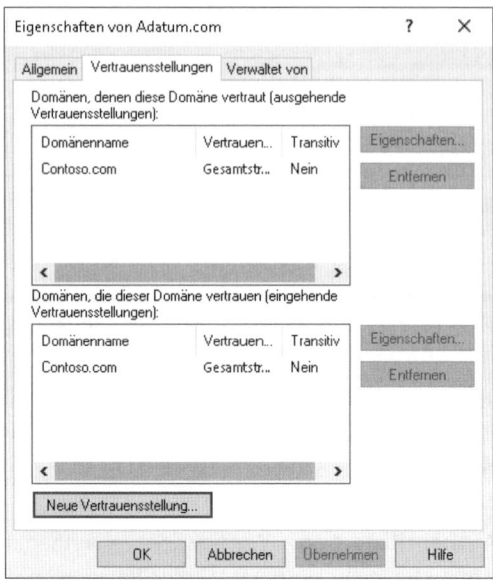

Abb. 2–43   Anzeigen der Vertrauensstellung

Jetzt können Sie den Zugriff auf Ressourcen zuweisen. Eine gängige Methode dazu besteht darin, die Benutzer und Gruppen aus der anderen Gesamtstruktur über die Vertrauensstellung auszuwählen, indem Sie bei der Suche nach Benutzern und Gruppen die Option *Pfad* wählen (siehe Abbildung 2–44).

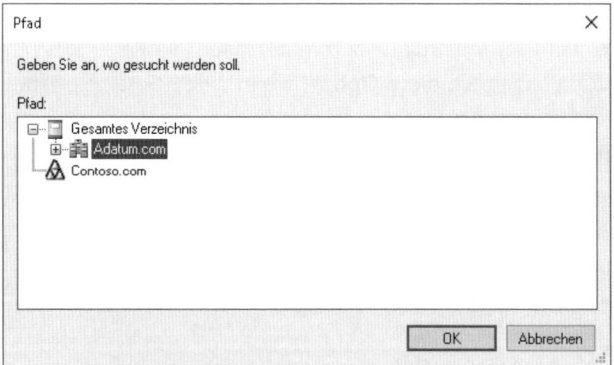

Abb. 2–44   Auswahl des Pfads für die Suche nach Sicherheitsprinzipalen

Einrichten von externen Vertrauensstellungen

Um eine externe Vertrauensstellung einzurichten, gehen Sie wie folgt vor:

1. Richten Sie DNS so ein, dass die Domänencontroller in beiden Gesamtstrukturen gegenseitig ihre Namen und SRV-Einträge auflösen können.

2. Öffnen Sie auf einem Domänencontroller der ersten Gesamtstruktur die Konsole *Active Directory-Domänen und -Vertrauensstellungen*. Rechtsklicken Sie im Navigationsbereich auf die Stammdomäne der Gesamtstruktur und wählen Sie *Eigenschaften*.

3. Rufen Sie im Eigenschaftendialogfeld der Domäne die Registerkarte *Vertrauensstellungen* auf und klicken Sie auf *Neue Vertrauensstellung*.

4. Klicken Sie im Assistenten für neue Vertrauensstellungen auf *Weiter* und geben Sie auf der Seite *Vertrauensstellungsname* den vollqualifizierten Domänennamen der anderen Gesamtstruktur an. Klicken Sie auf *Weiter*.

5. Wählen Sie auf der Seite *Vertrauenstyp* die Option *Externe Vertrauensstellung* und klicken Sie auf *Weiter*.

6. Treffen Sie auf der Seite *Richtung der Vertrauensstellung* Ihre Wahl zwischen *Bidirektional*, *Unidirektional: eingehend* und *Unidirektional: ausgehend*. Klicken Sie auf *Weiter*.

7. Klicken Sie auf der Seite *Vertrauensstellungsseiten* aus Abbildung 2–42 auf *Für diese Domäne und die angegebene Domäne* und dann auf *Weiter*.

8. Geben Sie auf der Seite *Benutzername und Kennwort* die Anmeldeinformationen für die Einrichtung der Vertrauensstellung in der anderen Gesamtstruktur ein und klicken Sie auf *Weiter*.

9. Wählen Sie auf der Seite *Authentifizierungsebene für ausgehende Vertrauensstellung – Lokale Gesamtstruktur* zwischen *Gesamtstrukturweite Authentifizierung* und *Ausgewählte Authentifizierung* und klicken Sie auf *Weiter*. Weitere Einzelheiten finden Sie im Abschnitt »SID-Filterung und Gültigkeitsbereich der Authentifizierung« weiter hinten.

10. Wählen Sie auf der Seite *Authentifizierungsebene für ausgehende Vertrauensstellung – Angegebene Gesamtstruktur* zwischen *Gesamtstrukturweite Authentifizierung* und *Ausgewählte Authentifizierung* und klicken Sie auf *Weiter*. Weitere Einzelheiten finden Sie im Abschnitt »SID-Filterung und Gültigkeitsbereich der Authentifizierung« weiter hinten.

11. Klicken auf der Seite *Vertrauensstellungsauswahl abgeschlossen* auf *Weiter*.

12. Klicken auf der Seite *Vertrauensstellungerstellung abgeschlossen* auf *Weiter*.

13. Klicken Sie auf der Seite *Ausgehende Vertrauensstellung bestätigen* auf *Ja*. Dadurch überprüfen Sie, ob die Vertrauensstellung funktioniert. Klicken Sie auf *Weiter*.

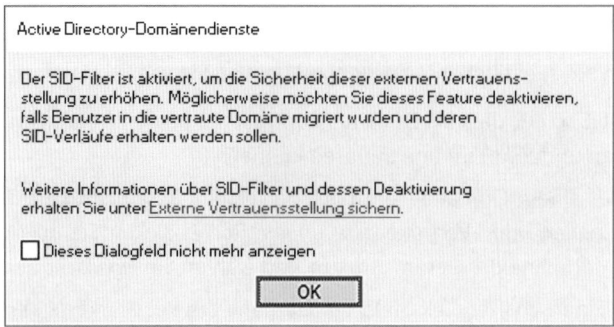

Active Directory-Domänendienste

Der SID-Filter ist aktiviert, um die Sicherheit dieser externen Vertrauensstellung zu erhöhen. Möglicherweise möchten Sie dieses Feature deaktivieren,
falls Benutzer in die vertraute Domäne migriert wurden und deren
SID-Verläufe erhalten werden sollen.

Weitere Informationen über SID-Filter und dessen Deaktivierung
erhalten Sie unter Externe Vertrauensstellung sichern.

☐ Dieses Dialogfeld nicht mehr anzeigen

OK

Abb. 2–45   Bestätigen der Meldung über SID-Filterung

14. Bestätigen Sie die eingeblendete Meldung über SID-Filterung aus Abbildung 2–45, indem
Sie auf *OK* klicken. Weitere Einzelheiten finden Sie im Abschnitt »SID-Filterung und Gültigkeitsbereich der Authentifizierung« weiter hinten.

15. Klicken Sie im Eigenschaftendialogfeld der Domäne auf *OK*.

Einrichten von Bereichsvertrauensstellungen

Um eine Bereichsvertrauensstellung einzurichten, gehen Sie wie folgt vor:

1. Richten Sie DNS so ein, dass die Domänencontroller in beiden Sicherheitsbereichen gegenseitig ihre Namen auflösen können.

2. Rechtsklicken Sie im Navigationsbereich von *Active Directory-Domänen und -Vertrauens-
stellungen* auf die Domäne, für die Sie die Vertrauensstellung einrichten möchten, und
wählen Sie *Eigenschaften*.

3. Rufen Sie im Eigenschaftendialogfeld der Domäne die Registerkarte *Vertrauensstellungen*
auf und klicken Sie auf *Neue Vertrauensstellung* und dann im Assistenten auf *Weiter*.

4. Geben Sie auf der Seite *Vertrauensstellungsname* den vollqualifizierten Domänennamen
des anderen Sicherheitsbereichs an. Klicken Sie auf *Weiter*.

5. Wählen Sie auf der Seite *Vertrauenstyp* die Option *Bereichsvertrauensstellung* (siehe Abbildung 2–46) und klicken Sie auf *Weiter*.

6. Schließen Sie den Assistenten anhand der Beschreibung für Gesamtstruktur- und externe
Vertrauensstellungen ab.

Abb. 2–46   Einrichten einer Bereichsvertrauensstellung

Einrichten von Vertrauensstellungsabkürzungen

Um eine Vertrauensstellungsabkürzung einzurichten, gehen Sie wie folgt vor:

1. Rechtsklicken Sie im Navigationsbereich von *Active Directory-Domänen und -Vertrauens-stellungen* auf die Domäne, für die Sie die Vertrauensstellungsabkürzung einrichten möchten, und wählen Sie *Eigenschaften*.

2. Rufen Sie im Eigenschaftendialogfeld der Domäne die Registerkarte *Vertrauensstellungen* auf und klicken Sie auf *Neue Vertrauensstellung* und dann im Assistenten auf *Weiter*.

3. Geben Sie auf der Seite *Vertrauensstellungsname* den vollqualifizierten Namen der anderen Domäne an. Klicken Sie auf *Weiter*.

4. Wählen Sie auf der Seite *Vertrauenstyp* die Option *Vertrauensstellungsabkürzung* und klicken Sie auf *Weiter*.

5. Schließen Sie den Assistenten anhand der Beschreibung für Gesamtstruktur- und externe Vertrauensstellungen ab.

SID-Filterung und Gültigkeitsbereich der Authentifizierung

Vertrauensstellungen geben Benutzern aus einer anderen Domäne die Möglichkeit, auf Ressourcen in Ihrer Domäne zuzugreifen. Dies kann ein Sicherheitsrisiko darstellen, was sich aber durch die beiden folgenden Funktionen von Windows Server 2016 einschränken lässt:

▪ **SID-Filterung**   Wenn Sie eine Gesamtstruktur- oder eine externe Vertrauensstellung einrichten, werden Sie in einer Meldung darauf aufmerksam gemacht, dass die SID-Filterung aktiviert wurde. Damit wird gesteuert, wie SIDs bei der Authentifizierung für Ressourcen in einer vertrauenden Domäne gehandhabt werden. Wenn ein Benutzer zu Gruppen gehört, werden bei einem Authentifizierungsversuch über die Vertrauensstellung den Servern mit den Ressourcen die SIDs dieser Gruppen bereitgestellt.

Meldet sich ein Benutzer, der Mitglieder der Gruppe *Domänen-Admins* ist, an der vertrauenden Domäne an, enthält sein SID-Verlauf einen Eintrag für eine Gruppe namens *Domänen-Admins*, den es aber auch in der Domäne mit der Ressource gibt. Dadurch bekommt der Benutzer möglicherweise mehr Zugriff als vorgesehen. Dies wird durch die SID-Filterung verhindert, da die Domäne mit der Ressource dadurch angewiesen wird, die SIDs aus der Domäne mit dem Benutzerkonto herauszufiltern, die nicht die primären SIDs der Sicherheitsprinzipale sind.

WEITERE INFORMATIONEN   **Einrichten der SID-Filterung für Vertrauensstellungen**

Weitere Informationen über SID-Filterung finden Sie auf der Microsoft TechNet-Website unter:

https://technet.microsoft.com/library/cc794757(WS.10).aspx

▨ **Gültigkeitsbereich der Authentifizierung**   Wenn Sie eine Gesamtstruktur- oder eine externe Vertrauensstellung einrichten, werden Sie auf den Seiten *Authentifizierungsebene für ausgehende Vertrauensstellung* des Assistenten für neue Vertrauensstellungen dazu aufgefordert, den Gültigkeitsbereich der Authentifizierung festzulegen, und zwar sowohl für die lokale als auch die andere Gesamtstruktur bzw. Domäne. Hier haben Sie die Wahl zwischen der gesamtstruktur- bzw. domänenweiten und der ausgewählten Authentifizierung.

Wenn Sie sich für die gesamtstruktur- bzw. domänenweite Authentifizierung entscheiden, werden dadurch alle Benutzer der anderen Gesamtstruktur (bzw. Domäne) als authentifizierte Benutzer betrachtet. Das schränkt Ihren administrativen Einfluss ein – oder vereinfacht ihn, je nach Standpunkt.

Bei der ausgewählten Authentifizierung werden zwar alle Benutzer in der anderen Gesamtstruktur oder Domäne als vertrauenswürdig angesehen, allerdings müssen Sie ihnen trotzdem ausdrücklich Berechtigungen verleihen, damit sie sich an den Serverressourcen in Ihrer lokalen Gesamtstruktur oder Domäne authentifizieren können. Das bietet Ihnen mehr Steuerungsmöglichkeiten, doch kann die Einrichtung ziemlich zeitraubend sein.

Gehört die andere Gesamtstruktur oder Domäne zu Ihrer Organisation, ist es gewöhnlich akzeptabel, die gesamtstruktur- oder domänenweite Authentifizierung zu wählen; gehört sie dagegen zu einer anderen Organisation, sollten Sie sich lieber für die ausgewählte Authentifizierung entscheiden.

 PRÜFUNGSTIPP

Sie können den Gültigkeitsbereich der Authentifizierung für eine Gesamtstruktur- oder externe Vertrauensstellung auch nachträglich ändern. Verwenden Sie dazu die Konsole *Active Directory-Domänen und -Vertrauensstellungen*.

Einrichten des Namensuffixroutings

Ein eindeutiges Namensuffix ist ein UPN-Suffix oder ein DNS-Gesamtstrukturname wie *Adatum.com* oder *Contoso.com*, der keinem anderen Namensuffix untergeordnet ist. Um die Authentifizierung über Gesamtstrukturvertrauensstellungen hinweg zu erleichtern, leitet Windows Server standardmäßig alle eindeutigen Namensuffixe in die vertrauende Domäne weiter.

Zur weiteren Vereinfachung der Verwaltung werden auch alle untergeordneten Namensuffixe weitergeleitet. Das Suffix *Sales.Contoso.com* ist beispielsweise *Contoso.com* untergeordnet.

Wenn Sie aus irgendeinem Grund das Namensuffixrouting über eine Gesamtstrukturvertrauensstellung ausschalten wollen, können Sie das wie folgt tun:

1. Rechtsklicken Sie im Navigationsbereich der Konsole *Active Directory-Domänen und -Vertrauensstellungen* auf die gewünschte Domäne und wählen Sie *Eigenschaften*.

2. Markieren Sie im Eigenschaftendialogfeld der Domäne auf der Registerkarte *Vertrauensstellungen* entweder unter *Domänen, denen diese Domäne vertraut (ausgehende Vertrauensstellungen)* oder *Domänen, die dieser Domäne vertrauen (eingehende Vertrauensstellungen)* die gewünschte Gesamtstrukturvertrauensstellung und klicken Sie auf *Eigenschaften*.

3. Führen Sie auf der Registerkarte *Namensuffixrouting* unter *Namensuffixe in der Gesamtstruktur <Domänenname>* eine der folgenden Aktionen aus:

   • Markieren Sie das Suffix, das Sie aktivieren möchten, und klicken Sie auf *Aktivieren*.

   • Markieren Sie das Suffix, das Sie deaktivieren möchten, und klicken Sie auf *Deaktivieren*.

4. Klicken Sie zweimal auf *OK*.

Einrichten von AD DS-Standorten und -Subnetzen

Mithilfe von AD DS-Standorten und -Subnetzen können Sie logische Objekte in der AD DS-Konfigurationspartition den IP-Subnetzen und geografischen Standorten Ihrer Organisation zuordnen. Computer in Ihrer AD DS-Infrastruktur können anhand von AD DS-Subnetzobjekten erkennen, in welchem physischen Subnetz sie sich befinden. Durch die Verknüpfung von

Subnetzen mit AD DS-Standorten können die Computer auch feststellen, an welchem geografischen Standort sie aufgestellt sind.

Informationen über die eigene Lage können Computer dazu nutzen, um benachbarte Dienste zu finden, anstatt auf weiter entfernte zuzugreifen. So kann es beispielsweise die Anmeldung beschleunigen, wenn dazu ein lokaler Domänencontroller anstelle eines weiter entfernten verwendet wird.

PRÜFUNGSTIPP

Da AD DS-Standorte und -Subnetzobjekte zur Konfigurationspartition gehören, müssen Sie zur universellen Sicherheitsgruppe *Organisations-Admins* der Gesamtstruktur gehören, um sie zu erstellen oder zu ändern.

Erstellen von AD DS-Standorten

Es gibt verschiedene Gründe dafür, Standorte zu erstellen:

- **Verwaltung der Replikation** Die standortübergreifende Replikation bietet Ihnen mehr Steuerungsmöglichkeiten als die Replikation innerhalb eines Standorts.

- **Anwendung von Gruppenrichtlinien** Sie können Gruppenrichtlinienobjekte erstellen und mit Standortobjekten verknüpfen. Die Richtlinieneinstellungen werden dann auf die Benutzer und Computer innerhalb des Standorts angewendet.

- **Dienstspeicherort** Anhand der Informationen im SRV-Ressourceneintrag eines Computers können Sie bestimmen, an welchem Standort er sich befindet.

Bei der Bereitstellung von AD DS wird der Standardstandort *Default-First-Site-Name* angelegt. Alle Domänencontroller werden diesem Standort zugewiesen, solange Sie keine weiteren Standorte erstellen und die Domänencontroller dorthin verschieben.

Um einen AD DS-Standort zu erstellen, gehen Sie wie folgt vor:

1. Klicken Sie im Server-Manager auf *Tools* und dann auf *Active Directory-Standorte und -Dienste*.

2. Rechtsklicken Sie im Navigationsbereich von *Active Directory-Standorte und -Dienste* auf *Sites* und wählen Sie *Neuer Standort*.

3. Geben Sie im Namensfeld des Dialogfelds *Neues Objekt – Standort* aus Abbildung 2–47 den Namen für den neuen Standort ein, z. B. *London*.

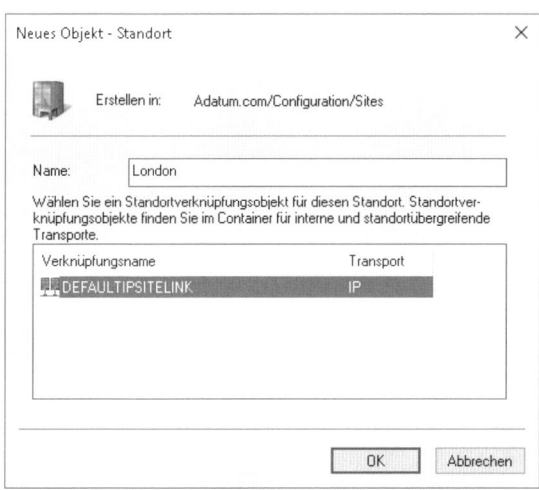

Abb. 2–47   Erstellen eines neuen Standorts

4. Markieren Sie in der Liste *Verknüpfungsname* das passende Standortverknüpfungsobjekt. In diesem Stadium ist sehr wahrscheinlich nur das Objekt *DEFAULTIPSITELINK* vorhanden, das Standardverbindungsobjekt für die standortübergreifende Replikationstopologie. Sie können später eigene Standortverknüpfungen erstellen und einrichten. An dieser Stelle jedoch markieren Sie einfach *DEFAULTIPSITELINK* und klicken auf *OK*.

5. Klicken Sie im eingeblendeten Dialogfeld der Active Directory-Domänendienste auf *OK*, um die Meldung über die nächsten Schritte zu bestätigen.

6. Erstellen Sie weitere Standorte. Verwenden Sie zunächst *DEFAULTIPSITELINK* als Verknüpfungsobjekt für jeden dieser Standorte.

Sie können den gleichen Vorgang auch mit dem Windows PowerShell-Cmdlet `New-ADReplicationSite` durchführen. Um beispielsweise den Standort *London* anzulegen, führen Sie folgenden Befehl aus:

```
New-ADReplicationSite -Name "London"
```

Erstellen von AD DS-Subnetzen

Als Nächstes erstellen Sie logische Subnetze als Abbildung Ihrer physischen Infrastruktur. Diese Subnetze müssen die physischen Subnetze Ihres Netzwerks genau widerspiegeln, da die Leistung sonst leiden und Probleme mit der Serververfügbarkeit auftreten könnten.

Um ein AD DS-Subnetz zu erstellen, gehen Sie wie folgt vor:

1. Klicken Sie im Server-Manager auf *Tools* und dann auf *Active Directory-Standorte und -Dienste*.

2. Erweitern Sie *Sites* im Navigationsbereich von *Active Directory-Standorte und -Dienste*.

3. Rechtsklicken Sie unter *Sites* auf *Subnets* und wählen Sie *Neues Subnetz*.

4. Geben Sie im Feld *Präfix* des Dialogfelds *Neues Objekt – Subnetz* aus Abbildung 2–48 das Präfix Ihres neuen Subnetzes ein, z. B. 172.16.0.0/16.

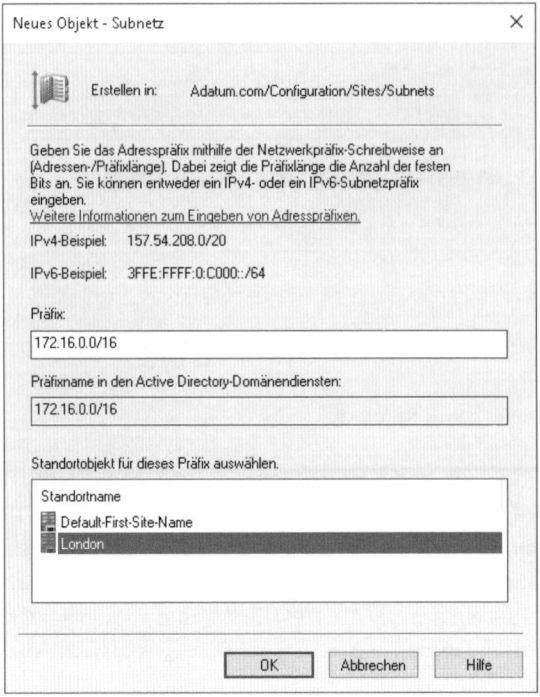

Abb. 2–48   Hinzufügen eines Subnetzes

5. Markieren Sie im Bereich *Standortobjekt für dieses Präfix auswählen* den gewünschten Standort und klicken Sie auf *OK*.

6. Erstellen Sie weitere Subnetze für Ihre Organisation und weisen Sie sie den entsprechenden Standorten zu. Ein Standort kann mehrere Subnetze umfassen, aber ein Subnetz kann immer nur zu einem einzigen Standort gehören.

Sie können den gleichen Vorgang auch mit dem Windows PowerShell-Cmdlet `New-ADReplicationSubnet` durchführen. Um beispielsweise das Subnetz 172.16.0.0/16 anzulegen, führen Sie folgenden Befehl aus:

```
New-ADReplicationSubnet -Name "172.16.0.0/16"
```

Wollen Sie das Subnetz bei der Erstellung gleich mit dem Standort *London* verknüpfen, verwenden Sie folgenden Befehl:

```
New-ADReplicationSubnet -Name "172.16.0.0/16" -Site London
```

Erstellen und Einrichten von Standortverknüpfungen

Der nächste Schritt bei der Einrichtung der standortübergreifenden Replikation besteht darin, Standortverknüpfungen anzulegen. Ursprünglich werden alle Standorte mit dem automatisch erstellten Objekt *DEFAULTIPSITELINK* verbunden, doch Sie können auch Ihre eigenen Standortverknüpfungen erstellen. Dazu gehen Sie wie folgt vor:

1. Erweitern Sie im Navigationsbereich von *Active Directory-Standorte und -Dienste* die Knoten *Sites* und *Inter-Site Transports*.

2. Rechtsklicken Sie unter *Inter-Site Transports* auf *IP* und wählen Sie *Neue Standortverknüpfung*.

PRÜFUNGSTIPP

Sie können für Ihre Standortverknüpfungen zwischen den beiden Transportprotokollen IP und SMTP wählen. SMTP-Standortverknüpfungen nutzen Simple Mail Transfer Protocol zur Weiterleitung von Daten von einem Standort zum anderen. Das ist nützlich bei Standorten, die wahrscheinlich über langsame und nicht dauerhaft verfügbare Verbindungen verfügen. In praktisch allen anderen Situationen dagegen sollten Sie IP wählen.

---

3. Geben Sie im Namensfeld des Dialogfelds *Neues Objekt – Standortverknüpfung* aus Abbildung 2–49 einen beschreibenden Namen für die Verbindung ein, zum Beispiel wie hier *London < > Wincanton*.

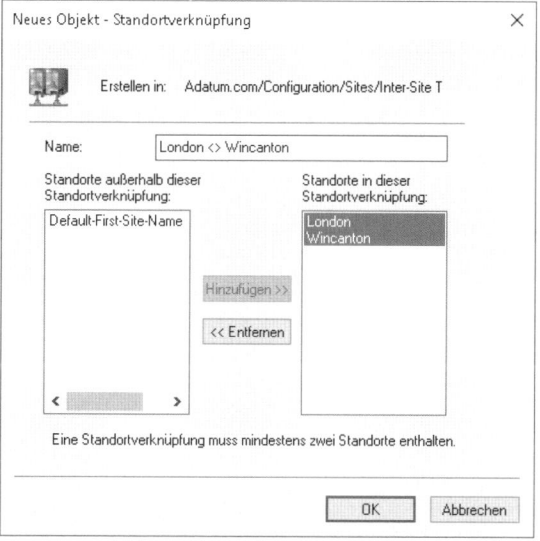

Abb. 2–49   Hinzufügen einer Standortverknüpfung

4. Markieren Sie in dem Feld *Standorte außerhalb der Standortverknüpfung* die Standorte (mindestens zwei), die durch diese Standortverknüpfung verbunden werden sollen, und klicken Sie auf *Hinzufügen*.

5. Klicken Sie auf *OK*.

Sie können den gleichen Vorgang auch mit dem Windows PowerShell-Cmdlet `New-ADReplica-tionSiteLink` durchführen. Um beispielsweise eine neue Standortverknüpfung zwischen den Standorten London und New York anzulegen, führen Sie folgenden Befehl aus:

```
New-ADReplicationSiteLink -Name "London-NewYork" -SitesIncluded London,NewYork
```

Als Nächstes müssen Sie die Standortverknüpfung konfigurieren:

1. Rechtsklicken Sie im Detailbereich auf die Standortverknüpfung und wählen Sie *Eigenschaften*.

2. Richten Sie im Eigenschaftendialogfeld der Standortverknüpfung, das Sie in Abbildung 2–50 sehen, die folgenden Eigenschaften ein und klicken Sie auf *OK*:

   • **Kosten** Anhand dieser willkürlichen Zahl wird bestimmt, welche Standortverknüpfung verwendet werden soll, wenn es mehrere Möglichkeiten gibt. Wenn es beispielsweise zwei mögliche Wege von einem Standort zum anderen gibt, der eine aber höhere durchgehende Kosten aufweist als der andere, so wird der günstigere Pfad verwendet (sofern er verfügbar ist). Der Standardwert beträgt 100.

   • **Replizieren alle** Dies ist das Replikationsintervall, wobei der Standardwert bei 180 Minuten liegt. Eine Verringerung dieses Wertes sorgt dafür, dass Änderungen schneller an die Domänencontroller in der Organisation weitergeleitet werden. Der niedrigste einstellbare Wert beträgt 15 Minuten.

   • **Zeitplan ändern** Der Zeitplan gibt die Zeiten an, zu denen die Replikation im angegebenen Intervall stattfinden kann. Wollen Sie beispielsweise verhindern, dass während der Arbeitszeiten eine Replikation ausgeführt wird, können Sie dies über den Zeitplan einstellen.

Abb. 2–50   Konfigurieren der Standortverknüpfung

Nachdem Sie alle erforderlichen Standortverknüpfungen erstellt und alle Domänencontroller an die gewünschten Standorte verschoben haben, brauchen Sie *DEFAULTIPSITELINK* nicht mehr und können es löschen.

Verwenden von Standortverknüpfungsbrücken

Im Allgemeinen reicht es aus, Standortverknüpfungen einzurichten, um eine vollständig routingfähige, fehlertolerante Topologie für die standortübergreifende Replikation vorzusehen, weil alle Standortverknüpfungen automatisch transitiv sind.

Wenn Standortverknüpfungen allein nicht für das gewünschte Verhalten sorgen können, haben Sie die Möglichkeit, mithilfe von Standortverknüpfungsbrücken manuell transitive Verbindungen zwischen Standorten einzurichten. Es gibt zwei Situationen, in denen dies notwendig werden kann:

- **Das IP-Netzwerk ist nicht vollständig routingfähig**   Sie können Standortverknüpfungsbrücken verwenden, um transitive Verbindungen an den Stellen einzurichten, an denen Ihr IP-Netzwerk dies nicht automatisch tut.

- **Sie wollen den Replikationsfluss genauer steuern können**   Sie können steuern, wie die Replikation über die Standorte erfolgt, indem Sie die Option *Brücke zwischen allen Standortverknüpfungen herstellen* deaktivieren und dann Standortverknüpfungsbrücken erstellen. Der Replikationsdatenverkehr fließt transitiv durch die Standorte, die über Standortverknüpfungsbrücken verbunden sind, geht aber nicht über die Brücke hinaus.

Verschieben von Domänencontrollern an andere Standorte

Nachdem Sie die physische Topologie Ihres Netzwerks mithilfe von Subnetzen und Standorten nachgestellt haben, müssen Sie die Domänencontroller an die entsprechenden Standorte verschieben. Bei der folgenden Anleitung setzen wir voraus, dass die Domänencontroller schon über die korrekte IP-Konfiguration verfügen und sich physisch im richtigen Subnetz befinden.

 PRÜFUNGSTIPP

Wenn Sie einen Domänencontroller bereitstellen, werden Sie zur Angabe eines Standorts aufgefordert.

Um einen Domänencontroller nach der Bereitstellung an einen anderen Standort zu verschieben, gehen Sie folgendermaßen vor:

1. Erweitern Sie im Navigationsbereich von *Active Directory-Standorte und -Dienste* das Objekt *Default-First-Site-Name*.

2. Erweitern Sie den Ordner *Servers*.

3. Rechtsklicken Sie auf den Server, den Sie verschieben wollen, und wählen Sie *Verschieben*.

4. Markieren Sie in dem Dialogfeld *Server verschieben* aus Abbildung 2–51 den Standort, zu dem Sie den Server verlagern wollen, und klicken Sie auf *OK*.

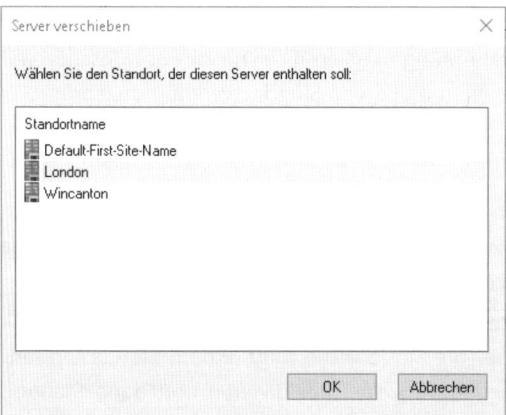

Abb. 2–51   Verschieben eines Domänencontrollers

Um Domänencontroller an einen anderen Standort zu verschieben, können Sie auch das Windows PowerShell-Cmdlet `Move-ADDirectoryServer` verwenden.

Es ist nicht erforderlich, Server- und Clientcomputer zu verschieben. Diese Geräte bestimmen anhand ihrer IP-Konfiguration ihr eigenes Subnetz und damit über AD DS ihren Standort.

Nachdem Sie die erforderlichen Subnetze, Standorte und Standortverknüpfungen eingerichtet und die Domänencontroller an die richtigen Standorte verschoben haben (wenn Sie also den Zustand aus Abbildung 2–52 erreicht haben), sollten Sie die Konsistenzprüfung ausführen, um die Replikationstopologie erneuern zu lassen. Das können Sie in *Active Directory-Standorte und -Dienste* tun, indem Sie auf das Objekt *NTDS Settings* unter dem Serverobjekt eines Standorts rechtsklicken, auf *Alle Aufgaben* zeigen und dann *Replikationstopologie überprüfen* wählen.

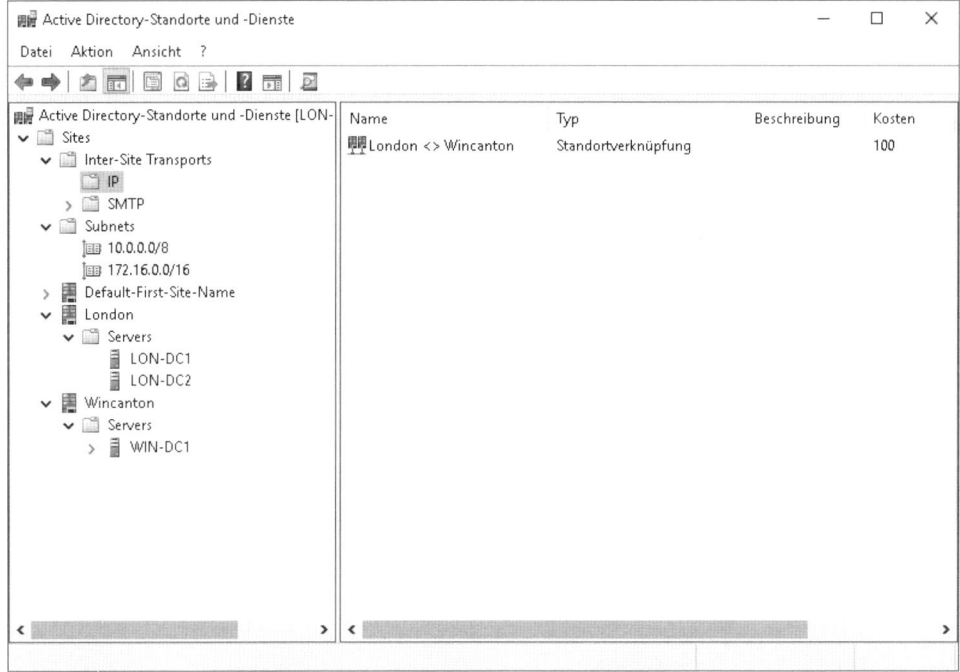

Abb. 2–52   Die vollständige Topologie für die standortübergreifende Replikation

Verwalten der Registrierung von SRV-Einträgen

Bei der Bereitstellung von Domänencontrollern werden wichtige Einträge in der entsprechenden DNS-Zone auf Ihrem DNS-Server registriert. Darunter befinden sich auch die SRV-Einträge, die es Computern und Benutzern ermöglichen, die Dienste von Domänencontrollern zu finden. AD DS-Dienste, z. B. der Kerberos-Authentifizierungsdienst, nutzen SRV-Einträge, um sich den Clients in einem AD DS-Netzwerk bekannt zu machen.

Ein SRV-Eintrag besteht gewöhnlich aus folgenden Elementen:

- **Dienstname und Port** Gibt den Dienst und den zugehörigen TCP- oder UDP-Port an (Transmission Control Protocol bzw. User Datagram Protocol), beispielsweise LDAP (Lightweight Directory Access Protocol) über TCP-Port 389, Kerberos über Port 88, das Kerberos-V5-Authentifizierungsprotokoll KPASSWD über Port 464 oder der Dienst für den globalen Katalog über Port 3268.

- **Protokoll** Gibt an, ob TCP oder UDP verwendet wird. Ein Dienst kann beide Protokolle nutzen, muss dann aber jeweils einen eigenen SRV-Eintrag für jedes davon registrieren.

- **Hostname** Gibt den Namen des Hosts an, der den Dienst anbietet. Die IP-Adresse dieses Hosts finden Clientcomputer dann über die DNS-Hosteinträge heraus.

- **Optionen** SRV-Einträgen werden auch Gewichtungs- und Prioritätswerte zugewiesen. Wenn es mehrere Einträge für einen Dienst oder Server gibt, werden diese Werte herangezogen, um zu bestimmen, welche als Erste genutzt werden. Beispielsweise wird der DNS-Ressourceneintrag für den Kerberos-Authentifizierungsdienst wie in Abbildung 2–53 mit der Priorität 0 und der Gewichtung 100 registriert. Diese Anfangswerte können Sie ändern, um festzulegen, welcher von mehreren Hosts, die diesen Dienst anbieten, von den Clients genutzt wird. DNS-Clients versuchen immer, auf den Server mit dem niedrigsten Prioritätswert zuzugreifen. Haben mehrere Server den gleichen Prioritätswert, entscheiden die Clients nach dem Gewichtungswert.

Abb. 2–53 Eigenschaften eines SRV-Eintrags

SRV-Einträge werden in DNS in einer Hierarchie gespeichert, die nicht nur Protokoll-, sondern
auch Standortinformationen berücksichtigt. Dadurch können Computer die Dienste anhand
des AD DS-Standorts finden, an dem diese angeboten werden.

Im Allgemeinen müssen Sie SRV-Einträge nicht manuell registrieren oder bearbeiten.
Wenn die DNS-Zonen Ihrer DNS-Server so eingerichtet sind, dass sie dynamische Aktualisierungen durchführen, werden die DNS-Einträge beim Hinzufügen oder Verschieben von Domänencontrollern automatisch angepasst.

Verwalten der Standortabdeckung

Alle physischen Standorte müssen Zugriff auf einen Domänencontroller haben. Sollte es nach
der Einrichtung der standortübergreifenden Replikationstopologie trotzdem Standorte ohne
Domänencontroller geben, haben Sie folgende Möglichkeiten zur Korrektur:

- **Hinzufügen eines Subnetzes zu einem Standort**   Wenn es in einer Zweigstelle so wenige Computer gibt, dass sich die Aufstellung eines eigenen Domänencontrollers nicht
  lohnt, weisen Sie das Subnetz dieser Zweigstelle dem Nachbarstandort zu, damit die
  Clientcomputer auf Domänendienste zugreifen können.

- **Bereitstellen eines RODC**   Wenn es in der Zweigstelle ausreichend Computer gibt, um
  einen eigenen Domänencontroller zu rechtfertigen, stellen Sie einen RODC bereit.

- **Nutzung der automatische Standortabdeckung**   Ein Domänencontroller registriert
  seine SRV-Einträge auch für einen kleineren benachbarten Standort, sodass die dortigen
  Clientcomputer ihn finden können.

WEITERE INFORMATIONEN   **Finden eines Domänencontrollers am nächstgelegenen
Standort**

Weitere Informationen über die automatische Standortabdeckung finden Sie auf der
Microsoft TechNet-Website unter:

https://technet.microsoft.com/library/Cc978016

Zusammenfassung des Kapitels

▨ Mithilfe von gruppenverwalteten Dienstkonten (gMSAs) können Sie die Verwaltung von Dienstkonten vereinfachen.

▨ Dienstprinzipalnamen (SPNs) ermöglichen Clientcomputern, Dienste zu finden.

▨ Kontorichtlinien für einzelne Benutzer oder Gruppen können Sie mit Kennwortrichtlinienobjekten (PSOs) aufstellen.

▨ Mit dem Befehlszeilenwerkzeug `NtdsUtil.exe` können Sie viele Verwaltungsaufgaben an der AD DS-Datenbank durchführen, unter anderem auch eine Offline-Defragmentierung.

▨ Nach dem zwangsweisen Entfernen eines Domänencontrollers müssen Sie die AD DS-Datenbank bereinigen und dabei auch die Metadaten aufräumen.

▨ Die Aktvierung des Active Directory-Papierkorbs vereinfacht in vielen Fällen die Wiederherstellung von AD DS-Objekten, ist aber kein Ersatz für eine Sicherung.

▨ Schreibgeschützte Domänencontroller (RODCs) bieten sich für die Bereitstellung in physisch weniger gut geschützten Orten an, z. B. in Zweigstellen.

▨ In einer AD DS-Gesamtstruktur können Sie mehrere Benutzerprinzipalnamen-Suffixe (UPN-Suffixe) bereitstellen, um besondere Namenskonventionen zu unterstützen, ohne Domänennamen oder DNS-Einstellungen ändern zu müssen.

▨ Vertrauensstellungen ermöglichen es Sicherheitsprinzipalen (wie Benutzern oder Computern) in einer Domäne, Zugriff auf Ressourcen in einer anderen Domäne zu erhalten.

▨ Wenn Sie eine Gesamtstrukturvertrauensstellung zwischen zwei Gesamtstrukturen einrichten, die beide von Ihrer Organisation verwaltet werden, bietet sich die Auswahl der gesamtstrukturweiten Authentifizierung an.

▨ In einfachen Netzwerkumgebungen können Sie die Standardobjekte *Default-First-Site-Name* und *DEFAULTIPSITELINK* für die Konfiguration der standortübergreifenden Topologie nutzen.

▨ SRV-Ressourceneinträge ermöglichen es Computern, domänenweit oder an ihrem Standort verfügbare Dienste zu finden.

Gedankenexperiment

In diesem Gedankenexperiment sollen Sie Ihre Fähigkeiten und Kenntnisse über die in diesem Kapitel behandelten Themen unter Beweis stellen. Die Antworten finden Sie im folgenden Abschnitt.

Sie arbeiten als Berater der Firma Adatum. Beantworten Sie die folgenden Fragen über die Verwaltung einer anspruchsvollen AD DS-Umgebung in der Organisation Adatum:

1. Sie planen eine neue AD DS-Bereitstellung. Das Unternehmen besteht aus zwei getrennten Geschäftsbereichen, die jeweils eigene IT-Abteilungen und Verwaltungsstrukturen aufweisen. Welchen allgemeinen AD DS-Aufbau schlagen Sie vor und warum?

→

2. Ein Administratorkollege hat eine App bereitgestellt, die auf Servern ausgeführt wird und mit einer SQL Server-Datenbank im Back-End verbunden ist. Clients wenden sich an diese App, um Kundendaten abzurufen. Nach 42 Tagen können die Benutzer nicht mehr auf ihre Daten zugreifen. Was ist passiert? Was können Sie tun, um das Problem zu lösen?

3. Ihre AD DS-Gesamtstruktur besteht aus den zwei Strukturen für *Adatum.com* und *Contoso.com*, wobei *Contoso.com* die untergeordneten Domänen *Europe.Contoso.com*, *Americas.Contoso.com* und *Pacific.Contoso.com* aufweist, die wiederum untergeordnete Domänen für die einzelnen Abteilungen haben, z. B. *Sales.Europe.Contoso.com*. Benutzer in *Sales.Europe.Contoso.com* müssen auf Ressourcen in *Adatum.com* zugreifen, allerdings erfolgt der Zugriff sehr langsam. Leistungsprobleme des physischen Netzwerks haben Sie als Grund dafür bereits ausgeschlossen. Was kann noch als Ursache infrage kommen? Was können Sie tun, um das Problem zu mildern?

Antworten zum Gedankenexperiment

Dieser Abschnitt enthält die Lösungen der Aufgaben im Gedankenexperiment.

1. In dieser Situation bietet sich auf den ersten Blick die Verwendung mehrerer Gesamtstrukturen an, die jeweils über ein eigenes Administratorenteam verfügen und die die beiden getrennten Geschäftsbereiche repräsentieren. Es ist jedoch angebracht, mit den Administratorenteams zu sprechen und die Arbeitsweise der IT-Abteilungen genauer kennenzulernen. Möglicherweise ist es nicht nötig, mehrere Gesamtstrukturen bereitzustellen. Eine einzige Gesamtstruktur mit mehreren Strukturen, die getrennte Namenskonventionen ermöglichen, könnte schon ausreichen. Nur weil die Organisation getrennte IT-Abteilungen in zwei Geschäftsbereichen hat, heißt das noch nicht, dass Sie dies in der AD DS-Infrastruktur auch genau so nachbauen müssen.

2. Der Zeitraum von 42 Tagen gibt schon einen Hinweis auf das Problem, denn gewöhnlich werden Benutzer alle 42 Tage zur Änderung ihres Kennworts aufgefordert. Bei der Installation der App hat der Kollege möglicherweise ein Standardbenutzerkonto für den Dienst genutzt, der sich mit SQL Server verbindet. Verwenden Sie zur Konfiguration dieses Dienstes stattdessen ein gruppenverwaltetes Dienstkonto (gMSA). Das vereinfacht die Verwaltung der Kennwörter für den Dienst.

3. Die langen Zugriffszeiten können durch die Funktionsweise der Vertrauensstellung zustande kommen. Der Zugriff von der Domäne *Sales.Europe.Contoso.com* auf Ressourcen in *Adatum.com* muss zunächst die gesamte Struktur von *Contoso.com* durchlaufen. Durch die Einrichtung einer Vertrauensstellungsabkürzung zwischen *Adatum.com* und *Sales.Europe.Contoso.com* kann die Leistung verbessert werden.

KAPITEL 3

Erstellen und Verwalten von Gruppenrichtlinien

Gruppenrichtlinien ermöglichen Ihnen die zentrale Konfiguration und Verwaltung der Objekte in Ihrer AD DS-Netzwerkinfrastruktur. In diesem Kapitel erfahren Sie, wie Sie Gruppenrichtlinienobjekte (Group Policy Objects, GPOs) erstellen und verwalten, wie Sie die Verarbeitung von Gruppenrichtlinien einschließlich Reihenfolge, Vorrang, Vererbung und zwangsweiser Anwendung konfigurieren und wie Sie Einstellungen in einem Gruppenrichtlinienobjekt vornehmen, darunter Druckereinstellungen, Zuweisungen von Netzlaufwerken und Energieoptionen. Bei den Einstellungen wird in Windows Server zwischen »Settings« (Einstellungen) und »Preferences« (Präferenzen) unterschieden, die in der deutschen Oberfläche leider beide als *Einstellungen* bezeichnet werden. Allerdings sind sie in den Verwaltungskonsolen deutlich getrennt.

In diesem Kapitel behandelte Prüfungsziele:

- Erstellen und Verwalten von Gruppenrichtlinienobjekten
- Einrichten der Verarbeitung von Gruppenrichtlinien
- Einrichten von Gruppenrichtlinieneinstellungen
- Einrichten von Gruppenrichtlinienpräferenzen

Prüfungsziel 3.1: Erstellen und Verwalten von Gruppenrichtlinienobjekten

Wenn Sie Gruppenrichtlinienobjekte mit Ihren Standorten, Domänen und Organisationseinheiten verknüpfen, können Sie dadurch auf schnelle und einfache Weise eine große Zahl von Benutzern und Computern verwalten, für die die gleichen Einstellungen nötig sind, also etwa Computer am selben physischen Standort, Benutzer in derselben Abteilung oder Computer mit einer besonderen Grundkonfiguration, die ganz bestimmte Einstellungen benötigen.

Wenn Sie eine geeignete Infrastruktur von Organisationseinheiten eingerichtet und die Benutzer- und Computerobjekte jeweils in die zugehörigen Organisationseinheiten verschoben haben, können Sie Gruppenrichtlinienobjekte mit den gewünschten Einstellungen anlegen und mit den passenden Organisationseinheiten verknüpfen.

Die Verwendung von Gruppenrichtlinienobjekten ermöglicht eine einfachere Verwaltung vieler Aspekte der AD DS-Infrastruktur:

- **Windows- und Anwendungseinstellungen** Verwenden Sie Gruppenrichtlinienobjekte, um die Schnittstellen von Windows und installierten Apps zu vereinheitlichen. Durch Standardeinstellungen können Sie die Bedürfnisse der Benutzer besser erfüllen.

- **Softwarebereitstellung** Mithilfe von Gruppenrichtlinienobjekten können Sie Desktop-Anwendungen auf den Computern Ihrer Organisation bereitstellen und aktualisieren und auch wieder entfernen.

- **Ordnerumleitung** In Windows können Benutzer ein Startmenü einrichten, das Erscheinungsbild ihres Desktops anpassen und Dateien in einem persönlichen Speicherbereich, dem Basisordner, ablegen. Mit der Ordnerumleitung in Gruppenrichtlinienobjekten können Sie diese lokalen Ordner zu einem Speicherort im Netzwerk umleiten. Dies kann die Sicherung der Benutzerdaten und den Umzug der Benutzer von einem Computer zu einem anderen unter Beibehaltung ihrer persönlichen Einstellungen vereinfachen.

- **Sicherheitseinstellungen** Viele der Einstellungen, die Sie in Gruppenrichtlinienobjekten vornehmen können, stehen im Zusammenhang mit der Systemsicherheit. Mit Gruppenrichtlinienobjekten können Sie Standardsicherheitseinstellungen auf mehrere Benutzer oder Computer zugleich anwenden.

- **Infrastruktureinstellungen** Gruppenrichtlinieneinstellungen schließen auch Einstellungen für Profile in Drahtlosnetzwerken und Windows Firewall-Regeln ein.

Inhalt dieses Abschnitts:

- Einrichten mehrerer lokaler Gruppenrichtlinien
- Überblick über Domänengruppenrichtlinienobjekte
- Verwalten von Starter-Gruppenrichtlinienobjekten
- Verknüpfen von Gruppenrichtlinienobjekten
- Sichern, Wiederherstellen, Importieren und Kopieren von Gruppenrichtlinienobjekten
- Erstellen und Einrichten einer Migrationstabelle
- Zurücksetzen von Standard-Gruppenrichtlinienobjekten
- Delegieren der Verwaltung von Gruppenrichtlinien
- Erkennen von Integritätsproblemen mithilfe des Gruppenrichtlinien-Infrastrukturstatus

---

Einrichten mehrerer lokaler Gruppenrichtlinien

In diesem Kapitel befassen wir uns hauptsächlich mit Domänengruppenrichtlinienobjekten, doch Windows Server 2016 und Windows 10 unterstützen auch lokale Gruppenrichtlinien, mit denen Sie Einstellungen auf einem Computer mit lokalen Benutzerkonten anwenden können. Das kann nützlich sein, wenn der Computer nicht zu einer AD DS-Gesamtstruktur gehört.

PRÜFUNGSTIPP

Wenn Sie lokale Gruppenrichtlinienobjekte auf einen Computer anwenden, der zu Ihrer Gesamtstruktur gehört, werden die Gruppenrichtlinienobjekte der Gesamt-struktur und der Domäne ebenfalls auf ihn angewendet. Alle Einstellungen in den lokalen Gruppenrichtlinienobjekten werden durch entsprechende Einstellungen in den Gesamtstruktur- und Domänengruppenrichtlinienobjekten überschrieben.

Es ist möglich, mehrere lokale Gruppenrichtlinienobjekte zu erstellen, nämlich die folgenden:

▦ **Lokale Gruppenrichtlinie**   Die Einstellungen in diesem Gruppenrichtlinienobjekt gelten für den lokalen Computer unabhängig davon, welcher Benutzer angemeldet ist. Die Richt-linie umfasst sowohl einen Computer- als auch einen Benutzerknoten.

▦ **Lokale Gruppenrichtlinien Administratoren bzw. Nicht-Administratoren**   Diese be-nutzerspezifischen Richtlinien gelten für Benutzer, die zur lokalen Administratorgruppe gehören bzw. nicht dazugehören. Dadurch können Sie besondere Einstellungen für Admi-nistratoren festlegen. Beide Richtlinien verfügen nur über einen Benutzerknoten.

▦ **Benutzerspezifische lokale Gruppenrichtlinie**   Windows 8, Windows Server 2012 und höhere Versionen unterstützen benutzerspezifische lokale Gruppenrichtlinien, die lediglich über einen Benutzerknoten verfügen.

Wenn Sie mehrere lokale Gruppenrichtlinienobjekte verwenden, werden sie in der folgenden Reihenfolge verarbeitet:

1. Lokale Gruppenrichtlinie

2. Gruppenrichtlinie für Administratoren und Nicht-Administratoren

3. Benutzerspezifische lokale Gruppenrichtlinie

PRÜFUNGSTIPP

Wenn eine Einstellung in mehreren Richtlinien eingerichtet ist, so hat die Richtlinie Vorrang, die als letzte angewendet wird.

Um mehrere lokale Gruppenrichtlinienobjekte zu erstellen, gehen Sie wie folgt vor:

1. Melden Sie sich als lokaler Administrator an.

2. Geben Sie an einer Eingabeaufforderung mmc.exe ein und drücken Sie die Eingabetaste.

3. Klicken Sie in der Verwaltungskonsole auf *Datei* und dann auf *Snap-In hinzufügen/entfer-nen*.

4. Klicken Sie in der Liste des Dialogfelds *Snap-Ins hinzufügen bzw. entfernen* auf *Gruppen-richtlinienobjekt-Editor* und dann auf *Hinzufügen* (siehe Abbildung 3–1).

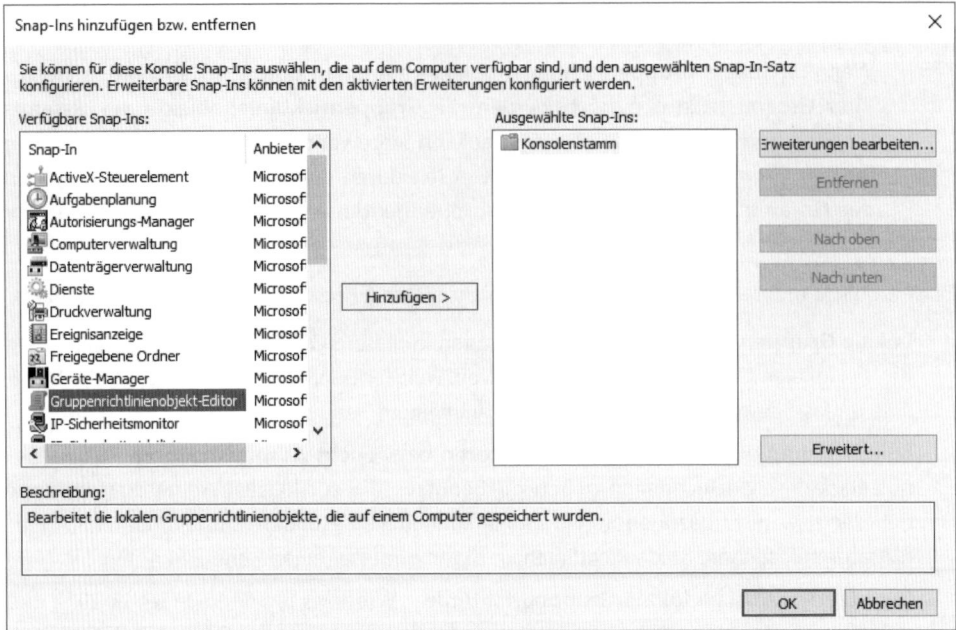

Abb. 3–1 Hinzufügen des Snap-Ins *Gruppenrichtlinienobjekt-Editor* zu einer Verwaltungskonsole

5. Klicken Sie im Dialogfeld *Gruppenrichtlinienobjekt auswählen* auf der Seite *Willkommen* auf *Durchsuchen* (siehe Abbildung 3–2).

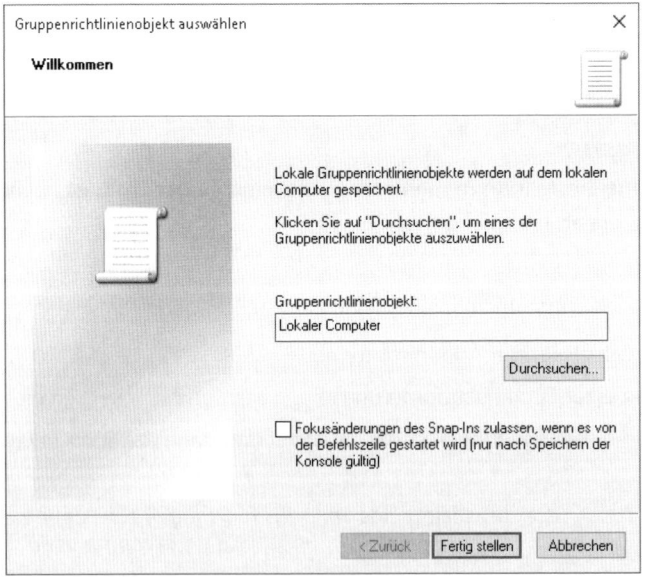

Abb. 3–2 Die Gruppenrichtlinieneinstellungen erfolgen für den lokalen Computer.

6. Klicken Sie auf der Registerkarte *Computer* des Dialogfelds *Gruppenrichtlinienobjekt suchen* auf *Dieser Computer* (siehe Abbildung 3–3) und dann auf *Fertig stellen*.

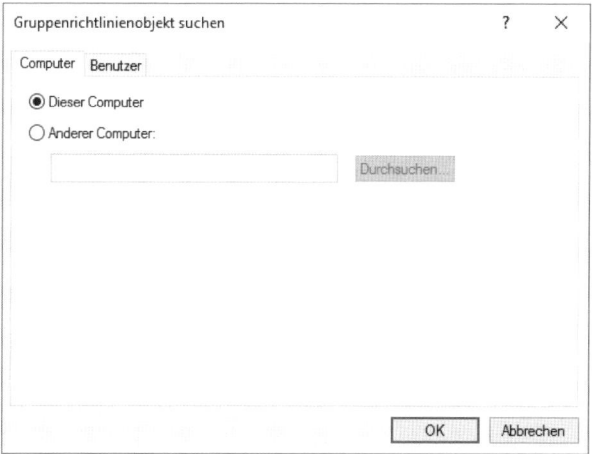

Abb. 3–3   Auswahl des lokalen Computers

7. Klicken Sie in der Liste des Dialogfelds *Snap-Ins hinzufügen bzw. entfernen* auf *Gruppenrichtlinienobjekt-Editor* und dann auf *Hinzufügen*.

8. Klicken Sie im Dialogfeld *Gruppenrichtlinienobjekt auswählen* auf der Seite *Willkommen* auf *Durchsuchen*.

9. Klicken Sie auf der Registerkarte *Benutzer* des Dialogfelds *Gruppenrichtlinienobjekt suchen* auf *Administratoren* (siehe Abbildung 3–4), dann auf *OK* und schließlich auf *Fertig stellen*.

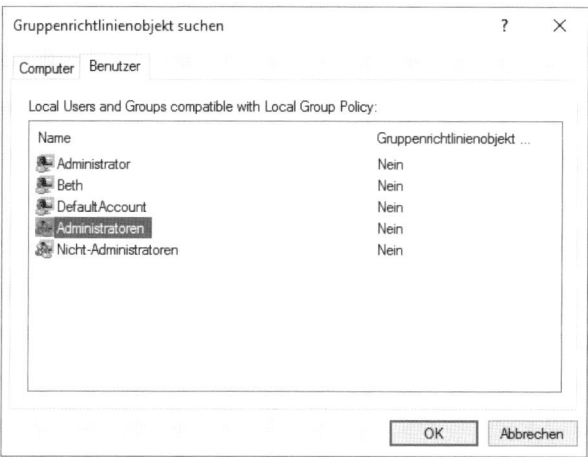

Abb. 3–4   Auswählen der Gruppe *Administratoren* für das Gruppenrichtlinienobjekt

10. Klicken Sie in der Liste des Dialogfelds *Snap-Ins hinzufügen bzw. entfernen* auf *Gruppenrichtlinienobjekt-Editor* und dann auf *Hinzufügen*.

11. Klicken Sie im Dialogfeld *Gruppenrichtlinienobjekt auswählen* auf der Seite *Willkommen* auf *Durchsuchen*.

12. Klicken Sie auf der Registerkarte *Benutzer* des Dialogfelds *Gruppenrichtlinienobjekt suchen* auf *Nicht-Administratoren*, dann auf *OK* und schließlich auf *Fertig stellen*.

13. Wollen Sie auch ein lokales Gruppenrichtlinienobjekt für einen bestimmten Benutzer einrichten, so klicken Sie in der Liste des Dialogfelds *Snap-Ins hinzufügen bzw. entfernen* erneut auf *Gruppenrichtlinienobjekt-Editor* und dann auf *Hinzufügen*.

14. Klicken Sie im Dialogfeld *Gruppenrichtlinienobjekt auswählen* auf der Seite *Willkommen* auf *Durchsuchen*.

15. Klicken Sie auf der Registerkarte *Benutzer* des Dialogfelds *Gruppenrichtlinienobjekt suchen* auf das gewünschte Benutzerkonto, dann auf *OK* und schließlich auf *Fertig stellen*.

 PRÜFUNGSTIPP

Es ist nicht möglich, lokale Gruppenrichtlinienobjekte auf Sicherheitsgruppen anzuwenden.

---

16. Klicken Sie in dem Dialogfeld *Snap-Ins hinzufügen bzw. entfernen* aus Abbildung 3–5 auf *OK*.

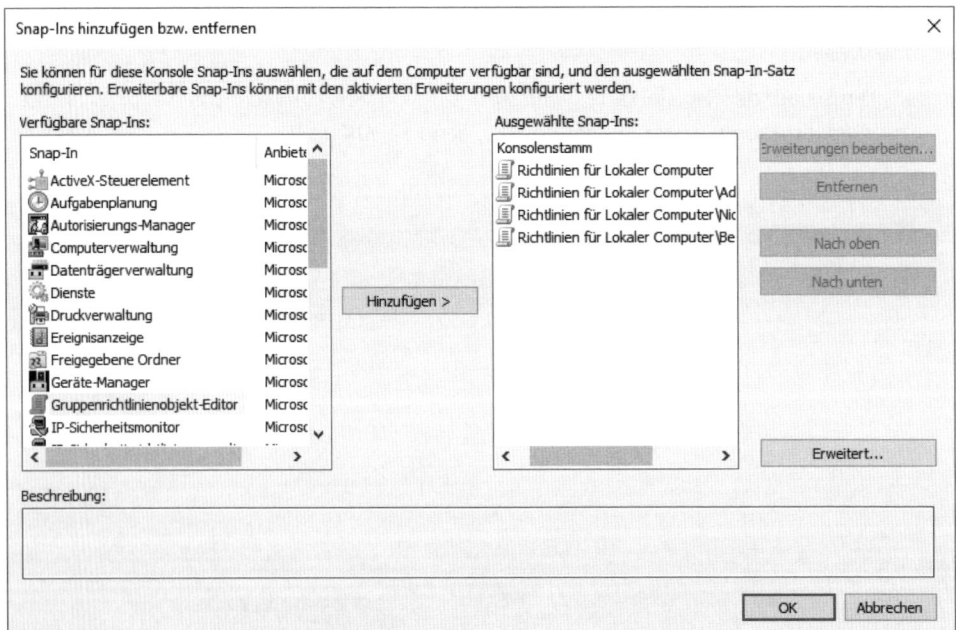

Abb. 3–5   Alle lokalen Gruppenrichtlinienobjekte sind jetzt in der Verwaltungskonsole vorhanden.

17. Erweitern Sie im Dialogfeld *Konsole 1 – [Konsolenstamm]* aus Abbildung 3–6 die gewünschte Richtlinie und nehmen Sie die erforderlichen Einstellungen vor.

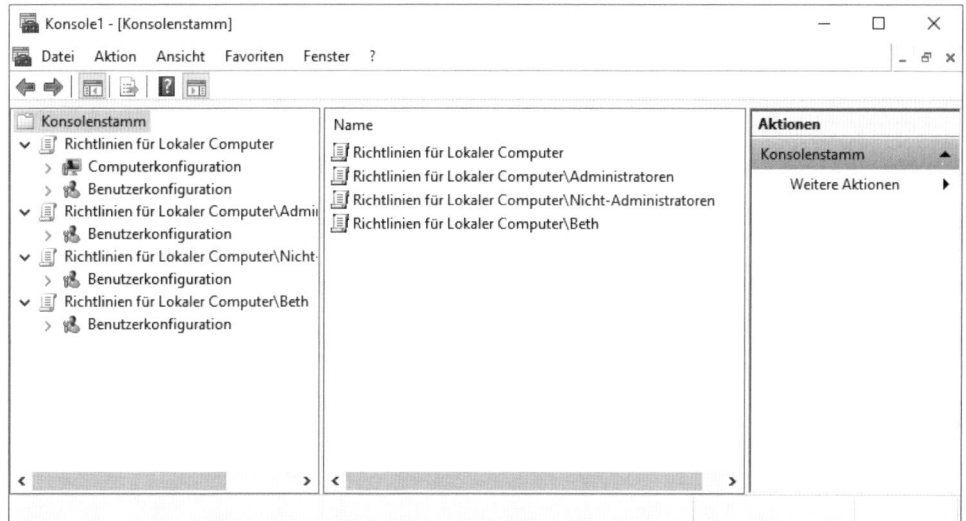

Abb. 3–6   Vollständige Konsole mit allen vier lokalen Gruppenrichtlinienobjekten

Um eine der lokalen Richtlinien einzurichten, z. B. die lokale Computerrichtlinie, gehen Sie wie folgt vor:

1. Erweitern Sie im Navigationsbereich von *Konsole 1 - [Konsolenstamm]* die Knoten *Richtlinien für Lokaler Computer* und *Computerkonfiguration*.

2. Erweitern Sie den gewünschten Ordner unter *Computerkonfiguration*, z. B. *Windows-Einstellungen* wie in Abbildung 3–7, und suchen Sie die zu ändernde Einstellung.

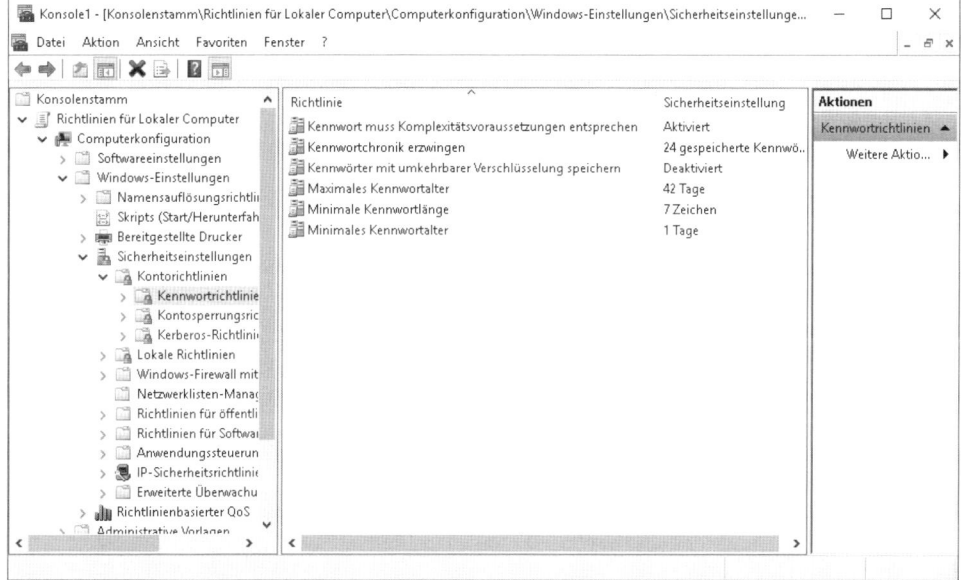

Abb. 3–7   Einrichten der gewünschten lokalen Gruppenrichtlinieneinstellung

3. Doppelklicken Sie im Detailbereich auf die gewünschte Einstellung, geben Sie den erforderlichen Wert an und klicken Sie auf *OK*.

4. Erweitern Sie die gewünschten Ordner unter *Benutzerkonfiguration*, suchen Sie die zu ändernde Einstellung und geben Sie den erforderlichen Wert an.

5. Nachdem Sie alle lokalen Gruppenrichtlinienobjekte bearbeitet haben, können Sie die Konsole schließen. Wenn es wahrscheinlich ist, dass Sie die Richtlinien häufiger anpassen, sollten Sie die Verwaltungskonsole mit dem Snap-In speichern.

Die Möglichkeit, mehrere lokale Gruppenrichtlinienobjekte einzurichten, stellt zwar eine erhebliche Verbesserung gegenüber der Nutzung eines einzigen lokalen Gruppenrichtlinienobjekts dar, doch mangelt es diesem Vorgang nach wie vor an der Flexibilität und Zentralisierung, die domänengestützte Gruppenrichtlinienobjekte bieten. Denken Sie auch daran, dass Einstellungen in lokalen Gruppenrichtlinienobjekten von Domänengruppenrichtlinienobjekten überschrieben werden können.

Überblick über Domänengruppenrichtlinienobjekte

Domänengruppenrichtlinienobjekte werden auf Computer- und Benutzerobjekte angewendet, die zu einer AD DS-Domäne gehören, was eine einfachere Verwaltung ermöglicht.

Aufbau von Gruppenrichtlinienobjekten

Gruppenrichtlinienobjekte bestehen aus zwei Teilen, die an unterschiedlichen Speicherorten abgelegt sind:

- **Gruppenrichtliniencontainer** Dieses Objekt ist in der AD DS-Datenbank gespeichert und wird nach dem Zeitplan für die standortinterne oder die standortübergreifende AD DS-Replikation an andere Domänencontroller weitergeleitet. Es legt die grundlegenden Attribute des Gruppenrichtlinienobjekts fest. Jedem Gruppenrichtlinienobjekt wird von AD DS ein global eindeutiger Bezeichner (Globally Unique Identifier, GUID) zugewiesen.

- **Gruppenrichtlinienvorlage** Dies ist eine Zusammenstellung von Dateien und Ordner im freigegebenen Ordner *SYSVOL* auf allen Domänencontrollern. Die Dateien enthalten die eigentlichen Einstellungen des Gruppenrichtlinienobjekts. Gespeichert werden diese Dateien jeweils in `%SystemRoot%\SYSVOL\Domain\Policies\{GUID}`, wobei `{GUID}` den Bezeichner des Gruppenrichtlinienobjekts angibt.

  Die Inhalte von *SYSVOL* – und damit auch die Ordner der Gruppenrichtlinienvorlage – werden mit einem anderen Verfahren repliziert. Bis zu Windows Server 2008 wurde dazu der Dateireplikationsdienst (File Replication Service, FRS) verwendet, in neueren Versionen dagegen der Replikations-Agent des verteilten Dateisystems (Distributed File System Replication, DFSR).

PRÜFUNGSTIPP

Da diese beiden Bestandteile von Gruppenrichtlinienobjekten mit unterschiedlichen Verfahren repliziert werden, kann es gelegentlich zu Unstimmigkeiten zwischen ihnen kommen, die sich aber im Allgemeinen von selbst wieder auflösen.

Verwaltungswerkzeuge für Gruppenrichtlinienobjekte

Um Gruppenrichtlinienobjekte in Ihrer Domäne zu erstellen und zu verwalten, können Sie verschiedene Werkzeuge einsetzen:

- **Gruppenrichtlinien-Verwaltungskonsole** Hier können Sie sämtliche Verwaltungsaufgaben für Gruppenrichtlinienobjekte durchführen, darunter Erstellung, Verknüpfung, Filterung, Modellierung und Fehlerbehebung (siehe Abbildung 3–8).

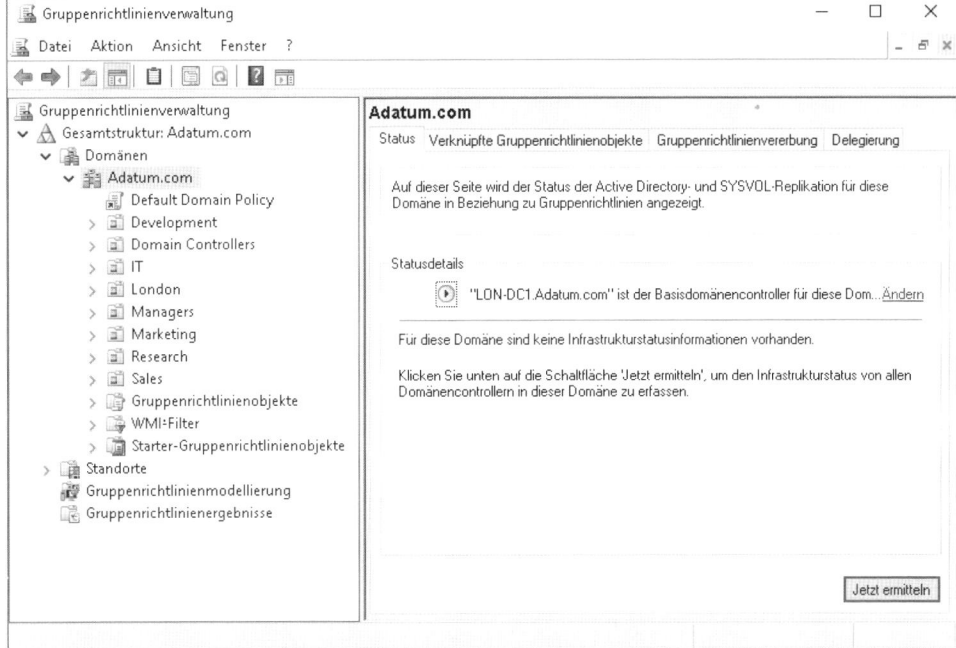

Abb. 3–8   Die Gruppenrichtlinien-Verwaltungskonsole

Gruppenrichtlinienverwaltungs-Editor Diese Konsole können Sie von der Gruppenrichtlinien-Verwaltungskonsole aus starten, indem Sie auf ein Gruppenrichtlinienobjekt rechtsklicken und *Bearbeiten* wählen. Hier können Sie die verfügbaren Einstellungen einsehen und ändern (siehe Abbildung 3–9).

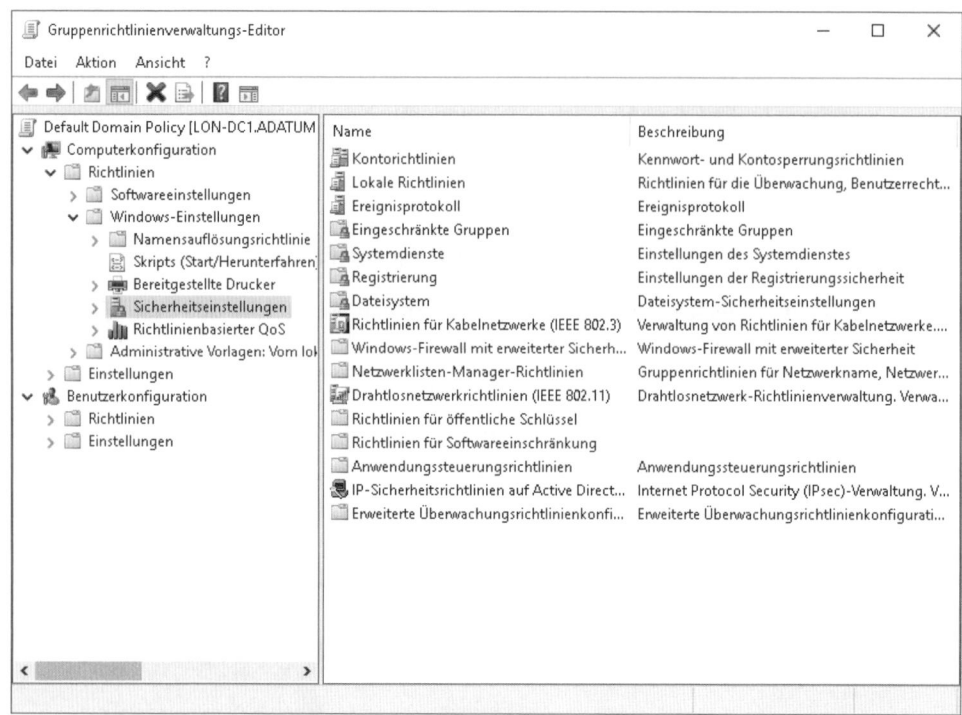

Abb. 3–9   Der Gruppenrichtlinienverwaltungs-Editor

- **Windows PowerShell**   Es gibt auch eine Reihe von Windows PowerShell-Cmdlets, um Gruppenrichtlinienobjekte zu erstellen, zu verknüpfen und einzurichten. Beispielsweise verwenden Sie New-GPO, um ein neues Gruppenrichtlinienobjekt anzulegen (siehe Abbildung 3–10).

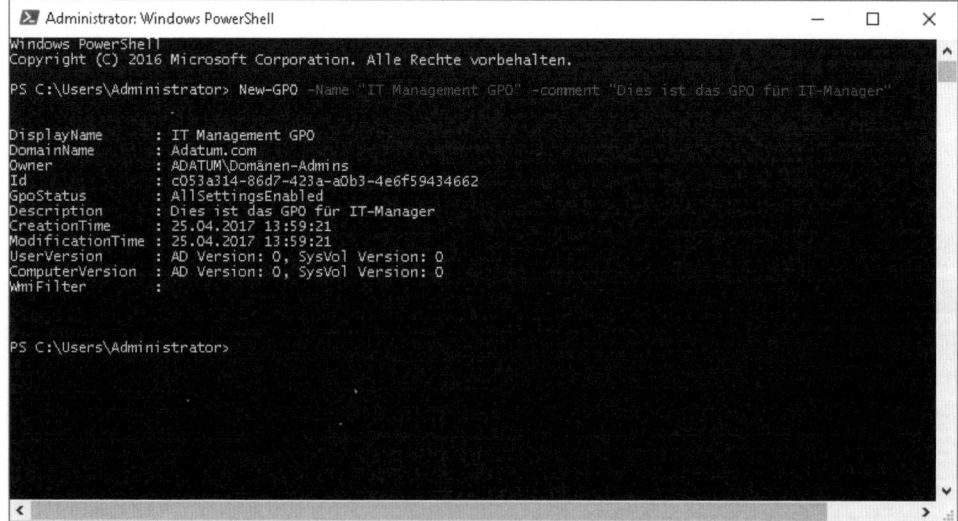

Abb. 3–10   Erstellen eines neuen Gruppenrichtlinienobjekts mit der Windows PowerShell

Einrichten einzelner Einstellungen

Nachdem Sie ein Gruppenrichtlinienobjekt erstellt haben, müssen Sie die darin verfügbaren Einstellungen festlegen. Dazu verwenden Sie den Gruppenrichtlinienverwaltungs-Editor.

Wie Sie in Abbildung 3–9 sehen, umfasst ein Gruppenrichtlinienobjekt mehrere Knoten, die jeweils Ordner und Unterordner enthalten, in denen wiederum zusammengehörige Einstellungen bereitgestellt werden. Dieser Aufbau erleichtert es Administratoren, die gewünschte Einstellung zu finden.

Jede Richtlinie hat die beiden folgenden obersten Knoten:

- **Computerkonfiguration** Die hier enthaltenen Einstellungen gelten für die Computerobjekte in dem Container, mit dem das Gruppenrichtlinienobjekt verknüpft ist. Sie werden beim Hochfahren der Computer und danach angewendet und alle 90 bis 120 Minuten aktualisiert.

- **Benutzerkonfiguration** Die hier enthaltenen Einstellungen gelten für Benutzer. Sie werden bei der Anmeldung der Benutzer und danach angewendet und alle 90 bis 120 Minuten aktualisiert.

> **HINWEIS** Inkrafttreten von Richtlinien
>
> Wird eine Richtlinieneinstellung angewendet, so tritt sie nicht unbedingt sofort in Kraft. Oft gelten Computereinstellungen erst nach einem Neustart und Benutzereinstellungen erst nach einer Neuanmeldung.

Unterhalb dieser Knoten finden Sie unter anderem die folgenden Ordner und Unterordner mit den Gruppenrichtlinien:

- **Softwareeinstellungen** Hiermit können Sie Software auf Computern in der Domäne bereitstellen, aktualisieren und entfernen. Dieser Ordner enthält nur einen einzigen Unterordner:
  - **Softwareinstallation** Hiermit können Sie Pakete zur Bereitstellung in Ihrer Organisation hinzufügen.
- **Windows-Einstellungen** Hiermit können Sie Grundeinstellungen für Computer bzw. Benutzer festlegen. Dieser Ordner enthält u. a. folgende Unterordner:
  - **Skripts** Sie können Skripts einrichten, die verarbeitet werden, wenn der Computer gestartet oder heruntergefahren wird bzw. der Benutzer sich anmeldet oder abmeldet.
  - **Sicherheitseinstellungen** Hierin sind verschiedene Sicherheitseinstellungen gesammelt, darunter Einstellungen für Kontorichtlinien, Benutzerrechte, das Ereignisprotokoll,

eingeschränkte Gruppen, Systemdienste, Registrierungs- und Dateisystemberechtigungen, Windows Firewall, Softwareeinschränkungen, Anweisungssteuerung usw.

- **Ordnerumleitung**   Hier können Sie u. a. den Desktop, das Startmenü und die persönlichen Ordner von Benutzern umleiten.

▓ **Administrative Vorlagen**   Hierin sind Registrierungseinstellungen enthalten, die das Verhalten von Benutzern, Computern und Anwendungen steuern. Es gibt Tausende von Einstellungen, die aber logisch in Ordnern sortiert sind, um sie leichter finden zu können:

- Systemsteuerung
- Desktop
- Netzwerk
- Freigegebene Ordner
- Startmenü und Taskleiste
- System
- Windows-Komponenten
- Alle Einstellungen

Es gibt verschiedene Arten von Einstellungen. Bei einigen müssen Sie einen oder mehrere Werte angeben, wie Sie in Abbildung 3–11 sehen.

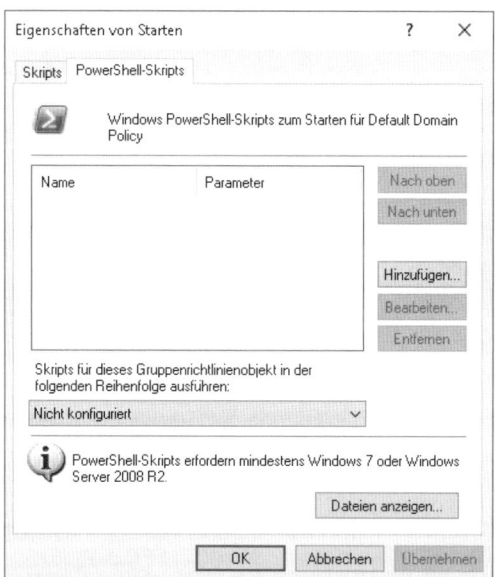

Abb. 3–11   Einrichten einer Gruppenrichtlinieneinstellung

Andere müssen Sie lediglich ein- oder ausschalten wie in Abbildung 3–12 gezeigt. Einstellungen dieser Art können drei verschiedene Werte annehmen, nämlich aktiviert, deaktiviert und nicht konfiguriert (wobei Letzteres gewöhnlich die Standardeinstellung ist). Ist eine Einstellung nicht konfiguriert, so hängt der resultierende Wert für einen Clientcomputer (bzw. angemeldeten

Benutzer) davon ab, ob die gleiche Einstellung in einem anderen Gruppenrichtlinienobjekt definiert ist, das sich auf den Computer oder Benutzer auswirkt. Mehr darüber erfahren Sie später.

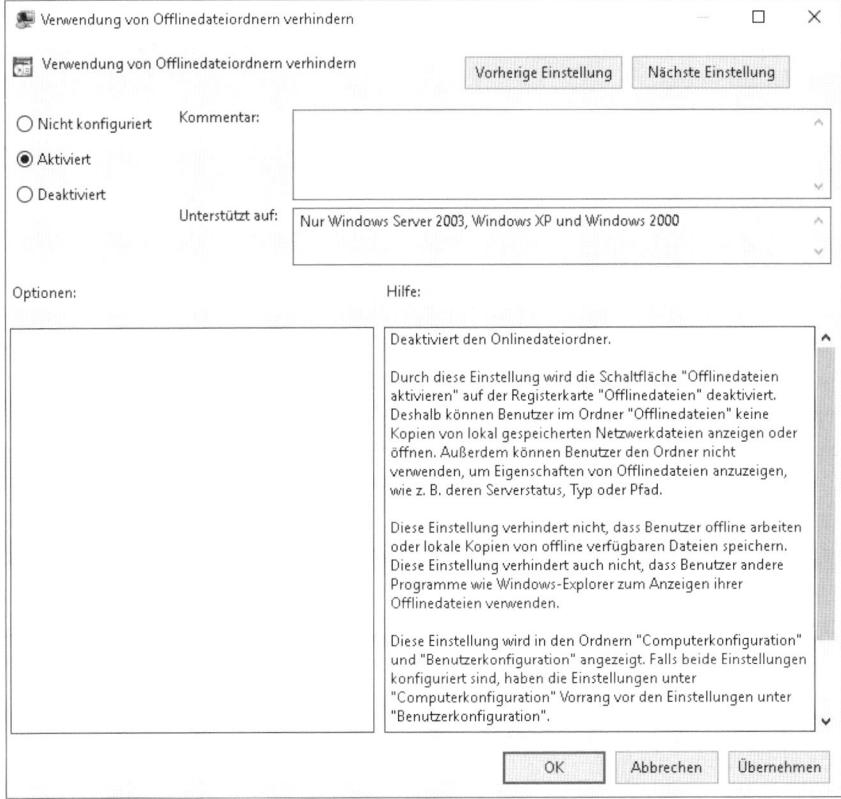

Abb. 3–12   Aktivieren einer Gruppenrichtlinieneinstellung

Verknüpfen von Gruppenrichtlinienobjekten

Damit ein Gruppenrichtlinienobjekt auf Benutzer- oder Computerobjekte angewendet wird, müssen Sie es mit einem Container der folgenden Arten verknüpfen:

- Standorte
- Domänen
- Organisationseinheiten

Durch diese Verknüpfung legen Sie den Gültigkeitsbereich des Gruppenrichtlinienobjekts fest, der bestimmt, welche Computer und Benutzer von den Einstellungen betroffen sind. Verknüpfen Sie ein Gruppenrichtlinienobjekt beispielsweise mit einer Domäne, so wirken sich die Konfigurationseinstellungen auf sämtliche Computer- und Benutzerobjekte in dieser Domäne aus. Bei der Verknüpfung mit einer Organisationseinheit dagegen sind nur die darin (und in untergeordneten Organisationseinheiten) enthaltenen Objekte betroffen.

Eine saubere Planung der Organisationseinheiten ist unverzichtbar, bevor Sie damit beginnen, Gruppenrichtlinienobjekte zu erstellen und zu verknüpfen.

Clientseitige Erweiterungen

Die von Ihnen eingerichteten Gruppenrichtlinienobjekte sind zwar auf den Domänencontrollern gespeichert und werden von denen bereitgestellt, doch die Clientcomputer haben die Verantwortung, Verbindung mit dem Domänencontroller aufzunehmen, die erforderlichen Gruppenrichtlinienobjekte anzufordern und anzuwenden. Der Dienst »Gruppenrichtlinienclient« stellt diese Verbindung her und lädt die nötigen Gruppenrichtlinienobjekte herunter. Die Gruppenrichtlinieneinstellungen werden dann von einer Reihe Komponenten auf dem Client verarbeitet, die als clientseitige Erweiterungen bezeichnet werden.

Auf Windows-Computern gibt es verschiedene dieser clientseitigen Erweiterungen, die jeweils unterschiedliche Richtlinieneinstellungen verarbeiten:

- Registrierungsrichtlinie
- Wartungsrichtlinie für Internet Explorer
- Softwareinstallationsrichtlinie
- Ordnerumleitungsrichtlinie
- Skriptrichtlinie
- Sicherheitsrichtlinie
- IPsec-Richtlinie (Internet Protocol Security)
- Drahtlos-Richtlinie
- EFS-Wiederstellungsrichtlinie (Encrypting File System)
- Richtlinie für Festplattenkontingente

PRÜFUNGSTIPP

Wenn Sie die Registrierung öffnen und den Schlüssel *HKLM\Software\Microsoft\ Windows NT\CurrentVersion\Winlogon\GPExtensions* aufsuchen, sehen Sie eine Liste der verfügbaren clientseitigen Erweiterungen.

Verwalten von Starter-Gruppenrichtlinienobjekten

In umfangreichen Organisationen kann es vorkommen, dass Sie viele Gruppenrichtlinienobjekte mit ähnlichen Einstellungen einrichten müssen. In einem solchen Fall können Sie auf Vorlagen zurückgreifen, die auch als *Starter-Gruppenrichtlinienobjekte* bezeichnet werden.

Wenn Sie ein Starter-Gruppenrichtlinienobjekt mit den üblichen Einstellungen einrichten, können Sie auf dieser Grundlage weitere Gruppenrichtlinienobjekte erstellen, die diese Einstellungen bereits enthalten. Gehen Sie zum Anlegen dieser Vorlagen wie folgt vor:

1. Öffnen Sie die Gruppenrichtlinien-Verwaltungskonsole und markieren Sie den Knoten *Starter-Gruppenrichtlinienobjekte* unterhalb des Domänenknotens (siehe Abbildung 3–13).

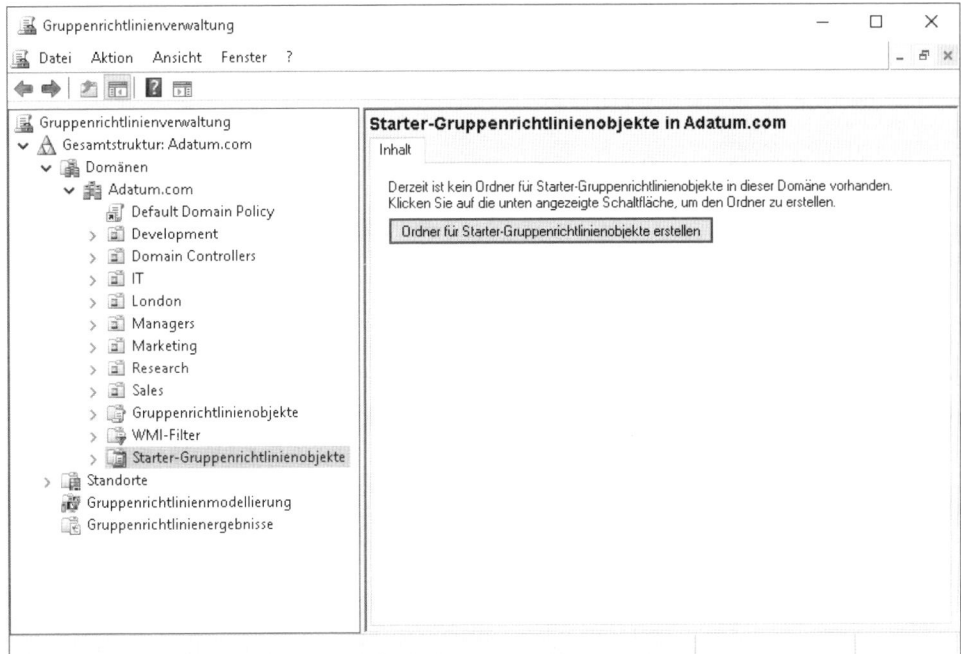

Abb. 3–13   Erstellen des Ordners für Starter-Gruppenrichtlinienobjekte

2. Klicken Sie im Detailbereich auf *Ordner für Starter-Gruppenrichtlinienobjekte erstellen*. Dieser neue Ordner wird gleich mit zwei Standard-Starter-Gruppenrichtlinienobjekten gefüllt:

   * Gruppenrichtlinie für Berichte – Firewallports
   * Gruppenrichtlinien-Remoteaktualisierung – Firewallports

Nun müssen Sie das Starter-Gruppenrichtlinienobjekt erstellen und einrichten:

1. Rechtsklicken Sie im Navigationsbereich auf *Starter-Gruppenrichtlinienobjekte* und wählen Sie *Neu*.

2. Geben Sie im Dialogfeld *Neues Starter-Gruppenrichtlinienobjekt* einen Namen ein und klicken Sie auf *OK*.

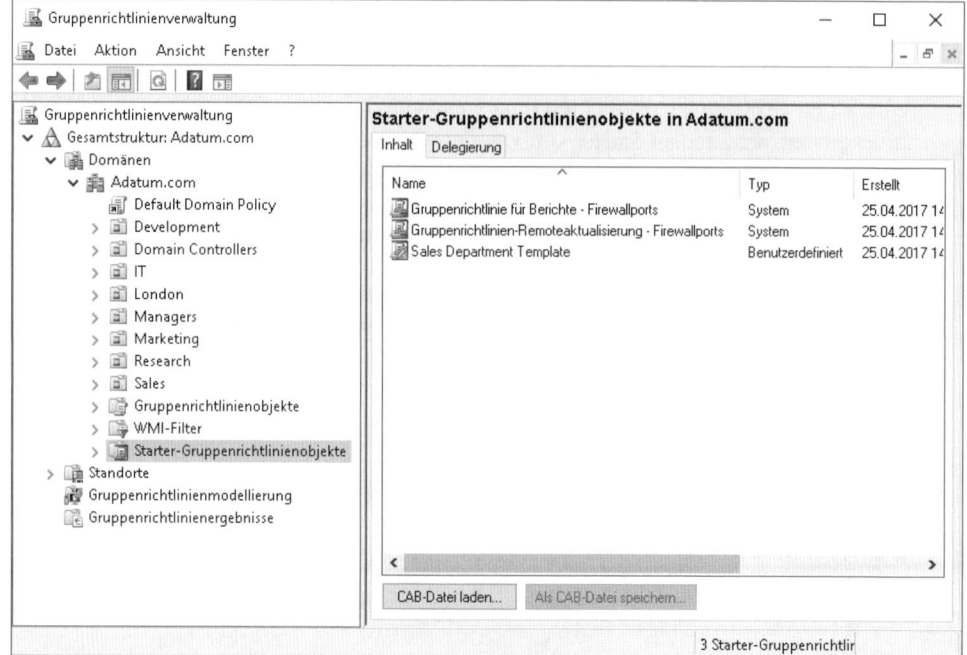

Abb. 3–14 Erstellen von Starter-Gruppenrichtlinienobjekten

3. Rechtsklicken Sie im Ordner für Starter-Gruppenrichtlinienobjekte aus Abbildung 3–14 auf das neue Objekt und wählen Sie *Bearbeiten*.

4. Legen Sie die gewünschten Einstellungen im Gruppenrichtlinien-Editor für Anfangsrichtlinien aus Abbildung 3–15 fest.

5. Schließen Sie den Gruppenrichtlinien-Editor für Anfangsrichtlinien.

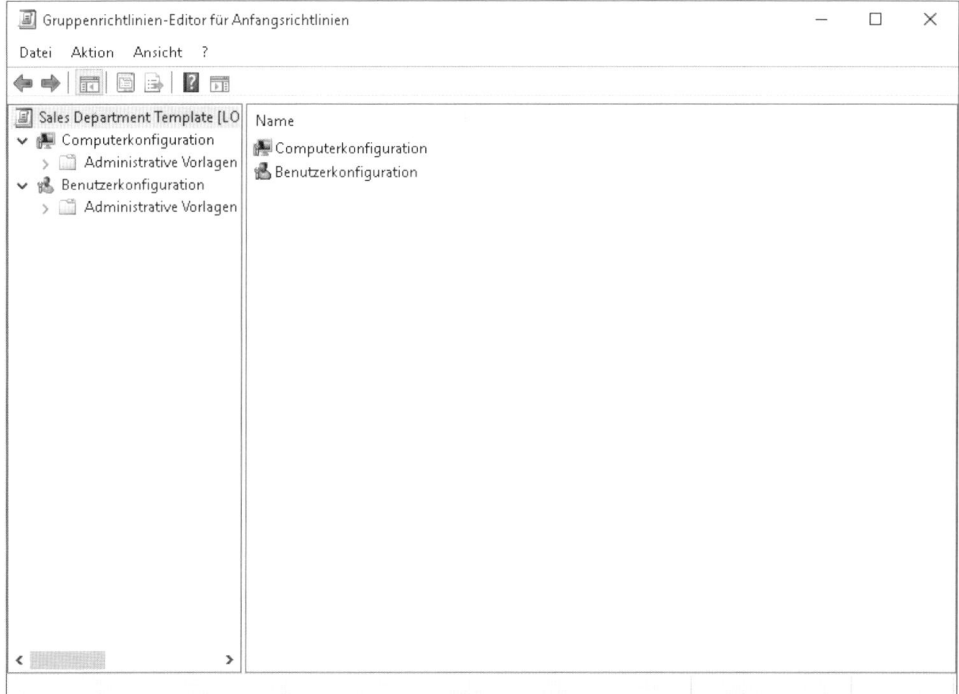

Abb. 3–15 Festlegen der Einstellungen eines Starter-Gruppenrichtlinienobjekts

---

PRÜFUNGSTIPP

Starter-Gruppenrichtlinienobjekte enthalten lediglich den Knoten *Administrative Vorlagen*.

Um ein neues Gruppenrichtlinienobjekt auf der Grundlage eines Starter-Gruppenrichtlinienobjekts zu erstellen, gehen Sie wie folgt vor:

1. Rechtsklicken Sie im Ordner für Starter-Gruppenrichtlinienobjekte auf das geeignete Objekt und wählen Sie *Neues Gruppenrichtlinienobjekt aus Starter-Gruppenrichtlinienobjekt*.

2. Geben Sie im Dialogfeld *Neues Gruppenrichtlinienobjekt* einen Namen ein und klicken Sie auf *OK*.

3. Wenn Sie auf den Knoten *Gruppenrichtlinienobjekte* im Navigationsbereich klicken, wird das neue Gruppenrichtlinienobjekt neben den Standardobjekten und allen anderen zuvor erstellen Objekten angezeigt (siehe Abbildung 3–16).

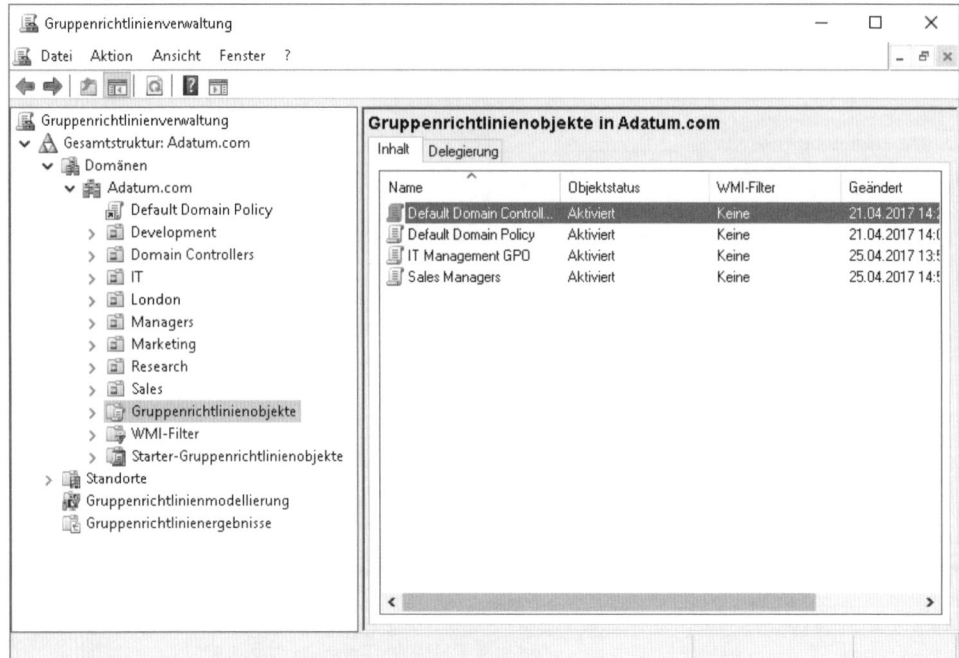

Abb. 3-16   Das neu erstellte Gruppenrichtlinienobjekt

HINWEIS   **Import und Export**

Sie können Starter-Gruppenrichtlinienobjekte in eine CAB-Datei exportieren bzw. daraus importieren. Verwenden Sie dazu die Schaltflächen *Als CAB-Datei speichern* bzw. *CAB-Datei laden*, die Sie in Abbildung 3–14 sehen.

Verknüpfen von Gruppenrichtlinienobjekten

Damit ein Gruppenrichtlinienobjekt in Kraft treten kann, müssen Sie es mit einem Container verknüpfen. Dies können Sie in der Gruppenrichtlinien-Verwaltungskonsole und mit dem Windows PowerShell-Cmdlet New-GPLink erledigen.

Wie bereits erwähnt, lassen sich Gruppenrichtlinienobjekte mit den folgenden AD DS-Containern verknüpfen:

▨ **Standorte**   Wenn Sie Einstellungen aufgrund der Platzierung der Computer und Benutzer anwenden wollen, verknüpfen Sie das Gruppenrichtlinienobjekt mit einem Standort. Natürlich müssen Sie dazu Subnetze und Standorte in AD DS eingerichtet und die Domänencontroller an die entsprechenden Standorte verschoben haben.

PRÜFUNGSTIPP

Bei der Verknüpfung von Gruppenrichtlinienobjekten mit Standorten kann es zu Verzögerungen bei der Anwendung auf Clients kommen, die sich an dem angegebenen Standort, aber in einer anderen Domäne als der Domänencontroller dieses Standorts befinden.

- **Domänen** Verknüpfen Sie Gruppenrichtlinienobjekte mit Domänen, wenn die Einstellungen für die meisten oder alle Benutzer und Computer in dieser Domäne gelten sollen. Wollen Sie die Einstellungen auf mehrere Domänen in der Gesamtstruktur anwenden, kopieren Sie das Gruppenrichtlinienobjekt von der ersten Domäne in die nächste und verknüpfen es dort.

- **Organisationseinheiten** Ein Gruppenrichtlinienobjekt mit spezifischeren Einstellungen können Sie mit einer einzelnen Organisationseinheit verknüpfen und dann die entsprechenden Benutzer und Computer zu dieser Organisationseinheit hinzufügen. Sofern Sie keine Filterung einrichten, gelten die Einstellungen in dem Gruppenrichtlinienobjekt für sämtliche Objekte in der Organisationseinheit.

Um ein Gruppenrichtlinienobjekt mit einem Container zu verknüpfen, gehen Sie wie folgt vor:

1. Rechtsklicken Sie in der Gruppenrichtlinien-Verwaltungskonsole auf den gewünschten Container und wählen Sie *Vorhandenes Gruppenrichtlinienobjekt verknüpfen*.

2. Wählen Sie in der Liste *Für Domäne* des Dialogfelds *Gruppenrichtlinienobjekt auswählen* die aktuelle Domäne aus (siehe Abbildung 3–17). Markieren Sie in der Liste *Gruppenrichtlinienobjekte* das gewünschte Objekt und klicken Sie auf *OK*.

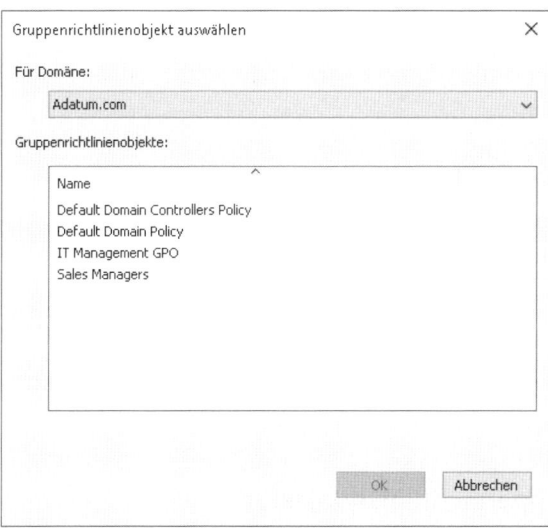

Abb. 3–17   Verknüpfen eines Gruppenrichtlinienobjekts

Zur Verknüpfung eines Gruppenrichtlinienobjekts mit einem Container können Sie auch das Windows PowerShell-Cmdlet New-GPLink verwenden. Um beispielsweise das Gruppenrichtlinienobjekt *IT Managers* mit der Organisationseinheit *IT* in der Domäne *Adatum.com* zu verknüpfen, führen Sie folgenden Befehl aus:

```
New-GPLink -Name "IT Managers" -target "ou=IT, dc=Adatum,dc=com"
```

Wollen Sie das gleiche Objekt in einem Schritt erstellen und verknüpfen, verwenden Sie folgenden Befehl:

```
New-GPO -Name "IT Managers" | New-GPLink -target "ou=IT,dc=Adatum,dc=com"
-LinkEnabled Yes
```

Sind mit einem Container mehrere Gruppenrichtlinienobjekte verknüpft, so müssen Sie die Reihenfolge der Verknüpfungen und damit die Anwendungsreihenfolge der Objekte festlegen. Das ist vor allem dann wichtig, wenn die gleiche Einstellung in verschiedenen Gruppenrichtlinienobjekten konfiguriert ist, um zu bestimmen, welche Version angewendet werden soll. Die Verknüpfungsreihenfolge wird in »Prüfungsziel 3.2: Einrichten der Verarbeitung von Gruppenrichtlinien«, erläutert.

> **PRÜFUNGSTIPP**
>
> Ein Gruppenrichtlinienobjekt kann gleichzeitig mit mehreren AD DS-Containern verknüpft sein.

Sichern, Wiederherstellen, Importieren und Kopieren von Gruppenrichtlinienobjekten

Wenn Sie erhebliche Änderungen an Gruppenrichtlinienobjekten vorgenommen haben – oder vornehmen wollen! –, sollten Sie sie sichern. Machen Sie sich auch klar, wie Sie Gruppenrichtlinienobjekte wiederherstellen können, wenn dies aufgrund von Datenbeschädigung oder einem Konfigurationsfehler erforderlich sein sollte.

Sichern von Gruppenrichtlinienobjekten

Die Sicherungs- und Wiederherstellungsverfahren können Sie mit der Gruppenrichtlinien-Verwaltungskonsole und mit Windows PowerShell-Cmdlets ausführen. Um alle Gruppenrichtlinienobjekte in der Domäne zu sichern, gehen Sie wie folgt vor:

1. Öffnen Sie die Gruppenrichtlinien-Verwaltungskonsole.

2. Rechtsklicken Sie auf den Knoten *Gruppenrichtlinienobjekte* und wählen Sie *Alle sichern*.

3. Geben Sie im Feld *Speicherort* des Dialogfelds *Gruppenrichtlinienobjekt sichern* einen gültigen Pfad zu einem Ordner ein, in dem die Sicherungen abgelegt werden sollen. Optional können Sie auch noch eine Beschreibung angeben (siehe Abbildung 3–18). Klicken Sie abschließend auf *Sichern*.

Abb. 3–18   Angeben eines Speicherorts für die Sicherung

4. Klicken Sie auf der Seite mit der Angabe des Sicherungsstatus auf *OK*.

Um mit der Windows PowerShell sämtliche Gruppenrichtlinienobjekte in dem freigegebenen Ordner *LON-DC1**Backup* zu sichern, führen Sie folgenden Befehl aus:

```
Backup-Gpo -All -Path \\LON-DC1\Backup
```

Wollen Sie nur ein einzelnes Gruppenrichtlinienobjekt sichern, markieren Sie den Knoten *Gruppenrichtlinienobjekte*, rechtsklicken auf das gewünschte Objekt und wählen *Sichern*. Der Vorgang läuft genauso ab wie der für die Sicherung sämtlicher Gruppenrichtlinienobjekte. Um mit der Windows PowerShell beispielsweise das Gruppenrichtlinienobjekt *Sales Managers* zu sichern, verwenden Sie folgenden Befehl:

```
Backup-Gpo -Name "Sales Manager" -Path C:\Users\Administrator
-Comment "Weekly Backup"
```

Wiederherstellen von Gruppenrichtlinienobjekten

Um ein Gruppenrichtlinienobjekt wiederherzustellen, gehen Sie wie folgt vor:

1. Rechtsklicken Sie im Knoten *Gruppenrichtlinienobjekte* auf das gewünschte Objekt und wählen Sie *Von Sicherung wiederherstellen*.

2. Klicken Sie auf der Willkommensseite des Assistenten zum Wiederherstellen von Gruppenrichtlinienobjekten auf *Weiter*.

3. Geben Sie auf der Seite *Sicherungsverzeichnis* den Speicherort der Sicherungen an und klicken Sie auf *Weiter*.

4. Wählen Sie auf der Seite *Quell-GPO* aus Abbildung 3–19 die gewünschte Version der Sicherung aus und klicken Sie auf *Weiter*.

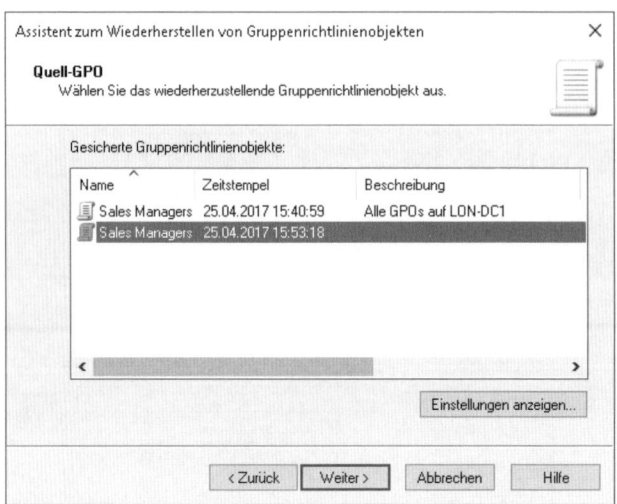

Abb. 3–19   Auswählen der wiederherzustellenden Sicherung

5. Klicken Sie auf der Seite *Fertigstellen des Assistenten* auf *Fertig stellen* und abschließend auf *OK*.

Für diesen Vorgang können Sie auch das Windows PowerShell-Cmdlet `Restore-GPO` verwenden. Um beispielsweise das Gruppenrichtlinienobjekt *Sales Managers* aus dem Ordner *\\LON-DC1\ Backup* wiederherzustellen, führen Sie folgenden Befehl aus:

```
Restore-GPO -Name "Sales Managers" -Path \\LON-DC1\Backup
```

Verwalten von Sicherungen

In der Gruppenrichtlinien-Verwaltungskonsole können Sie die Option *Sicherungen verwalten* nutzen, um die Einstellungen in einer Sicherung einzusehen, Sicherungen zu löschen und wiederherzustellen.

Um auf das Werkzeug *Sicherungen verwalten* zuzugreifen, gehen Sie in der Gruppenrichtlinien-Verwaltungskonsole wie folgt vor:

1. Rechtsklicken Sie auf den Knoten *Gruppenrichtlinienobjekte* und wählen Sie *Sicherungen verwalten*.

2. Markieren Sie im Dialogfeld *Sicherungen verwalten* aus Abbildung 3–20 die gewünschte Sicherung und klicken Sie nach Bedarf auf *Wiederherstellen*, *Löschen* oder *Einstellungen anzeigen*.

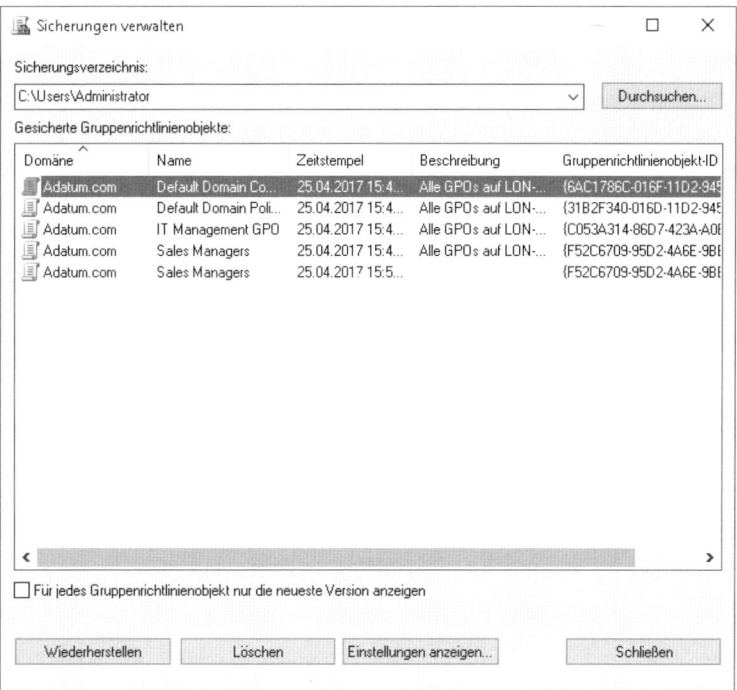

Abb. 3–20   Verwalten von Sicherungen

Importieren eines Gruppenrichtlinienobjekts

Sie können ein Gruppenrichtlinienobjekt mit mehreren Containern verknüpfen – auch mit mehreren Domänen. Das ist jedoch nicht immer ratsam. Gewöhnlich ist es besser, ein Gruppenrichtlinienobjekt von einer anderen Domäne zu importieren. Dazu stellen Sie die Einstellungen des anderen Gruppenrichtlinienobjekts in einem neuen, leeren Gruppenrichtlinienobjekt wieder her. Als Erstes müssen Sie daher wie zuvor beschrieben das Quell-Gruppenrichtlinienobjekt sichern.

Um die Einstellungen zu importieren, gehen Sie anschließend wie folgt vor:

1. Erstellen Sie in der Gruppenrichtlinien-Verwaltungskonsole der Zieldomäne ein neues Gruppenrichtlinienobjekt im Knoten *Gruppenrichtlinienobjekte*.

2. Rechtsklicken Sie auf das neue Gruppenrichtlinienobjekt und wählen Sie *Einstellungen importieren*.

3. Klicken Sie auf der Seite *Gruppenrichtlinie sichern* des »Importeinstellungen-Assistenten« (der eigentlich ein Assistent für den Import von Einstellungen sein sollte) auf *Weiter*. Da das vorliegende Gruppenrichtlinienobjekt zurzeit keine Einstellungen enthält, müssen Sie auch nichts sichern.

4. Wählen Sie auf der Seite *Sicherungsverzeichnis* den Ordner mit der Sicherung des Quell-Gruppenrichtlinienobjekts aus und klicken Sie auf *Weiter*.

5. Klicken Sie sich durch den Assistenten, um den Importvorgang abzuschließen, und am Ende auf *Fertig stellen*.

Für diesen Vorgang können Sie auch das Windows PowerShell-Cmdlet `Import-GPO` verwenden. Um beispielsweise das Gruppenrichtlinienobjekt *IT Managers* aus dem Ordner *\\LON-DC1\ Backup* in das neue Gruppenrichtlinienobjekt *Sales Managers* zu importieren, führen Sie folgenden Befehl aus:

```
Import-GPO -BackupGpoName "IT Managers" -TargetName "Sales Managers"
-Path \\LON-DC1\Backup
```

Kopieren eines Gruppenrichtlinienobjekts

Sie können die Einstellungen in einem Gruppenrichtlinienobjekt duplizieren, um sie in einem anderen wiederzuverwenden. Eine bequeme Möglichkeit dazu besteht darin, das Objekt auf folgende Weise zu kopieren:

1. Rechtsklicken Sie im Knoten *Gruppenrichtlinienobjekte* der Gruppenrichtlinien-Verwaltungskonsole auf das Quell-Gruppenrichtlinienobjekt und wählen Sie *Kopieren*.

2. Rechtsklicken Sie auf den Knoten *Gruppenrichtlinienobjekte* und wählen Sie *Einfügen*.

3. Aktivieren Sie im Dialogfeld *Gruppenrichtlinienobjekt kopieren* aus Abbildung 3–21 entweder die Option *Standardberechtigungen für neue Gruppenrichtlinienobjekte verwenden* oder *Vorhandene Berechtigungen beibehalten* und klicken Sie auf *OK*.

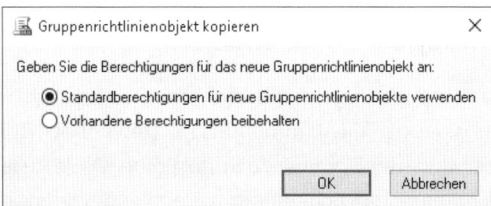

Abb. 3–21   Auswählen der Berechtigungen für das kopierte Gruppenrichtlinienobjekt

4. Klicken Sie auf *OK*, wenn Sie dazu aufgefordert werden.

5. Benennen Sie das neue Gruppenrichtlinienobjekt im Knoten *Gruppenrichtlinienobjekte* um. Es trägt vorläufig den gleichen Namen wie das Original, allerdings mit dem Präfix *Kopie von*.

Sie können auch das Windows PowerShell-Cmdlet `Copy-GPO` verwenden. Um beispielsweise das Gruppenrichtlinienobjekt *IT Managers* in das Gruppenrichtlinienobjekt *Sales Managers* zu kopieren, führen Sie folgenden Befehl aus:

```
Copy-GPO -SourceName "IT Managers" -TargetName "Sales Managers"
```

Erstellen und Einrichten einer Migrationstabelle

Wenn Sie ein Gruppenrichtlinienobjekt in mehreren Domänen verwenden möchten, kann eine Migrationstabelle dabei eine große Hilfe sein. Manche Gruppenrichtlinienobjekte enthalten Einstellungen für Ordnerumleitungen, in denen oft UNC-Ordnernamen (Universal Naming Convention) wie *LON-SVR1\User\Start-Menu* verwendet werden. Es kann auch Einstellungen geben, die Sicherheitsprinzipale wie Computernamen enthalten.

Wenn Sie ein Gruppenrichtlinienobjekt aus einer anderen Domäne importieren, kann es sein, dass die UNC-Namen in der Zieldomäne keine Bedeutung haben. Migrationstabellen erleichtern die korrekte Anwendung der Gruppenrichtlinieneinstellungen bei der Übernahme in eine andere Domäne. In diesen Tabellen können Sie auf die folgenden Objekttypen verweisen und sie aktualisieren:

- Benutzer
- Gruppen
- Computer
- UNC-Pfade

Um eine Migrationstabelle zu erstellen, gehen Sie folgendermaßen vor:

1. Rechtsklicken Sie in der Gruppenrichtlinien-Verwaltungskonsole auf den Knoten *Domänen* und wählen Sie *Migrationstabellen-Editor öffnen*.

2. Klicken Sie im Dialogfeld *Migrationstabellen-Editor – Neu* aus Abbildung 3–22 auf *Extras* und dann auf *Von Gruppenrichtlinienobjekt auffüllen* (siehe Abbildung 3–22).

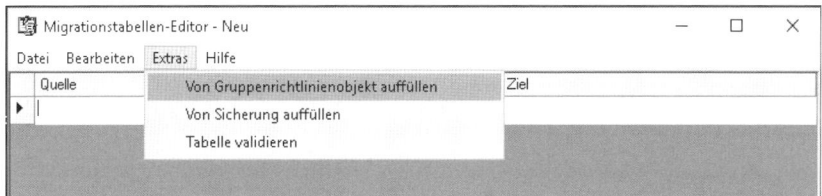

Abb. 3–22   Auffüllen der Migrationstabelle

3. Wählen Sie in der Liste *Für Domäne* des Dialogfelds *Gruppenrichtlinienobjekt auswählen* aus Abbildung 3–23 die Quelldomäne aus und markieren Sie in der Liste *Gruppenrichtlinienobjekte* das Quell-Gruppenrichtlinienobjekt. Aktivieren Sie das Kontrollkästchen *Sicherheitsprinzipale aus der DACL des Gruppenrichtlinienobjekts während der Überprüfung einbeziehen* und klicken Sie auf *OK*.

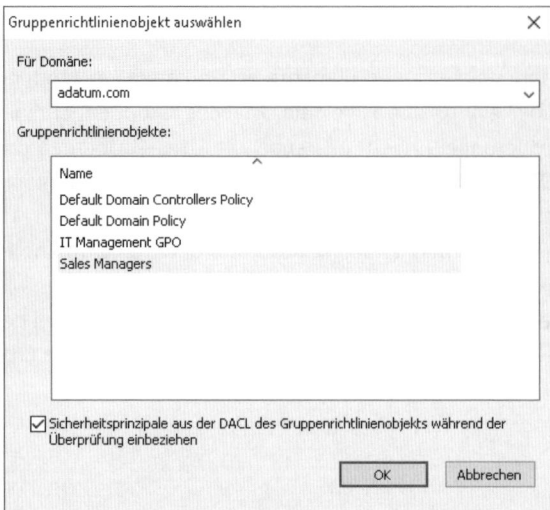

Abb. 3–23 Auswählen des Gruppenrichtlinienobjekts zum Auffüllen der Migrationstabelle

4. Tragen Sie im Dialogfeld *Migrationstabellen-Editor – Neu* wie in Abbildung 3–24 die erforderlichen UNC-Ersatznamen in die Spalte *Ziel* ein.

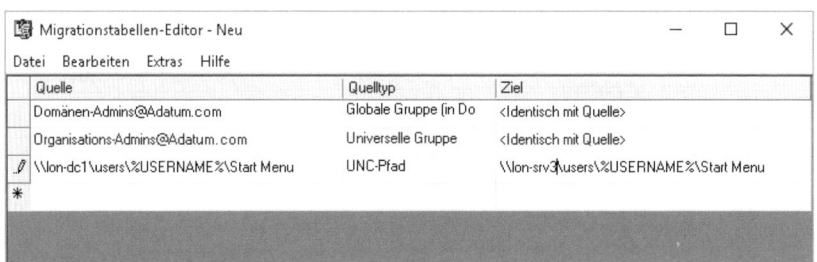

Abb. 3–24 Bearbeiten der Zielangaben

5. Wenn Sie alle erforderlichen Änderungen vorgenommen haben, klicken Sie auf *Datei* und *Speichern*.

6. Geben Sie im Dialogfeld *Speichern unter* einen gültigen Pfad und einen Namen für die Datei ein und klicken Sie auf *Speichern*. Achten Sie darauf, die Tabelle an einem Ort abzulegen, der über das Netzwerk zugänglich ist.

7. Schließen Sie den Migrationstabellen-Editor.

 PRÜFUNGSTIPP

Vor dem Speichern sollten Sie die Tabelle mit der Option *Tabelle validieren* überprüfen, die Sie über das Menü *Extras* erreichen.

Beim Import eines Gruppenrichtlinienobjekts in eine andere Domäne können Sie nun wie folgt die Migrationstabelle nutzen:

1. Sichern Sie als Erstes das Quell-Gruppenrichtlinienobjekt, das Sie in der Migrationstabelle verwendet haben. Einzelheiten über diesen Vorgang finden Sie weiter vorn in diesem Kapitel im Abschnitt »Sichern, Wiederherstellen, Importieren und Kopieren von Gruppenrichtlinienobjekten«. Platzieren Sie die Sicherungsdateien in einem Ordner, der über das Netzwerk zugänglich ist.

2. Öffnen Sie in der Zieldomäne die Gruppenrichtlinien-Verwaltungskonsole, wechseln Sie zum Knoten *Gruppenrichtlinienobjekte* und erstellen Sie ein neues Gruppenrichtlinienobjekt. Geben Sie ihm einen beschreibenden Namen. Es ist nicht erforderlich, dass er mit dem Namen des Quell-Gruppenrichtlinienobjekts übereinstimmt.

3. Rechtsklicken Sie auf das neue Gruppenrichtlinienobjekt und klicken Sie auf *Einstellungen importieren*.

4. Klicken Sie auf der Willkommensseite des Assistenten auf *Weiter*.

5. Klicken Sie auf der Seite *Gruppenrichtlinienobjekt sichern* auf *Weiter*. Da das Gruppenrichtlinienobjekt keine Einstellungen enthält, müssen Sie es auch nicht sichern.

6. Geben Sie auf der Seite *Sicherungsverzeichnis* den UNC-Namen des freigegebenen Ordners mit der Sicherung des Quell-Gruppenrichtlinienobjekts in das Feld *Sicherungsordner* ein und klicken Sie auf *Weiter*.

7. Markieren Sie in der Liste *Gesicherte Gruppenrichtlinienobjekte* auf der Seite *Quell-GPO* aus Abbildung 3–25 das gewünschte Objekt und klicken Sie auf *Weiter*.

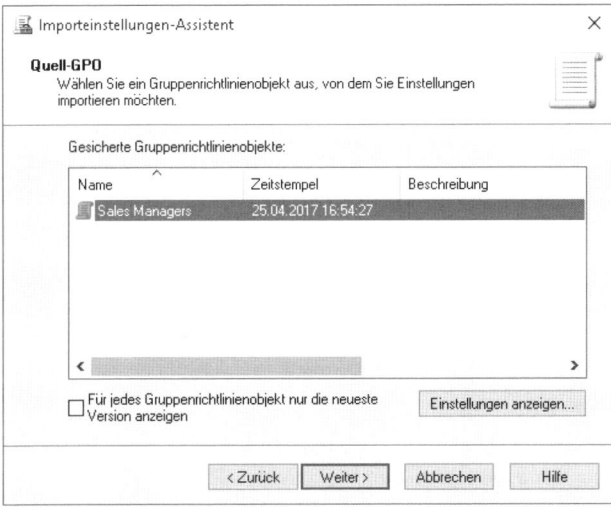

Abb. 3–25   Angeben des Gruppenrichtlinienobjekts, dessen Einstellungen migriert werden sollen

8. Achten Sie auf der Seite *Sicherung wird überprüft* auf die Meldung, die angibt, ob die Sicherung Sicherheitsprinzipale und/oder UNC-Pfade enthält (siehe Abbildung 3–26). Klicken Sie auf *OK*.

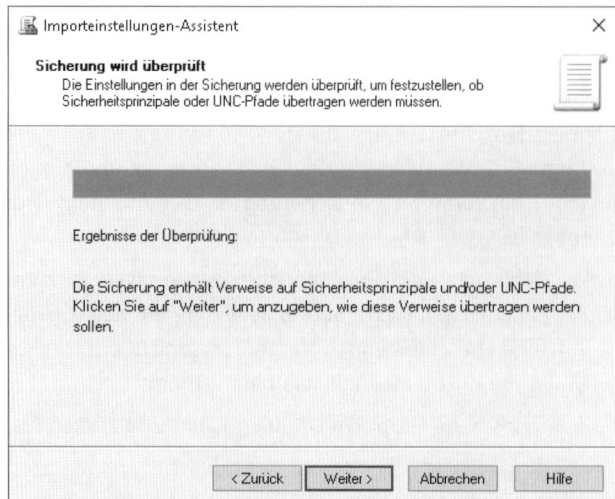

Abb. 3–26   Ergebnis der Untersuchung des zu importierenden Gruppenrichtlinienobjekts

9.   Klicken Sie auf der Seite *Verweise werden migriert* aus Abbildung 3–27 auf *Zuordnung auf das Zielobjekt über folgende Migrationstabelle* und dann auf *Durchsuchen*. Wählen Sie die zuvor gespeicherte Migrationstabelle aus dem freigegebenen Ordner aus. Klicken Sie auf *Weiter*.

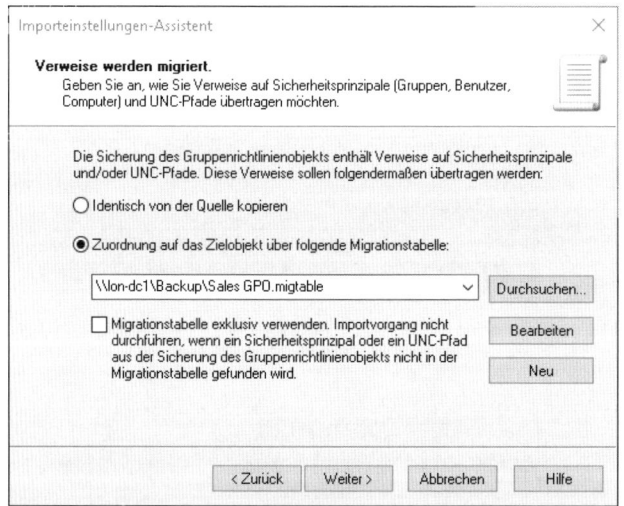

Abb. 3–27   Angeben der zu verwendenden Migrationstabelle

10. Klicken Sie auf der Seite *Fertigstellen des Assistenten* auf *Fertig stellen*.

11. Klicken Sie auf der Seite *Importstatus* auf *OK*, wenn die Erfolgsmeldung angezeigt wird.

Zurücksetzen von Standard-Gruppenrichtlinienobjekten

In einer AD DS-Domäne gibt es die beiden folgenden Standard-Gruppenrichtlinienobjekte:

▦ **Default Domain Policy**   Diese Richtlinie ist mit dem Domänenobjekt verknüpft.

▦ **Default Domain Controllers Policy**   Diese Richtlinie ist mit der Organisationseinheit *Domain Controllers* verknüpft.

Es ist gewöhnlich ratsam, eigene Gruppenrichtlinienobjekte für Ihre geschäftlichen Bedürfnisse zu erstellen, anstatt die beiden Standardobjekte zu bearbeiten. Allerdings wird eine solche Bearbeitung auch nicht verhindert und ist in manchen Fällen sogar sinnvoll. Sie können die Standard-Gruppenrichtlinienobjekte auch wieder in den ursprünglichen Zustand zurückversetzen, falls es Probleme gibt, sie beschädigt sind oder die Rückkehr zum Ausgangszustand schneller ist als eine manuelle Bearbeitung.

Um die Standard-Gruppenrichtlinienobjekte zurückzusetzen, öffnen Sie eine Eingabeaufforderung mit erhöhten Rechten und führen den Befehl DCGPOFix aus. Wie Sie in Abbildung 3–28 sehen, werden Sie dazu aufgefordert, den Vorgang zu bestätigen.

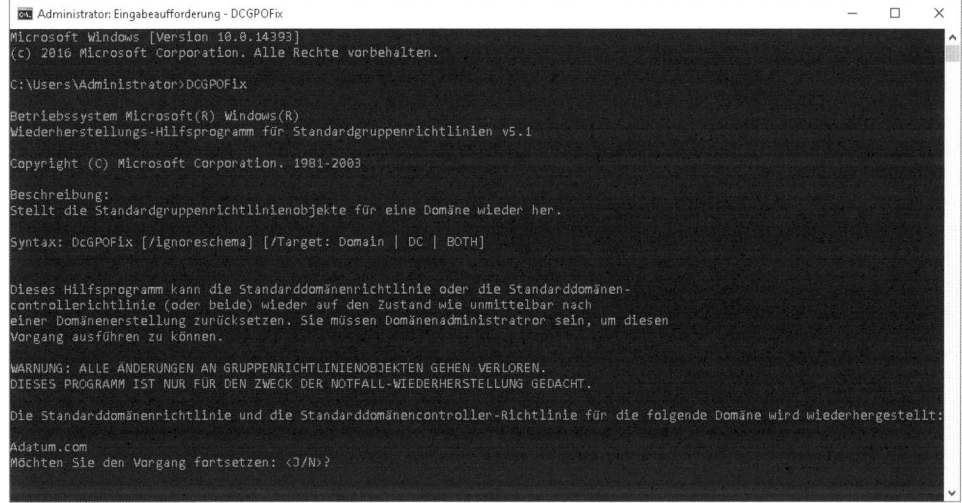

Abb. 3–28   Zurücksetzen der Standard-Gruppenrichtlinienobjekte

Wollen Sie nur eines der beiden Standardobjekte zurücksetzen, führen Sie DCGPOFix mit einem der folgenden Parameter aus:

▦ /target:Domain   Setzt nur *Default Domain Policy* zurück.

▦ /target:DC   Setzt nur *Default Domain Controllers Policy* zurück.

Delegieren der Verwaltung von Gruppenrichtlinien

In kleineren Organisationen ist die Person, die ein Gruppenrichtlinienobjekt erstellt, gewöhnlich auch dafür zuständig, die Einstellungen darin festzulegen und das Objekt mit einem Container zu verknüpfen. In Windows Server 2016 haben standardmäßig die folgenden Gruppen Vollzugriff auf alle Verwaltungsaufgaben für Gruppenrichtlinienobjekte:

- Organisations-Admins

- Domänen-Admins

- Richtlinien-Ersteller-Besitzer

- Lokales System

 PRÜFUNGSTIPP

Benutzer müssen in der Lage sein, Gruppenrichtlinienobjekte anzuwenden, um deren Einstellungen festlegen zu können. Dazu benötigen sie mindestens die Berechtigungen *Lesen* und *Gruppenrichtlinie übernehmen*, die standardmäßig für alle neu erstellten Gruppenrichtlinienobjekte zugewiesen werden. Es handelt sich dabei nicht um Verwaltungsberechtigungen.

In umfangreichen Organisationen kann es jedoch sinnvoll sein, die Verwaltungsaufgaben für Gruppenrichtlinienobjekte aufzuteilen, also einzelne Aufgaben zu *delegieren*. In Windows Server 2016 können Sie das für folgende Aufgaben tun:

- **Gruppenrichtlinienobjekte erstellen**   Die erforderlichen Berechtigungen für diese Aufgabe können Sie in der Gruppenrichtlinien-Verwaltungskonsole gewähren.

- **Gruppenrichtlinienobjekte bearbeiten**   Ein Benutzer, der Einstellungen in einem Gruppenrichtlinienobjekt bearbeiten soll, benötigt dazu die Lese- und Schreibberechtigung für dieses Objekt, die Sie ihm in der Gruppenrichtlinien-Verwaltungskonsole zuweisen können.

- **Gruppenrichtlinienverknüpfungen zu Standorten, Domänen und Organisationseinheiten verwalten**   Durch die Verknüpfung wenden Sie die Einstellungen eines Gruppenrichtlinienobjekts auf die Objekte in dem angegebenen Container an. Die Berechtigungen dafür weisen Sie auf der Registerkarte *Delegierung* für den gewünschten Container in der Gruppenrichtlinien-Verwaltungskonsole zu. Alternativ können Sie auch den Assistenten zum Zuweisen der Objektverwaltung in *Active Directory-Benutzer und -Computer* verwenden, der in Kapitel 1 beschrieben wurde.

- **Analysen zur Gruppenrichtlinienmodellierung für die angegebene Domäne oder Organisationseinheit durchführen**   Durch die Modellierung kann ein Administrator eine »Was-wäre-wenn«-Analyse der Anwendung und Verarbeitung von Gruppenrichtlinienobjekten in der AD DS-Infrastruktur durchführen. Die Berechtigungen dafür weisen Sie auf der Registerkarte *Delegierung* für den betreffenden Container in der Gruppenrichtlinien-Verwaltungskonsole zu. Alternativ können Sie auch den Assistenten zum Zuweisen der Objektverwaltung in *Active Directory-Benutzer und -Computer* verwenden.

- **Gruppenrichtlinienergebnisse für Objekte in der angegebenen Domäne oder Organisationseinheit lesen** Durch die Untersuchung von Gruppenrichtlinienergebnissen können Sie Berichte über die Auswirkungen der Gruppenrichtlinieneinstellungen auf Zielobjekte in der AD DS-Umgebung erstellen. Auch hier weisen Sie Berechtigungen dafür auf der Registerkarte *Delegierung* für den betreffenden Container zu oder verwenden den Assistenten zum Zuweisen der Objektverwaltung.

- **WMI-Filter erstellen** Mithilfe von WMI-Filtern (Windows Management Instrumentation) können Sie anhand der Eigenschaften von Objekten in einer Organisationseinheit bestimmen, ob ein gegebenes Gruppenrichtlinienobjekt für sie gelten soll. Beispielsweise können Sie damit dafür sorgen, dass eine Gruppenrichtlinie auf Computerobjekte angewendet wird, die Windows 10 ausführen und über 8 GB Arbeitsspeicher verfügen. Zur Zuweisung der Berechtigungen verwenden Sie die Registerkarte *Delegierung* für den betreffenden Container in der Gruppenrichtlinien-Verwaltungskonsole oder den Assistenten zum Zuweisen der Objektverwaltung.

PRÜFUNGSTIPP

Um die aktuellen Berechtigungen für Gruppenrichtlinienobjekte einzusehen, verwenden Sie das Windows PowerShell-Cmdlet `Get-GPPermissions`. Zum Ändern der Berechtigungen führen Sie `Set-GPPermissions` aus.

Um Berechtigungen zur Verwaltung von Gruppenrichtlinien zu delegieren, gehen Sie folgendermaßen vor:

1. Markieren Sie im Navigationsbereich der Gruppenrichtlinien-Verwaltungskonsole den Container, für den Sie die Verwaltung delegieren möchten, beispielsweise die Domäne.

2. Rufen Sie im Detailbereich die Registerkarte *Delegierung* auf (siehe Abbildung 3–29).

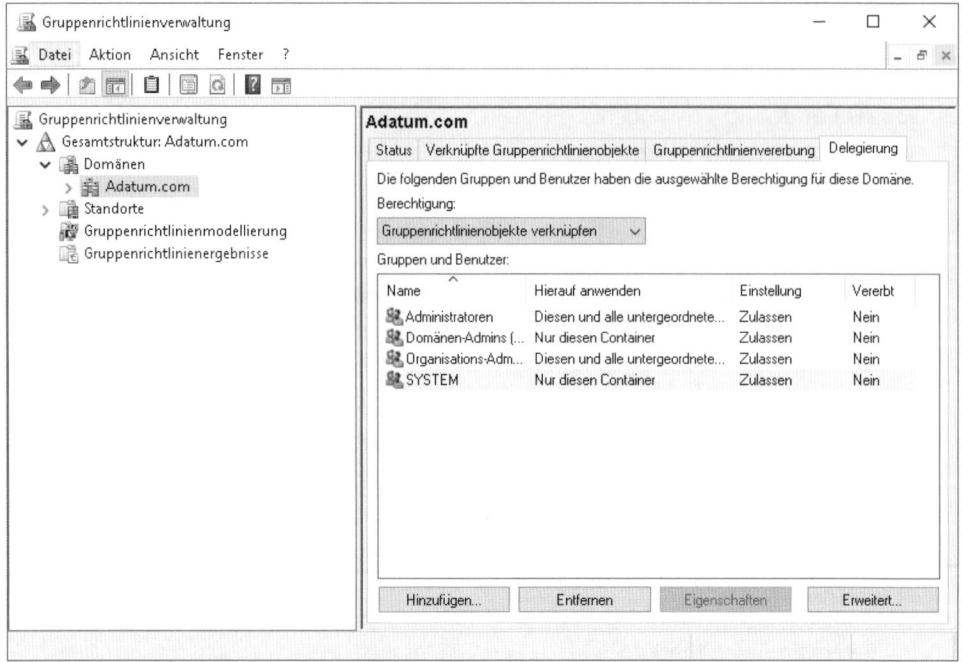

Abb. 3–29 Delegieren der Berechtigungen *Gruppenrichtlinienobjekte verknüpfen* in der Gruppenrichtlinien-Verwaltungskonsole

3. Wählen Sie in der Liste *Berechtigungen* die Berechtigung aus, die Sie übertragen möchten. Zur Auswahl stehen *Gruppenrichtlinienobjekte verknüpfen*, *Analysen zur Gruppenrichtlinienmodellierung durchführen* und *Gruppenrichtlinienergebnisse lesen*.

4. Klicken Sie auf *Hinzufügen* und geben Sie im Textfeld *Geben Sie die zu verwendenden Objektnamen ein* des Dialogfelds *Benutzer, Computer oder Gruppe auswählen* den Namen der Gruppe oder des Benutzers ein, dem Sie die Berechtigung übertragen wollen. Klicken Sie auf *OK*.

5. Wählen Sie in der Liste *Berechtigungen* des Dialogfelds *Benutzer oder Gruppe hinzufügen* aus Abbildung 3–30 die gewünschte Form der Vererbung aus. Zur Auswahl stehen dabei *Nur diesen Container* und *Diesen und alle untergeordneten Container*. Klicken Sie auf *OK*.

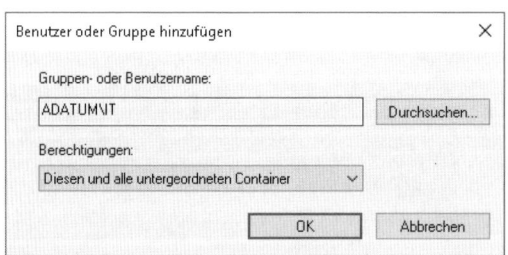

Abb. 3–30 Auswählen der Gruppe für die Delegierung

6. Überprüfen Sie die Änderungen (siehe Abbildung 3–31). Über die Schaltfläche *Erweitert* können Sie die erforderlichen Berechtigungen noch feiner einstellen.

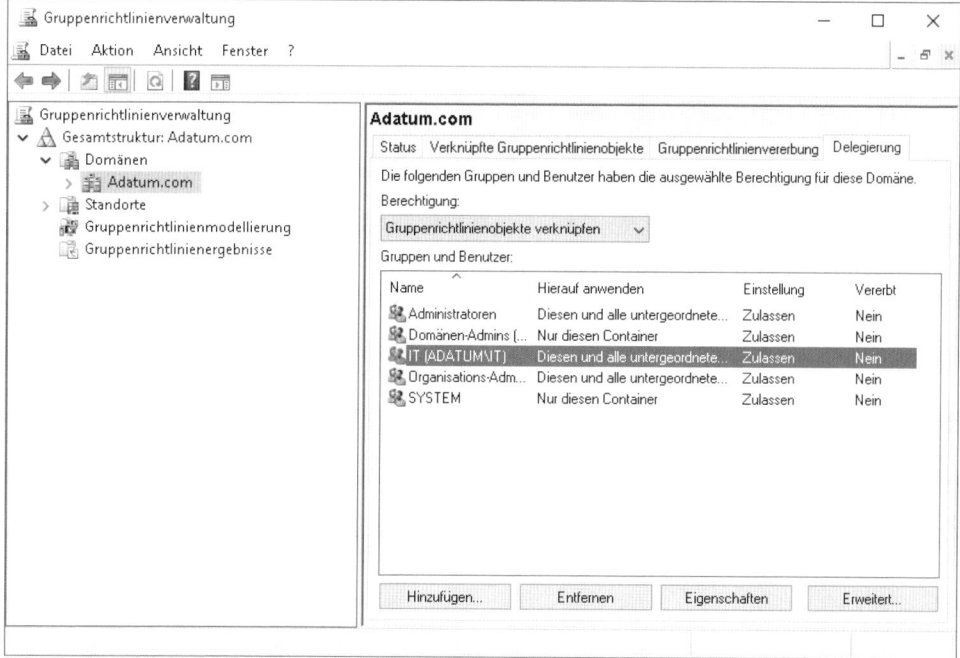

Abb. 3–31   Überprüfen der neuen Delegierung von Berechtigungen

Sie können die Berechtigungen zur Verwaltung von Gruppenrichtlinienverknüpfungen jedoch auch wie folgt im Assistenten zum Zuweisen der Objektverwaltung delegieren:

1. Rechtsklicken Sie in *Active Directory-Benutzer und -Computer* den Zielcontainer und wählen Sie *Objektverwaltung zuweisen*.

2. Klicken Sie auf der Willkommensseite des Assistenten zum Zuweisen der Objektverwaltung auf *Weiter*.

3. Klicken Sie auf der Seite *Benutzer oder Gruppen* auf *Hinzufügen* und suchen Sie die Benutzer oder Gruppen, denen Sie Aufgaben übertragen möchten. Klicken Sie auf *OK* und dann auf *Weiter*.

4. Aktivieren Sie in der Liste *Folgende allgemeine Aufgaben zuweisen* auf der Seite *Zuzuweisende Aufgaben* das Kontrollkästchen *Verwaltet Gruppenrichtlinien-Verknüpfungen* (siehe Abbildung 3–32) und klicken Sie auf *Weiter*.

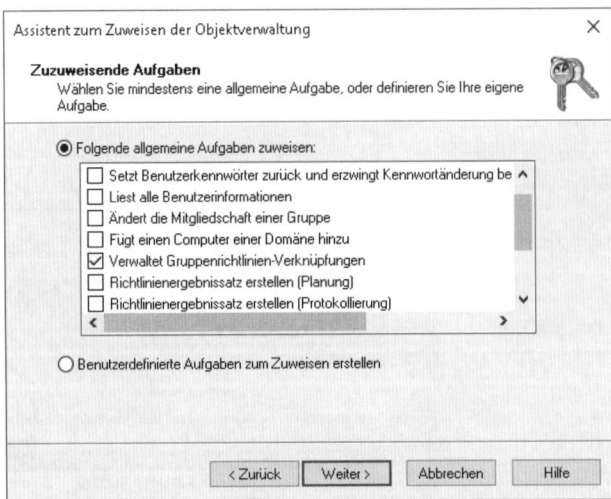

Abb. 3–32   Delegieren von Verwaltungsaufgaben für Gruppenrichtlinienobjekte mit dem Assistenten zum Zuweisen der Objektverwaltung

5.   Die AD DS-Berechtigungen werden eingerichtet. Klicken Sie auf *Fertig stellen*.

Die Delegierung der anderen Berechtigungen, z. B. zum Erstellen von WMI-Filtern, erfolgt auf ähnliche Weise.

> **HINWEIS   Delegierung an Gruppen, nicht Benutzer**
>
> Delegieren Sie Gruppen grundsätzlich an Gruppen anstatt an einzelne Benutzer. Dadurch können Sie spätere Änderungen einfacher und sicherer durchführen, indem Sie einfach Benutzer in die entsprechenden Gruppen verschieben oder daraus herausnehmen, anstatt die Berechtigungen bei Änderungen in der Personalstruktur zu bearbeiten.

Erkennen von Integritätsproblemen mithilfe des Gruppenrichtlinien-Infrastrukturstatus

In der Gruppenrichtlinien-Verwaltungskonsole von Windows Server 2016 können Sie wie folgt den Status der Gruppenrichtlinien-Infrastruktur einsehen:

1.   Markieren Sie das Domänenobjekt und klicken Sie auf die Registerkarte *Status*.

2.   Um den aktuellen Status einzusehen, klicken Sie auf *Jetzt ermitteln*.

3.   Überprüfen Sie die Ergebnisse im Detailbereich (siehe Abbildung 3–33).

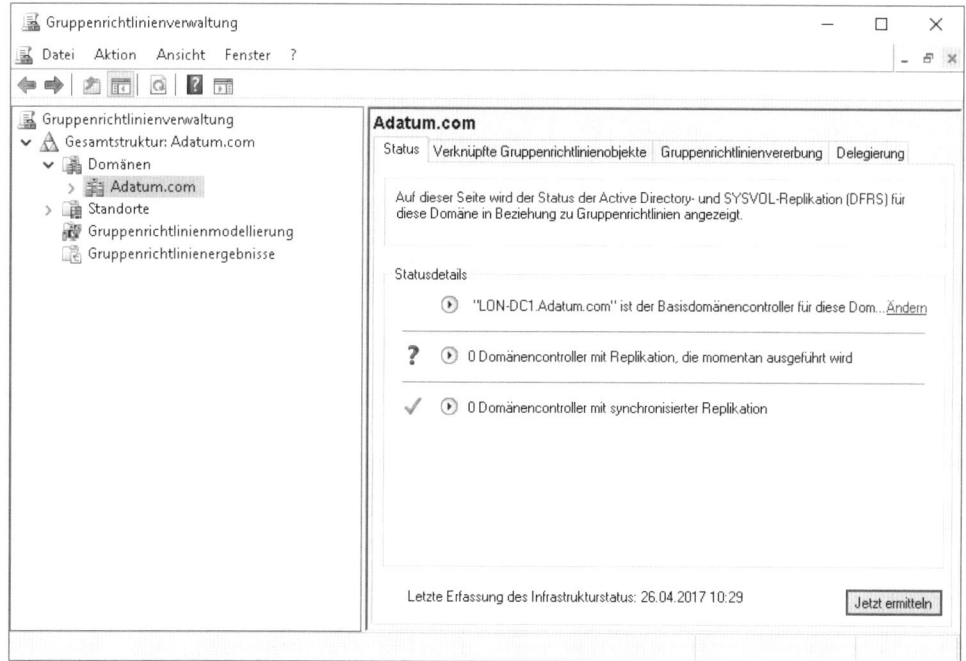

Abb. 3–33 Überprüfen des Status von Gruppenrichtlinienobjekten

Prüfungsziel 3.2:
Einrichten der Verarbeitung von Gruppenrichtlinien

Um Gruppenrichtlinienobjekte zur Verwaltung von Benutzer- und Computereinstellungen verwenden zu können, brauchen Sie eine sinnvolle Struktur von Organisationseinheiten, da Gruppenrichtlinienobjekte hauptsächlich mit Organisationseinheiten verknüpft werden (zwar auch mit Domänen und Standorten, aber in geringerem Maße). Dabei wirken sich die Einstellungen des Gruppenrichtlinienobjekts standardmäßig auf alle Objekte in der betreffenden Organisationseinheit (bzw. der Domäne oder des Standorts) aus.

Sind mit einem Container mehrere Gruppenrichtlinien verknüpft, kann es konkurrierende Einstellungen geben, etwa wenn Richtlinieneinstellung X in GPO1 aktiviert und in GPO2 deaktiviert ist. Daher müssen wir berücksichtigen, in welcher Reihenfolge die Gruppenrichtlinienobjekte angewendet werden. Zu den bestimmenden Faktoren dafür gehören Vererbung, Vorrang, WMI- und Sicherheitsfilter.

Objekte werden in Organisationseinheiten zusammengefasst, um die Verwaltungsberechtigungen für sie zu delegieren oder um gemeinsame Einstellungen für sie vorzunehmen. Abbildung 3–34 zeigt die Domäne *Adatum.com* mit mehreren Organisationseinheiten (Organizational Units, OUs) und verknüpften Gruppenrichtlinienobjekten (Group Policy Objects, GPOs).

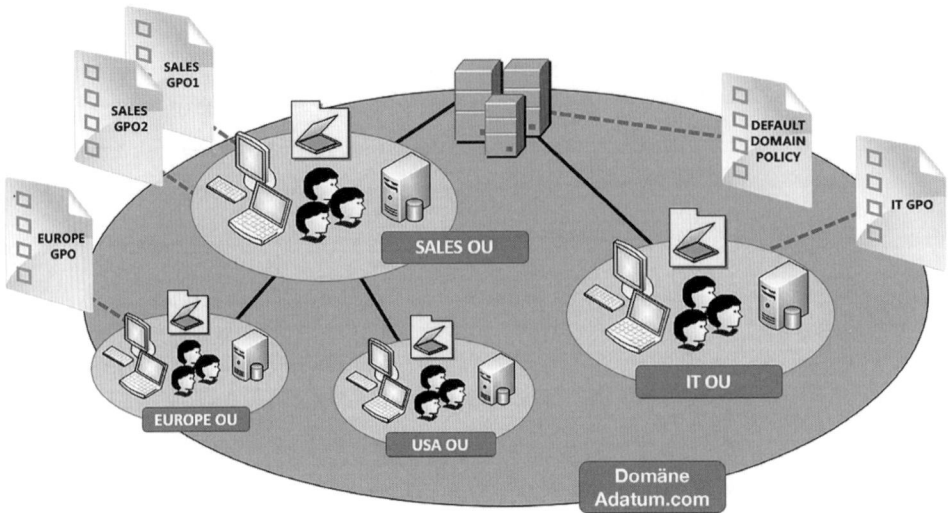

Abb. 3–34 Darstellung der Domäne *Adatum.com* mit ihren Organisationseinheiten und Gruppenrichtlinien

Diese Infrastruktur können Sie auch in der Gruppenrichtlinien-Verwaltungskonsole in Abbildung 3–35 erkennen. Wir werden sie im Rahmen dieses Prüfungsziels noch ausführlicher erläuterm.

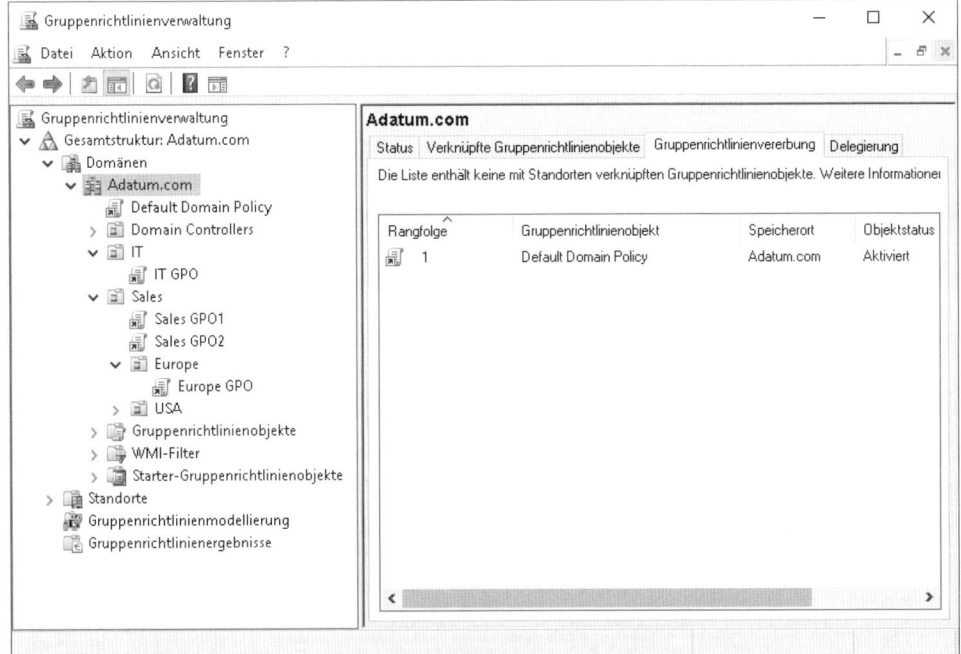

Abb. 3–35 Organisationseinheiten und Gruppenrichtlinienobjekte von *Adatum.com* in der Gruppenrichtlinien-Verwaltungskonsole

Festlegen der Verarbeitungsreihenfolge und des Vorrangs

Sind mehrere Gruppenrichtlinienobjekte mit einer Organisationseinheit verknüpft, so haben die Einstellungen des Objekts mit dem niedrigsten Wert der Verknüpfungsreihenfolge Vorrang (wobei 1 der kleinstmögliche Wert ist). Das bedeutet jedoch nicht, dass dieses Gruppenrichtlinienobjekt alle zuvor angewendeten Einstellungen überschreibt. Was tatsächlich geschieht, hängt davon ab, wie die Einstellungen eingerichtet sind.

Nehmen Sie beispielsweise an, Sie haben in einem Gruppenrichtlinienobjekt nur die Sicherheitseinstellungen im Knoten *Computerkonfiguration* eingerichtet und verknüpfen mit demselben Container ein Gruppenrichtlinienobjekt, in dem nur die Einstellungen für Windows-Komponenten unter *Administrative Vorlagen* konfiguriert sind. Es gibt keinerlei Konflikte zwischen diesen Einstellungen, weshalb es in diesem Beispiel keine Rolle spielt, welches der Gruppenrichtlinienobjekte den Vorrang hat.

Stellen Sie sich jetzt aber vor, Sie verknüpfen mit einem Container zwei Gruppenrichtlinien, in denen die gleichen Einstellungen eingerichtet sind, etwa die für die Windows-Komponenten im Ordner *Administrative Vorlagen* unter *Computerkonfiguration*. In diesem Fall hängt es von der Verknüpfungsreihenfolge ab, welche Einstellungen auf die Objekte in der Organisationseinheit angewendet werden.

 PRÜFUNGSTIPP

Wenn Sie mit einem Container nur ein einziges Gruppenrichtlinienobjekt verknüpfen, müssen Sie sich keine Gedanken über die Verarbeitungsreihenfolge machen.

Sie müssen jedoch auch die Tatsache berücksichtigen, dass Container auch die Einstellungen von Containern höherer Ebene erben, mit denen Gruppenrichtlinienobjekte verknüpft sind. In unserem Beispiel gelten für die Objekte in der Organisationseinheit *Sales* auch Einstellungen aus *Default Domain Policy*, während Objekte in *Europe* Einstellungen sowohl von *Default Domain Policy* als auch von *Sales GPO1* und *Sales GPO2* erben – zusätzlich zu den Einstellungen im Gruppenrichtlinienobjekt *Europe GPO*, das mit der Organisationseinheit *Europe* verknüpft ist. Bei konkurrierenden Einstellungen hat das zuletzt angewendete Gruppenrichtlinienobjekt

Vorrang, sodass dessen Einstellungen in Kraft treten. In unserem Beispiel ist dies das Gruppen-richtlinienobjekt, das direkt mit der Organisationseinheit *Europe* verknüpft wird.

Den Vorrang richten Sie daher durch die Verknüpfung der Gruppenrichtlinienobjekte mit den Organisationseinheiten ein. Je tiefer die Ebene, auf der die Verknüpfung stattfindet, umso höher ist der Vorrang. Ist eine Organisationseinheit mit mehreren Gruppenrichtlinienobjekten verbunden, können Sie die Verknüpfungsreihenfolge in der Gruppenrichtlinien-Verwaltungs-konsole ändern, indem Sie wie in Abbildung 3–36 gezeigt die Pfeilschaltflächen betätigen.

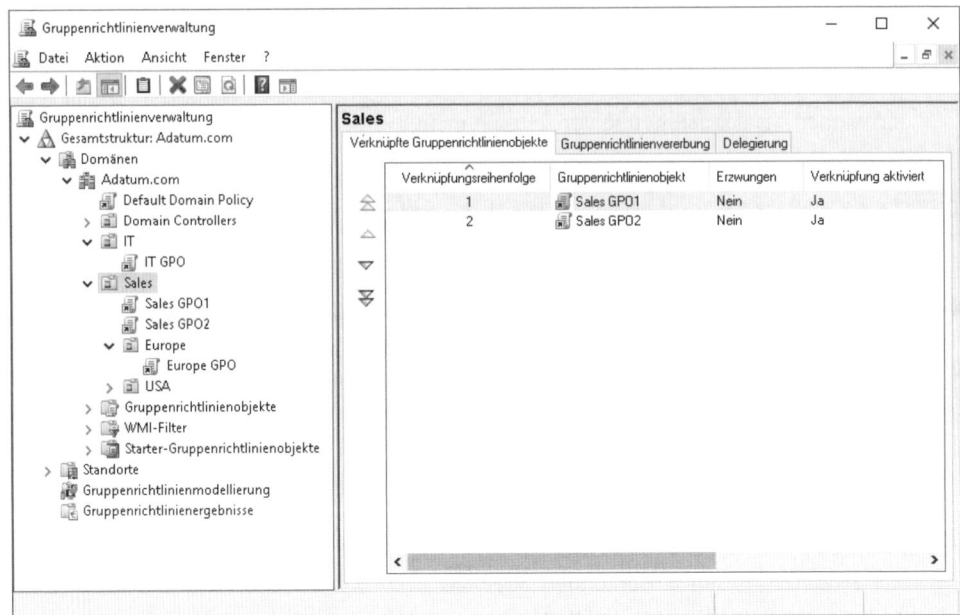

Abb. 3–36   Ändern der Verknüpfungsreihenfolge von mehreren Gruppenrichtlinienobjekten für eine Organisationseinheit

Einrichten der Vererbung

Standardmäßig werden alle verknüpften Gruppenrichtlinienobjekte auch auf Objekte tieferer Ebenen in der Struktur angewendet. In dem Beispiel aus Abbildung 3–34 ist *Default Domain Policy* mit der Domäne verknüpft und gilt damit auch für alle Organisationseinheiten in der Domäne.

Auch die Computer in der Organisationseinheit *Europe* unterhalb von *Sales* empfangen nicht nur Einstellungen von dem direkt verknüpften Gruppenrichtlinienobjekt *Europe GPO*, sondern auch von *Default Domain Policy* und von *Sales GPO1* und *Sales GPO2*.

Diese Vererbung ist vorteilhaft, da Sie dadurch Gruppenrichtlinien hoch oben in der Struk-tur verknüpfen können, sodass ihre Einstellungen auf sämtliche Computer (oder Benutzer) auch in untergeordneten Containern angewendet werden. Daher ist es am besten, dieses Verhalten schon bei der Planung zu berücksichtigen und Einstellungen für sämtliche Objekte in Gruppenrichtlinienobjekten hoher Ebene vorzunehmen. Bewegen Sie sich von dort aus in der Struktur der Organisationseinheiten abwärts und erstellen Sie spezifische Gruppenrichtlinienobjekte, die ausschließlich für die Objekte in den betreffenden Containern gelten.

 PRÜFUNGSTIPP

Geerbte Gruppenrichtlinienobjekte haben einen geringeren Vorrang als direkt ver-knüpfte. Dies liegt am Prinzip der Verknüpfungsreihenfolge: Die zuletzt angewen-deten Gruppenrichtlinienobjekte überschreiben konkurrierende Einstellungen aus Gruppenrichtlinienobjekten höherer Ebenen.

Blockieren der Vererbung

Trotz sorgfältiger Planung der Struktur von Organisationseinheiten kann es vorkommen, dass Sie die Vererbung der Einstellungen von Gruppenrichtlinienobjekten höherer Ebene blockieren möchten. Das können Sie containerweise, also für einzelne Organisationseinheiten tun.

Dabei werden die Einstellungen aller Gruppenrichtlinienobjekte blockiert, die mit Con-tainern oberhalb der vorliegenden Organisationseinheit verknüpft sind. Betrachten Sie als Beispiel Abbildung 3–37, wo die Vererbung in der Organisationseinheit *Sales* blockiert ist. Im Gegensatz zu früher werden die Einstellungen von *Default Domain Policy* jetzt nicht mehr auf *Sales* und die darunter liegenden Organisationseinheiten *Europe* und *USA* angewendet.

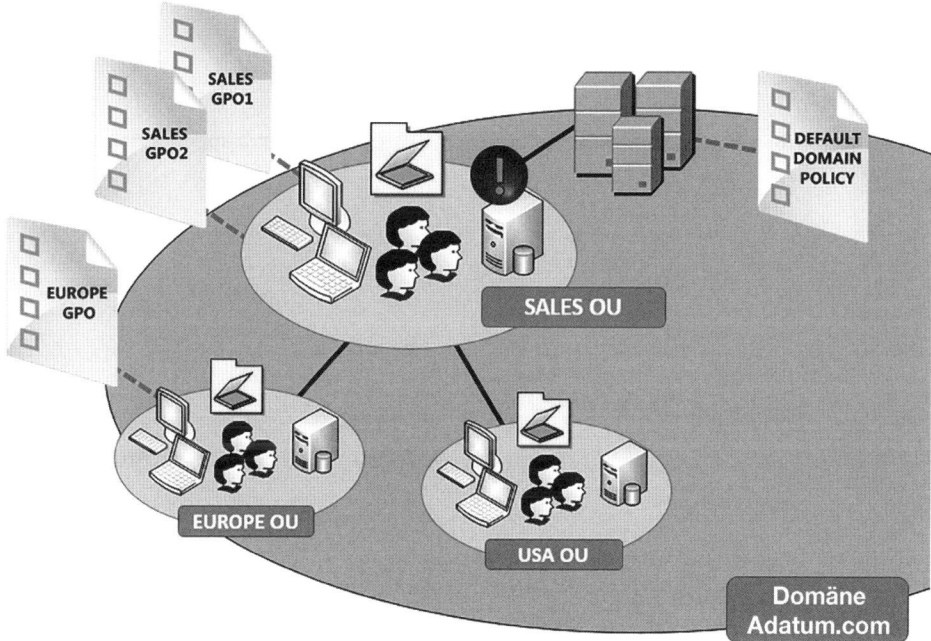

Abb. 3–37 Blockieren der Vererbung in der Organisationseinheit *Sales*

Um dieses Verhalten einzurichten, gehen Sie wie folgt vor:

1. Öffnen Sie die Gruppenrichtlinien-Verwaltungskonsole.

2. Rechtsklicken Sie im Navigationsbereich auf die gewünschte Organisationseinheit und wählen Sie *Vererbung deaktivieren* (siehe Abbildung 3–38).

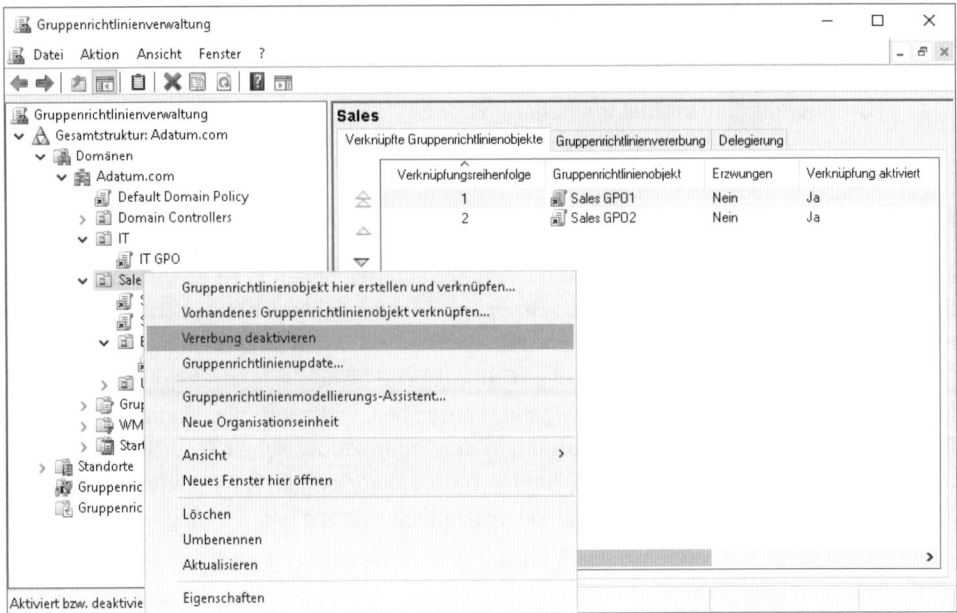

Abb. 3–38   Deaktivieren der Vererbung

3. In der Gruppenrichtlinien-Verwaltungskonsole wird durch eine blaue Markierung mit Ausrufezeichen angezeigt, dass die Vererbung ausgeschaltet wurde (siehe Abbildung 3–39).

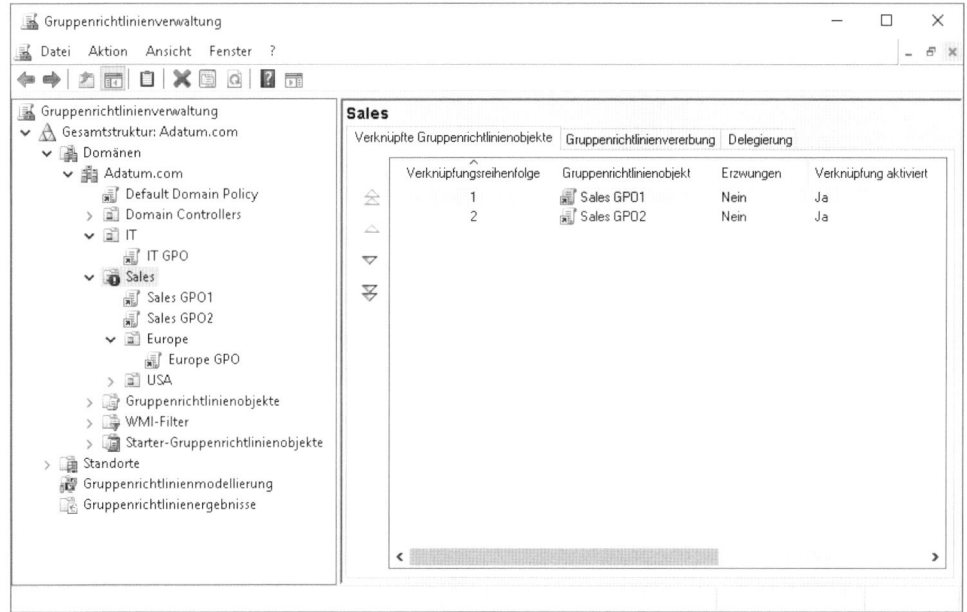

Abb. 3–39   Organisationseinheit mit deaktivierter Vererbung

Um zu überprüfen, welche Einstellungen eine Organisationseinheit erbt, markieren Sie sie in der Gruppenrichtlinien-Verwaltungskonsole und rufen im Detailbereich die Registerkarte *Gruppenrichtlinienvererbung* auf. Hier werden nur die tatsächlich angewendeten Richtlinien angezeigt (siehe Abbildung 3–40).

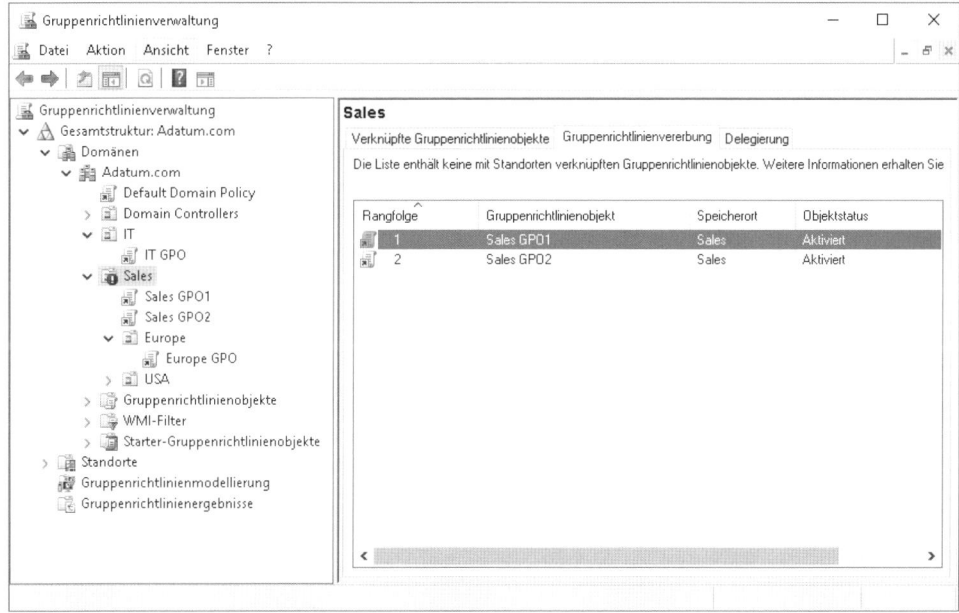

Abb. 3–40   Anzeige der Vererbung für eine Organisationseinheit

PRÜFUNGSTIPP

Das aktuelle Vererbungsverhalten können Sie mit dem Windows PowerShell-Cmdlet
`Get-GPInheritance` **einsehen und mit** `Set-GPInheritance` **ändern.**

Erzwingen von Richtlinien

Durch die Deaktivierung der Vererbung verhindern Sie die Anwendung aller Einstellungen in
sämtlichen Gruppenrichtlinienobjekten höherer Ebenen. Das ist nicht immer wünschenswert.
So kann es beispielsweise sein, dass Sie als Domänenadministrator dafür sorgen möchten, dass
die Einstellungen aller domänenweiten Gruppenrichtlinienobjekte auf sämtliche Computer
(oder Benutzer) angewendet werden, und zwar unabhängig von irgendwelchen Blockierun-
gen, die Administratoren tieferer Ebenen eingerichtet haben. Zu diesem Zweck können Sie
Gruppenrichtlinienobjekte »erzwingen«, wodurch sie durch eine Deaktivierung der Vererbung
nicht blockiert werden können.

PRÜFUNGSTIPP

Die Deaktivierung der Blockierung richten Sie für einzelne Organisationseinheiten
ein, das Erzwingen dagegen für einzelne Richtlinien.

Um Gruppenrichtlinien zu erzwingen, gehen Sie wie folgt vor:

1. Öffnen Sie die Gruppenrichtlinien-Verwaltungskonsole.
2. Rechtsklicken Sie auf das Gruppenrichtlinienobjekt, das Sie erzwingen möchten, und wählen Sie *Erzwungen* (siehe Abbildung 3–41).

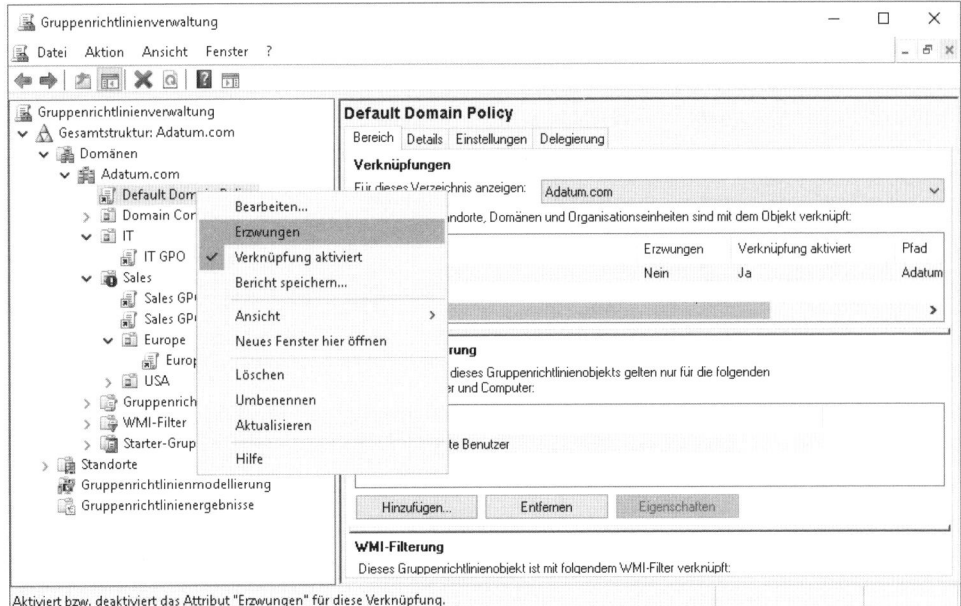

Abb. 3–41   Erzwingen eines Gruppenrichtlinienobjekts

Die Erzwingung wird wie in Abbildung 3–42 dargestellt durch ein Vorhängeschlosssymbol angezeigt. Außerdem wird der Eintrag in der Spalte *Erzwungen* des Detailbereichs in *Ja* geändert.

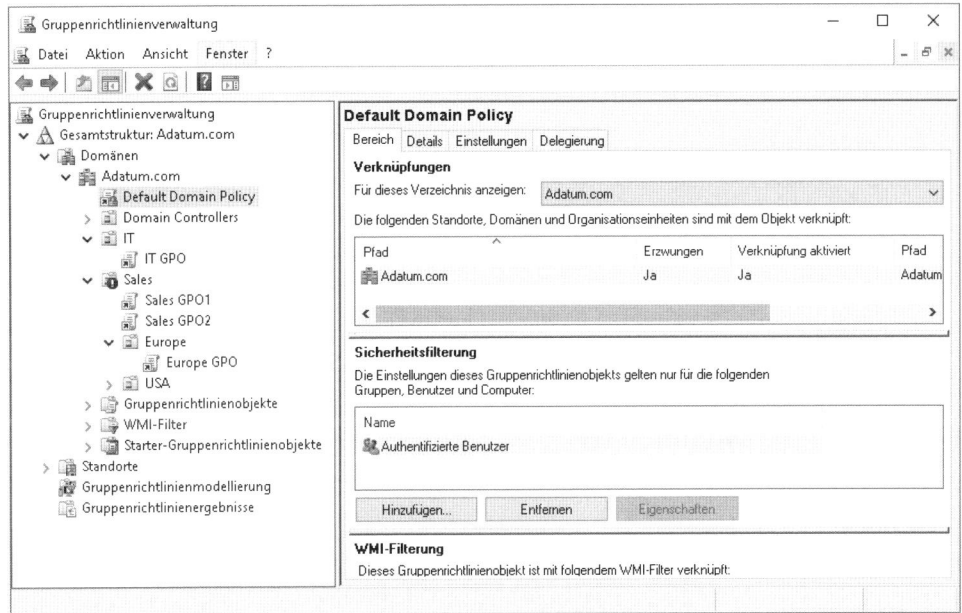

Abb. 3–42   Kennzeichnung eines erzwungenen Gruppenrichtlinienobjekts

Die Auswirkung der Erzwingung können Sie an den Organisationseinheiten niedrigerer Ebene erkennen. In der Organisationseinheit *Sales* ist die Vererbung deaktiviert, aber da das Gruppenrichtlinienobjekt *Default Domain Policy* erzwungen wird, erscheint es trotzdem auf der Registerkarte *Gruppenrichtlinienvererbung* im Detailbereich der Organisationseinheit (siehe Abbildung 3–43). Die Erzwingung überwindet die Deaktivierung der Vererbung.

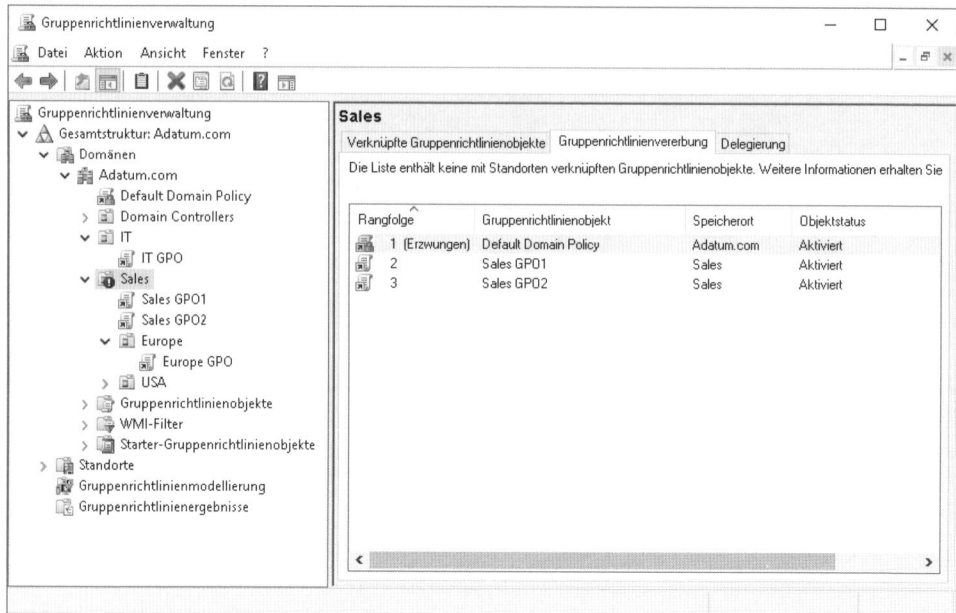

Abb. 3–43 Überprüfen der Vererbung nach der Erzwingung

 PRÜFUNGSTIPP

Durch das Erzwingen eines Gruppenrichtlinienobjekts ändern Sie auch seinen Vorrang. Wie Sie in Abbildung 3–43 sehen, hat *Default Domain Policy* jetzt den höchsten Vorrang (gekennzeichnet durch den niedrigsten Rangfolgewert). Einstellungen in *Default Domain Policy* überschreiben damit konkurrierende Einstellungen in anderen verknüpften Gruppenrichtlinienobjekten.

Einrichten der Sicherheits- und WMI-Filterung

Wir sind bis jetzt davon ausgegangen, dass die Einstellungen von Gruppenrichtlinienobjekten auf sämtliche Objekte einer Organisationseinheit angewendet werden, sei es direkt durch eine Verknüpfung oder indirekt durch Vererbung. Durch Deaktivieren der Vererbung und Erzwingen von Richtlinien können Sie dieses Standardverhalten steuern, aber es gilt nach wie vor für einen kompletten Container.

Stellen Sie sich aber vor, dass Sie die Einstellungen eines Gruppenrichtlinienobjekts auf die meisten, aber nicht auf alle Computer in einer Organisationseinheit anwenden wollen oder dass sie die meisten, aber nicht alle Benutzer in einer Abteilung einer besonders restriktiven Sicherheitsrichtlinie unterwerfen möchten. Es kann auch sein, dass Sie ein Gruppenrichtlinienobjekt zur Verteilung von Softwareaktualisierungen aufstellen, aber nur auf Computer anwenden wollen, die die Hardwarevoraussetzungen für diese Software erfüllen. In solchen Situationen können Sie die Sicherheits- oder WMI-Filterung für Gruppenrichtlinienobjekte einsetzen.

Einrichten der Sicherheitsfilterung

Die Sicherheitsfilterung für Gruppenrichtlinienobjekte basiert auf der Voraussetzung, dass ein Benutzer- oder Computerobjekt mindestens die Berechtigungen *Lesen* und *Gruppenrichtlinie übernehmen* für ein Gruppenlinienobjekt braucht, um dieses anwenden zu können. Diese Berechtigungen werden standardmäßig für alle Gruppenrichtlinienobjekte zugewiesen. In Abbildung 3–44 sehen Sie diese Berechtigungen für die Gruppe *Authentifizierte Benutzer*.

Abb. 3–44   Sicherheitsberechtigungen für ein Gruppenrichtlinienobjekt

Zur Sicherheitsfilterung können Sie die beiden folgenden Strategien anwenden:

- **Anwendung auf alle bis auf die genannten Ausnahmen**   Bei dieser Vorgehensweise werden die Gruppenrichtlinieneinstellungen auf alle Benutzer oder Computer bis auf einige wenige Ausnahmen angewendet. Dazu verweigern Sie diesen Benutzern oder Computern die Berechtigung *Gruppenrichtlinie übernehmen*.

- **Anwendung ausschließlich auf die angegebenen Objekte**   Bei dieser Vorgehensweise werden die Richtlinien nur auf besondere Benutzer oder Computer angewendet. Allerdings stellt sich dabei die Frage, ob diese Benutzer oder Computer überhaupt in der betreffenden Organisationseinheit untergebracht werden sollten. Sollte es tatsächlich triftige Gründe dafür geben, können Sie die Berechtigung *Gruppenrichtlinie übernehmen* von der

Gruppe *Authentifizierte Benutzer* entfernen und nur den ausgewählten Benutzern oder Computern die Berechtigungen *Lesen* und *Gruppenrichtlinie übernehmen* für das Gruppenrichtlinienobjekt gewähren.

Achten Sie darauf, dass Sie der Gruppe *Authentifizierte Benutzer* nicht ebenfalls die Leseberechtigung verweigern! Ohne sie kann der Client die Richtlinie überhaupt nicht verarbeiten.

HINWEIS   **Sicherheitsupdate 3159398 von Juni 2016**

Ohne dieses Update werden Gruppenrichtlinienobjekte im Sicherheitskontext des Benutzerkontos abgerufen, anderenfalls im Sicherheitskontext des Computerkontos. Wenn Sie die Leseberechtigung von der Gruppe *Authentifizierte Benutzer* entfernt haben, können Ihre Computer die Richtlinie nicht vom Domänencontroller abrufen.

ANWENDUNG AUF ALLE BIS AUF DIE GENANNTEN AUSNAHMEN

Um diese Vorgehensweise einzurichten, müssen Sie einem Benutzer oder einer Gruppe die Berechtigung *Gruppenrichtlinie übernehmen* verweigern. Gehen Sie dazu wie folgt vor:

1. Markieren Sie im Container *Gruppenrichtlinienobjekte* der Gruppenrichtlinien-Verwaltungskonsole das gewünschte Gruppenrichtlinienobjekt.

2. Rufen Sie im Detailbereich die Registerkarte *Delegierung* auf (siehe Abbildung 3–45).

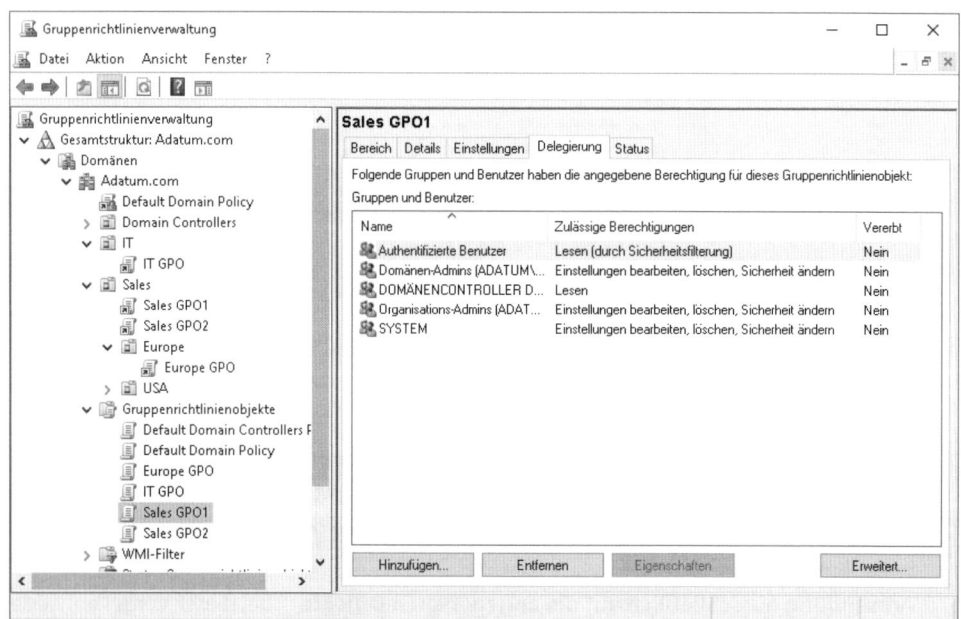

Abb. 3–45   Anzeigen der aktuellen Sicherheitseinstellungen für ein Gruppenrichtlinienobjekt

3. Klicken Sie auf *Erweitert* und im Dialogfeld *Sicherheitseinstellungen* für das Gruppenrichtlinienobjekt auf *Hinzufügen*.

4. Geben Sie im Dialogfeld *Benutzer, Computer, Dienstkonten oder Gruppen hinzufügen* den Namen des Benutzers oder der Gruppe ein, die Sie ausschließen möchten, und klicken Sie auf *OK*.

5. Dem ausgewählten Benutzer bzw. der Gruppe wird automatisch die Berechtigung *Lesen* gewährt. Deaktivieren Sie das Kontrollkästchen für *Lesen* in der Spalte *Zulassen* und aktivieren Sie das Kontrollkästchen für *Gruppenrichtlinie übernehmen* in der Spalte *Verweigern* (siehe Abbildung 3–46). Klicken Sie auf *OK*.

Abb. 3–46   Verweigern der Berechtigung *Gruppenrichtlinie übernehmen*

6. Sie werden gewarnt, dass die Verweigerung einer Berechtigung eine Zulassung aus anderen Quellen überschreibt. Klicken Sie auf *Ja*, um fortzufahren.

7. Der Benutzer bzw. die Gruppe wird jetzt auf der Registerkarte *Delegierung* mit dem Vermerk *Benutzerdefiniert* für die Berechtigungen angezeigt (siehe Abbildung 3–47).

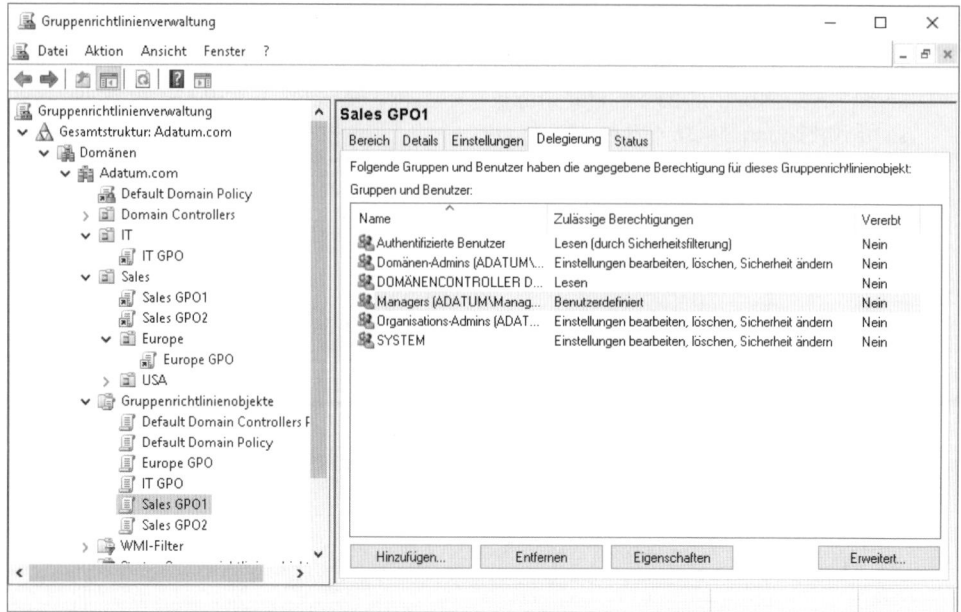

Abb. 3–47   Anzeigen der eingerichteten Berechtigungen

ANWENDUNG AUSSCHLIESSLICH AUF DIE ANGEGEBENEN OBJEKTE

Bei dieser Vorgehensweise entfernen Sie die Sicherheitseinstellungen für die Gruppe *Authentifizierte Benutzer* und gewähren einer besonderen Sicherheitsgruppe die Berechtigung *Gruppenrichtlinie übernehmen*. Gehen Sie dazu wie folgt vor:

1. Markieren Sie das gewünschte Gruppenrichtlinienobjekt im Container *Gruppenrichtlinienobjekte* der Gruppenrichtlinien-Verwaltungskonsole.

2. Markieren Sie im Bereich *Sicherheitsfilterung* auf der Registerkarte *Bereich* die Gruppe *Authentifizierte Benutzer* (siehe Abbildung 3–48). Klicken Sie auf *Entfernen* und dann auf *OK*.

3. Klicken Sie auf *Hinzufügen* und geben Sie im Dialogfeld *Benutzer, Computer, Dienstkonten oder Gruppen hinzufügen* den Namen des Benutzers oder der Gruppe ein, auf die das Gruppenrichtlinienobjekt angewendet werden soll. Klicken Sie anschließend auf *OK*. Wie Sie in Abbildung 3–49 sehen, enthält die Liste *Sicherheitsfilterung* jetzt nur das Objekt, auf das das Gruppenrichtlinienobjekt angewendet wird.

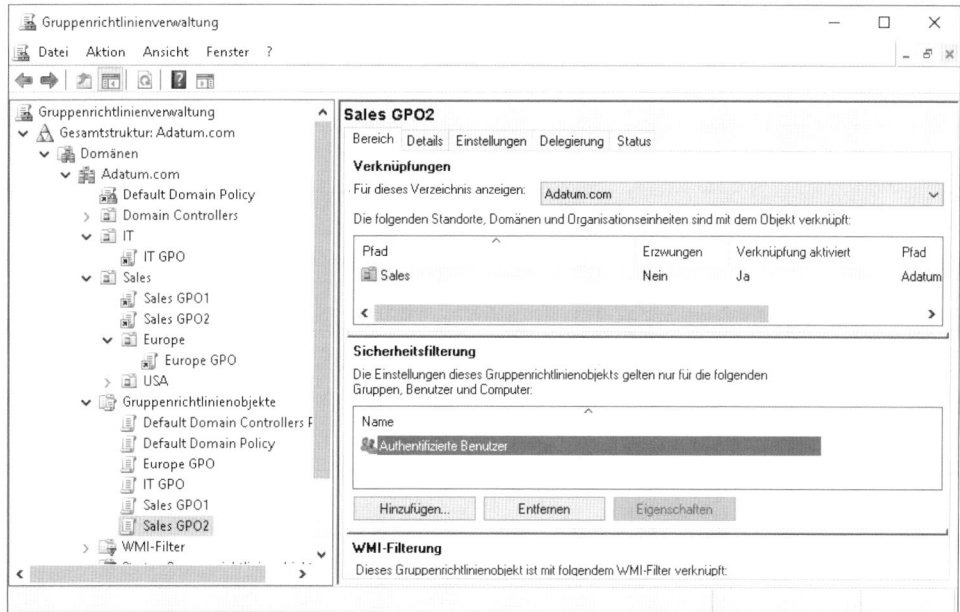

Abb. 3–48 Einrichten der Berechtigungen für Gruppenrichtlinienobjekte mithilfe der Sicherheitsfilterung

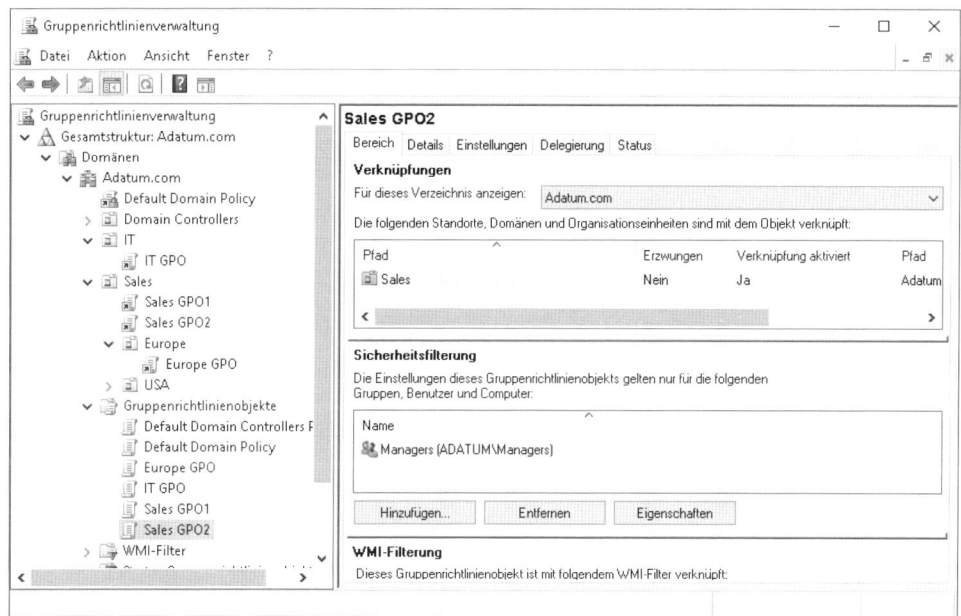

Abb. 3–49 Überprüfen der Änderungen an der Sicherheitsfilterung

Die eingerichteten Berechtigungen können Sie einsehen, indem Sie auf der Registerkarte *Delegierung* aus Abbildung 3–50 den betreffenden Sicherheitsprinzipal markieren.

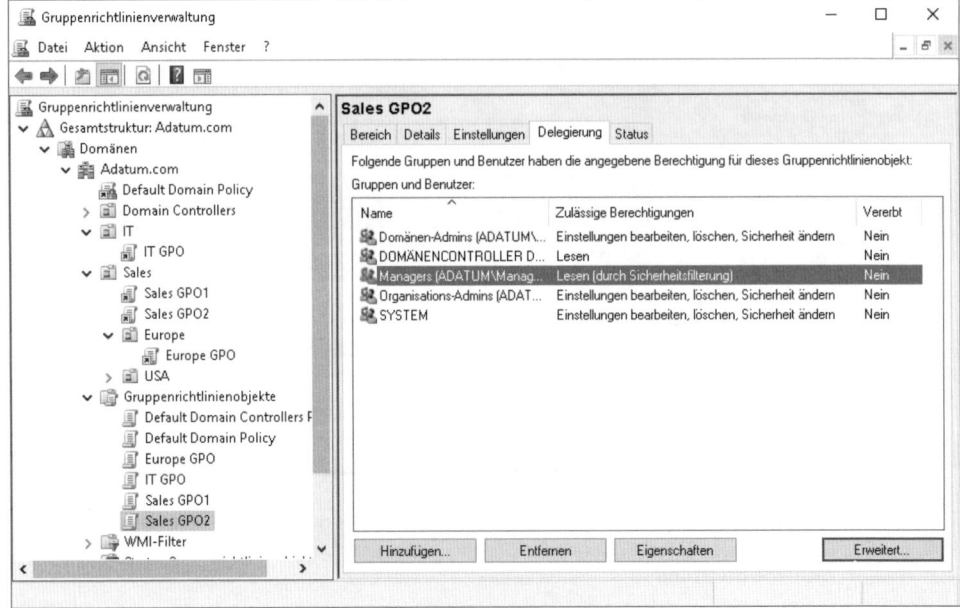

Abb. 3–50   Anzeigen der angewendeten Berechtigungen

Einrichten der WMI-Filterung

Die Sicherheitsfilterung ist geeignet, wenn Sie einen Sicherheitsprinzipal auswählen können, der genau die gewünschte Zusammenstellung von Benutzern, Gruppen oder Computern bezeichnet. In den Fällen, in denen kein solcher Sicherheitsprinzipal zur Verfügung steht, können Sie auf die WMI-Filterung zurückgreifen. Damit ein Gruppenrichtlinienobjekt auf einen Computer angewendet wird, muss dieser den Bedingungen des WMI-Filters genügen.

Ein WMI-Filter beruht auf WMI-Abfragen, die die Eigenschaften des gesuchten Objekts festlegen. Damit können Sie beispielsweise Computer auswählen, auf denen Windows 10 oder Windows Server 2016 ausgeführt wird. Der entsprechende Filter sieht wie folgt aus:

```
SELECT * FROM Win32_OperatingSystem WHERE Version LIKE "10.%"
```

Um einen WMI-Filter zu erstellen, gehen Sie folgendermaßen vor:

1. Rechtsklicken Sie im Navigationsbereich der Gruppenrichtlinien-Verwaltungskonsole auf den Knoten *WMI-Filter* und wählen Sie *Neu*.

2. Geben Sie im Dialogfeld *Neuer WMI-Filter* einen Namen und eine Beschreibung für den Filter ein und klicken Sie auf *Hinzufügen*.

3. Geben Sie ins Feld *Abfrage* des Dialogfelds *WMI-Abfrage* aus Abbildung 3–51 die gewünschte WMI-Abfrage ein und klicken Sie auf *OK*.

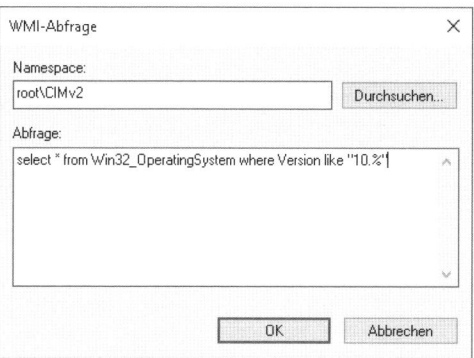

Abb. 3–51   Formulieren einer WMI-Abfrage

4. Klicken Sie im Dialogfeld *Neuer WMI-Filter* aus Abbildung 3–52 auf *Speichern*.

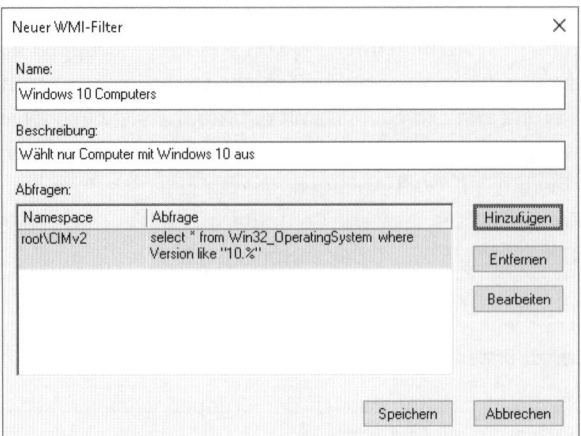

Abb. 3–52   Einrichten eines WMI-Filters

5. Der neue WMI-Filter wird jetzt unter dem Knoten *WMI-Filter* der Gruppenrichtlinien-Verwaltungskonsole angezeigt (siehe Abbildung 3–53).

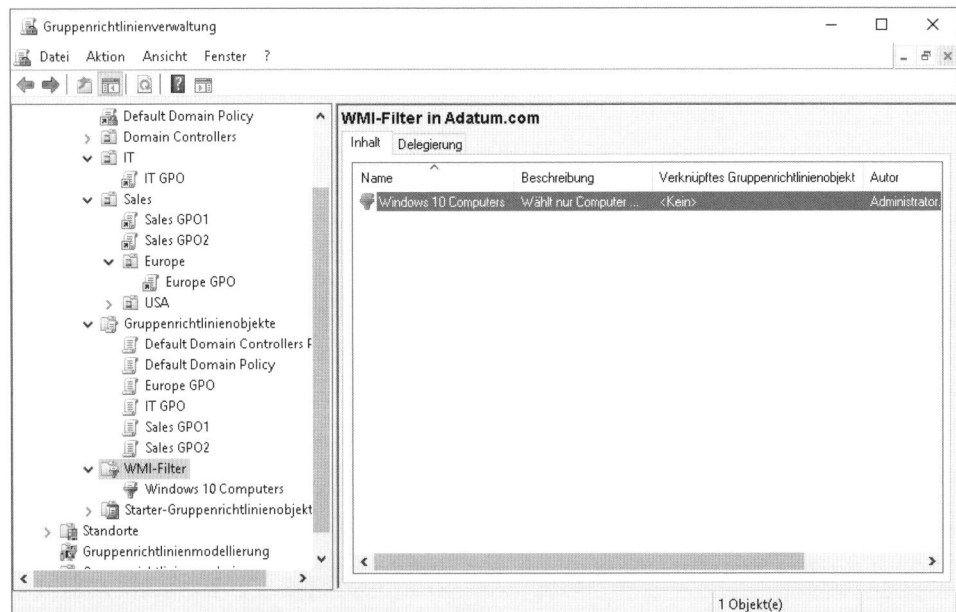

Abb. 3–53   Anzeigen der verfügbaren WMI-Filter

Nachdem Sie den Filter erstellt haben, wenden Sie ihn wie folgt auf ein Gruppenrichtlinienobjekt an:

1. Markieren Sie das gewünschte Gruppenrichtlinienobjekt im Container *Gruppenrichtlinienobjekte* der Gruppenrichtlinien-Verwaltungskonsole.

2. Wählen Sie im Bereich *WMI-Filterung* der Registerkarte *Bereich* den gewünschten Filter aus der Liste *Dieses Gruppenrichtlinienobjekt ist mit folgendem WMI-Filter verknüpft* aus.

3. Klicken Sie in der darauf eingeblendeten Meldung auf *Ja*.

4. In der Gruppenrichtlinien-Verwaltungskonsole wird die Filterung jetzt durchgeführt, wie Sie in Abbildung 3–54 sehen.

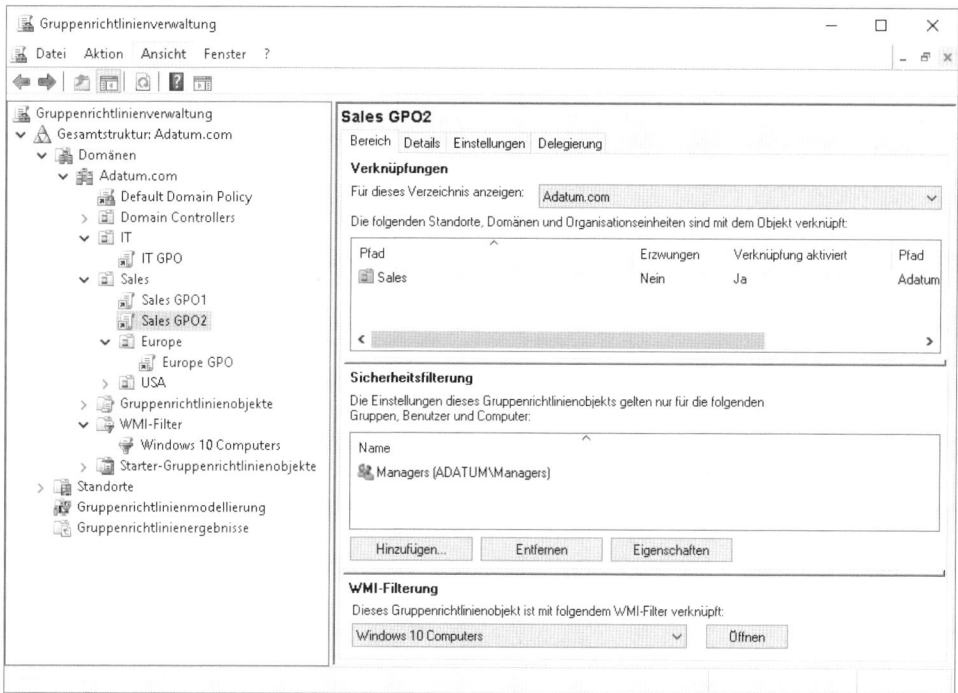

Abb. 3–54   Überprüfen der Anwendung von WMI-Filtern

Der WMI-Filter in diesem Beispiel umfasst nur eine einzige WMI-Abfrage. Für anspruchsvolle Situationen können Sie jedoch auch komplexe Abfragen mit mehreren Bedingungen erstellen. Außerdem können Sie WMI-Filter auch auf mehrere Gruppenrichtlinienobjekte anwenden. Es ist nicht nötig, einen solchen Filter für jedes Gruppenrichtlinienobjekt neu zu erstellen.

Einrichten der Loopbackverarbeitung

In manchen Organisationen können sich Benutzer von mehr als einem Computer anmelden. Sollten Sie die Desktopeinstellungen dieser Benutzer mithilfe von Gruppenrichtlinien festlegen, müssen Sie genau wissen, wie die Gruppenrichtlinienobjekte angewendet werden, wenn sich ein Benutzer aus einer Organisationseinheit an einem Computer aus einer anderen Organisationseinheit anmeldet. Standardmäßig werden die Einstellungen des Gruppenrichtlinienobjekts angewendet, das mit dem Benutzerobjekt verknüpft ist. Mit anderen Worten, es gelten die Einstellungen für die Organisationseinheit des Benutzers.

Es kann jedoch Situationen geben, in denen bestimmte Computer unabhängig davon, welcher Benutzer angemeldet ist, einen Standarddesktop zeigen, etwa bei Kioskcomputern in einem öffentlichen Bereich Ihrer Organisation.

Durch die Loopbackverarbeitung können Sie das Standardverhalten ändern, sodass die Desktopeinstellungen nicht anhand der Organisationseinheit des Benutzers, sondern des Computers bestimmt werden.

HINWEIS   Desktopeinstellungen

Die Desktopeinstellungen befinden sich im Knoten *Benutzerkonfiguration* eines Gruppenrichtlinienobjekts. Daher ist es in den meisten Situationen auch logisch, dass die Benutzerkonfiguration des Gruppenrichtlinienobjekts angewendet wird, das mit dem AD DS-Speicherort des Benutzers verknüpft ist.

Um die Loopbackverarbeitung einzuschalten, gehen Sie wie folgt vor:

1. Öffnen Sie das gewünschte Gruppenrichtlinienobjekt zur Bearbeitung.

2. Öffnen Sie im Gruppenrichtlinienverwaltungs-Editor den Knoten *Computerkonfiguration* und darunter *Richtlinien\Administrative Vorlagen\System\Gruppenrichtlinien* (siehe Abbildung 3–55).

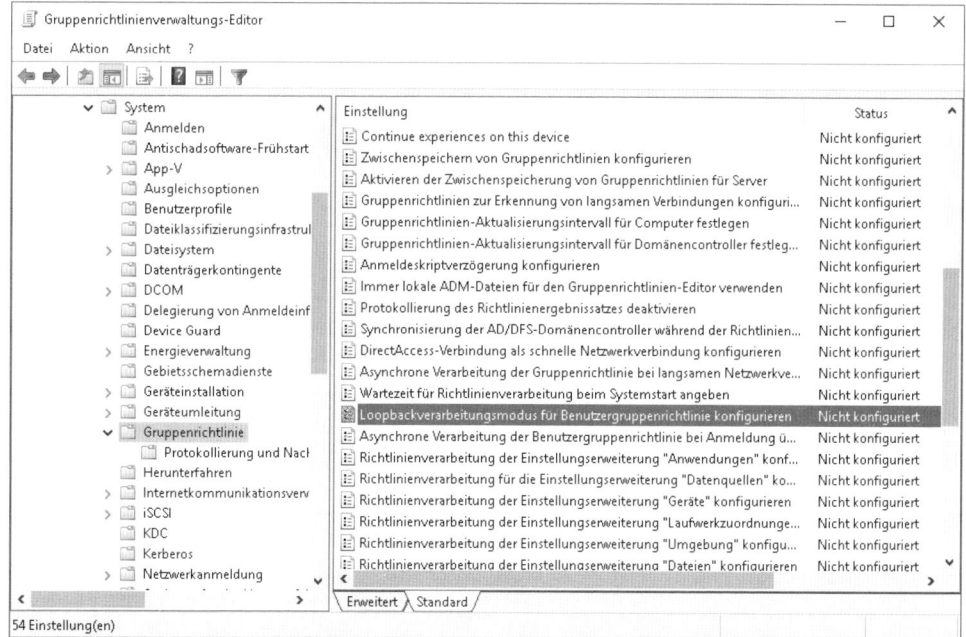

Abb. 3–55   Einrichten der Loopbackverarbeitung

3. Doppelklicken Sie im Detailbereich auf *Loopbackverarbeitungsmodus für Benutzergruppen-richtlinie konfigurieren*.

4. Klicken Sie im Dialogfeld *Loopbackverarbeitungsmodus für Benutzergruppenrichtlinie kon-figurieren* aus Abbildung 3–56 auf *Aktiviert* und wählen Sie den Modus aus. Sie haben die Wahl zwischen folgenden Möglichkeiten:

   - **Ersetzen**   Die Gruppenrichtlinienobjekte für den Benutzer werden komplett durch die Gruppenrichtlinienobjekte ersetzt, die beim Hochfahren für den Computer bezo-gen wurden. Auf den Benutzer werden dabei nur die Einstellungen angewendet, die sich in den Computer-Gruppenrichtlinienobjekten unter *Benutzerkonfiguration* befin-den. Verwenden Sie diesen Modus, um Standardkonfigurationen anzuwenden, etwa für Kioskcomputer in Bibliotheken oder Schulungsräumen.

   - **Zusammenführen**   In diesem Modus werden die Einstellungen unter dem Knoten *Benutzerkonfiguration* aus den Gruppenrichtlinienobjekten, die beim Anmelden des Benutzers abgerufen wurden, nicht überschrieben, sondern um diejenigen aus den beim Hochfahren vom Computer bezogenen Gruppenrichtlinienobjekten ergänzt. Ver-wenden Sie diesen Modus, um zusätzliche Einstellungen auf die Desktopkonfiguration der Benutzer anzuwenden. Wenn sich beispielsweise ein Benutzer an einem Computer in einem Besprechungsraum anmeldet, erhält er dabei seine normalen Desktopein-stellungen, wobei aber auch zusätzliche Einschränkungen oder Einstellungen für das Erscheinungsbild angewendet werden, die aus den Gruppenrichtlinienobjekten für den Computer stammen.

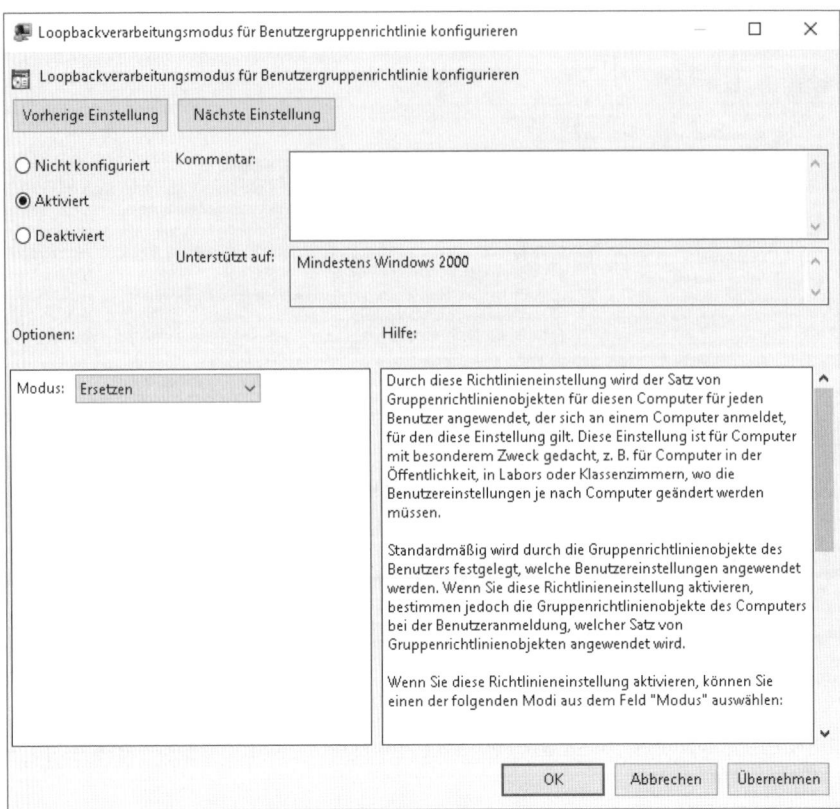

Abb. 3–56   Einschalten des Ersetzungsmodus für die Loopbackverarbeitung

5.   Klicken Sie auf *OK*.

Clientcomputer müssen diese Gruppenrichtlinienaktualisierung erst empfangen, bevor der Loopbackverarbeitungsmodus tatsächlich auf dem lokalen Computer eingerichtet wird. Das kann einen Neustart erforderlich machen.

Einrichten und Verwalten der Verarbeitung über langsame Verbindungen und der Zwischenspeicherung

Wenn Ihre Benutzer von zu Hause aus oder in Zweigbüros mit langsamer Netzwerkverbindung arbeiten, müssen Sie diese langsamen Verbindungen bei der Verarbeitung von Gruppenrichtlinienobjekten berücksichtigen. Dazu können Sie die beiden folgenden Maßnahmen ergreifen:

▪ **Erkennung von langsamen Verbindungen**   Wenn Sie die Erkennung von langsamen Verbindungen eingerichtet haben, verarbeitet ein Client die Gruppenrichtlinienobjekte auf andere Weise, falls die Verbindung zwischen ihm und dem Domänencontroller, der die Gruppenrichtlinienobjekte bereitstellt, langsamer als 500 kbit/s ist. Insbesondere werden dabei einige clientseitige Erweiterungen deaktiviert, sodass sie die zugehörigen Gruppenrichtlinieneinstellungen nicht verarbeiten. Dies hilft, die verfügbare Bandbreite optimal zu nutzen. Bei der Erkennung einer langsamen Verbindung werden folgenden clientseitige Erweiterungen ausgeschaltet:

- Wartung des Internet Explorers
- Softwareinstallationsrichtlinie
- Ordnerreplikationsrichtlinie
- Skriptrichtlinie
- IPSec-Richtlinie (Internet Protocol Security)
- Drahtlos-Richtlinie
- Richtlinie für Festplattenkontingente

Zwischenspeicherung Wenn ein Client eine langsame Verbindung erkennt und die Zwischenspeicherung aktiviert ist, so wenden die clientseitigen Erweiterungen eine zwischengespeicherte Version der vorgesehenen Gruppenrichtlinienobjekte an. Um zu bestimmen, wann eine Verbindung als langsam gilt und daher die Zwischenspeicherung eingeschaltet werden soll, werden die beiden folgenden Werte herangezogen:

- **Wert für langsame Verbindungen** Der Standardwert beträgt 500 ms. Wenn der Client in dieser Zeitspanne keine Antwort von einem Domänencontroller erhält, wird die Verbindung als langsam eingestuft.
- **Zeitüberschreitungswert** Der Standardwert beträgt 5000 ms. Nach dem Verstreichen dieser Zeitspanne geht der Client davon aus, dass keine Netzwerkanbindung vorhanden ist, und greift auf die Zwischenspeicherung zurück.

Um die Erkennung langsamer Verbindungen einzurichten, gehen Sie folgendermaßen vor:

1. Öffnen Sie das gewünschte Gruppenrichtlinienobjekt zur Bearbeitung.
2. Öffnen Sie im Gruppenrichtlinienverwaltungs-Editor den Knoten *Computerkonfiguration* und darunter *Richtlinien\Administrative Vorlagen\System\Gruppenrichtlinien* (siehe Abbildung 3–55).
3. Doppelklicken Sie im Detailbereich auf *Gruppenrichtlinien zur Erkennung von langsamen Verbindungen konfigurieren*.
4. Klicken Sie im Dialogfeld *Gruppenrichtlinien zur Erkennung von langsamen Verbindungen konfigurieren* aus Abbildung 3–57 auf *Aktiviert* und geben Sie die Verbindungsgeschwindigkeit an. Der Standardwert beträgt 500 kbit/s. Klicken Sie auf *OK*.

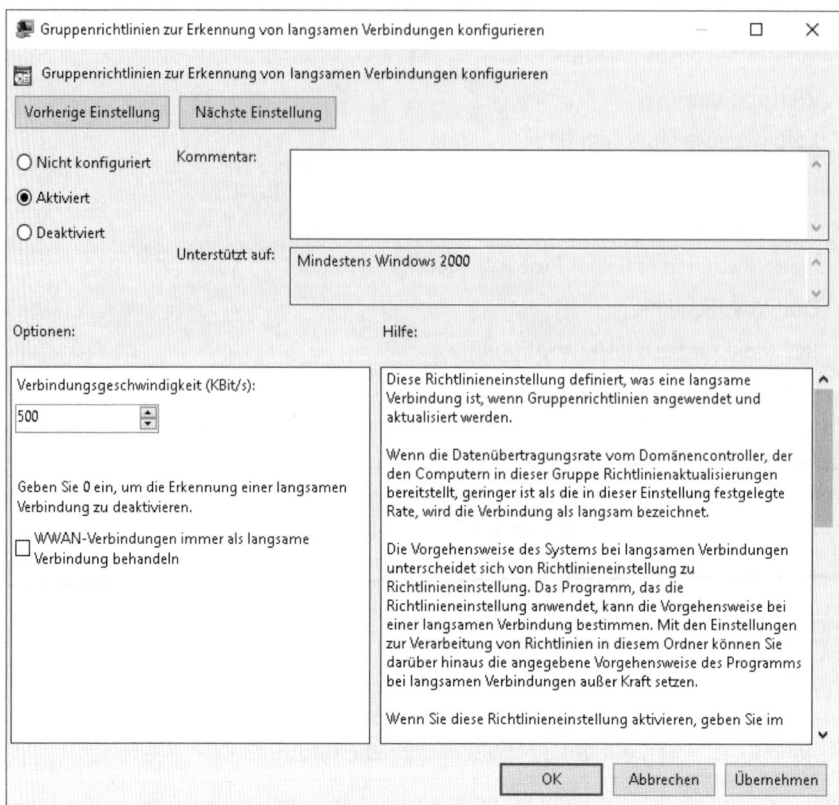

Abb. 3–57   Einrichten der Erkennung von langsamen Verbindungen

Um die Zwischenspeicherung einzurichten, gehen Sie wie folgt vor:

1. Doppelklicken Sie im Detailbereich auf *Zwischenspeichern von Gruppenrichtlinien konfigurieren*.

2. Klicken Sie im Dialogfeld *Zwischenspeichern von Gruppenrichtlinien konfigurieren* aus Abbildung 3–58 auf *Aktiviert* und geben Sie Werte für die langsame Verbindung und die Zeitüberschreitung an. Klicken Sie auf *OK*.

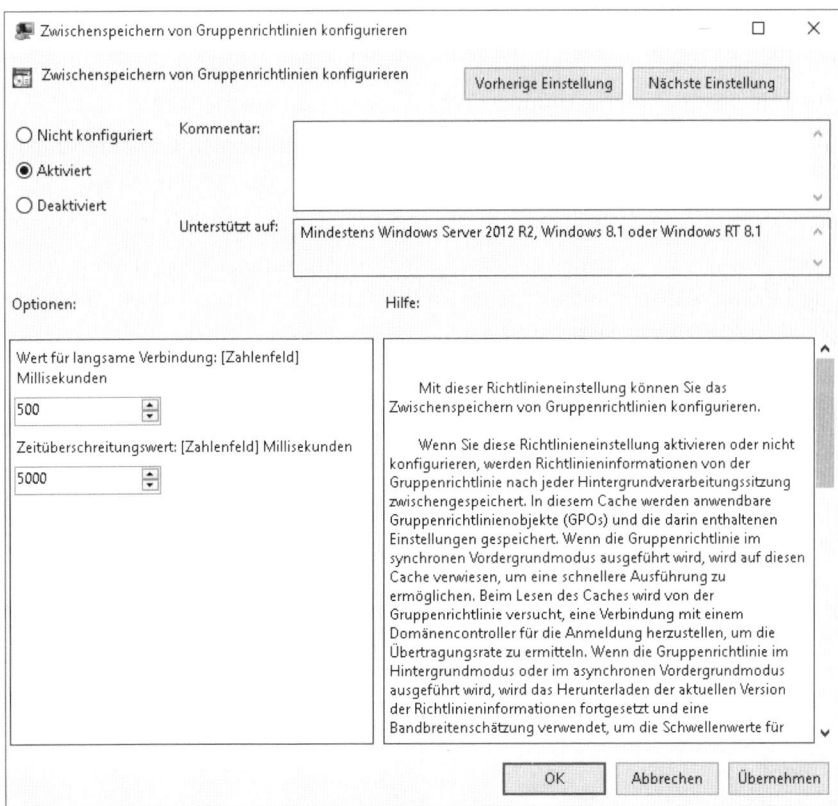

Abb. 3–58   Aktivieren der Zwischenspeicherung von Gruppenrichtlinien

Clientcomputer müssen diese Gruppenrichtlinienaktualisierung erst empfangen, bevor der Erkennung langsamer Verbindungen und die Zwischenspeicherung tatsächlich auf dem lokalen Computer eingerichtet werden. Das kann einen Neustart erforderlich machen.

Einrichten des Verhaltens clientseitiger Erweiterungen

Es lohnt sich, noch einen genaueren Blick darauf zu werfen, wie Sie die bereits erwähnten clientseitigen Erweiterungen konfigurieren können und wie diese Erweiterungen Gruppenrichtlinieneinstellungen verarbeiten.

Allgemein wenden clientseitige Erweiterungen nur dann Gruppenrichtlinieneinstellungen an, wenn diese Einstellungen seit der letzten Anwendung geändert wurden. Diese Vorgehensweise verbessert die Leistung. Sie können dieses Verhalten jedoch ändern, indem Sie den Wert *Gruppenrichtlinienobjekte auch ohne Änderungen verarbeiten* in der Einstellung für die entsprechende clientseitige Erweiterung des Gruppenrichtlinienobjekts ändern.

Um beispielsweise die Anwendung der Gruppenrichtlinieneinstellungen für die clientseitige Erweiterung für Sicherheitsrichtlinien zu erzwingen, gehen Sie wie folgt vor:

1. Öffnen Sie das gewünschte Gruppenrichtlinienobjekt zur Bearbeitung.

2. Öffnen Sie im Gruppenrichtlinienverwaltungs-Editor den Knoten *Computerkonfiguration* und darunter *Richtlinien\Administrative Vorlagen\System\Gruppenrichtlinien*.

3. Doppelklicken Sie im Detailbereich auf *Sicherheitsrichtlinienverarbeitung konfigurieren*.

4. Klicken Sie im Dialogfeld *Sicherheitsrichtlinienverarbeitung konfigurieren* aus Abbildung 3–59 auf *Aktiviert* und aktivieren Sie das Kontrollkästchen *Gruppenrichtlinienobjekte auch ohne Änderungen verarbeiten*.

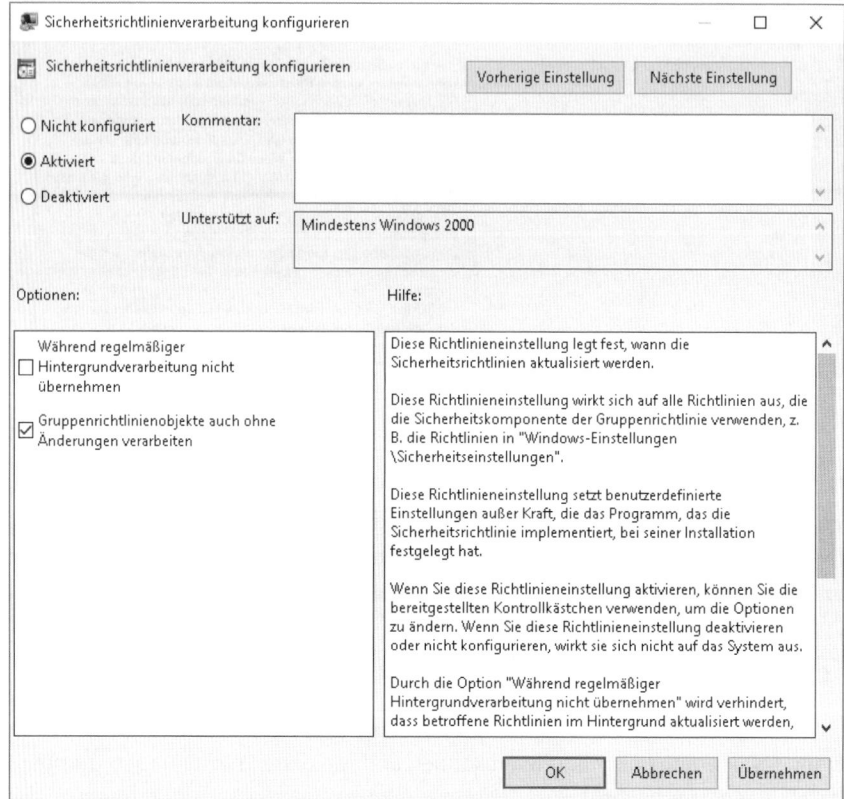

Abb. 3–59   Einrichten der clientseitigen Erweiterung für Sicherheitsrichtlinien

5. Sie können auch festlegen, ob die Einstellung aktualisiert werden soll, wenn der Computer während der automatischen Aktualisierungsintervalle für Gruppenrichtlinienobjekte benutzt wird. Das Standardverhalten besteht darin, dass die clientseitige Erweiterung die Aktualisierungen verarbeitet. Wenn Sie das ändern wollen, aktivieren Sie das Kontrollkästchen *Während regelmäßiger Hintergrundverarbeitung nicht übernehmen*. Klicken Sie auf *OK*.

Um alle clientseitigen Erweiterungen zu konfigurieren, müssen Sie die entsprechenden Einstellungen im Ordner *Gruppenrichtlinien* öffnen und die genannten beiden Werte ändern. Abbildung 3–60 zeigt die Einstellungen für clientseitige Erweiterungen.

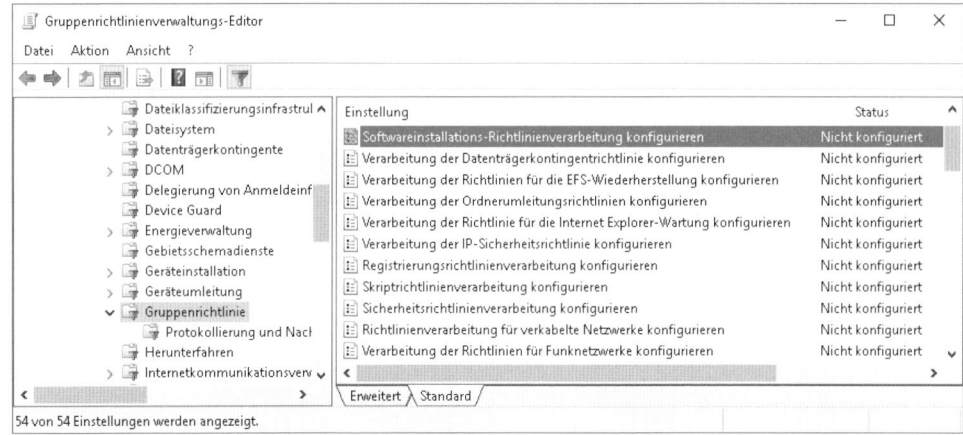

Abb. 3–60   Liste der Einstellungen für die Verarbeitung durch clientseitige Erweiterungen

Erzwingen der Aktualisierung von Gruppenrichtlinien

Wenn Sie Änderungen an Gruppenrichtlinienobjekten vornehmen und die Anwendung der Einstellungen überprüfen möchten, wollen Sie natürlich nicht erst auf die automatische Aktualisierung warten. Eine Möglichkeit besteht darin, den Computer neu zu starten. Bei vielen Benutzereinstellungen reicht es auch schon aus, sich abzumelden und wieder neu anzumelden.

Sie können die Anwendung der Änderungen jedoch auch erzwingen, indem Sie an einer Eingabeaufforderung das Befehlszeilenwerkzeug GPUpdate.exe ausführen. Gehen Sie dazu wie folgt vor:

1. Öffnen Sie eine Eingabeaufforderung.
2. Führen Sie den Befehl gpupdate /force aus (siehe Abbildung 3–61).

HINWEIS   **Windows PowerShell**

Sie können auch das Windows PowerShell-Cmdlet Invoke-GPUpdate verwenden.

---

3. Je nach Einstellungen müssen Sie sich eventuell abmelden und neu anmelden oder den Computer neu starten.

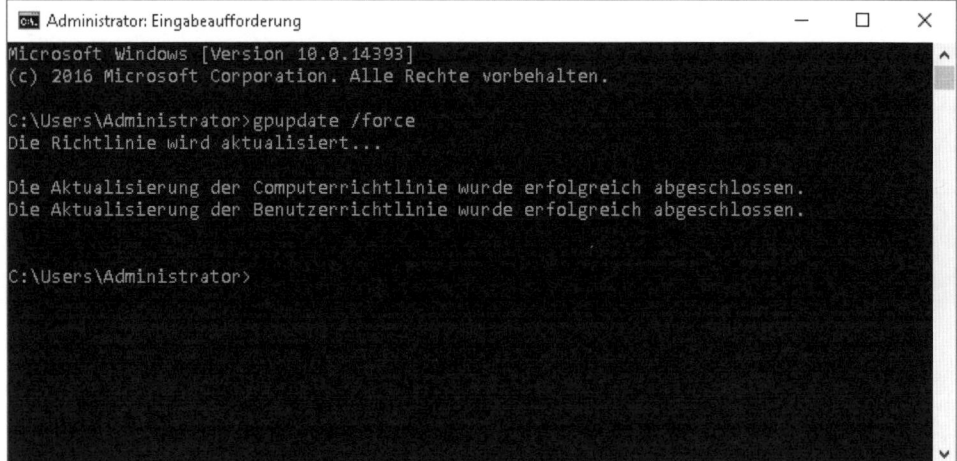

Abb. 3–61   Erzwungene Aktualisierung von Gruppenrichtlinien

WEITERE INFORMATIONEN   **GPUpdate**

Weitere Informationen über die Syntax und Verwendung von GPUpdate finden Sie auf der Microsoft TechNet-Website unter:

https://technet.microsoft.com/library/hh852337(v=ws.11).aspx

Prüfungsziel 3.3:
Einrichten von Gruppenrichtlinieneinstellungen

Bis jetzt haben wir uns in diesem Kapitel damit beschäftigt, wie Sie Gruppenrichtlinien erstellen und mit Standorten, Domänen oder Organisationseinheiten verknüpfen. Zur Verwaltung der Benutzer und Geräte in Ihrer Organisation müssen Sie aber natürlich auch wissen, wie Sie gängige Einstellungen mithilfe von Gruppenrichtlinienobjekten festlegen.

In diesem Prüfungsziel erfahren Sie, wie Sie Gruppenrichtlinienobjekte verwenden, um Software bereitzustellen, Start- und Anmeldeskripts einrichten und Sicherheitseinstellungen durchsetzen, und wie Sie administrative Vorlagen einsetzen, um weitere Aspekte zu steuern.

Inhalt dieses Abschnitts:

- Steuern der Softwareinstallation
- Einrichten von Skripts
- Importieren von Sicherheitsvorlagen
- Einrichten der Ordnerumleitung
- Verwenden von administrativen Vorlagen

Steuern der Softwareinstallation

Eine der häufigsten Aufgaben von Netzwerkadministratoren besteht in der Bereitstellung und Wartung von Software. Windows Server 2016 bietet verschiedene Möglichkeiten dafür, unter anderem mithilfe von Gruppenrichtlinienobjekten.

Dabei können Sie die Software für Computer bereitstellen (unabhängig davon, welcher Benutzer gerade angemeldet ist) oder für Benutzer (wobei es keine Rolle spielt, an welchem Computer sie sich gerade befinden). Das ist möglich, da es den Ordner *Softwareeinstellungen* sowohl unter dem Knoten *Computerkonfiguration* als auch unter *Benutzerkonfiguration* gibt, wie Sie in Abbildung 3–62 sehen.

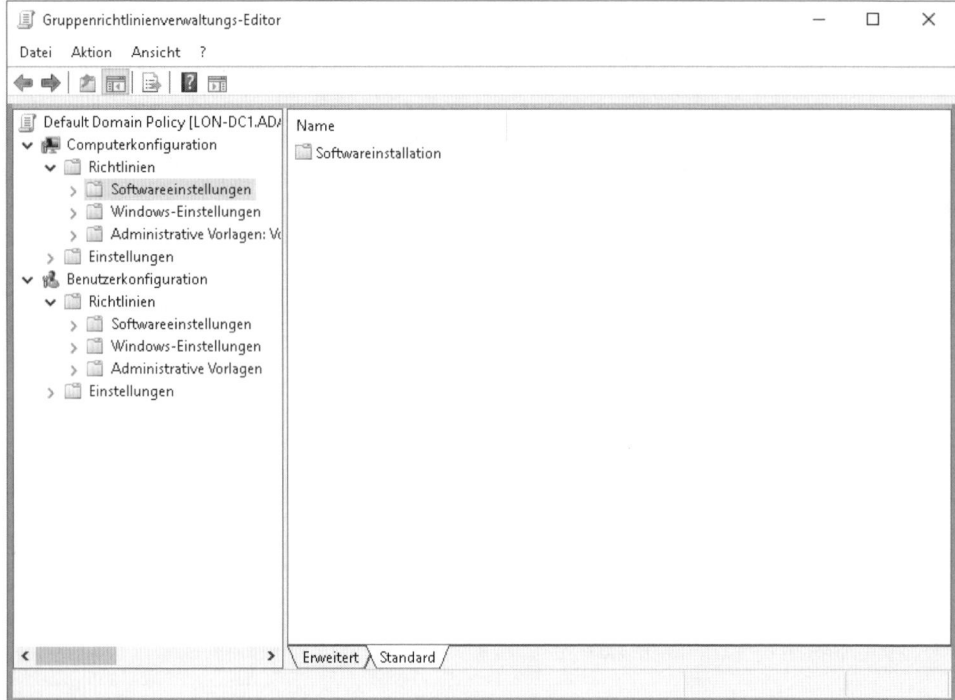

Abb. 3–62 Vorbereitung der Softwarebereitstellung mithilfe von Gruppenrichtlinienobjekten

Die Verwendung von Gruppenrichtlinienobjekten zur Bereitstellung von Software bietet die folgenden Vorteile:

▪ Der Vorgang ist relativ einfach und lässt sich schnell einrichten.

▪ Es ist keine zusätzliche Infrastruktur erforderlich, da Gruppenrichtlinien Bestandteile von AD DS sind.

▪ Es ist keine clientseitige Agent-Software erforderlich, da sich die integrierten clientseitigen Erweiterungen für Gruppenrichtlinienobjekte um die Bereitstellung kümmern.

Bevor Sie sich dafür entscheiden, Gruppenrichtlinien zur Bereitstellung von Software zu verwenden, müssen Sie jedoch auch die folgenden möglichen Nachteile bedenken:

▪ Mithilfe von Gruppenrichtlinienobjekten können Sie nur MSI-Installerpakete bereitstellen.

▪ Sie haben keinerlei Kontrolle darüber, wann die Softwarebereitstellung stattfindet.

▪ Wenn Sie mehrere Pakete bereitstellen, haben Sie keinerlei Einfluss auf die Reihenfolge.

▪ Es gibt keine Berichtsfunktion, was es erschwert, den Erfolg der Bereitstellung zu bestimmen.

Angesichts dieser Einschränkungen ist die Verwendung von Gruppenrichtlinienobjekten zur Bereitstellung und Wartung von Software nur für Organisationen mit relativ wenigen Computern in der Gesamtstruktur geeignet.

Vorbereitung

Zur Bereitstellung von Software mithilfe von Gruppenrichtlinienobjekten müssen Sie die gewünschten Anwendungen zunächst an einem zugänglichen Speicherort unterbringen. Die Anwendungen müssen dabei in Form von Windows Installer-Dateien, also MSI-Dateien, vorliegen. Platzieren Sie diese Dateien in einem freigegebenen Ordner auf einem Netzwerkserver. Am besten ist es, wenn dieser Order zu einer DFSR-Ordnerstruktur gehört, um eine hohe Verfügbarkeit der Installationsdateien zu gewährleisten. Wenn Sie immer denselben freigegebenen Ordner für die Softwarebereitstellung nutzen, geben Sie ihn wie folgt als Standardspeicherort für Pakete an:

1. Öffnen Sie das geeignete Gruppenrichtlinienobjekt zur Bearbeitung und erweitern Sie im Gruppenrichtlinienverwaltungs-Editor *Computerkonfiguration*, *Richtlinien* und *Softwareeinstellungen*.

2. Rechtsklicken Sie auf *Softwareinstallation* und wählen Sie *Eigenschaften*.

3. Geben Sie im Dialogfeld *Eigenschaften von Softwareinstallation* aus Abbildung 3–63 den Pfad zu den MSI-Dateien in das Feld *Standardpfad für Pakete* ein und klicken Sie auf *OK*.

4. Bei Bedarf können Sie diesen Schritt auch für *Softwareinstallation* unter *Benutzerkonfiguration\Richtlinien\Softwareeinstellungen* wiederholen.

Abb. 3–63   Angeben des Standardspeicherorts für Pakete

Bereitstellung

Als Nächstes müssen Sie entscheiden, wie die Software bereitgestellt werden soll. Dazu haben Sie die beiden folgenden Möglichkeiten:

- **Zuweisen** Zugewiesene Software wird ohne Eingreifen des Benutzers automatisch installiert.
- **Veröffentlichen** Veröffentlichte Software muss vom Benutzer installiert werden.

Sie können Software sowohl für Benutzer als auch für Computer zuweisen, aber nur für Benutzer veröffentlichen. Zur Zuweisung einer Anwendung an einen Computer gehen Sie wie folgt vor:

1. Öffnen Sie das geeignete Gruppenrichtlinienobjekt zur Bearbeitung und erweitern Sie im Gruppenrichtlinienverwaltungs-Editor *Computerkonfiguration*, *Richtlinien* und *Softwareeinstellungen*.

2. Rechtsklicken Sie auf *Softwareinstallation*, zeigen Sie auf *Neu* und wählen Sie *Paket*.

3. Suchen und markieren Sie im Dialogfeld *Öffnen* das Installationspaket (siehe Abbildung 3–64).

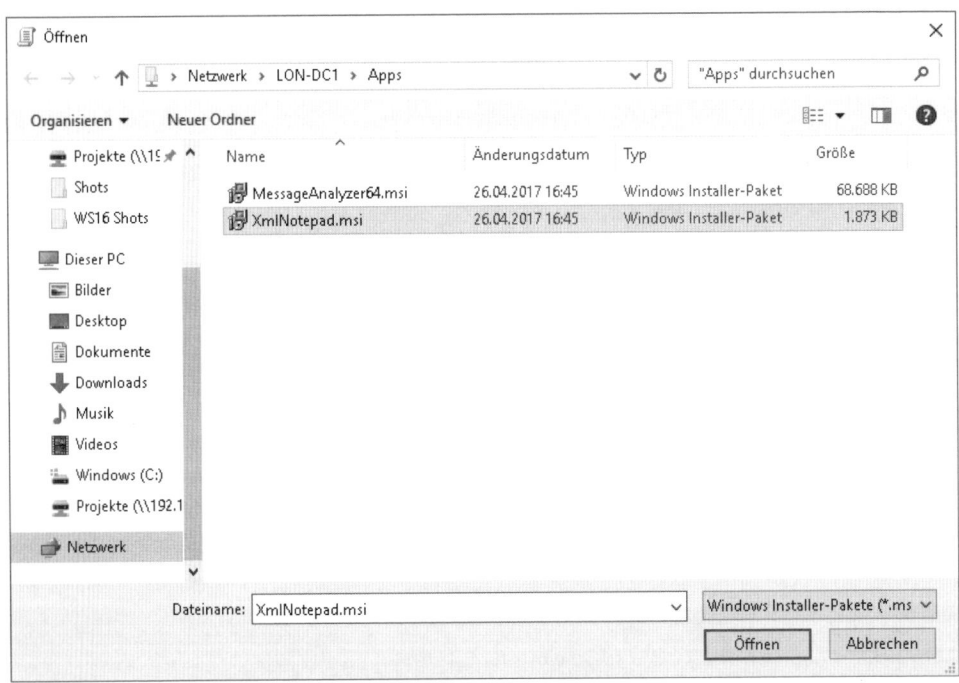

Abb. 3–64   Auswählen der MSI-Installationsdatei

4. Klicken Sie auf *Öffnen* und dann in dem Dialogfeld *Software bereitstellen* aus Abbildung 3–65 auf *Zugewiesen* und schließlich auf *OK*.

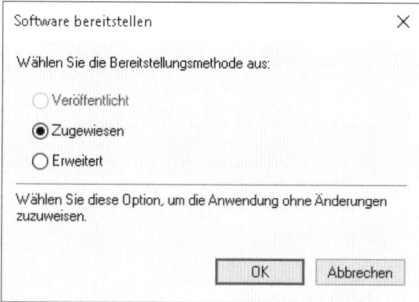

Abb. 3–65   Auswählen der Bereitstellungsmethode

Das Softwarepaket ist jetzt zur Bereitstellung verfügbar und wird im Ordner *Softwareinstallation* aufgeführt. Wenn die Clients die Gruppenrichtlinienobjekte aktualisieren, wird die neue Richtlinie angewendet. Da Sie das Paket hier einem Computer zugewiesen haben, wird es bereitgestellt, wenn der Computer die Gruppenrichtlinienobjekte aktualisiert hat und dann neu gestartet wurde. Der Vorgang zur Zuweisung an einen Benutzer erfolgt auf die gleiche Weise.

Wollen Sie das Paket dagegen für einen Benutzer veröffentlichen, gehen Sie folgendermaßen vor:

1. Öffnen Sie das geeignete Gruppenrichtlinienobjekt zur Bearbeitung und erweitern Sie im Gruppenrichtlinienverwaltungs-Editor *Benutzerkonfiguration*, *Richtlinien* und *Softwareeinstellungen*.

2. Rechtsklicken Sie auf *Softwareinstallation*, zeigen Sie auf *Neu* und wählen Sie *Paket*.

3. Suchen und markieren Sie im Dialogfeld *Öffnen* das Installationspaket und klicken Sie auf *Öffnen*.

4. Klicken Sie im Dialogfeld *Software bereitstellen* aus Abbildung 3–66 auf *Veröffentlicht* und schließlich auf *OK*.

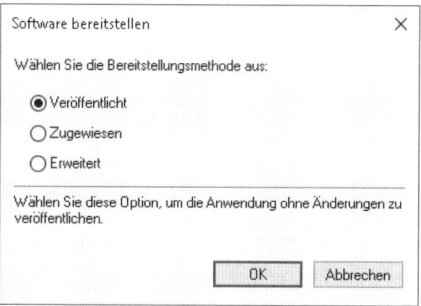

Abb. 3–66   Veröffentlichen eines Pakets

Das Softwarepaket ist jetzt zur Bereitstellung verfügbar und wird im Ordner *Softwareinstallation* aufgeführt. Wenn die Clients die Gruppenrichtlinienobjekte aktualisieren, wird die neue Richtlinie angewendet. Da Sie das Paket hier für einen Benutzer veröffentlicht haben, steht es in der Systemsteuerung zur Verfügung, wenn der Computer die Gruppenrichtlinienobjekte aktualisiert hat (siehe Abbildung 3–67).

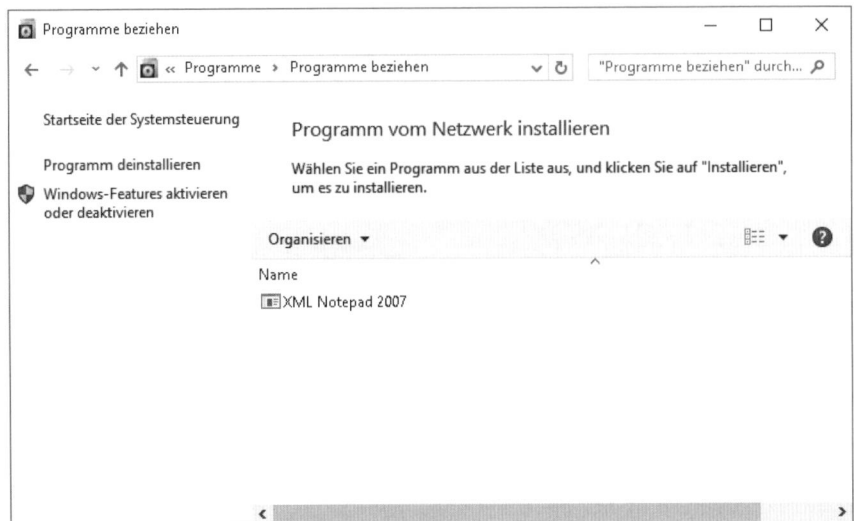

Abb. 3–67   Zugriff auf veröffentlichte Programme

> ***HINWEIS***   **Kategorien**
>
> Wenn Sie viele Softwarepakete veröffentlichen wollen, können Sie auf der Registerkarte *Kategorien* im Dialogfeld *Eigenschaften von Softwareinstallation* aus Abbildung 3–63 Anwendungskategorien anlegen, denen Sie dann die Pakete während der Bereitstellungsphase zuordnen.

Sie können Software nicht nur durch Zuweisen und Veröffentlichen, sondern auch so bereitstellen, dass sie installiert wird, wenn der Benutzer versucht, eine Datei eines entsprechenden Typs zu öffnen, also z. B. wenn er auf eine DOC-Datei doppelklickt. Dies richten Sie auf der Registerkarte *Dateierweiterungen* des Dialogfelds *Eigenschaften von Softwareinstallation* ein.

Wartung

Zu den Wartungsaufgaben für Software gehören die Aktualisierung und die erneute Bereitstellung.

Um ein Softwarepaket erneut bereitzustellen, gehen Sie wie folgt vor:

1. Rechtsklicken Sie im Ordner *Softwareinstallation* des Gruppenrichtlinienverwaltungs-Editors auf das entsprechende Softwarepaket und wählen Sie *Anwendung erneut bereitstellen*.

2. Wenn Sie zur Bestätigung aufgefordert werden, klicken Sie auf *Ja*.

Um ein Paket zu aktualisieren, gehen Sie wie folgt vor:

1. Rechtsklicken Sie auf *Softwareinstallation*, zeigen Sie auf *Neu* und wählen Sie *Paket*.

2. Suchen und markieren Sie im Dialogfeld *Öffnen* das Installationspaket und klicken Sie auf *Öffnen*.

3. Klicken Sie im Dialogfeld *Software bereitstellen* auf *Erweitert* und dann auf *OK*.

4. Wechseln Sie zur Registerkarte *Aktualisierungen*.

5. Klicken Sie auf *Hinzufügen* und wählen Sie das Softwarepaket aus, das aktualisiert wird.

6. Wählen Sie im Dialogfeld *Aktualisierungspaket hinzufügen* aus Abbildung 3–68, ob das vorhandene Paket vor der Installation des neuen entfernt oder ob das neue Paket über das alte installiert werden soll. Klicken Sie auf *OK*.

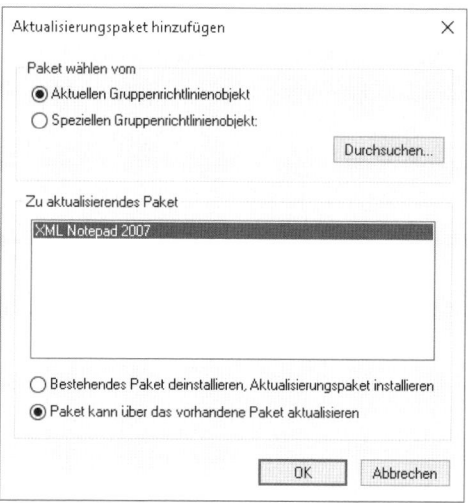

Abb. 3–68   Aktualisieren eines Pakets

7. Klicken Sie im Eigenschaftendialogfeld für das neue Paket auf *OK* (siehe Abbildung 3–69).

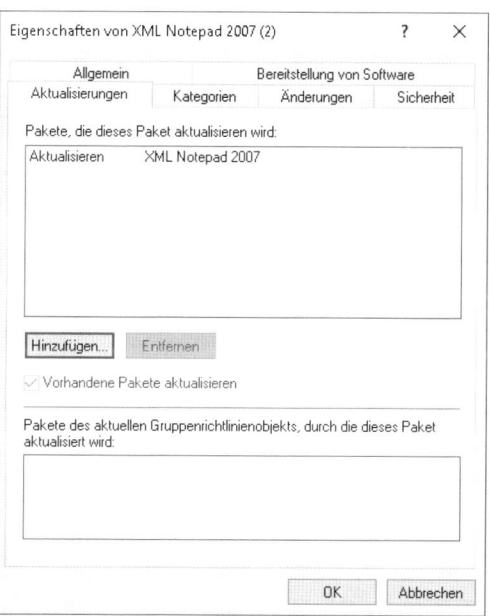

Abb. 3–69   Abschließen der Konfiguration für die Aktualisierung

Entfernen von Software

Um Software, die Sie in Ihrer Organisation nicht mehr verwenden wollen, mithilfe von Gruppenrichtlinienobjekten zu entfernen, gehen Sie dazu wie folgt vor:

1. Rechtsklicken Sie im Ordner *Softwareinstallation* des Gruppenrichtlinienverwaltungs-Editors auf das entsprechende Softwarepaket und wählen Sie *Entfernen*.

2. Wählen Sie im Dialogfeld *Software entfernen* aus Abbildung 3–70 eine der beiden folgenden Optionen und klicken Sie auf *OK*:

   - *Software sofort von Benutzern und Computern deinstallieren*
   - *Benutzer dürfen die Software weiterhin verwenden, aber Neuinstallationen sind nicht zugelassen*

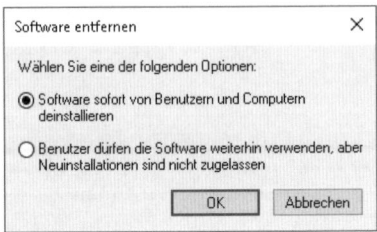

Abb. 3–70   Entfernen eines Softwarepakets

Einrichten von Skripts

Es ist oft praktisch, Skripts auszuführen, wenn ein Computer hochfährt oder sich ein Benutzer anmeldet, etwa um die Benutzerumgebung festzulegen, um Netzlaufwerke zuzuordnen oder um Softwareaktualisierungen zu installieren.

In Windows Server 2016 können Sie Gruppenrichtlinienobjekte verwenden, um Skripts beim Starten oder Herunterfahren von Computern oder beim An- und Abmelden von Benutzern auszuführen. Alle diese verschiedenen Arten von Skripts werden im Grunde genommen auf die gleiche Art und Weise eingerichtet. Die folgende Beschreibung erklärt den Vorgang anhand eines Anmeldeskripts:

1. Öffnen Sie das gewünschte Gruppenrichtlinienobjekt im Gruppenrichtlinienverwaltungs-Editor.

2. Um An- und Abmeldeskripts einzurichten, öffnen Sie wie in Abbildung 3–71 gezeigt *Benutzerkonfiguration\Richtlinien\Windows-Einstellungen\Skripts (Anmelden/Abmelden)*.

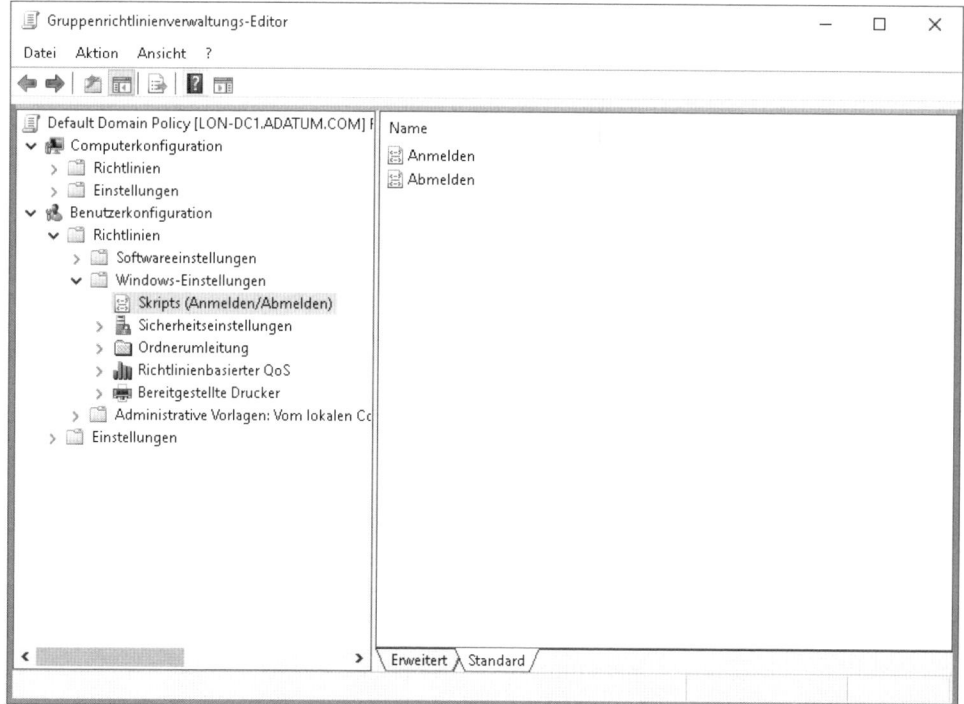

Abb. 3–71 Einrichten von An- und Abmeldeskripts mit Gruppenrichtlinienobjekten

3. Doppelklicken Sie im Detailbereich auf den gewünschten Knoten, also z.B. auf *Anmelden*, um ein Anmeldeskript einzurichten.

4. Um ein Windows PowerShell-Skript zu verwenden, rufen Sie im Dialogfeld *Eigenschaften von Anmelden* die Registerkarte *PowerShell-Skripts* auf.

5. Klicken Sie auf *Hinzufügen*.

6. Klicken Sie im Dialogfeld *Hinzufügen eines Skripts* auf *Durchsuchen*, suchen und markieren Sie das Windows PowerShell-Skript und klicken Sie auf *OK*.

HINWEIS **Pfade**

Sie müssen Ihre Skripts in einem freigegebenen Ordner speichern, den der Clientcomputer erreichen kann und für den er mindestens über Leseberechtigungen verfügt. Geben Sie den Pfad im UNC-Format an.

---

7. Wählen Sie anschließend auf der Registerkarte *PowerShell-Skripts* des Dialogfelds *Eigenschaften von Anmelden* aus Abbildung 3–72 in der Liste *Skripts für dieses Gruppenrichtlinienobjekt in der folgenden Reihenfolge ausführen*, ob Ihre Windows PowerShell-Skripts zuerst oder zuletzt ausgeführt werden sollen, oder belassen Sie die Einstellung auf *Nicht konfiguriert*.

Abb. 3–72 Verwenden eines Windows PowerShell-Skripts als Anmeldeskript

8. Wenn Sie noch weitere Skripts ausführen lassen wollen, fügen Sie sie ebenfalls zu der Liste hinzu. Klicken Sie abschließend auf *OK*.

9. Aktualisieren Sie das Gruppenrichtlinienobjekt auf den Zielcomputern und melden Sie sich an, um zu prüfen, ob die Skripts korrekt ausgeführt werden.

Die Skripts, die beim Abmelden, beim Starten oder beim Herunterfahren ausgeführt werden, richten Sie auf die gleiche Weise ein. Neben Windows PowerShell können Sie auch andere Skriptsprachen verwenden, darunter VBScript.

WEITERE INFORMATIONEN **Skripts**

Weitere Informationen über die Verwendung von Skripts finden Sie auf der Microsoft TechNet-Website unter:

https://technet.microsoft.com/scriptcenter/bb410849.aspx

Importieren von Sicherheitsvorlagen

Eine der wichtigsten Aufgaben von Netzwerkadministratoren besteht darin, für die Sicherheit der Netzwerkinfrastruktur ihrer Organisation zu sorgen. Zur Erleichterung dieser Aufgaben können Sie zwar Gruppenrichtlinienobjekte einsetzen, doch selbst damit kann der Schutz des Netzwerks eine mühselige und zeitraubende Angelegenheit sein, insbesondere wenn Sie auf verschiedene Teile Ihrer Organisation die gleichen Einstellungen anwenden möchten. Wenn Sie in einer Domäne Ihrer Gesamtstruktur Sicherheitseinstellungen in Gruppenrichtlinienobjekten vorgenommen haben, kann es sein, dass Sie den Vorgang anschließend mit den gleichen oder zumindest sehr ähnlichen Einstellungen für die anderen Domänen wiederholen müssen. Um das zu vereinfachen, können Sie jedoch Sicherheitsvorlagen verwenden.

In der Konsole *Sicherheitsvorlagen* aus Abbildung 3–73 können Sie folgende Sicherheitseinstellungen vornehmen:

- **Kontorichtlinien** Umfasst Kennwort-, Kontosperrungs- und Kerberos-Richtlinien.

- **Lokale Richtlinien** Umfasst Überwachungsrichtlinien, die Zuweisung von Benutzerrechten und Sicherheitsoptionen.

- **Ereignisprotokoll** Ermöglicht Einstellungen für die Ereignisprotokollierung.

- **Eingeschränkte Gruppen** Ermöglicht die Definition und Konfiguration von eingeschränkten Gruppen.

- **Systemdienste** Ermöglicht die Festlegung des Startverhaltens von Systemdiensten.

- **Registrierung** Ermöglicht Einstellungen für die Registrierungssicherheit.

- **Dateisystem** Ermöglicht die zentralisierte Definition von Datei- und Ordnerberechtigungen.

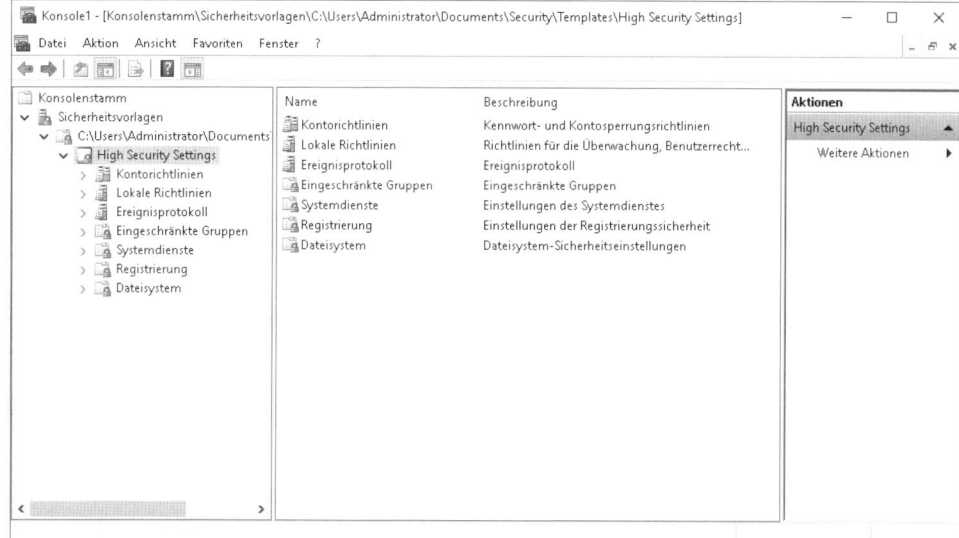

Abb. 3–73 Erstellen einer Sicherheitsvorlage

Um Sicherheitsvorlagen für Gruppenrichtlinienobjekte zu verwenden, gehen Sie wie folgt vor:

1. Öffnen Sie eine Verwaltungskonsole und fügen Sie das Snap-In *Sicherheitsvorlagen* hinzu.

2. Erweitern Sie den Knoten *Sicherheitsvorlagen* im Navigationsbereich, rechtsklicken Sie auf den darunter befindlichen Ordner und wählen Sie *Neue Vorlage*.

3. Geben Sie in dem daraufhin eingeblendeten namenlosen Dialogfeld einen Namen für die Vorlage ein, z. B. *High Security Settings*, und klicken Sie auf *OK*.

4. Klicken Sie auf den neu hinzugefügten Knoten.

5. Nehmen Sie die erforderlichen Sicherheitseinstellungen für Ihre Organisation vor.

Wenn Sie alle nötigen Sicherheitseinstellungen eingerichtet haben, speichern Sie die Vorlage, indem Sie darauf rechtsklicken und *Speichern* wählen. Jetzt können Sie diese Vorlage auf Ihre Gruppenrichtlinienobjekte anwenden. Gehen Sie dazu wie folgt vor:

1. Öffnen Sie das gewünschte Gruppenrichtlinienobjekt zur Bearbeitung.

2. Öffnen Sie im Navigationsbereich des Gruppenrichtlinienverwaltungs-Editors *Computerkonfiguration\Richtlinien\Windows-Einstellungen\Sicherheitseinstellungen*.

3. Rechtsklicken Sie auf den Ordner *Sicherheitseinstellungen* und wählen Sie *Richtlinie importieren* (siehe Abbildung 3–74).

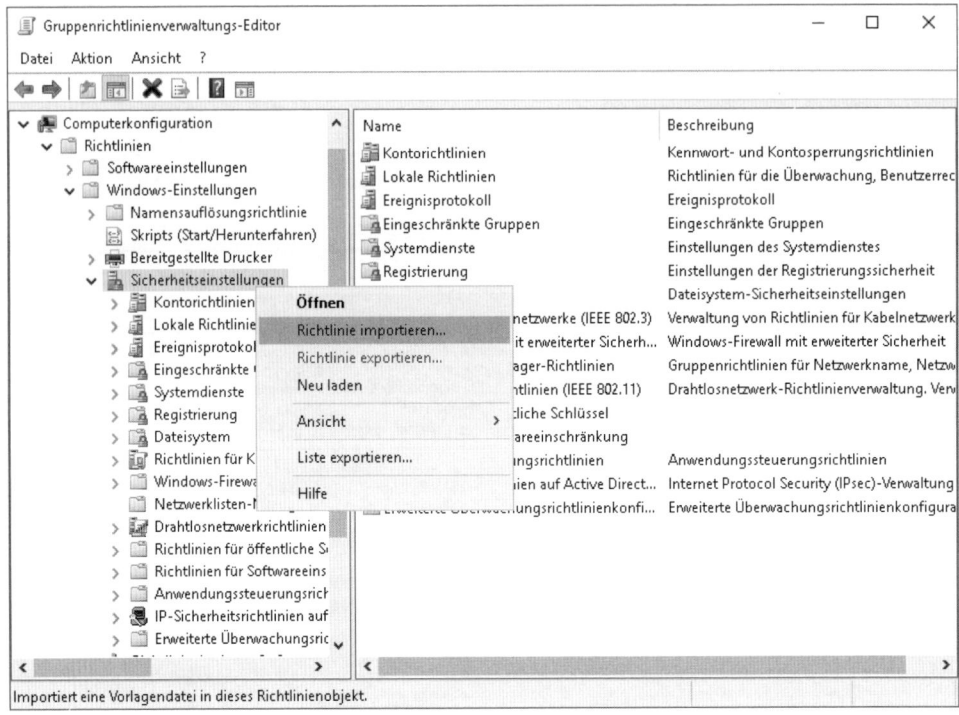

Abb. 3–74   Importieren einer Sicherheitsvorlage

4. Doppelklicken Sie im Dialogfeld *Richtlinie importieren von* aus Abbildung 3–75 auf die zuvor erstellte Vorlage.

Abb. 3–75 Auswählen einer Vorlage

5. Die Einstellungen aus der Vorlage werden angewendet.

Um geeignete Sicherheitseinstellungen für Ihre Organisation auszuwählen und einzurichten, können Sie das Werkzeug Security Compliance Manager verwenden, dessen Sicherheitsstandards ständig aktualisiert werden.

WEITERE INFORMATIONEN   **Security Compliance Manager**

Weitere Informationen über den Security Compliance Manager finden Sie auf der Microsoft TechNet-Website unter:

https://technet.microsoft.com/solutionaccelerators/cc835245.aspx

---

Einrichten der Ordnerumleitung

Administratoren haben schon immer nach Möglichkeiten gesucht, um die Desktops der Benutzer zentral zu verwalten und manchmal sogar zu standardisieren. In allen Versionen von Windows Servern gab es servergespeicherte Desktopprofile, bei denen die benutzerspezifischen Einstellungen unabhängig davon angewendet wurden, an welchem Computer in der Gesamtstruktur sich die Benutzer anmeldeten. Außerdem konnten Administratoren Basisordner für die Benutzer auf Netzwerkservern unterbringen, sodass die persönlichen Daten der Benutzer auf einem Dateiserver gespeichert wurden und damit von beliebigen Computern aus zugänglich waren.

Servergespeicherte Profile und Basisordner können Sie immer noch verwenden, doch gibt es in Windows Server 2016 auch die Ordnerumleitung, um die Desktop- und Anwendungseinstellungen der Benutzer zentral zu verwalten und ggf. zu standardisieren. Die Funktion stellen Sie mithilfe von Gruppenrichtlinienobjekten bereit.

Bei dieser Funktion werden eine Reihe von lokalen Ordnern, die zu den persönlichen Daten und Einstellungen eines Benutzers gehören, in Freigaben auf einem Dateiserver gespeichert und über eine Umleitung zugänglich gemacht. Folgende Ordner können darin einbezogen werden:

- AppData\Roaming
- Desktop
- Startmenü
- Dokumente
- Bilder
- Musik
- Videos
- Favoriten
- Kontakte
- Downloads
- Links
- Suchvorgänge
- Gespeicherte Spiele

Vorbereitung der Ordner

Bevor Sie Ordner umleiten können, müssen Sie die Freigabestruktur dafür einrichten. Üblicherweise werden die Benutzerordner zu einem gemeinsamen freigegebenen Ordner umgeleitet, der als Stammordner bezeichnet wird.

Grundsätzlich weisen Sie Berechtigungen zu Sicherheitsgruppen zu, die die entsprechenden Benutzer für die Ordner als Mitglieder enthalten. Wenn Sie Ordner beispielsweise abteilungsweise umleiten, können Sie der globalen Sicherheitsgruppe *Sales* die erforderlichen Berechtigungen für den Stammordner der Benutzer aus der Vertriebsabteilung zuweisen, der Sicherheitsgruppe *Marketing* die Berechtigungen für den Stammordner für Marketingmitarbeiter usw.

Tabelle 3–1 zeigt die korrekten NTFS-Ordnerberechtigungen.

Benutzer oder Gruppe	Berechtigungen
Ersteller-Besitzer	Vollzugriff – Nur Unterordner und Dateien
Administrator	Keine
Sicherheitsgruppe für die Abteilung mit den Benutzern, die Daten in der Freigabe speichern	Ordner auflisten/Daten lesen, Ordner erstellen/Daten anhängen – Nur dieser Ordner
System	Vollzugriff

Tab. 3–1   NTFS-Berechtigungen für den Stammordner

Da die Benutzer über einen freigegebenen Windows Server-Ordner auf den Stammordner und dessen Unterordner zugreifen, müssen Sie Berechtigungen für den freigegebenen Ordner zuweisen. Die richtigen Einstellungen finden Sie in Tabelle 3–2.

Benutzer oder Gruppe	Berechtigungen
Ersteller-Besitzer	Vollzugriff – Nur Unterordner und Dateien
Sicherheitsgruppe für die Abteilung mit den Benutzern, die Daten in der Freigabe speichern	Vollzugriff

Tab. 3–2   Berechtigungen für den freigegebenen Ordner

Unterhalb des Stammordners ist für jeden Benutzer ein eigener Unterordner erforderlich. Wenn Sie den Stammordner mit den richtigen Berechtigungen angelegt haben, erstellt Windows Server die Benutzerordner automatisch während der Einrichtung der Ordnerumleitung und weist auch die korrekten Berechtigungen zu. Welche das sind, sehen Sie in Tabelle 3–3.

Benutzer oder Gruppe	Berechtigungen
Ersteller-Besitzer	Vollzugriff – Nur Unterordner und Dateien
%Username%	Vollzugriff, Besitzer des Ordners
Administratoren	Vollzugriff
System	Vollzugriff

Tab. 3–3   NTFS-Berechtigungen für die Benutzerordner

Verfügbare Umleitungsoptionen

Bei der Einrichtung der Ordnerumleitung können Sie das gewünschte Verhalten mithilfe der folgenden Optionen festlegen:

- **Nicht konfiguriert**   Dies ist die Standardeinstellung, bei der keine Ordnerumleitung stattfindet.
- **Standard**   Diese Option verwenden Sie in folgenden Situationen:
- Sie wollen die Benutzerordner zu einem gemeinsamen Bereich umleiten, also einem Stammordner für sämtliche Benutzer, und nicht je nach Abteilungszugehörigkeit zu unterschiedlichen Ordnern. Unterhalb des gemeinsamen Stammordners hat jeder Benutzer dann seinen eigenen Ordner.
- Sie möchten die Vertraulichkeit der Benutzerdaten gewährleisten. Da jeder Benutzer über seinen eigenen Ordner verfügt und Windows Server die geeigneten Berechtigungen zuweist (siehe Tabelle 3–3), können die Benutzer jeweils nur auf die Inhalte in ihren eigenen Ordnern zugreifen.
- **Erweitert**   Verwenden Sie diese Option, wenn Sie Gruppen von Benutzern zu einem gemeinsamen freigegebenen Ordner umleiten möchten.
- **Dem Ordner Dokumente folgen**   Wenn Sie den Dokumentenordner umgeleitet haben, können Sie die Ordner *Bilder*, *Musik* und *Videos* mithilfe dieser Einstellung an denselben Speicherort umleiten, ohne ihn erneut ausdrücklich angeben zu müssen.

Einrichten der Standardumleitung

Um die Standardoption der Ordnerumleitung einzurichten, gehen Sie wie folgt vor:

1. Öffnen Sie das gewünschte Gruppenrichtlinienobjekt in der Gruppenrichtlinien-Verwaltungskonsole zur Bearbeitung.

2. Wechseln Sie im Gruppenrichtlinienverwaltungs-Editor zum Knoten *Benutzerkonfiguration* und öffnen Sie den Ordner *Richtlinien*.

3. Erweitern Sie *Windows-Einstellungen* und *Ordnerumleitung*.

4. Markieren Sie den gewünschten Ordner in der Liste (siehe Abbildung 3–76).

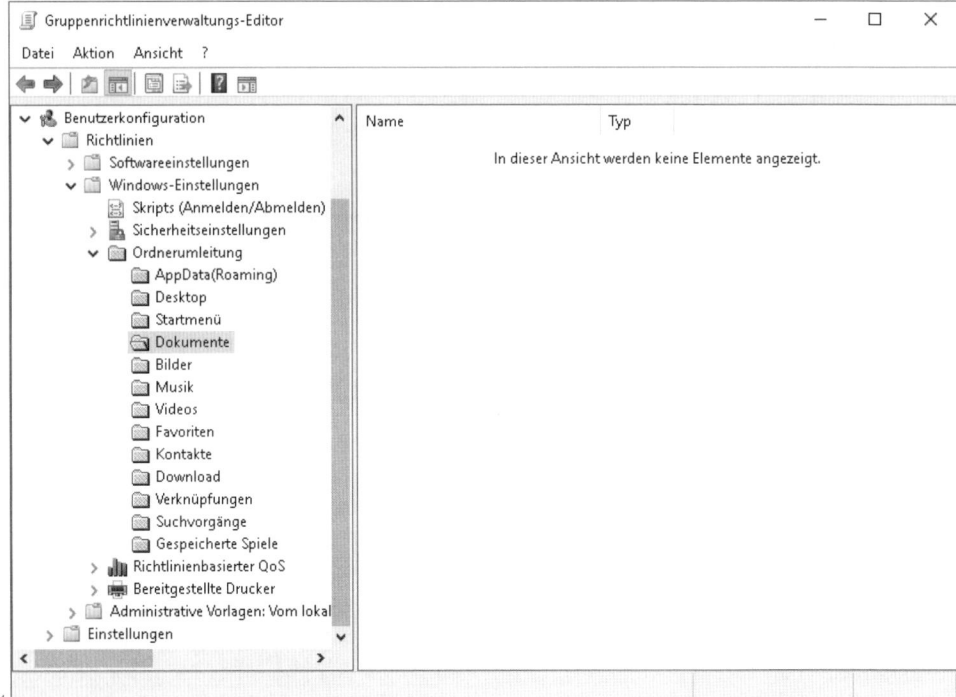

Abb. 3–76   Aktivieren der Ordnerumleitung

5. Rechtsklicken Sie auf den ausgewählten Ordner und wählen Sie *Eigenschaften*.

6. Rufen Sie im Eigenschaftendialogfeld des Ordners die Registerkarte *Ziel* auf und wählen Sie in der Liste *Einstellung* den Punkt *Standard* aus (siehe Abbildung 3–77). Damit werden die Ordner aller Benutzer auf den gleichen Pfad umgeleitet.

Abb. 3–77   Einschalten der Standardumleitung

7. Wählen Sie im Abschnitt *Zielordner* eine der folgenden Optionen aus:

- **Einen Ordner für jeden Benutzer im Stammpfad erstellen**   Bei dieser Option erstellt Windows Server einen Ordner der Form *\\Server\Freigabe\Benutzername\Ordner*, zum Beispiel *\\LON-DC1\Redirected\Fred\Documents*.

- **An folgenden Pfad umleiten**   Bei dieser Option erstellt Windows Server einen einzigen Ordner für mehrere Benutzer. Alle Benutzer verwenden denselben Pfad zu den umgeleiteten Ordnern.

- **An lokalen Benutzerprofilpfad umleiten**   Bei dieser Option verschiebt Windows Server den Speicherort des umgeleiteten Ordners in das lokale Benutzerprofil im lokalen Benutzerordner.

- **In das Basisverzeichnis des Benutzers kopieren**   Diese Option steht nur für den Ordner *Dokumente* zur Verfügung. Hierbei leitet Windows Server den Ordner in den Basisordner des Benutzers um.

8. Geben Sie den UNC-Pfad des Stammordners ein.

9. Klicken Sie auf *OK* und in dem eingeblendeten Dialogfeld mit der Warnung auf *Ja*.

Wenn sich ein Benutzer anmeldet, für den dieses Gruppenrichtlinienobjekt gilt, wird sein Ordner an den angegebenen Speicherort umgeleitet. Windows Server legt den erforderlichen Benutzerordner unter dem angegebenen Stammordner an, sofern Sie diesen mit den richtigen Berechtigungen erstellt haben.

Einrichten der erweiterten Umleitung

Um die erweiterte Ordnerumleitung einzurichten, gehen Sie wie folgt vor:

1. Wechseln Sie im Gruppenrichtlinienverwaltungs-Editor im gewünschten Gruppenrichtlinienobjekt zum Ordner *Ordnerumleitung* unter dem Knoten *Benutzerkonfiguration*.

2. Markieren Sie den gewünschten Ordner in der Liste.

3. Rechtsklicken Sie auf den ausgewählten Ordner und wählen Sie *Eigenschaften*.

4. Rufen Sie im Eigenschaftendialogfeld des Ordners die Registerkarte *Ziel* auf und wählen Sie in der Liste *Einstellung* den Punkt *Erweitert* aus (siehe Abbildung 3–78).

Abb. 3–78   Einschalten der erweiterten Ordnerumleitung

5. Klicken Sie im Bereich *Sicherheitsgruppenmitgliedschaft* auf *Hinzufügen*.

6. Geben Sie im Dialogfeld *Gruppe und Pfad angeben* aus Abbildung 3–79 den Namen der Sicherheitsgruppe in das Feld *Sicherheitsgruppenmitgliedschaft* ein.

Abb. 3–79   Einrichten der erweiterten Ordnerumleitung

7. Wählen Sie im Abschnitt *Zielordner* eine der folgenden Optionen aus:

    - *Einen Ordner für jeden Benutzer im Stammpfad erstellen*

    - *An folgenden Pfad umleiten*

    - *An lokalen Benutzerprofilpfad umleiten*

    - *In das Basisverzeichnis des Benutzers kopieren*

8. Geben Sie den UNC-Pfad des Stammordners ein und klicken Sie auf *OK*.

9. Wiederholen Sie im Eigenschaftendialogfeld des Ordners die Schritte 5 bis 8, um weitere Gruppen hinzuzufügen.

10. Klicken Sie im Eigenschaftendialogfeld aus Abbildung 3–80 auf *OK* und in dem eingeblendeten Dialogfeld mit der Warnung auf *Ja*.

Abb. 3–80 Abschließen der Einrichtung

> **HINWEIS Verwendung der erweiterten Ordnerumleitung**
>
> Die erweiterte Ordnerumleitung wird gewöhnlich eingesetzt, um Standardeinstellungen für den Desktop oder das Startmenü durchzusetzen, also für die Ordner *Desktop* und *Startmenü*. Dabei wird gewöhnlich die Option *An folgenden Pfad umleiten* ausgewählt, damit alle Benutzer in allen Abteilungen über den gleichen Desktop und das gleiche Startmenü verfügen.

Die Registerkarte »Einstellungen«

Nach der Einrichtung der Ziele können Sie sowohl bei der Standard- als auch bei der erweiterten Ordnerumleitung zusätzliche Optionen auf der Registerkarte *Einstellungen* einrichten, die Sie in Abbildung 3–81 sehen:

▨ **Dem Benutzer exklusive Rechte für <Ordner> erteilen**   Sorgt dafür, dass ausschließlich der Benutzer die Rechte für seinen eigenen Ordner hat. Diese Option ist standardmäßig aktiviert.

▨ **Den Inhalt von <Ordner> an den neuen Speicherort verschieben**   Wenn sich bereits Inhalte im umzuleitenden Ordner des lokalen Benutzerprofils befinden, werden sie in den umgeleiteten Ordner verschoben. Diese Option ist standardmäßig aktiviert.

▨ **Umleitungsrichtlinie auch auf die Betriebssysteme Windows 2000, Windows 2000 Server, Windows XP und Windows Server 2003 anwenden**   Diese Option dient zur Unterstützung älterer Betriebssysteme und ist standardmäßig nicht aktiviert.

- **Entfernen der Richtlinie** Diese Option bestimmt, was geschieht, wenn Sie die Ordner-umleitungseinstellungen aus dem Gruppenrichtlinienobjekt entfernen. Die beiden folgenden Möglichkeiten stehen zur Wahl:

- *Ordner nach Entfernen der Richtlinie am neuen Speicherort belassen*
- *Ordner nach Entfernen der Richtlinie zurück an den Speicherort des lokalen Benutzerprofils umleiten*

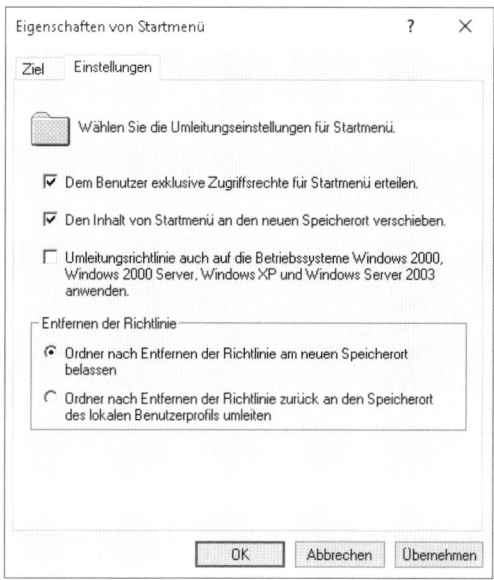

Abb. 3–81   Die Registerkarte *Einstellungen*

Verwenden von administrativen Vorlagen

Ein Großteil der Konfigurationseinstellungen, die Sie in Gruppenrichtlinienobjekten vornehmen können, stehen in den Knoten *Administrative Vorlagen* zur Verfügung. Alle Änderungen, die Sie darin durchführen, wirken sich auf die Registrierungseinstellungen der Computer aus, auf die die Gruppenrichtlinie angewendet wird.

Wie alle anderen Gruppenrichtlinieneinstellungen sind auch diese in Computer- und Benutzereinstellungen unterteilt, die sich auf die System- bzw. Benutzerelemente in der Registrierung auswirken. Einige Einstellungen in *Administrative Vorlagen* sind jedoch sowohl in *Computerkonfiguration* als auch in *Benutzerkonfiguration* vorhanden.

PRÜFUNGSTIPP

Wenn Sie beide Varianten einer dieser Einstellungen einrichten, hat die Einstellung unter *Computerkonfiguration* Vorrang.

Die direkte Bearbeitung der Registrierung ist unübersichtlich und fehleranfällig. Daher werden die Einstellungen unter *Administrative Vorlagen* in einer logischeren und übersichtlicheren Ordnerstruktur dargestellt, wie Sie in Abbildung 3–82 sehen.

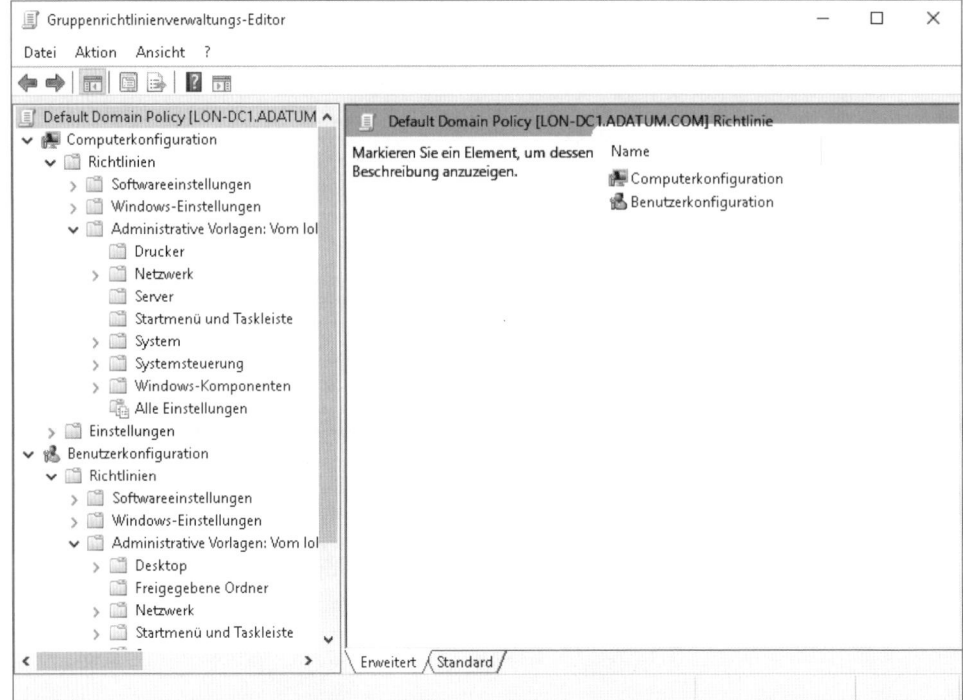

Abb. 3–82   Die verfügbaren Einstellungen unter *Administrative Vorlagen*

Diese Struktur ist wie folgt aufgebaut:

▨ Computerkonfiguration:

- Drucker

- Netzwerk

- Server

- Startmenü und Taskleiste

- System

- Systemsteuerung

- Windows-Komponenten

- Alle Einstellungen

▨ Benutzerkonfiguration:

- Desktop

- Freigegebene Ordner

- Netzwerk

- Startmenü und Taskleiste
- System
- Systemsteuerung
- Windows-Komponenten
- Alle Einstellungen

PRÜFUNGSTIPP

Die Ordner *Alle Einstellungen* enthalten jeweils eine Komplettansicht sämtlicher Einstellungen des Knotens.

Dateien für administrative Vorlagen

Administrative Vorlagen werden im Gruppenrichtlinienverwaltungs-Editor zwar als Ordner dargestellt, in Wirklichkeit aber als Dateien im Dateisystem des Domänencontrollers gespeichert. In früheren Versionen von Windows Server hatten sie die Dateinamenerweiterung ADM, in Windows Server 2016 dagegen ADMX.

Die ADMX-Dateien sind sprachneutral und werden in mehrsprachigen Organisationen mit ADML-Dateien verknüpft, die sprachspezifische Elemente der Konfigurationseinstellungen enthalten. Wenn die ADMX-Dateien beispielsweise in *Windows\PolicyDefinitions* gespeichert sind, gibt es in diesem Ordner Unterordner für die ADML-Dateien, z. B. *en-US* für das Gebietsschema mit amerikanischem Englisch.

Einrichten eines zentralen Speicherorts

Bei Bedarf können Sie auch eigene administrative Vorlagen anlegen, um besondere Einstellungen für Benutzer, Computer und installierte Anwendungen einzurichten. Anstatt jedoch die ADMX-Dateien auf einem Domänencontroller zu erstellen und manuell auf die anderen Domänencontroller in der Gesamtstruktur zu kopieren, können Sie eine Zentralspeicherung der Vorlagendateien einrichten. Das bietet folgende Vorteile:

- Die administrativen Vorlagen sind auf allen Domänencontrollern identisch.

- Administrative Vorlagen lassen sich leichter ändern, da Sie dazu nur eine einzige ADMX-Datei bearbeiten müssen, nämlich die am zentralen Speicherort.

Der zentrale Speicherort befindet sich im freigegebenen Ordner *SYSVOL*. In der Beispieldomäne *Adatum.com* sieht die Vorgehensweise wie folgt aus:

1. Erstellen Sie im Ordner *\\Adatum.com\SYSVOL\Adatum.com\Policies* den Unterordner *PolicyDefinitions*.

2. Füllen Sie den neuen Ordner *PolicyDefinitions* mit den vorhandenen Inhalten des Ordners *Windows\PolicyDefinitions* auf einem Domänencontroller.

3. Fügen Sie neue oder geänderte ADMX- und ADML-Dateien zu der *SYSVOL*-Version von *PolicyDefinitions* hinzu.

PRÜFUNGSTIPP
Bei der Aktualisierung auf ein neues Betriebssystem oder Servicepack müssen Sie auch den Unterordner *PolicyDefinitions* aktualisieren, um die neuen Konfigurationsoptionen zu nutzen, die beispielsweise in Windows 10 und Microsoft Office 2016 zur Verfügung stehen.

Importieren einer benutzerdefinierten Datei für eine administrative Vorlage

Wenn Sie eigene ADMX-Dateien nutzen oder einfach neue zu den bereits heruntergeladenen hinzufügen möchten, müssen Sie sie im Gruppenrichtlinienverwaltungs-Editor verfügbar machen. Dieser Vorgang wird als Import bezeichnet.

1. Erstellen Sie die ADMX-Datei für die administrative Vorlage oder laden Sie sie herunter.

2. Kopieren Sie sie an den zentralen Speicherort.

3. Richten Sie die Einstellungen der administrativen Vorlagen im Gruppenrichtlinienverwaltungs-Editor für die gewünschten Gruppenrichtlinienobjekte ein.

4. Verknüpfen Sie die Gruppenrichtlinienobjekte mit den gewünschten AD DS-Containern, z. B. einer Organisationseinheit.

WEITERE INFORMATIONEN   **Erstellen eigener ADMX-Dateien**

Weitere Informationen darüber, wie Sie eigene ADMX-Dateien erstellen, finden Sie auf der Microsoft TechNet-Website unter:

https://technet.microsoft.com/library/cc770905(v=ws.10).aspx

Filteroptionen für administrative Vorlagen

Die Anzahl der Einstellungen, die Sie in administrativen Vorlagen einrichten können, ist schier überwältigend. Standardmäßig zeigt der Gruppenrichtlinienverwaltungs-Editor sämtliche Richtlinieneinstellungen an, ob sie nun verwaltet, konfiguriert oder kommentiert sind oder nicht.

PRÜFUNGSTIPP
Der Dienst *Gruppenrichtlinienclient* steuert verwaltete Richtlinieneinstellungen, aber keine nicht verwalteten.

Es kann ziemlich zeitraubend sein, Dutzende von nicht verwalteten Einstellungen durchsuchen zu müssen, um die verwalteten zu finden, die Sie ändern wollen. Auch die Suche nach einer bestimmten konfigurierten Einstellung unter Tausenden von nicht konfigurierten kann viel Zeit in Anspruch nehmen. Zum Glück können Sie die Anzeige der Richtlinieneinstellungen im Gruppenrichtlinienverwaltungs-Editor mithilfe von Filtern einschränken. Einrichten können Sie solche Filter nach Bedarf sowohl unter *Computerkonfiguration* als auch unter *Benutzerkonfigu-ration*. Gehen Sie dazu wie folgt vor:

1. Rechtsklicken Sie auf *Administrative Vorlagen* und wählen Sie *Filteroptionen*.
2. Richten Sie im Dialogfeld *Filteroptionen* aus Abbildung 3–83 die folgenden Optionen ein und klicken Sie auf *OK*:

   - **Verwaltet**   *Ja*, *Nein* oder *Beliebig* (in der deutschen Oberfläche »Verwalteter Compu-ter« genannt)
   - **Konfiguriert**   *Ja*, *Nein* oder *Beliebig*
   - **Kommentiert**   *Ja*, *Nein* oder *Beliebig*
   - **Schlüsselwortfilter**   Geben Sie die Schlüsselwörter ein, nach denen gefiltert werden soll, und geben Sie an, wo diese Wörter vorkommen sollen – im Titel der Richtlinie-neinstellung, im Hilfetext oder im Kommentar. Wählen Sie außerdem aus, ob nach einer genauen Übereinstimmung, nach allen Wörtern oder nur nach beliebigen der angege-benen Wörter gesucht werden soll.
   - **Anforderungsfilter**   Hier können Sie besondere Anforderungen an die Plattform oder die Anwendung angeben, nach denen gefiltert werden soll. Nach der Auswahl der Filter geben Sie an, ob alle oder nur einige davon zutreffen müssen.
3. Die Filter werden sofort auf die aktuelle Ansicht angewendet.

Abb. 3–83   Einrichten der Filteroptionen für administrative Vorlagen

Prüfungsziel 3.4:
Einrichten von Gruppenrichtlinienpräferenzen

Wie Sie bereits gesehen haben, können Sie die Desktopumgebung des Benutzers mithilfe von Anmeldeskripts vorbereiten, um beispielsweise Netzlaufwerke oder Peripheriegeräte wie Drucker zu verbinden. Diese Skripts können Sie mithilfe von Gruppenrichtlinienobjekten auf die Computer der Benutzer übertragen lassen.

Die Pflege solcher Skripts kann jedoch eine ziemlich aufwendige und zeitraubende Aufgabe darstellen. Außerdem sind dazu Kenntnisse in Skriptsprachen erforderlich, mit denen sich in Ihrer Organisation möglicherweise niemand so recht auskennt. In Windows Server 2016 können Sie solche Einstellungen, die gewöhnlich über Skripts vorgenommen werden, mithilfe von Gruppenrichtlinienpräferenzen festlegen.

In der deutschen Oberfläche werden diese Präferenzen (»Preferences«) leider ebenfalls »Einstellungen« genannt und befinden sich in einem eigenen Ordner *Einstellungen*. Trotz des identischen Namens und vieler Ähnlichkeiten gibt es jedoch auch einige wichtige Unterschiede zu den herkömmlichen Einstellungen (»Settings«) im Ordner *Richtlinien*, mit denen wir uns in Prüfungsziel 3.3 befasst haben:

- Die herkömmlichen Einstellungen werden streng durchgesetzt, die Präferenzen nicht. So kann ein Benutzer beispielsweise andere Startmenüeinstellungen wählen als diejenigen, die in den Präferenzen vorgegeben sind.

- Die Bereiche der Benutzeroberfläche, die über herkömmliche Einstellungen konfiguriert sind, werden für den Benutzer oft ausgeblendet. Bei Präferenzen geschieht dies nicht.

- Herkömmliche Einstellungen werden regelmäßig erneut angewendet. Das gilt im Prinzip auch für die Präferenzen, doch können Sie diese auch so einrichten, dass sie nur einmal angewendet werden und danach nie wieder.

Inhalt dieses Abschnitts:

- Einrichten von Gruppenrichtlinienpräferenzen
- Anwendung auf spezifische Elemente

Einrichten von Gruppenrichtlinienpräferenzen

Mit den in Abbildung 3–84 gezeigten Gruppenrichtlinienpräferenzen können Sie folgende Einstellungen festlegen:

- Anwendungen
- Umgebungseinstellungen
- Dateien und Ordner
- Laufwerkszuordnungen und Netzwerkfreigaben
- Registrierungseinstellungen

- Verknüpfungen
- Verschiedene Einstellungen der Systemsteuerung:
  - Datenquellen
  - Geräte
  - Ordneroptionen
  - Interneteinstellungen
  - Lokale Benutzer und Gruppen
  - Netzwerkoptionen
  - Drucker
  - Regionale Einstellungen
  - Geplante Aufgaben
  - Dienste
  - Startmenü

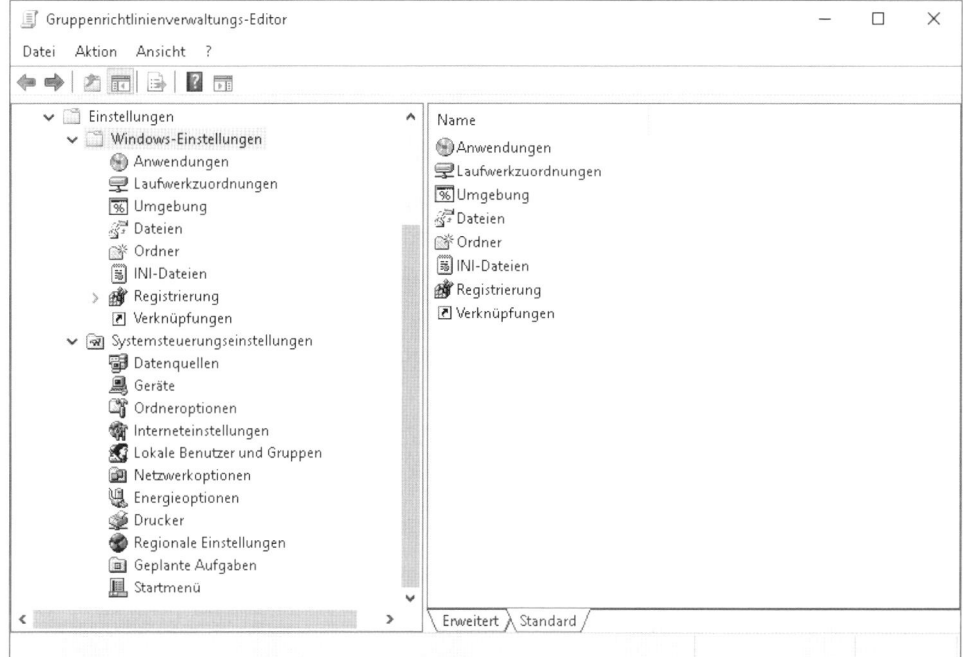

Abb. 3–84   Die Präferenzen im Knoten *Einstellungen*

Um eine Präferenz einzurichten, gehen Sie wie folgt vor:

1. Öffnen Sie das gewünschte Gruppenrichtlinienobjekt im Gruppenrichtlinienverwaltungs-Editor, erweitern Sie den Knoten *Computerkonfiguration* oder *Benutzerkonfiguration*, öffnen Sie darunter den Ordner *Einstellungen* und wählen Sie einen Eintrag aus der Liste aus.

2. Führen Sie eine der folgenden Aufgaben aus:

- Erstellen Sie eine neue Präferenzeinstellung.
- Ersetzen Sie eine vorhandene Präferenzeinstellung.
- Aktualisieren Sie eine vorhandene Präferenzeinstellung.
- Löschen Sie eine vorhandene Präferenzeinstellung.

 PRÜFUNGSTIPP

Im Editor für lokale Gruppenrichtlinien steht der Ordner *Einstellungen* nicht zur Verfügung.

Definieren von Netzlaufwerkzuordnungen

Laufwerkzuordnungen nehmen Sie im Knoten *Benutzerkonfiguration* vor. Um eine solche Zuordnung hinzuzufügen, gehen Sie wie folgt vor:

1. Öffnen Sie den Ordner *Einstellungen*, rechtsklicken Sie unter *Windows-Einstellungen* auf *Laufwerkzuordnungen*, zeigen Sie auf *Neu* und dann auf *Zugeordnetes Laufwerk*.

2. Wählen Sie in der Liste *Aktion* auf der Registerkarte *Allgemein* des Dialogfelds *Neue Laufwerkeigenschaften* den Punkt *Erstellen* (siehe Abbildung 3–85).

3. Geben Sie in das Feld *Speicherort* den UNC-Pfad zu dem freigegebenen Ordner ein.

4. Aktivieren Sie optional das Kontrollkästchen *Verbindung wiederherstellen*, damit die Zuordnung jedes Mal wiederhergestellt wird, wenn sich ein Benutzer anmeldet.

5. Wählen Sie unter *Laufwerkbuchstabe* einen geeigneten Buchstaben aus der Liste *Verwenden* aus.

6. Falls nötig, können Sie im Abschnitt *Verbinden als (optional)* Anmeldeinformationen für die Laufwerkzuordnung angeben.

Abb. 3–85   Einrichten einer Laufwerkzuordnung

7.   Wechseln Sie zur Registerkarte *Gemeinsame Optionen* aus Abbildung 3–86.

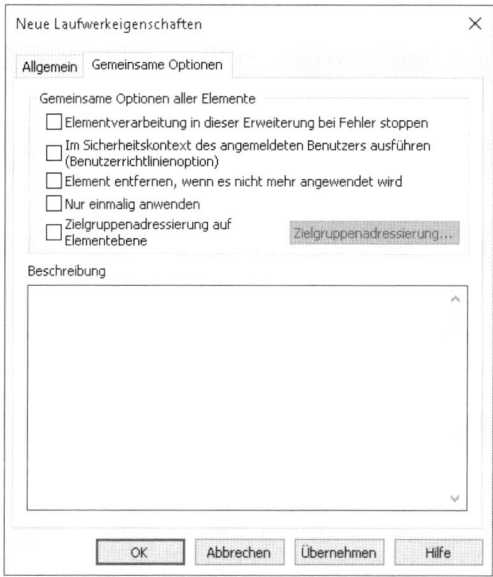

Abb. 3–86   Einrichten der gemeinsamen Eigenschaften

8.   Richten Sie die verfügbaren Optionen ein und klicken Sie auf *OK*:

- **Elementverarbeitung in dieser Erweiterung bei Fehler stoppen**   Wenn ein Fehler auftritt, werden die restlichen in dem Gruppenrichtlinienobjekt eingerichteten Präferenzen nicht verarbeitet.

- **Im Sicherheitskontext des angemeldeten Benutzers ausführen** Präferenzen werden entweder im Kontext des Systemkontos oder des angemeldeten Benutzers ausgeführt. Diese Einstellung ist für die Einrichtung von Laufwerkzuordnungen sinnvoll.

- **Element entfernen, wenn es nicht mehr angewendet wird** Wenn sich das Objekt, auf das die Präferenzen angewendet werden sollen, nicht mehr im Gültigkeitsbereich des Gruppenrichtlinienobjekts befindet, bleibt das Präferenzobjekt normalerweise weiterhin bestehen. Diese Option ändert dieses Verhalten.

- **Nur einmal anwenden** Diese Einstellung überschreibt das Standardverhalten der wiederholten Anwendung von Gruppenrichtlinienobjekten.

- **Zielgruppenadressierung auf Elementebene** Diese Option erläutern wir weiter hinten in diesem Prüfungsziel im Abschnitt »Anwendung auf spezifische Elemente«.

Wenn Sie die Zuordnung eines Laufwerks ändern wollen, öffnen Sie sein Eigenschaftendialogfeld, wählen in der Liste *Aktion* auf der Registerkarte *Allgemein* den Punkt *Ersetzen* und geben neue Einstellungen an. Das Element wird dann von den Clients entfernt und durch das neue ersetzt. Um eine Einstellung zu ändern, wählen Sie *Aktualisieren*. Wenn Sie ein Präferenzelement nicht mehr benötigen, wählen Sie *Löschen*.

Einrichten von Druckerpräferenzen

Drucker können Sie in den Präferenzen sowohl unter der Computer- als auch der Benutzerkonfiguration einrichten. Gehen Sie dazu wie folgt vor:

1. Öffnen Sie unter *Computerkonfiguration* oder *Benutzerkonfiguration* die Ordner *Einstellungen* und *Systemsteuerungseinstellungen*.

2. Rechtsklicken Sie auf *Drucker*, zeigen Sie auf *Neu* und wählen Sie je nach der Art des Anschlusses *Freigegebener Drucker*, *TCP/IP-Drucker* oder *Lokaler Drucker* (siehe Abbildung 3–87).

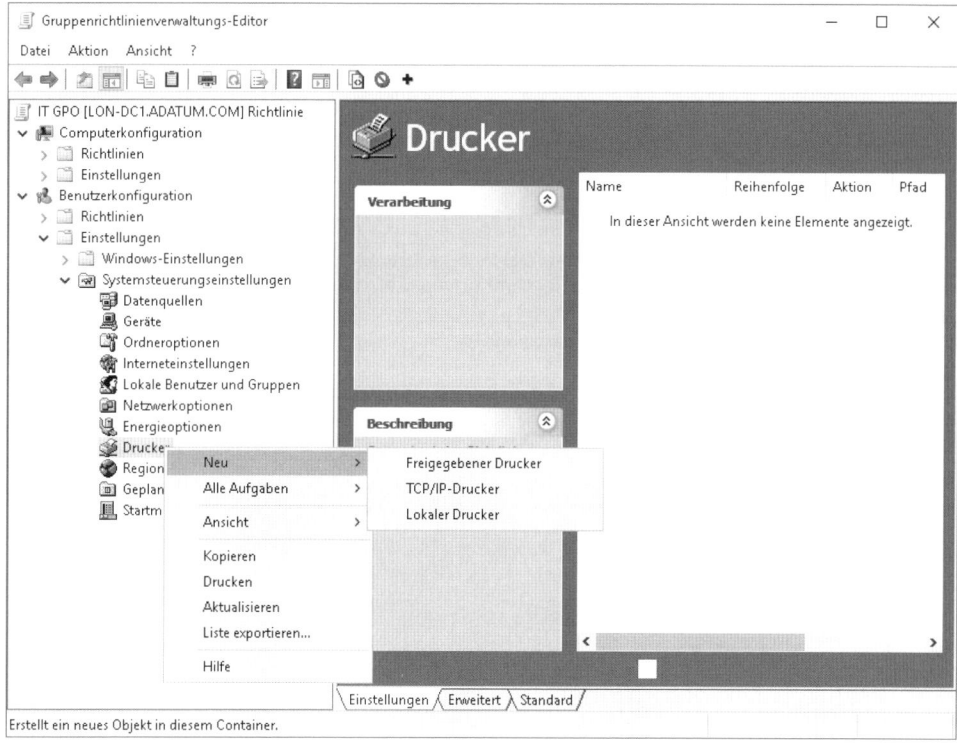

Abb. 3–87   Hinzufügen eines neuen Druckers

3. Wenn Sie sich beispielsweise für die Option *Freigegebener Drucker* entschieden haben, wählen Sie anschließend in der Liste *Aktion* auf der Registerkarte *Allgemein* des Dialogfelds *Neue Eigenschaften für freigegebene Drucker* (das eigentlich »Eigenschaften des neuen freigegebenen Druckers« heißen sollte) den Befehl *Erstellen*.

4. Suchen Sie im Abschnitt *Freigegebener Drucker* unter *Freigabepfad* nach dem freigegebenen Drucker.

5. Aktivieren Sie bei Bedarf das Kontrollkästchen *Drucker als Standarddrucker festlegen* (siehe Abbildung 3–88).

6. Klicken Sie auf die Registerkarte *Gemeinsame Optionen*, legen Sie die dortigen Einstellungen fest und klicken Sie auf *OK*.

Abb. 3–88   Einrichten einer Druckerpräferenz

Einrichten von Energieoptionen

Die Präferenzen für Energieoptionen richten Sie ähnlich ein wie die für Drucker und Laufwerkzuordnungen. Gehen Sie dazu folgendermaßen vor:

1. Rechtsklicken Sie unter dem Knoten *Systemsteuerungseinstellungen* auf *Energieoptionen*,
   zeigen Sie auf *Neu* und wählen Sie *Energiesparplan (mindestens Windows 7)*.

2. Wählen Sie in dem Eigenschaftendialogfeld aus Abbildung 3–89 einen geeigneten Energiesparplan aus und nehmen Sie die erforderlichen Einstellungen vor.

3. Klicken Sie auf die Registerkarte *Gemeinsame Optionen*, legen Sie die dortigen Einstellungen fest und klicken Sie auf *OK*.

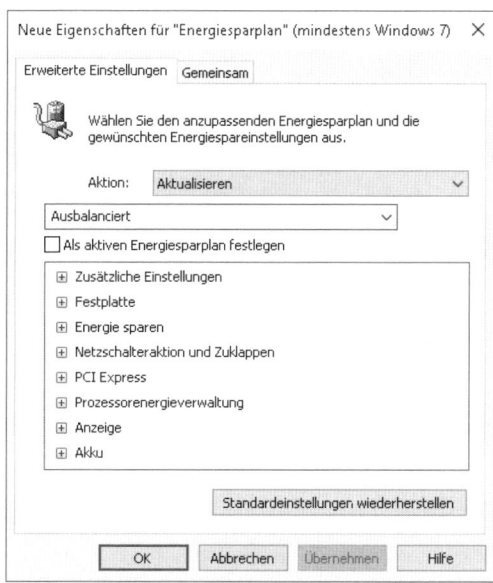

Abb. 3–89   Einrichten eines neuen Energiesparplans

Einrichten von Verknüpfungen

Es erhöht den Bedienkomfort, wenn Sie auf dem Desktop der Benutzer Verknüpfungen zu Dateien, Ordnern und anderen Objekten platzieren. Das können Sie mit Gruppenrichtlinienpräferenzen sowohl unter *Computerkonfiguration* als auch unter *Benutzerkonfiguration* tun. Gehen Sie dazu folgendermaßen vor:

1. Öffnen Sie den Ordner *Windows-Einstellungen* unter *Computerkonfiguration* oder *Benutzerkonfiguration*, rechtsklicken Sie auf *Verknüpfungen*, zeigen Sie auf *Neu* und wählen Sie *Verknüpfung*.

2. Wählen Sie in der Aktionsliste auf der Registerkarte *Allgemein* des Dialogfelds *Neue Verknüpfungseigenschaften* den Befehl *Erstellen* (siehe Abbildung 3–90).

3. Geben Sie in das Feld *Name* eine Bezeichnung für die Verknüpfung an.

4. Wählen Sie in der Liste *Zieltyp* aus, auf was für ein Objekt die Verknüpfung verweisen soll. Zur Auswahl stehen *Dateisystemobjekt*, *URL* und *Shellobjekt*.

5. Wählen Sie in der Liste *Speicherort* aus, wo die Verknüpfung angezeigt werden soll, z. B. auf dem Desktop oder im Startmenü.

6. Geben Sie in das Feld *Zielpfad* den Pfad zu dem Objekt ein.

7. Richten Sie die restlichen Optionen nach Bedarf ein und wechseln Sie zur Registerkarte *Gemeinsame Optionen*.

8. Richten Sie die gemeinsamen Optionen ein und klicken Sie auf *OK*.

Abb. 3–90   Erstellen einer Präferenz für Verknüpfungen

Einrichten der Datei- und Ordnerbereitstellung

Sie können über Gruppenrichtlinienpräferenzen auch Dateien und Ordner bereitstellen. Auch dies ist sowohl in der Computer- als auch der Benutzerkonfiguration möglich. Je nachdem, welchen Knoten Sie wählen, werden die angegebenen Dateien oder Ordner dann für die ausgewählten Benutzer oder Computer bereitgestellt.

Um zum Desktop eines Benutzers eine Datei hinzuzufügen, gehen Sie wie folgt vor:

1. Öffnen Sie den Ordner *Windows-Einstellungen* unter *Benutzerkonfiguration*, rechtsklicken Sie auf *Dateien*, zeigen Sie auf *Neu* und wählen Sie *Datei*.

2. Wählen Sie in der Aktionsliste auf der Registerkarte *Allgemein* des Dialogfelds *Neue Dateieigenschaften* den Befehl *Erstellen* (siehe Abbildung 3–91).

3. Geben Sie in das Feld *Quelldatei(en)* Name und Pfad der Datei ein, die Sie als Quelle verwenden möchten.

4. Geben Sie in das Feld *Zieldatei* Name und Pfad der Datei ein, die Sie erstellen möchten.

5. Wählen Sie bei Bedarf die Attribute *Schreibgeschützt*, *Versteckt* oder *Archiv* aus.

6. Geben Sie in das Feld *Zielpfad* den Pfad zu dem Objekt ein.

7. Wechseln Sie zur Registerkarte *Gemeinsame Optionen*, richten Sie die dortigen Einstellungen ein und klicken Sie auf *OK*.

Abb. 3–91   Bereitstellen einer neuen Datei mithilfe einer Präferenz

Ordner stellen Sie auf die gleiche Weise bereit. Wie Sie in Abbildung 3–92 sehen, werden Ihnen beim Ersetzen und Löschen eines Ordners jedoch die folgenden zusätzlichen Optionen angezeigt:

- *Ordner löschen (sofern geleert)*
- *Alle Unterordner rekursiv löschen (sofern geleert)*
- *Alle Dateien in den Ordnern löschen*
- *Löschen schreibgeschützter Dateien/Ordner zulassen*
- *Fehler für nicht löschbare Dateien/Ordner ignorieren*

Abb. 3–92   Ersetzungsoptionen für einen Ordner

Einrichten benutzerdefinierter Registrierungseinstellungen

Mithilfe von Präferenzen können Sie auch die folgenden Verwaltungsaufgaben für die Registrierung durchführen:

▪ **Registrierungselement hinzufügen**   Hiermit können Sie einen Registrierungseintrag in einen Registrierungsschlüssel unter einer Registrierungsstruktur einfügen.

▪ **Sammlungselement hinzufügen**   Hiermit können Sie mehrere Registrierungselemente gruppieren. Das ist praktisch, wenn Sie den Benutzern oder Computern mehrere Registrierungseinträge hinzufügen möchten.

▪ **Registrierungs-Assistent ausführen**   Hiermit können Sie auf den Zielcomputern einen Assistenten ausführen, um dort mehrere Benutzer- oder Computereinstellungen in der Registrierung vorzunehmen.

Der Vorgang zum Erstellen benutzerdefinierter Registrierungseinstellungen entspricht dem für alle anderen Präferenzeinstellungen.

Einrichten von Systemsteuerungseinstellungen

Unter dem Knoten *Benutzerkonfiguration* können Sie die folgenden Systemsteuerungseinstellungen vornehmen:

- **Datenquellen**   Hiermit können Sie Datenquellen hinzufügen und einrichten.

- **Geräte**   Hiermit können Sie Hardwaregeräte hinzufügen und einrichten.

- **Ordneroptionen**   Hiermit können Sie festlegen, wie Dateien und Ordner im Datei-Explorer angezeigt werden. Unter anderem können Sie Aspekte wie die Anzeige von versteckten Dateien und Ordnern oder der Erweiterungen von bekannten Dateitypen steuern (siehe Abbildung 3–93).

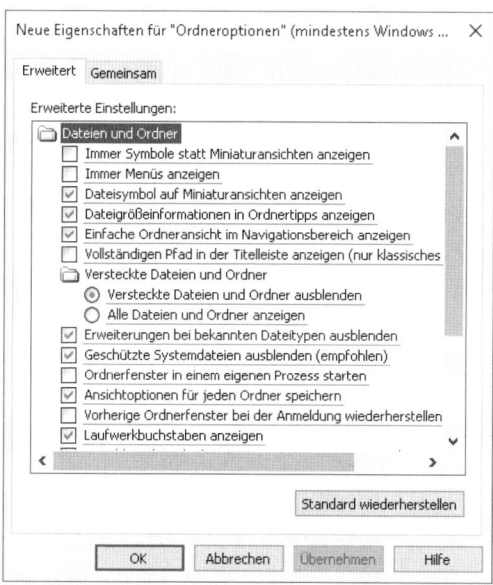

Abb. 3–93   Einrichten von Ordneroptionen mithilfe von Präferenzen

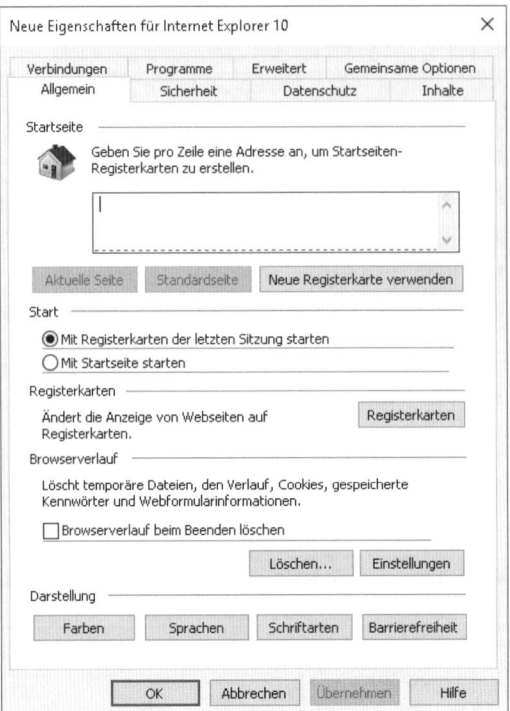

Abb. 3–94   Einrichten der Internet Explorer-Optionen

Interneteinstellungen   Wie Sie in Abbildung 3–94 sehen, können Sie hier Vorgabewerte und Einstellungen für den Internet Explorer festlegen.

HINWEIS   **Grüne durchgezogene und rote gestrichelte Linien**

Bei manchen Systemsteuerungseinstellungen sind standardmäßig nicht alle Optionen zugänglich. Verfügbare Einstellungen sind mit einer durchgezogenen grünen Linie unterstrichen, nicht verfügbare mit einer gestrichelten roten Linie. Die Verfügbarkeit lässt sich mithilfe der Funktionstasten ändern: Sie können alle Einstellungen auf der vorliegenden Registerkarte mit F5 aktivieren und mit F8 deaktivieren. Um nur die markierten Einstellungen zu aktivieren, drücken Sie F6, um sie zu deaktivieren, F7.

Lokale Benutzer und Gruppen   Mithilfe von Präferenzen können Sie auch lokale Benutzer und Gruppen verwalten, wie Sie in Abbildung 3–95 sehen.

Abb. 3–95 Hinzufügen eines lokalen Benutzers

⬚ **Netzwerkoptionen** Mithilfe von Netzwerkoptionen können Sie VPN-Verbindungen (virtuelle private Netzwerke) hinzufügen und einrichten.

⬚ **Energieoptionen** Hiermit können Sie Energiesparpläne hinzufügen und einrichten.

⬚ **Drucker** Hiermit können Sie Drucker hinzufügen und einrichten.

⬚ **Regionale Einstellungen** Hiermit können Sie regionale Einstellungen hinzufügen und einrichten.

⬚ **Startmenü** Hiermit können Sie einige Aspekte des Startmenüs steuern.

Im Ordner *Systemsteuerungseinstellungen* unter dem Knoten *Computerkonfiguration* stehen darüber hinaus noch folgende Präferenzen zur Verfügung:

⬚ **Geplante Aufgaben** Hiermit können Sie geplante Aufgaben hinzufügen, einrichten und warten.

⬚ **Dienste** Hiermit können Sie das Startverhalten von Diensten steuern.

Anwendung auf spezifische Elemente

Mithilfe von Sicherheitsfiltern können Sie dafür sorgen, dass Gruppenrichtlinienobjekte auf bestimmte Gruppen oder Benutzer angewendet werden, und mithilfe von WMI-Filtern können Sie die Gültigkeit auf bestimmte Computer beschränken. Diese Filter gelten allerdings für das gesamte Gruppenrichtlinienobjekt.

Es ist jedoch auch möglich, die Anwendung einzelner Präferenzen auf bestimmte Elemente zu beschränken, was Ihnen viel genauere Steuerungsmöglichkeiten gibt.

Wie Sie in dem vorherigen Abschnitt gesehen haben, können Sie nach dem Einrichten der allgemeinen Eigenschaften einer Präferenz optional weitere Einstellungen auf der Registerkarte *Gemeinsame Optional* vornehmen. Dort finden Sie auch die Option *Zielgruppenadressierung auf Elementebene* (siehe Abbildung 3–96).

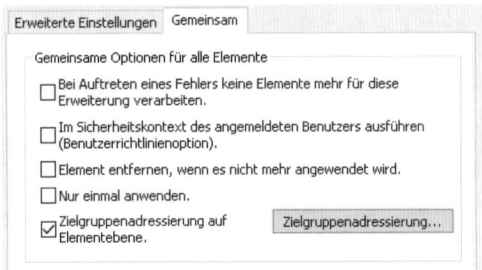

Abb. 3–96   Einschalten des Anwendens auf einzelne Elemente

Wenn Sie diese Option aktivieren, können Sie das Anwenden der Präferenz folgendermaßen einschränken:

1. Klicken Sie auf *Zielgruppenadressierung* und dann im Dialogfeld *Zielgruppenadressierungs-editor* auf *Neues Element*. Wählen Sie aus der Liste einen Aspekt aus, auf dessen Grundlage Sie das Anwenden der Präferenz einschränken möchten, beispielsweise *Akku vorhanden*, *Domäne*, *RAM* oder *WMI-Abfrage*. In diesem Beispiel verwenden wir *RAM*.

2. Legen Sie als Nächstes die Bedingung fest. Wenn Sie *RAM* ausgewählt haben, geben Sie beispielsweise den Mindestbetrag an Arbeitsspeicher an, der vorhanden sein muss, damit die Präferenz angewendet wird (siehe Abbildung 3–97). Über *Elementoptionen* können Sie den Operator auch ändern, etwa um statt der Bedingung »RAM *ist* größer oder gleich 2048 MB« die Bedingung »RAM *ist nicht* größer oder gleich 2048 MB« festzulegen.

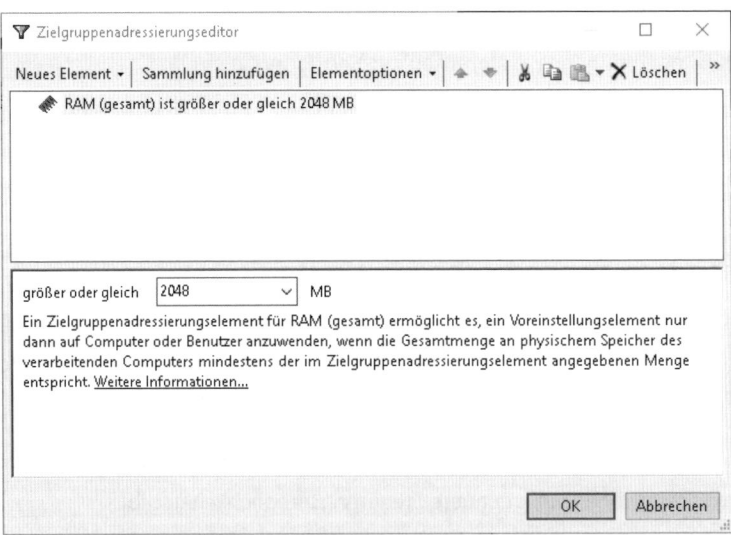

Abb. 3–97   Hinzufügen einer Bedingung im Zielgruppenadressierungseditor

3. Fügen Sie nach Bedarf weitere Bedingungen hinzu. Standardmäßig werden sie mit dem Operator *AND* verknüpft, sodass alle Bedingungen erfüllt sein müssen, damit die Präferenz angewendet wird (siehe Abbildung 3–98). Dies können Sie jedoch auch ändern, indem Sie in der Liste *Elementoptionen* den Operator *OR* wählen.

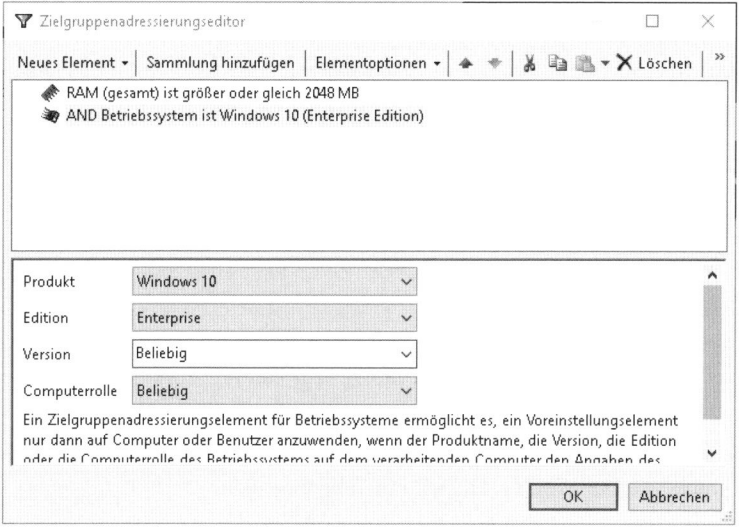

Abb. 3–98   Hinzufügen einer zweiten Bedingung

4. Wenn Sie alle Bedingungen festgelegt haben, klicken Sie auf *OK*.

5. Klicken Sie im Eigenschaftendialogfeld der Präferenz auf *OK*.

Für die Zielgruppenadressierung gibt es 27 Kriterien: *Akku vorhanden*, *Computername*, *CPU-Geschwindigkeit*, *Datumsübereinstimmung*, *Festplattenspeicher*, *Domäne*, *Umgebungsvariable*, *Dateiübereinstimmung*, *IP-Adressbereich*, *Sprache*, *LDAP-Abfrage*, *MAC-Adressbereich*, *MSI-Abfrage*, *Netzwerkverbindung*, *Betriebssystem*, *Organisationseinheit*, *PCMCIA vorhanden*, *Tragbarer Computer*, *Verarbeitungsmodus*, *RAM*, *Registrierungsübereinstimmung*, *Sicherheitsgruppe*, *Standort*, *Terminalsitzung*, *Zeitbereich*, *Benutzer* und *WMI-Abfrage*.

Zusammenfassung des Kapitels

▨ Mithilfe von Gruppenrichtlinienobjekten können Sie Geräte- und Benutzereinstellungen in Ihrer AD DS-Gesamtstruktur zentral einrichten und verwalten.

▨ Zum Erstellen, Einrichten und Warten von Gruppenrichtlinienobjekten verwenden Sie die Gruppenrichtlinien-Verwaltungskonsole, den Gruppenrichtlinienverwaltungs-Editor und die Windows PowerShell.

▨ Mithilfe von Gruppenrichtlinienobjekten können Sie gemeinsame Einstellungen für Softwareinstallation, Skripts, Ordnerumleitung, Sicherheit und die Registrierung festlegen.

▨ Gruppenrichtlinienobjekte können Sie mit Standorten, Domänen und Organisationseinheiten verknüpfen.

- Organisationseinheiten erben standardmäßig die Einstellungen von Gruppenrichtlinienobjekten, die mit übergeordneten Organisationseinheiten und der Domäne verknüpft sind.

- Mithilfe einer Migrationstabelle können Sie den Import von Gruppenrichtlinienobjekten von einer Domäne in eine andere erleichtern, wenn dabei die Namen von Sicherheitsprinzipalen oder UNC-Pfade geändert werden müssen.

- Damit ein Gruppenrichtlinienobjekt auf einen Benutzer angewendet werden kann, muss dieser über die Berechtigungen *Lesen* und *Richtlinie übernehmen* für das Objekt verfügen.

- Gelten für einen AD DS-Container mehrere Gruppenrichtlinienobjekte, so hat das zuletzt angewendete Vorrang.

- Sie können die Vererbung für einen Container deaktivieren. Dadurch werden alle Gruppenrichtlinienobjekte blockiert, die oberhalb dieses Containers angewendet werden.

- Sie können eine Richtlinie erzwingen, sodass sie durch Deaktivieren der Vererbung nicht blockiert werden kann.

- Wenn Sie nicht wollen, dass bestimmte Benutzer oder Computer Konfigurationseinstellungen aus einer Richtlinie für ihren Container empfangen, können Sie WMI- oder Sicherheitsfilter einsetzen.

- Mithilfe von Präferenzen können Sie Laufwerkzuordnungen, Verknüpfungen auf dem Desktop und Internet Explorer-Einstellungen bereitstellen.

- Über Gruppenrichtlinienobjekte bereitgestellte Präferenzen werden nicht auf die gleiche Weise durchgesetzt wie herkömmliche Gruppenrichtlinieneinstellungen.

Gedankenexperiment

In diesem Gedankenexperiment sollen Sie Ihre Fähigkeiten und Kenntnisse über die in diesem Kapitel behandelten Themen unter Beweis stellen. Die Antworten finden Sie im folgenden Abschnitt.

Sie arbeiten als Berater der Firma Adatum. Beantworten Sie die folgenden Fragen über die Einrichtung von AD DS in der Organisation Adatum:

1. Alle Computer im Londoner Hauptsitz müssen dieselben Sicherheitseinstellungen aufweisen, Computer in anderen europäischen Büros dagegen andere Einstellungen. Wie können Sie das erreichen?

2. Benutzer in der Filiale in Paris benötigen Laufwerkzuordnungen, die beim Anmelden der Benutzer eingerichtet werden sollen. Welche Möglichkeiten gibt es dazu?

3. Alle Benutzer in der Domäne von Adatum sollen dieselben Sicherheitseinstellungen erhalten. Wie lässt sich das erreichen?

4. Für die Vertriebsabteilung in Mailand gilt eine restriktive Gruppenrichtlinie, die jedoch leider die Arbeit der Vertriebsmanagerin beeinträchtigt. Daher wird entschieden, dass die Richtlinie auf sie nicht angewendet werden soll. Allerdings dürfen ihr Benutzer- und ihr Computerkonto nicht aus der Organisationseinheit *Milano\Sales* entfernt werden. Was können Sie tun, um diese Anforderungen zu erfüllen?

→

Antworten zum Gedankenexperiment

Dieser Abschnitt enthält die Lösungen der Aufgaben im Gedankenexperiment.

1. Sie können für jede Zweigstelle der Organisation Adatum ein eigenes Sicherheits-Gruppenrichtlinienobjekt einstellen. Die erforderlichen Sicherheitseinstellungen können Sie im Snap-In *Sicherheitsvorlagen* einrichten, sodass Sie gemeinsame Einstellungen nur einmal anlegen müssen und dann in die einzelnen Gruppenrichtlinienobjekte importieren können. Verknüpfen Sie die Gruppenrichtlinienobjekte schließlich mit den entsprechenden Standorten (wobei vorausgesetzt ist, dass in der Gesamtstruktur von Adatum ordnungsgemäß Standorte eingerichtet sind).

2. Es gibt zwei mögliche Lösungen. Die eine besteht darin, in einem Gruppenrichtlinienobjekt ein Anmeldeskript zu definieren und dieses Objekt mit dem geeigneten AD DS-Container zu verknüpfen, etwa dem Standort oder einer passenden Organisationseinheit. Bei der zweiten Möglichkeit richten Sie mithilfe von Gruppenrichtlinienpräferenzen Laufwerkzuordnungen ein und verknüpfen das Gruppenrichtlinienobjekt, das diese Präferenz enthält, mit dem passenden Container.

3. Richten Sie die Sicherheitseinstellungen, die für die gesamte Organisation gelten müssen, in einem Gruppenrichtlinienobjekt ein, das Sie mit dem Domänenobjekt verknüpfen, und erzwingen Sie das Gruppenrichtlinienobjekt, damit es alle Einstellungen in anderen Gruppenrichtlinienobjekten überschreibt.

4. Eine mögliche Lösung besteht darin, die Sicherheitsfilterung einzusetzen. Verwenden Sie dabei die Vorgehensweise »Anwenden auf alle bis auf die genannten Ausnahmen«. Um das zu erreichen, verweigern Sie der Vertriebsmanagerin in Mailand die Berechtigung *Richtlinie übernehmen*, sodass die Richtlinie nicht auf sie angewendet werden kann.

KAPITEL 4

Einrichten von Active Directory-Zertifikatdiensten

Viele Anwendungen und Dienste müssen zur Authentifizierung und Verschlüsselung auf digitale Zertifikate zurückgreifen. Als Grundlage für eine Infrastruktur öffentlicher Schlüssel (Public Key Infrastructure, PKI) zur Bereitstellung und Verwaltung digitaler Zertifikate in Ihrer Organisation können Sie Active Directory-Zertifikatdienste installieren und einrichten.

Eine PKI bietet Ihrer Organisation die folgenden Vorteile:

- **Authentifizierung** Ermöglicht Ihnen, Benutzer, Computer und Dienste zu identifizieren.

- **Verifizierung** Gewährleistet, dass übertragene Daten, z. B. E-Mail-Nachrichten, nicht manipuliert werden, und hilft zu bestätigen, dass der Absender auch tatsächlich derjenige ist, der er zu sein vorgibt.

- **Datenschutz** Bietet eine Möglichkeit, um Daten zu verschlüsseln, und zwar sowohl im Dateisystem gespeicherte Daten als auch solche, die übertragen werden, z. B. in E-Mails.

In diesem Kapitel behandelte Prüfungsziele:

- Installieren und Einrichten von Active Directory-Zertifikatdiensten
- Verwalten von Zertifikaten

Prüfungsziel 4.1:
Installieren und Einrichten von Active Directory-Zertifikatdiensten

Um in Windows Server 2016 eine PKI einzurichten, stellen Sie die Serverrolle der Active Directory-Zertifikatdienste bereit. Sie besteht aus den folgenden Rollendiensten:

- **Zertifizierungsstelle** Zertifizierungsstellen geben Zertifikate aus und widerrufen sie. In kleinen Organisationen reicht eine einzige Zertifizierungsstelle aus, doch in größeren kann es von Vorteil sein, eine Hierarchie von Zertifikaten einzurichten, um die Verfügbarkeit der Zertifikatdienste zu verbessern und die Verwaltungsarbeit für Zertifikate auf mehrere Stellen zu verteilen.

- **Webdienst für die Zertifikatregistrierung** Der Webdienst für die Zertifikatregistrierung ermöglicht Computern mit Windows 7 oder höher, über das Web Verbindung mit einer Zertifizierungsstelle aufzunehmen. Er fungiert als Proxy für die Zertifizierungsstelle und sorgt dafür, dass Computer Stammzertifikate herunterladen, die Zertifikatsperrliste abrufen und Zertifikate anfordern, installieren und erneuern können (einschließlich der automatischen Erneuerung für Computer, die zu einer nicht vertrauenswürdigen oder zu gar keiner Domäne gehören).

PRÜFUNGSTIPP

Um den Webdienst für die Zertifikatregistrierung einrichten zu können, muss die Gesamtstruktur mindestens die Funktionsebene Windows Server 2008 R2 aufweisen.

Webdienst für Zertifikatregistrierungsrichtlinien   Ermöglicht den Abruf von Richtlinieninformationen zur Zertifikatregistrierung.

PRÜFUNGSTIPP

Wenn Sie die Webdienste für Zertifikatregistrierungsrichtlinien und für die Zertifikatregistrierung zusammen anwenden, können Sie Zertifikatregistrierung auf der Grundlage von Richtlinien einrichten, wenn der empfangende Computer nicht Mitglied einer AD DS-Domäne ist oder zurzeit keine Verbindung mit einer solchen Domäne hat.

Zertifizierungsstellen-Webregistrierung   Bietet Möglichkeiten, um Zertifikate für Benutzer, Computer und Geräte mit folgenden Eigenschaften auszugeben und zu erneuern:

- Auf ihnen wird ein anderes Betriebssystem als Windows ausgeführt.
- Sie sind nicht Mitglied einer AD DS-Domäne.
- Sie sind nicht direkt mit Ihrem Netzwerk verbunden.

Registrierungsdienst für Netzwerkgeräte   Ermöglicht Geräten wie Routern und Switches, Zertifikate von einer AD-Zertifizierungsstelle zu erwerben.

Online-Responder   Ermöglicht die Verwaltung der OCSP-Validierung (Online Certificate Status Protocol) und eine Überprüfung von Zertifikatsperren.

Wie Sie in Abbildung 4–2 sehen, können Sie die erforderlichen Rollendienste für die Zertifikatdienste im Server-Manager mit dem Assistenten zum Hinzufügen von Rollen und Features installieren. Sie können jedoch auch die folgenden Windows PowerShell-Cmdlets verwenden:

- `Install-AdcsCertificationAuthority`   Installiert die Zertifizierungsstelle und richtet sie ein.
- `Install-AdcsEnrollmentWebService`   Installiert den Webdienst für die Zertifikatregistrierung und richtet ihn ein.
- `Install-AdcsEnrollmentPolicyWebService`   Installiert den Webdienst für Zertifikatregistrierungsrichtlinien und richtet ihn ein.
- `Install-AdcsWebEnrollment`   Installiert die Zertifizierungsstellen-Webregistrierung und richtet sie ein.

⬚ `Install-AdcsNetworkDeviceEnrollmentService` Installiert den Registrierungsdienst für Netzwerkgeräte und richtet ihn ein.

⬚ `Install-AdcsOnlineResponder` Installiert den Online-Responder und richtet ihn ein.

Um beispielsweise eine Unternehmens-Stammzertifizierungsstelle mit den zugehörigen Verwaltungswerkzeugen zu installieren, führen Sie folgenden Befehl aus:

```
Install-AdcsCertificationAuthority -CAType EnterpriseRootCa
-IncludeManagementTools
```

WEITERE INFORMATIONEN **Windows PowerShell-Cmdlets für die Bereitstellung der Active Directory-Zertifikatdienste**

Weitere Informationen über die Bereitstellung der Active Directory-Zertifikatdienste mithilfe der Windows PowerShell finden Sie auf der Microsoft TechNet-Website unter:

https://technet.microsoft.com/library/hh848387(v=wps.630).aspx

---

Inhalt dieses Abschnitts:

⬚ Entscheidung zwischen eigenständigen und Unternehmenszertifizierungsstellen

⬚ Installieren von eigenständigen Zertifizierungsstellen

⬚ Installieren von Unternehmenszertifizierungsstellen

⬚ Installieren von Offlinezertifizierungsstellen

⬚ Installieren und Einrichten eines Online-Responders

⬚ Trennung der Verwaltungsrollen

⬚ Sichern und Wiederherstellen von Zertifizierungsstellen

Entscheidung zwischen eigenständigen und Unternehmenszertifizierungsstellen

In Windows Server 2016 können Sie zwei verschiedene Arten von Zertifizierungsstellen einrichten:

⬚ **Eigenständige Zertifizierungsstellen** Eigenständige Zertifizierungsstellen lassen sich ohne AD DS installieren. Häufig werden sie als Offline-Stammzertifizierungsstellen bereitgestellt und weisen folgende Eigenschaften auf:

• Benutzer müssen Zertifikate über die Webregistrierung oder mit einer anderen manuellen Vorgehensweise anfordern.

• Administratoren müssen alle Zertifikatanforderungen genehmigen.

Unternehmenszertifizierungsstellen   Um eine Unternehmenszertifizierungsstelle installieren zu können, ist AD DS erforderlich. Eine Bereitstellung als Offline-Stammzertifizierungsstelle ist hier nicht möglich. Unternehmenszertifizierungsstellen weisen folgende Eigenschaften auf:

- Die Konfigurations- und Registrierungsinformationen der Zertifizierungsstelle sind in
  AD DS gespeichert.

- Benutzer können Zertifikate über die Webregistrierung oder mit einer anderen manuellen Vorgehensweise anfordern, aber auch die automatische Registrierung und Webdienste nutzen.

- Eine manuelle Genehmigung von Zertifikatanforderungen durch Administratoren ist
  nicht erforderlich. Stattdessen werden die Anforderungen anhand der vorgenomme-
  nen Einstellungen automatisch gehandhabt.

Ob Sie eine Unternehmens- oder eine eigenständige Zertifizierungsstelle bereitstellen, hängt
damit zusammen, ob Sie eine ein- oder mehrschichtige Zertifizierungsarchitektur verwenden
wollen, wobei Letztere aus einer Stamm- und mehreren untergeordneten Zertifizierungsstellen
besteht.

> **HINWEIS**   **Untergeordnete Zertifizierungsstellen**
>
> Untergeordnete Zertifizierungsstellen dienen zur Ausgabe und Verwaltung von Zertifikaten
> für Benutzer, Computer und Geräte. Damit sie diese Rollen ausüben können, benötigen sie
> ein untergeordnetes Zertifikat von ihrer Stammzertifizierungsstelle.

Bei einer einschichtigen Zertifizierungsstellenarchitektur in einer AD DS-Umgebung stellen
Sie gewöhnlich eine Unternehmenszertifizierungsstelle bereit. Wollen Sie dagegen eine mehrschichtige Architektur mit untergeordneten Zertifizierungsstellen verwenden, richten Sie normalerweise eine eigenständige Zertifizierungsstelle als Stammzertifizierungsstelle ein.

PRÜFUNGSTIPP

Es ist übliche Praxis, eine eigenständige Stammzertifizierungsstelle offline zu schalten, nachdem die untergeordneten Zertifizierungsstellen ihre Zertifikate erhalten
haben.

Installieren des Rollendienstes für die Zertifizierungsstelle

Bevor Sie eine Zertifizierungsstelle einrichten können, müssen Sie den Rollendienst dafür installieren. Im Server-Manager gehen Sie dazu folgendermaßen vor:

1. Melden Sie sich als lokaler Administrator an.

2. Öffnen Sie den Server-Manager und klicken Sie im Dashboard auf *Rollen und Features
   hinzufügen*.

3. Klicken Sie zweimal auf *Weiter*. Wählen Sie auf der Seite *Zielserver auswählen* den lokalen
   Server aus und klicken Sie erneut auf *Weiter*.

4. Aktivieren Sie in der Liste *Rollen* der Seite *Serverrollen auswählen* aus Abbildung 4–1 das Kontrollkästchen *Active Directory-Zertifikatdienste*. Klicken Sie auf *Weiter*, auf *Features hinzufügen* und abermals auf *Weiter*.

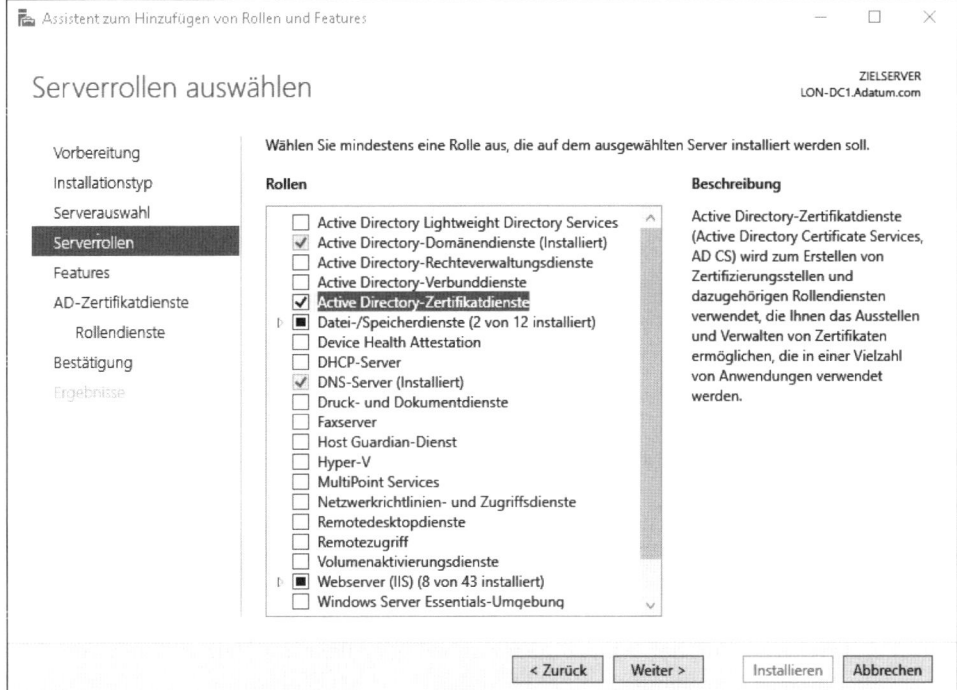

Abb. 4–1   Installieren der Active Directory-Zertifikatdienste im Server Manager

5. Klicken Sie auf der Seite *Features auswählen* auf *Weiter*.

6. Klicken Sie auf der Seite *Active Directory-Zertifikatdienste* auf *Weiter*.

7. Aktivieren Sie auf der Seite *Rollendienste auswählen* wie in Abbildung 4–2 gezeigt *Zertifizierungsstelle* und klicken Sie auf *Weiter*.

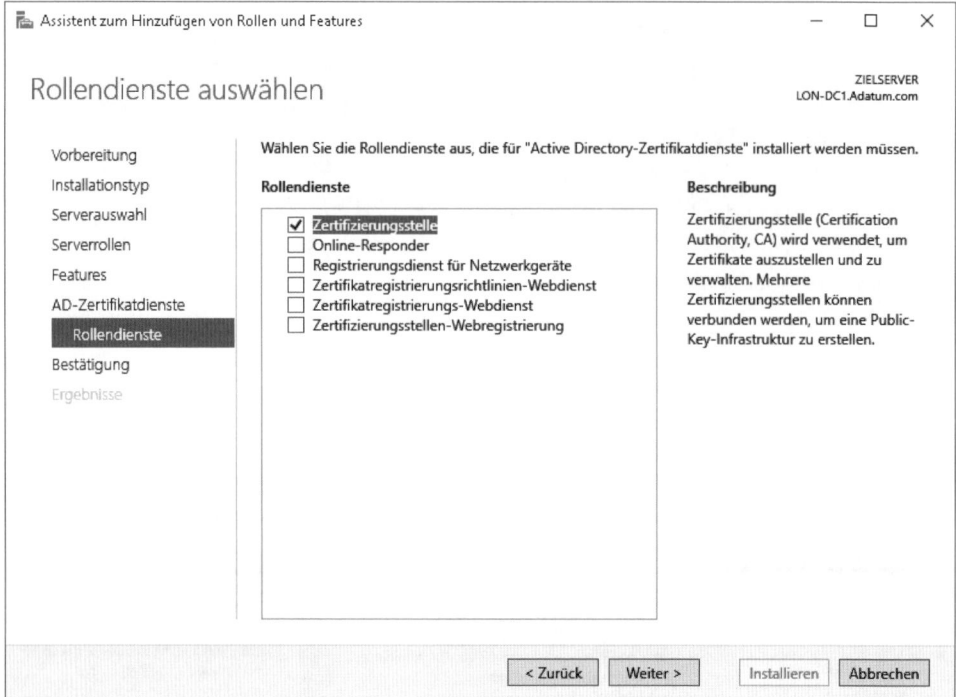

Abb. 4–2   Installieren der Rollendienste für die Zertifikatdienste

8. Klicken Sie auf der Seite *Installationsauswahl bestätigen* auf *Installieren*.

9. Klicken Sie nach Abschluss der Installation auf *Schließen*.

    PRÜFUNGSTIPP

Auf Computern mit der Server Core-Version des Betriebssystems können Sie die Rollendienste mit der Windows PowerShell oder über das Netzwerk mit dem Server-Manager installieren.

Nach der Installation des Rollendienstes für die Zertifizierungsstelle müssen Sie entweder eine eigenständige oder eine Unternehmenszertifizierungsstelle einrichten. In den folgenden Abschnitten werden beide Vorgänge beschrieben.

Installieren von eigenständigen Zertifizierungsstellen

Nachdem Sie den Rollendienst für die Zertifizierungsstelle installiert haben, müssen Sie ihn konfigurieren. Um eine eigenständige Zertifizierungsstelle einzurichten, gehen Sie im Server-Manager wie folgt vor:

1. Klicken Sie im Dashboard des Server-Managers auf das Benachrichtigungssymbol in der Symbolleiste.

2. Klicken Sie auf den Link *Active Directory-Zertifikatdienste auf dem Zielserver konfigurieren*.

3. Geben Sie auf der Seite *Anmeldeinformation* die Anmeldeinformationen eines Benutzerkontos ein, das mindestens zur lokalen Administratorgruppe gehört, und klicken Sie auf *Weiter* (siehe Abbildung 4–3).

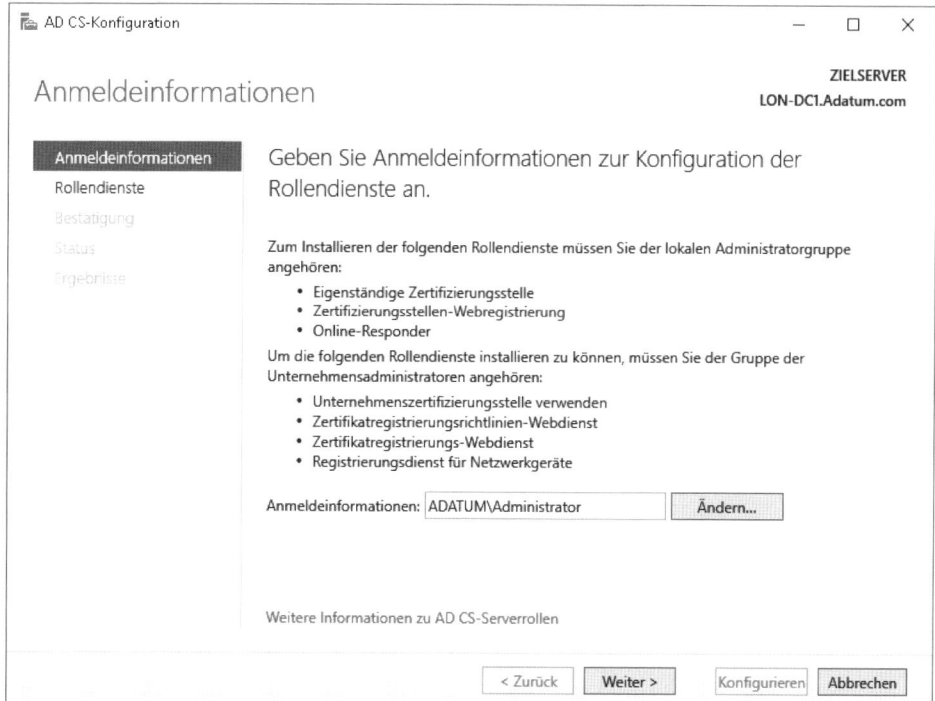

Abb. 4–3   Angeben geeigneter Anmeldeinformationen

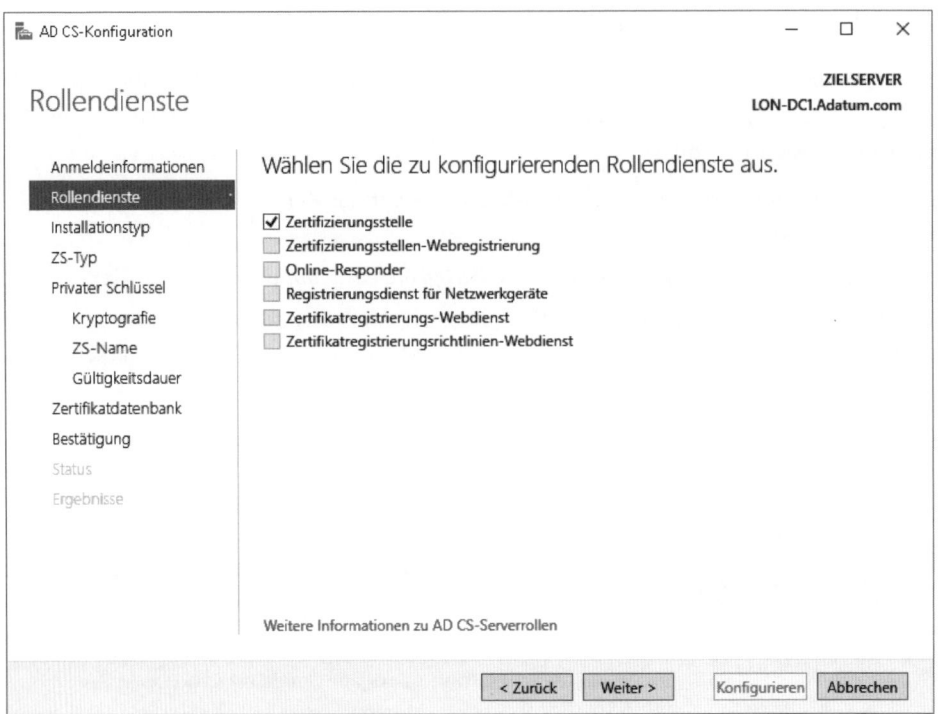

Abb. 4–4   Auswählen der Rollendienste

4. Wählen Sie auf der Seite *Rollendienste* die Rollen aus, die Sie einrichten möchten. Aktivieren Sie hier das Kontrollkästchen *Zertifizierungsstelle* und klicken Sie auf *Weiter* (siehe Abbildung 4–4).

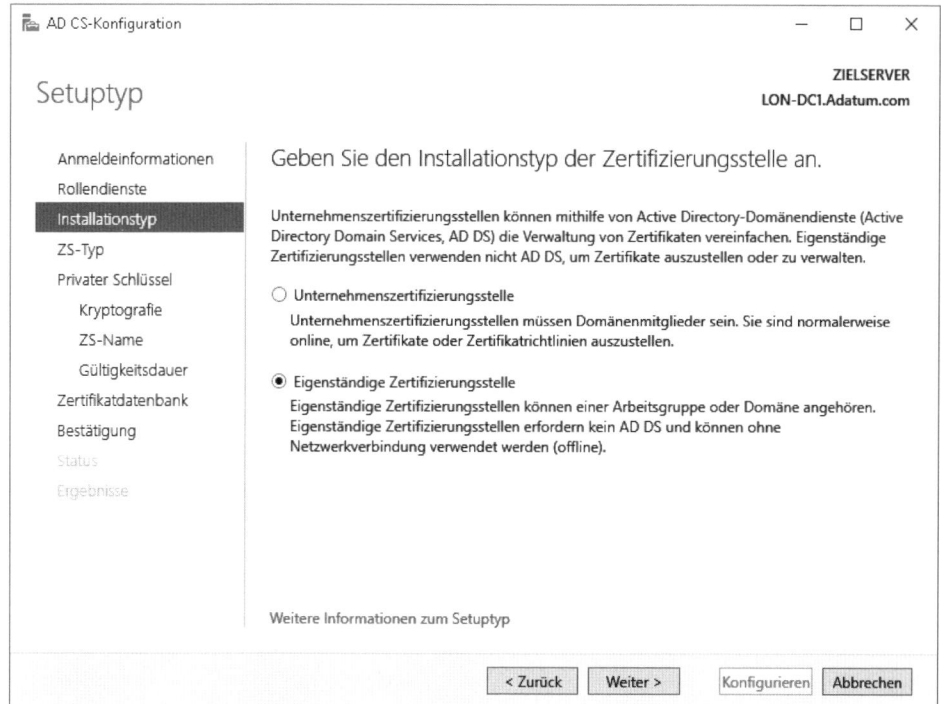

Abb. 4–5   Auswählen des Installationstyps

5. Aktivieren Sie auf der Seite *Setuptyp* die Option *Eigenständige Zertifizierungsstelle* und klicken Sie auf *Weiter* (siehe Abbildung 4–5).

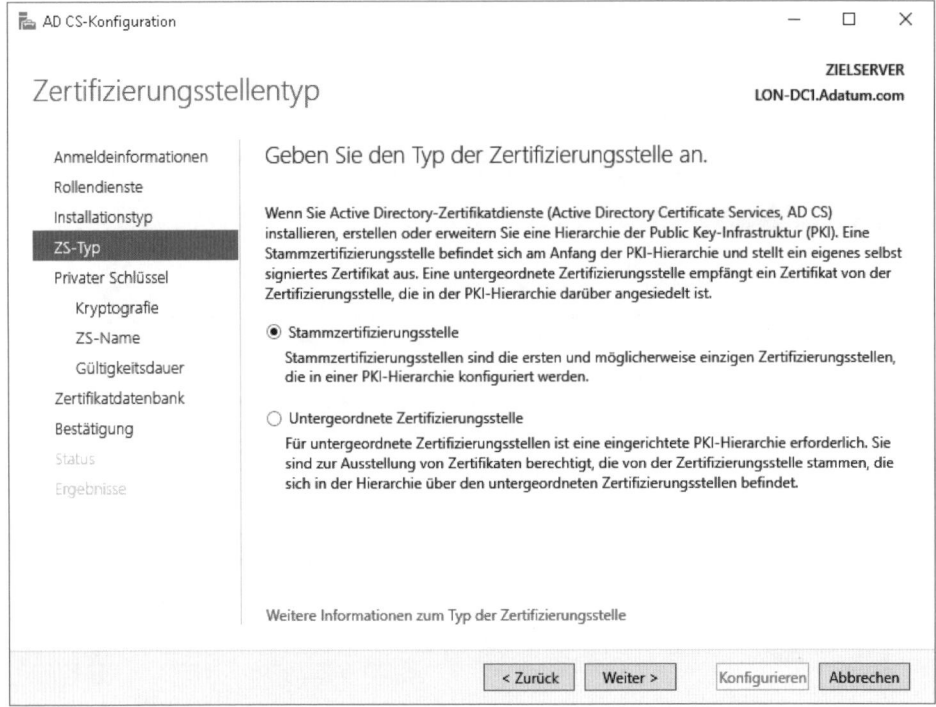

Abb. 4–6   Auswählen des Typs der Zertifizierungsstelle

6. Bei der ersten Zertifizierungsstelle, die Sie einrichten, müssen Sie auf der Seite *Zertifizie-rungsstellentyp* wie in Abbildung 4–6 gezeigt die Option *Stammzertifizierungsstelle* aktivie-ren. Klicken Sie anschließend auf *Weiter*.

Abb. 4–7   Festlegen des privaten Schlüssels für die Zertifizierungsstelle

7. Bei einer neuen Bereitstellung klicken Sie auf der Seite *Privater Schlüssel* wie in Abbildung 4–7 gezeigt auf *Neuen privaten Schlüssel erstellen* und dann auf *Weiter*. Haben Sie bereits einen Schlüssel, den Sie nutzen möchten, klicken Sie stattdessen auf *Vorhandenen privaten Schlüssel verwenden*. Letzteres kann der Fall sein, wenn Sie eine Zertifizierungsstelle erneut installieren und reibungslos an die zuvor ausgegebenen Zertifikate anschließen wollen.

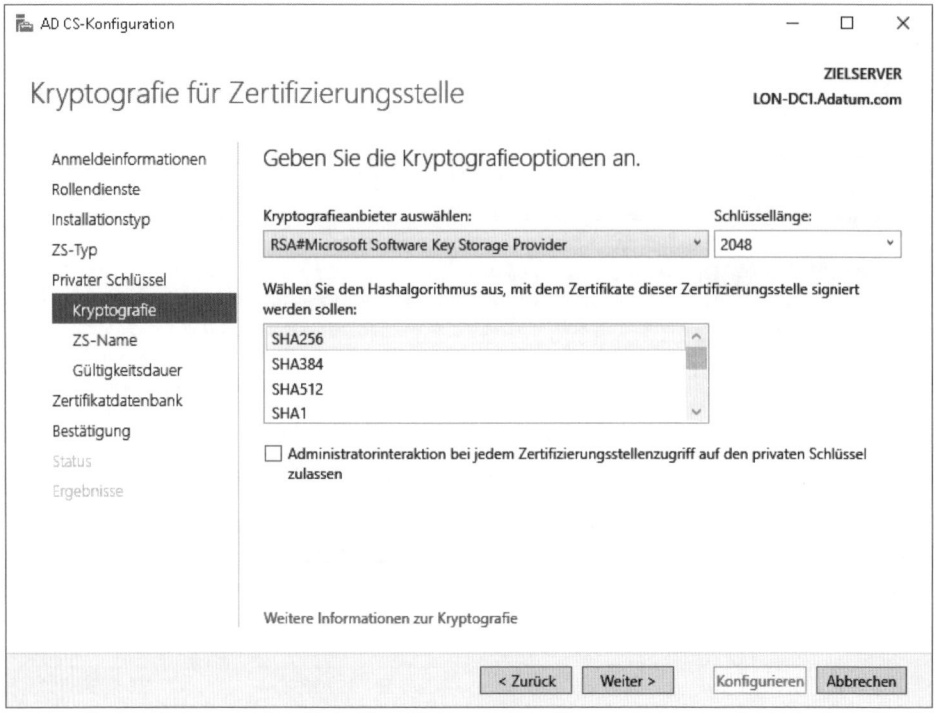

Abb. 4–8   Auswählen der Optionen für die Verschlüsselung

8. Wählen Sie auf der Seite *Kryptografie für Zertifizierungsstelle* einen passenden Kryptografieanbieter, eine Schlüssellänge und einen Hashalgorithmus aus (siehe Abbildung 4–8) und klicken Sie auf *Weiter*. Die vorgegebenen Werte eignen sich für viele Situationen.

WEITERE INFORMATIONEN   **Auswählen von Kryptografieoptionen**

Weitere Informationen über die verfügbaren Kryptografieoptionen finden Sie auf der Microsoft TechNet-Website unter:

https://technet.microsoft.com/library/hh831574#crypto

Abb. 4–9   Benennen der Zertifizierungsstelle

9. Geben Sie auf der Seite *Name der Zertifizierungsstelle* einen allgemeinen Namen und den definierten Namen (»distinguished name«) für die Zertifizierungsstelle an und klicken Sie auf *Weiter* (siehe Abbildung 4–9).

> **WEITERE INFORMATIONEN**   **Benennung von Zertifizierungsstellen**
>
> Weitere Informationen über die Benennung von Zertifizierungsstellen finden Sie auf der Microsoft TechNet-Website unter:
>
> *https://technet.microsoft.com/library/hh831574.aspx#CAName*

Abb. 4–10   Festlegen der Gültigkeitsdauer

10. Wählen Sie auf der Seite *Gültigkeitsdauer* aus Abbildung 4–10 eine passende Gültigkeitsdauer für das Zertifikat aus, das für die Zertifizierungsstelle selbst ausgestellt werden soll.
    Dieser Wert muss die Gültigkeitsdauer der Zertifikate überschreiben, die die Zertifizierungsstelle ausgeben soll. Klicken Sie auf *Weiter*.

> **WEITERE INFORMATIONEN**   **Gültigkeitsdauer**
>
> Weitere Informationen über Gültigkeitsdauern finden Sie auf der Microsoft TechNet-Web
> site unter:
>
> *https://technet.microsoft.com/library/hh831574.aspx#Validity*

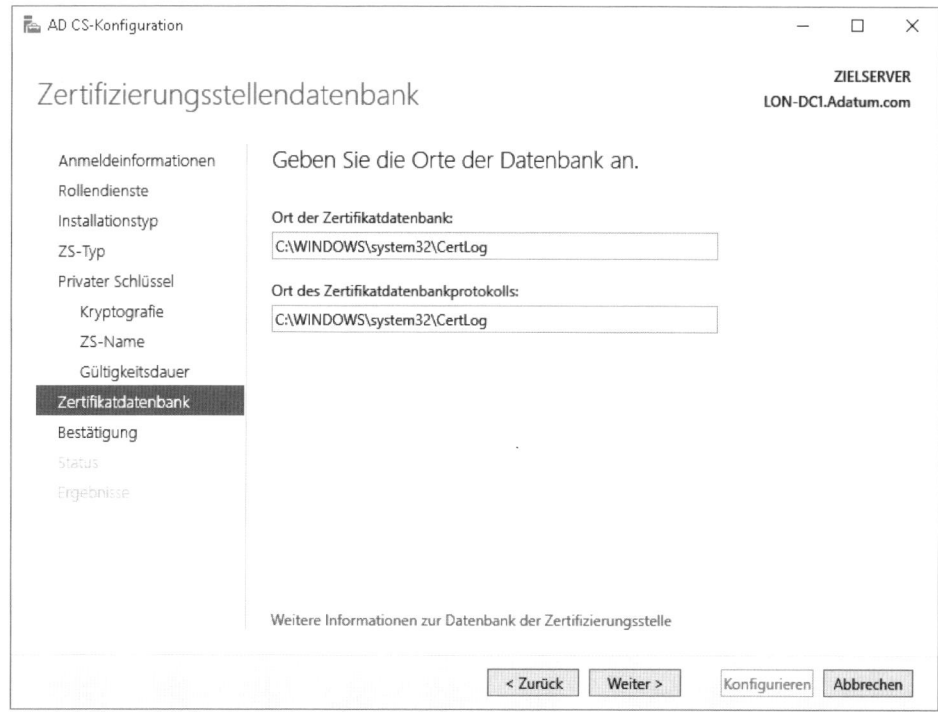

Abb. 4–11   Angeben des Speicherorts für die Datenbank

11. Geben Sie auf der Seite *Zertifizierungsstellendatenbank* den Speicherort für die Zertfikat-
    datenbank und die zugehörigen Protokolldateien an und klicken Sie auf *Weiter* (siehe Ab-
    bildung 4–11).

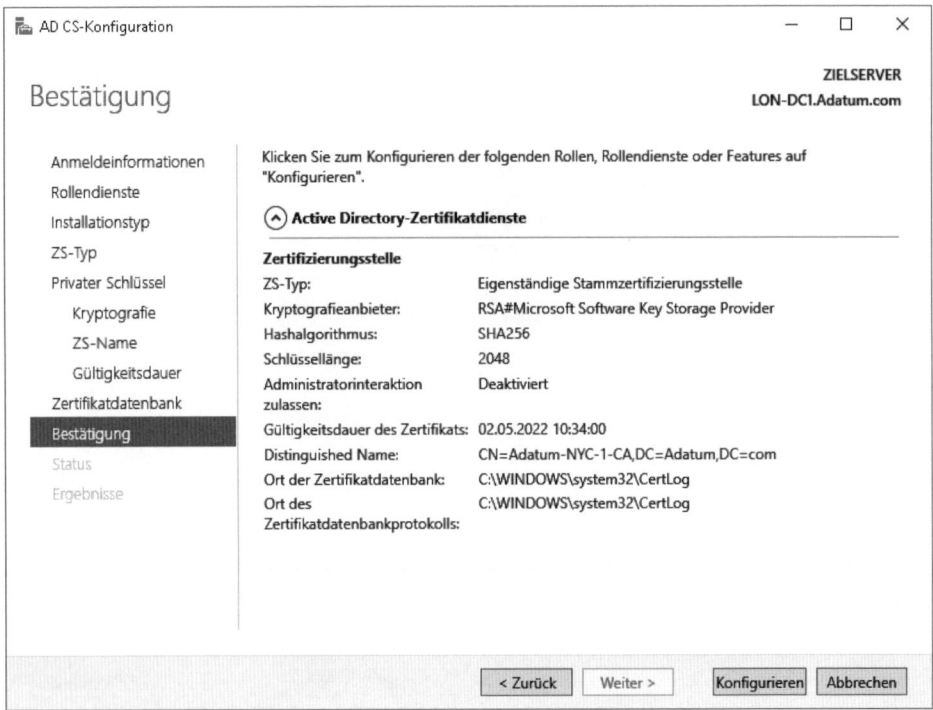

Abb. 4–12 Bestätigen der ausgewählten Optionen

12. Überprüfen Sie auf der Seite *Bestätigung* aus Abbildung 4–12 Ihre Auswahl und klicken Sie auf *Konfigurieren*.

13. Klicken Sie nach Abschluss des Konfigurationsvorgangs auf *Schließen*.

Installieren von Unternehmenszertifizierungsstellen

Um eine in AD DS integrierte Unternehmenszertifizierungsstelle zu installieren, gehen Sie fast genauso vor wie bei der Einrichtung einer eigenständigen Zertifizierungsstelle:

1. Installieren Sie den Rollendienst für die Zertifizierungsstelle und klicken Sie anschließend im Dashboard des Server-Managers auf das Benachrichtigungssymbol in der Symbolleiste und auf den Link *Active Directory-Zertifikatdienste auf dem Zielserver konfigurieren*.

2. Geben Sie auf der Seite *Anmeldeinformation* die Anmeldeinformationen eines Benutzerkontos ein, das zur Gruppe *Unternehmens-Admins* gehört, und klicken Sie auf *Weiter*.

3. Wählen Sie auf der Seite *Rollendienste* die Rollen aus, die Sie einrichten möchten. Aktivieren Sie hier das Kontrollkästchen *Zertifizierungsstelle* und klicken Sie auf *Weiter*.

4. Aktivieren Sie auf der Seite *Setuptyp* die Option *Unternehmenszertifizierungsstelle* und klicken Sie auf *Weiter* (siehe Abbildung 4–13).

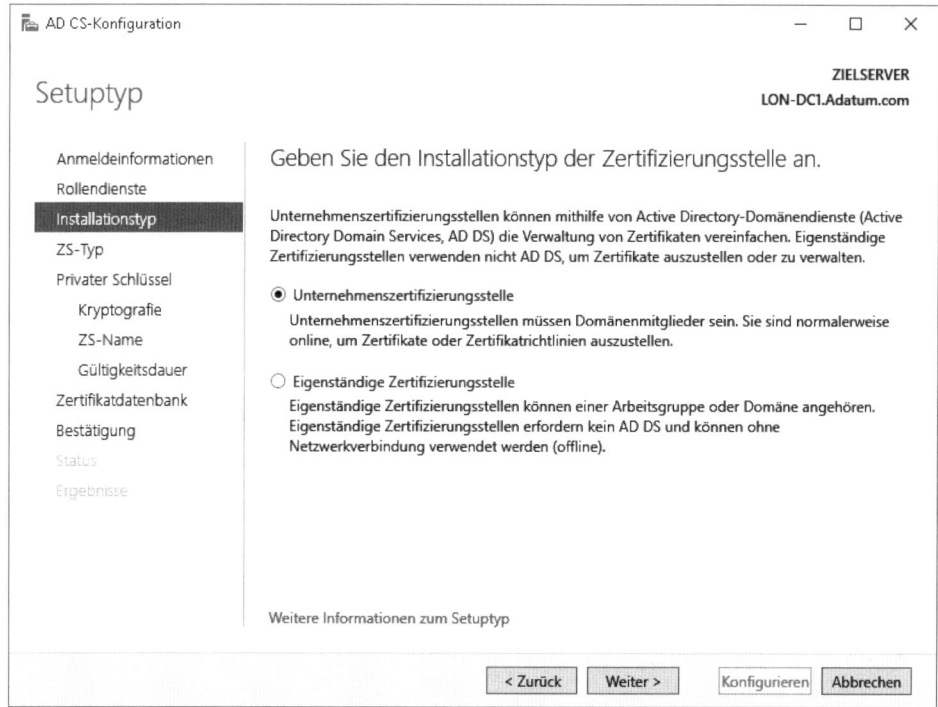

Abb. 4–13 Bereitstellen einer Unternehmenszertifizierungsstelle

Der Rest des Vorgangs ist identisch mit dem zur Bereitstellung einer eigenständigen Zertifizierungsstelle.

HINWEIS **CAPolicy.inf**

Die Konfiguration Ihrer AD DS-Server können Sie mithilfe der Datei *CAPolicy.inf* automatisieren. Diese einfache Textdatei enthält Einstellungen zur Anpassung von Bereitstellungen. Weitere Informationen finden Sie auf der Microsoft TechNet-Website unter:

https://technet.microsoft.com/library/hh831574(v=ws.11).aspx#Anchor_2

Installieren von Offlinezertifizierungsstellen

Wenn Angreifer Ihre Stammzertifizierungsstelle knacken, erhalten sie damit Zugriff auf alle Zertifikate, die von dieser Stelle ausgegeben wurden, auch diejenigen für untergeordnete Zertifizierungsstellen. Das bedeutet im Grunde genommen, dass die Sicherheit aller Elemente Ihrer Organisation, die sich auf digitale Zertifikate stützen, gefährdet ist. Wie bereits erwähnt, können Sie eine eigenständige Zertifizierungsstelle jedoch offline schalten. Wenn Sie das mit einer Stammzertifizierungsstelle tun, schützen Sie damit Ihre PKI, da Angreifer nun weniger Möglichkeiten haben, diese Zertifizierungsstelle zu übernehmen.

Planung einer Offline-Stammzertifizierungsstelle

Bevor Sie eine Stammzertifizierungsstelle offline schalten, müssen Sie folgende vorbereitende Aufgaben ausführen:

▦ **Festlegen eines Sperrlisten-Verteilungspunkts** Standardmäßig ist die eigenständige Stammzertifizierungsstelle der Verteilungspunkt. Wird sie jedoch offline geschaltet, so würde die Sperrliste dadurch unerreichbar. Legen Sie einen alternativen Speicherort fest und kopieren Sie die Zertifikatsperrliste manuell dorthin.

▦ **Festlegen einer Gültigkeitsdauer für die Zertifikatsperrliste** Wenn eine Zertifikatsperrliste abläuft, müssen Sie eine neue veröffentlichen und an den Verteilungspunkten bereitstellen. Dazu müssen Sie die Stammzertifizierungsstelle wieder online schalten. Wenn Sie eine längere Gültigkeitsdauer wählen, ist dies nur selten nötig, beispielsweise einmal im Jahr.

▦ **Festlegen des Zugriffs für Zertifizierungsstelleninformationen** Auch der Zugriffspunkt für Zertifizierungsstelleninformationen (Authority Information Access, AIA) befindet sich standardmäßig auf der Stammzertifizierungsstelle und wird unerreichbar, wenn diese Zertifizierungsstelle offline geschaltet wird. Legen Sie einen alternativen Speicherort fest und kopieren Sie die Zertifizierungsstelleninformationen manuell dorthin.

▦ **Exportieren des Zertifikats der Stammzertifizierungsstelle** Dieses Zertifikat wird von untergeordneten Zertifizierungsstellen benötigt. Daher müssen Sie es exportieren und auf allen untergeordneten Zertifizierungsstellen installieren.

▦ **Veröffentlichen des Zertifikats der Stammzertifizierungsstelle** Veröffentlichen Sie das Zertifikat der Stammzertifizierungsstelle mithilfe von Gruppenrichtlinien auf allen Client- und Servercomputern. Eine Unternehmensstammzertifizierungsstelle erledigt diese Aufgabe automatisch, eine eigenständige jedoch nicht.

▦ **Bereitstellen von untergeordneten Zertifizierungsstellen** Sie müssen untergeordnete Zertifizierungsstellen einrichten, die die Ausgabe, Sperrung und Verwaltung von Zertifikaten in Ihrer Organisation übernehmen. Neben dem Zertifikat der Stammzertifizierungsstelle benötigen Sie noch jeweils Ihre eigenen Zertifikate von der Stammzertifizierungsstelle. Daher ist es sinnvoll, sie bereitzustellen, während die Stammzertifizierungsstelle noch online ist, damit Sie Ihre Zertifikate von dort beziehen können.

WEITERE INFORMATIONEN **Offline-Stammzertifizierungsstellen**

Weitere Informationen über die Bereitstellung und Einrichtung einer Offline-Stammzertifizierungsstelle finden Sie auf der Microsoft TechNet-Website unter:

http://social.technet.microsoft.com/wiki/contents/articles/2900.offline-root-certification-authority-ca.aspx

---

Einrichten von Sperrlisten-Verteilungspunkten und des Zugriffs auf Stelleninformationen

Bevor Sie untergeordnete Zertifizierungsstellen bereitstellen, müssen Sie Speicherorte für den Sperrlisten-Verteilungspunkt und für den Zugriff auf Stelleninformationen (Authority Information Access, AIA) einrichten. Sie sind aus folgenden Gründen wichtig:

- **Gesperrte Zertifikate dürfen nicht mehr für Sicherheits- und Identitätsdienste verwendet werden** Mit dem Sperrlisten-Verteilungspunkt können Anwendungen und Dienste, die sich auf Zertifikate stützen, die von den Zertifizierungsstellen Ihrer Organisation unterhaltene Sperrliste finden und daran den Zustand eines Zertifikats überprüfen.

- **Anwendungen und Dienste müssen den Zertifizierungsstellen vertrauen** Wenn Anwendungen oder Dienste einer Zertifizierungsstelle nicht ausdrücklich vertrauen, können Sie die Gültigkeit dieser Zertifizierungsstellen über die AIA-Adresse herausfinden. Dabei handelt es sich um URLs, die den Speicherort des Zertifikats der Zertifizierungsstelle angeben.

> **HINWEIS**   **Was steht in einem Zertifikat?**
>
> Jedes von Ihren Zertifizierungsstellen ausgegebene Zertifikat enthält die Speicherorte für den Sperrlisten-Verteilungspunkt und AIA. Dadurch wissen alle Anwendungen und Dienste Ihrer Organisation, wohin sie sich wenden müssen, um entsprechende Informationen zur Verifizierung eines Zertifikats zu finden.

Sperrlisten-Verteilungspunkte und AIA-Speicherorte können Sie wie folgt in der Stammzertifizierungsstelle einrichten:

1. Melden Sie sich auf der Stammzertifizierungsstelle als lokaler Administrator an (oder als Domänenadministrator, wenn es sich bei dem Server um ein Mitglied einer Domäne handelt). Öffnen Sie den Server-Manager, klicken Sie auf *Tools* und wählen Sie *Zertifizierungsstelle*.

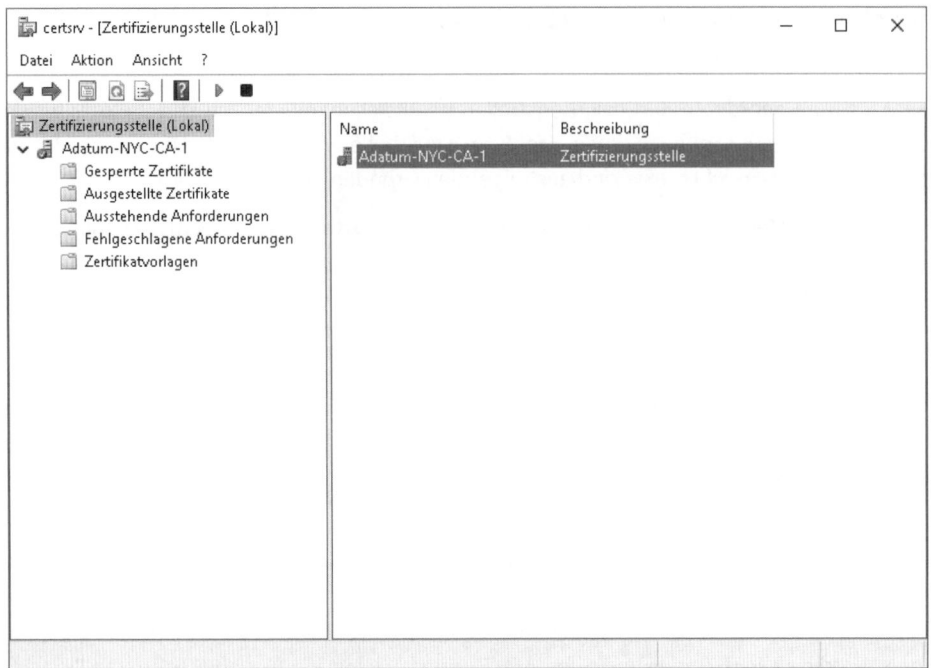

Abb. 4–14 Auswählen der Stammzertifizierungsstelle

2. Rechtsklicken Sie in der Konsole *certsrv – [Zertifizierungsstelle (Lokal)]* aus Abbildung 4–14 auf die Stammzertifizierungsstelle und wählen Sie *Eigenschaften*.

3. Klicken Sie im Eigenschaftendialogfeld der Stammzertifizierungsstelle in der Liste *Erweiterung auswählen* auf *Sperrlisten-Verteilungspunkt* und dann auf *Hinzufügen* (siehe Abbildung 4–15).

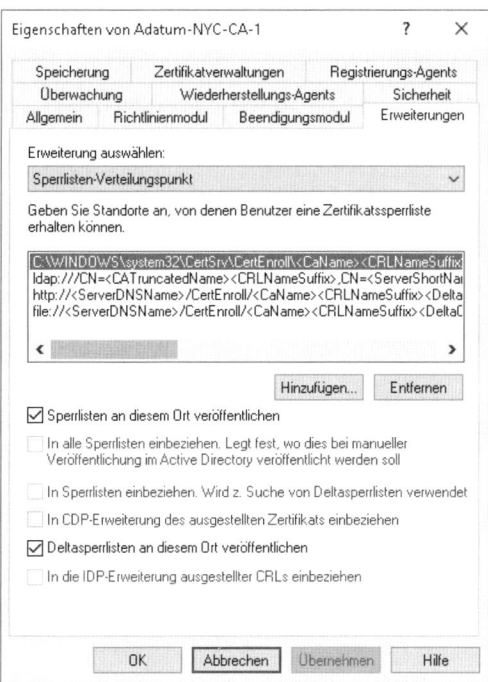

Abb. 4–15   Einrichten des Sperrlisten-Verteilungspunkts

4. Geben Sie in das Feld *Ort* des Dialogfelds *Ort hinzufügen* den URL für die Website mit der Zertifikatsperrliste ein, also beispielsweise *http://lon-srv2.adatum.com/Cert*.

5. Wählen Sie in der Variablenliste *<CaName>* aus (siehe Abbildung 4–16) und klicken Sie auf *Einfügen*. Die Variable wird an den URL im Feld *Ort* angehängt.

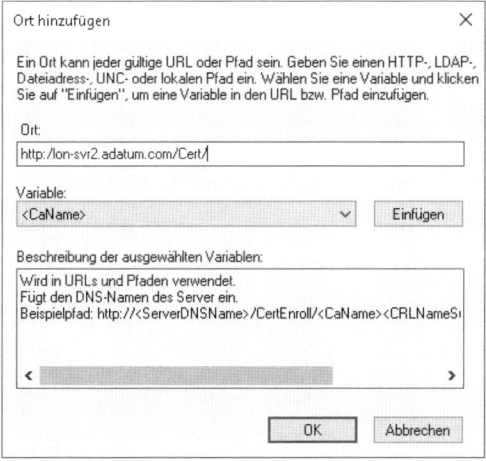

Abb. 4–16   Angeben des URLs für den Sperrlisten-Verteilungspunkt

6. Klicken Sie in der Variablenliste auf *<CRLNameSuffix>* und dann auf *Einfügen*.

7. Klicken Sie in der Variablenliste auf *<DeltaCRLAllowed>* und dann auf *Einfügen*.

8. Geben Sie am Ende des URLs im Feld *Ort* wie in Abbildung 4–17 gezeigt *.crl* ein und klicken Sie auf *OK*.

Abb. 4–17   Vervollständigen des URLs für den Verteilungspunkt

9. Aktivieren Sie auf der Registerkarte *Erweiterungen* wie in Abbildung 4–18 gezeigt die folgenden Kontrollkästchen und klicken Sie auf *Übernehmen*:

    •   *In Sperrlisten einbeziehen. Wird zur Suche von Deltasperrlisten verwendet*

    •   *In CDP-Erweiterung des ausgestellten Zertifikats einbeziehen*

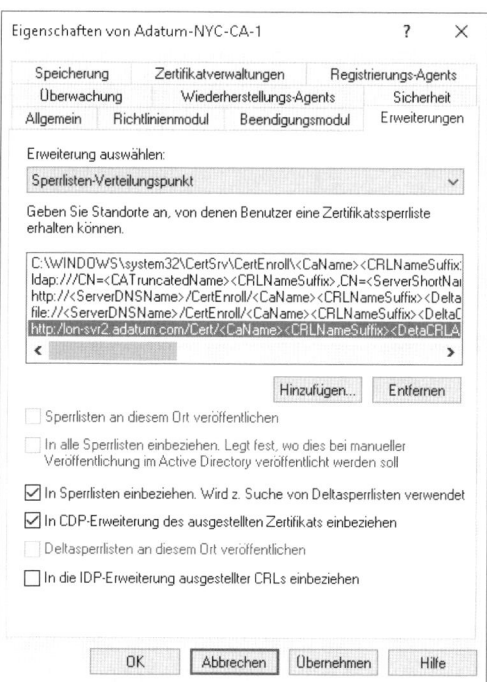

Abb. 4–18 Abschließen der Einrichtung des Verteilungspunkts

10. Starten Sie die Zertifikatdienste *nicht* neu, wenn Sie dazu aufgefordert werden. Klicken Sie stattdessen in der Liste *Erweiterung auswählen* auf der Registerkarte *Erweiterungen* auf *Zugriff auf Stelleninformationen* und dann auf *Hinzufügen*.

11. Geben Sie in das Feld *Ort* des Dialogfelds *Ort hinzufügen* den URL für die Website mit den Zertifizierungsstelleninformationen ein, also beispielsweise *http://lon-srv2.adatum. com/Cert*.

12. Wählen Sie in der Variablenliste *<ServerDNSName>* aus und klicken Sie auf *Einfügen*. Die Variable wird an den URL im Feld *Ort* angehängt.

13. Hängen Sie im Feld *Ort* einen Unterstrich an den URL an, wählen Sie in der Variablenliste *<CaName>* aus und klicken Sie auf *Einfügen*.

14. Klicken Sie im Feld *Ort* ans Ende des URLs, wählen Sie in der Variablenliste *<Certificate-Name>* aus und klicken Sie auf *Einfügen*.

Abb. 4–19 Angeben eines AIA-Speicherorts

15. Geben Sie am Ende des URLs im Feld *Ort* wie in Abbildung 4–19 gezeigt *.crt* ein und klicken Sie auf *OK*.

16. Aktivieren Sie wie in Abbildung 4–20 gezeigt das Kontrollkästchen *In AIA-Erweiterung des ausgestellten Zertifikats einbeziehen* und klicken Sie auf *OK*. Starten Sie den Zertifizierungsstellendienst neu, wenn Sie dazu aufgefordert werden.

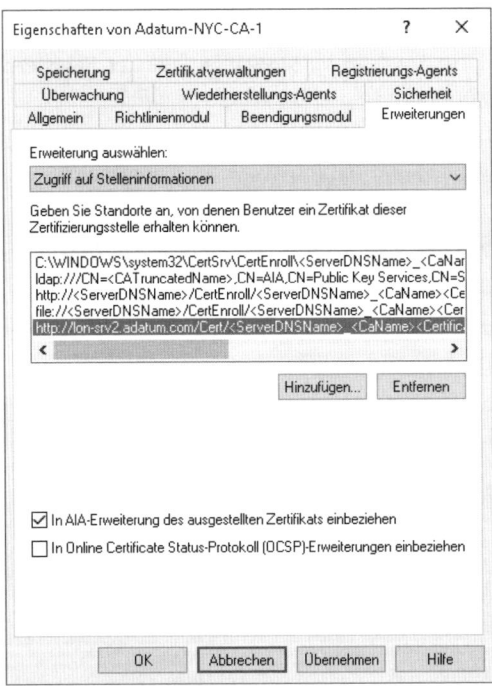

Abb. 4–20 Abschließen der AIA-Einrichtung

17. Erweitern Sie in der Konsole *Zertifizierungsstelle* die Stammzertifizierungsstelle, rechtsklicken Sie auf *Gesperrte Zertifikate*, zeigen Sie auf *Alle Aufgaben* und klicken Sie auf *Veröffentlichen*.

18. Klicken Sie in dem Dialogfeld *Zertifikatsperrliste veröffentlichen* aus Abbildung 4–21 auf *OK*. Dadurch werden die erforderlichen Sperrlisten- und Stelleninformationen angelegt und im lokalen Dateisystem gespeichert.

Vergewissern Sie sich, dass die Website für die Sperrlisten und Stelleninformationen online ist. Kopieren Sie die Inhalte aus dem Ordner *C:\Windows\System32\CertSrv\CertEnroll* auf der Stammzertifizierungsstelle (siehe Abbildung 4–22) auf die Website, in unserem Beispiel also auf *http://lon-svr2.adatum.com/Cert*.

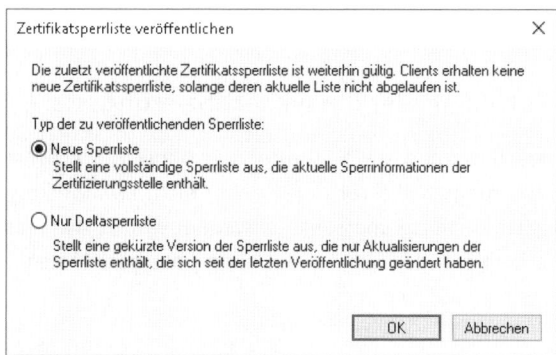

Abb. 4–21   Veröffentlichen der Zertifikatsperrliste

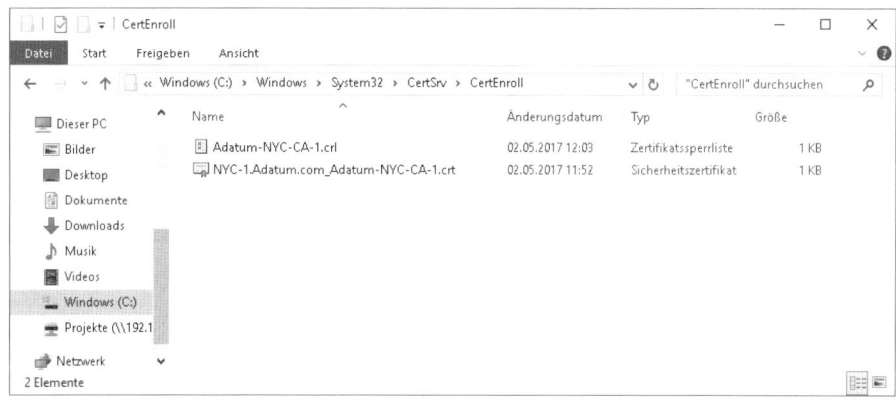

Abb. 4–22   Anzeige von Sperrlisten im Datei-Explorer

> **HINWEIS**   **Webserver**
>
> Die Sperrlisten- und Stelleninformationen müssen auf einem Webserver zur Verfügung stehen. Daher müssen Sie die Inhalte des Ordners *C:\Windows\System32\CertSrv\CertEnroll* in einen Ordner mit dem angegebenen URL auf einem Webserver kopieren, in unserem Beispiel also in den Ordner *Cert* auf *http://lon-svr2.adatum.com*.

> **PRÜFUNGSTIPP**
>
> Bei der Verwendung einer Unternehmensstammzertifizierungsstelle werden die Sperrlisten- und Stelleninformationen automatisch in AD DS angelegt und gepflegt und in der Gesamtstruktur repliziert.

Exportieren des Zertifikats der Stammzertifizierungsstelle

Eigenständige Stammzertifizierungsstellen werden gewöhnlich in Arbeitsgruppen verwendet. Untergeordnete Zertifizierungsstellen vertrauen daher nicht zwangsläufig dem Zertifikat, das bei der Bereitstellung der Zertifizierungsstelle verwendet wurde. Aus diesem Grunde müssen Sie dieses Zertifikat exportieren und später auf allen untergeordneten Zertifizierungsstellen importieren. Dazu gehen Sie wie folgt vor:

1. Öffnen Sie auf dem Servercomputer mit der Stammzertifizierungsstelle die Konsole *Zertifizierungsstelle* und rechtsklicken Sie auf die Stammzertifizierungsstelle im Navigationsbereich. Wählen Sie *Eigenschaften*.

2. Klicken Sie im Eigenschaftendialogfeld der Stammzertifizierungsstelle auf *Zertifikat anzeigen*.

3. Klicken Sie im Dialogfeld *Zertifikat* auf die Registerkarte *Details* und dort auf *In Datei kopieren*.

4. Daraufhin wird der Zertifikatexport-Assistent geöffnet. Klicken Sie dort auf der Seite *Format der zu exportierenden Datei* auf *DER-codiert-binär X.509 (.CER)* und dann auf *Weiter* (siehe Abbildung 4–23).

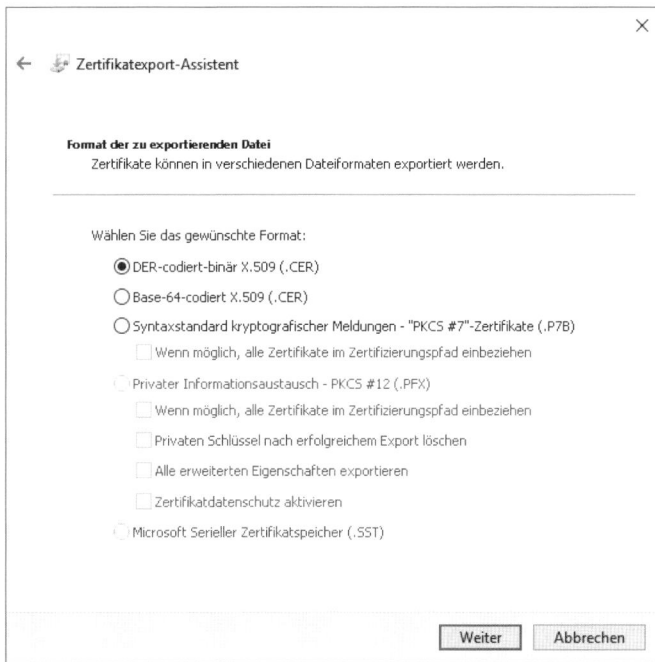

Abb. 4–23   Exportieren des Zertifikats der Stammzertifizierungsstelle in eine Datei

5. Klicken Sie auf der Seite *Zu exportierende Datei* auf *Durchsuchen*.

6. Geben Sie in das Feld *Dateiname* einen Pfad ein, der von den untergeordneten Zertifizierungsstellen aus erreichbar ist. Dies kann ein freigegebener Ordner sein, aber auch ein USB-Stick.

7. Geben Sie in das Feld *Dateiname* einen aussagekräftigen Namen für das exportierte Zertifikat ein, z. B. *RootCA*. Klicken Sie auf *Speichern* und auf *Weiter*.

8. Klicken Sie auf *Fertig stellen* und dann dreimal auf *OK*.

Importieren des Zertifikats der Stammzertifizierungsstelle

Auf den Servern, die Sie als untergeordnete Zertifizierungsstellen verwenden wollen, müssen Sie das Zertifikat der Stammzertifizierungsstelle wie folgt im Speicher für vertrauenswürdige Stammzertifizierungsstellen ablegen:

1. Melden Sie sich an der untergeordneten Zertifizierungsstelle als lokaler Administrator an und suchen Sie den Speicherort auf, an dem Sie das Zertifikat der Stammzertifizierungsstelle abgelegt haben.

2. Rechtsklicken Sie auf die CER-Datei des Zertifikats und wählen Sie *Zertifikat installieren*.

3. Klicken Sie im Zertifikatimport-Assistenten auf *Lokaler Computer* und dann auf *Weiter*.

4. Klicken Sie auf der Seite *Zertifikatspeicher* auf *Alle Zertifikate in folgendem Speicher speichern* und dann auf *Durchsuchen*.

5. Wählen Sie *Vertrauenswürdige Stammzertifizierungsstellen*, klicken Sie auf *OK*, dann auf *Weiter* und schließlich auf *Fertig stellen* (siehe Abbildung 4–24).

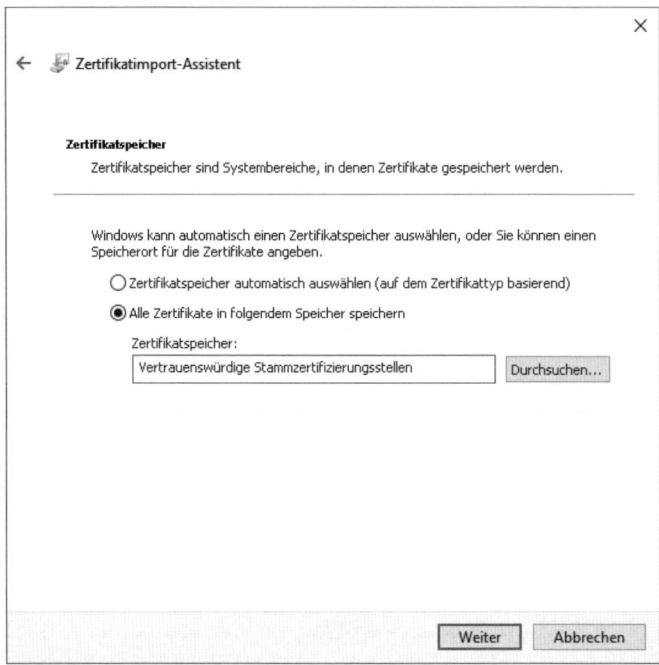

Abb. 4–24 Installieren des Zertifikats der Stammzertifizierungsstelle in einer untergeordneten Zertifizierungsstelle

6. Klicken Sie auf *OK*, wenn das Fenster des Zertifikatimport-Assistenten erscheint.

Bereitstellen von untergeordneten Zertifizierungsstellen

Nach der Einrichtung einer Stammzertifizierungsstelle können Sie untergeordnete Zertifizierungsstellen bereitstellen. Wie Sie in Abbildung 4–25 sehen, gibt es verschiedene Möglichkeiten dafür:

▨ **Nach Zweck des Zertifikats** Es gibt Zertifikate für verschiedene Zwecke, z. B. zur Dateiverschlüsselung, zum Schutz des E-Mail-Verkehrs und zum Schutz des Remotezugriffs, z. B. über virtuelle private Netzwerke (VPNs). Wenn Sie für die Zertifikate für einen Zweck jeweils eigene Vergaberichtlinien aufstellen wollen, können Sie untergeordnete Zertifizierungsstellen verwenden, die jeweils Zertifikate für einen bestimmten Zweck ausgeben. Außerdem können Sie dann die Verantwortung für die Verwaltung nach Zertifikatzweck aufteilen.

- **Nach Standort** Wenn Ihre Organisation mehrere Zweigstellen umfasst, können Sie untergeordnete Zertifizierungsstellen für die einzelnen Standorte einrichten. Diese Zertifizierungsstellen kümmern sich dann um die Zertifikatbedürfnisse der Client- und Servercomputer in der jeweiligen Region. Bei dieser Vorgehensweise teilen Sie die Verantwortung für die Verwaltung nach Regionen auf.

- **Nach Geschäftsbereich** Die einzelnen Geschäftsbereiche Ihrer Organisation können unterschiedliche Zertifikatrichtlinien verfolgen. Wenn das der Fall ist, können Sie untergeordnete Zertifizierungsstellen für die einzelnen Geschäftsbereiche oder Abteilungen bereitstellen. Hierbei ist eine Aufteilung der Verwaltung nach Abteilung möglich.

- **Für Lastenausgleich und Hochverfügbarkeit** Die Bereitstellung mehrerer untergeordneter Zertifizierungsstellen hilft, die Verfügbarkeit der Zertifikatdienste sicherzustellen. Außerdem können Sie damit die Arbeitslast verteilen, sodass die Zertifizierungsstellenserver in Ihrer Infrastruktur stets zeitnah antworten.

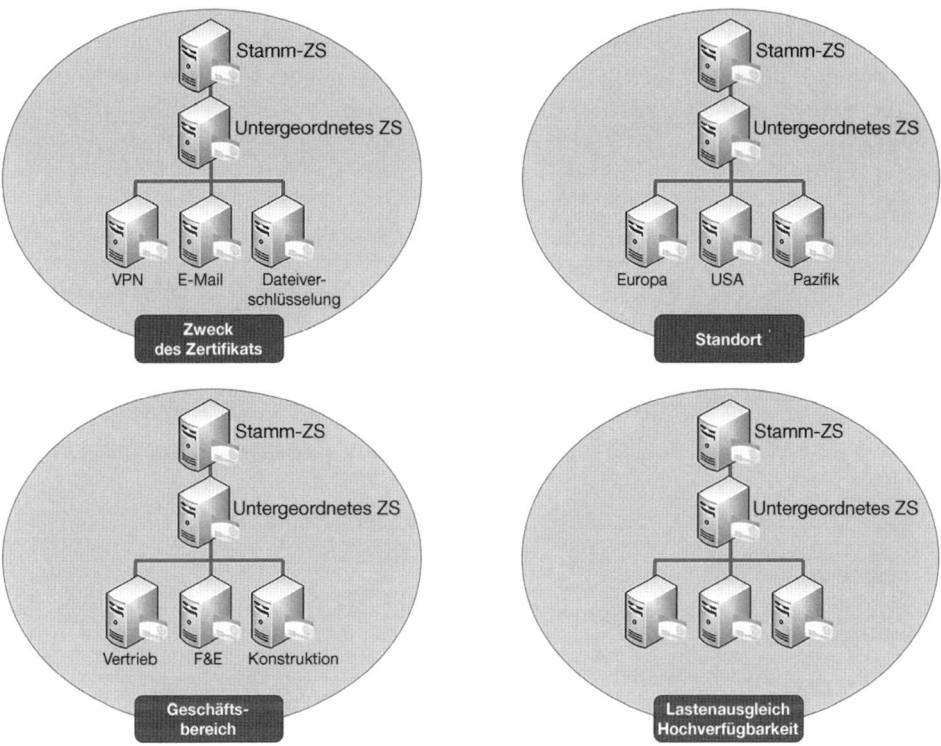

Abb. 4–25   Bereitstellungsvarianten

PRÜFUNGSTIPP

In AD DS-Umgebungen ist es üblich, Unternehmenszertifizierungsstellen als unter-geordnete Zertifizierungsstellen zu verwenden. Dieser Vorgang wird in der folgen-den Anleitung beschrieben.

Um eine untergeordnete Zertifizierungsstelle bereitzustellen, gehen Sie wie folgt vor:

1. Installieren Sie den Rollendienst *Zertifizierungsstelle*.

2. Richten Sie die Active Directory-Zertifikatdienste wie zuvor beschrieben auf dem Zielserver ein. Wählen Sie dabei auf der Seite *Setuptyp* die Option *Unternehmenszertifizierungsstelle* und klicken Sie auf *Weiter*.

3. Klicken Sie auf der Seite *Zertifizierungsstellentyp* auf *Untergeordnete Zertifizierungsstelle* und dann auf *Weiter*.

4. Fahren Sie mit der Konfiguration wie zuvor gezeigt fort, klicken Sie aber auf der Seite *Zertifikatanforderung* auf *Zertifikatanforderung in einer Datei auf dem Zielcomputer speichern* (siehe Abbildung 4–26). Diese Datei müssen Sie später auf der Stammzertifizierungsstelle zur Verfügung stellen, entweder in einem freigegebenen Ordner oder auf einem Speicher-stick.

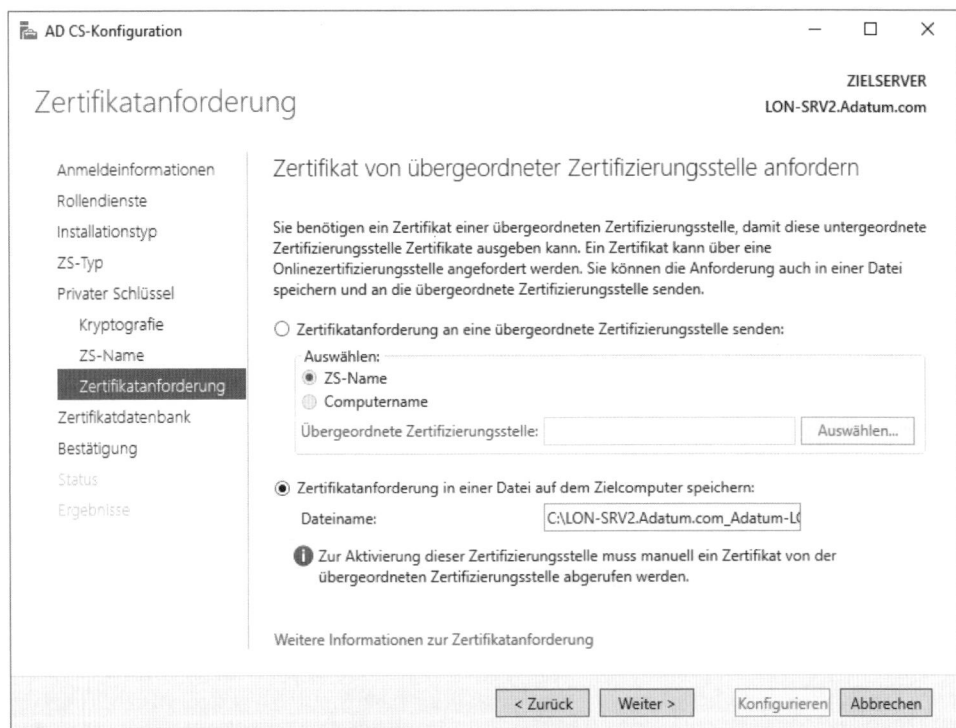

Abb. 4–26 Speichern einer Zertifikatanforderung auf einer untergeordneten Zertifizierungsstelle

5. Klicken Sie auf der Seite *Zertifikatdatenbank* auf *Weiter*.

6. Klicken Sie auf der Seite *Bestätigung* auf *Konfigurieren*.

7. Lesen Sie die Warnmeldung auf der Ergebnisseite (siehe Abbildung 4–27). Klicken Sie auf *Schließen*.

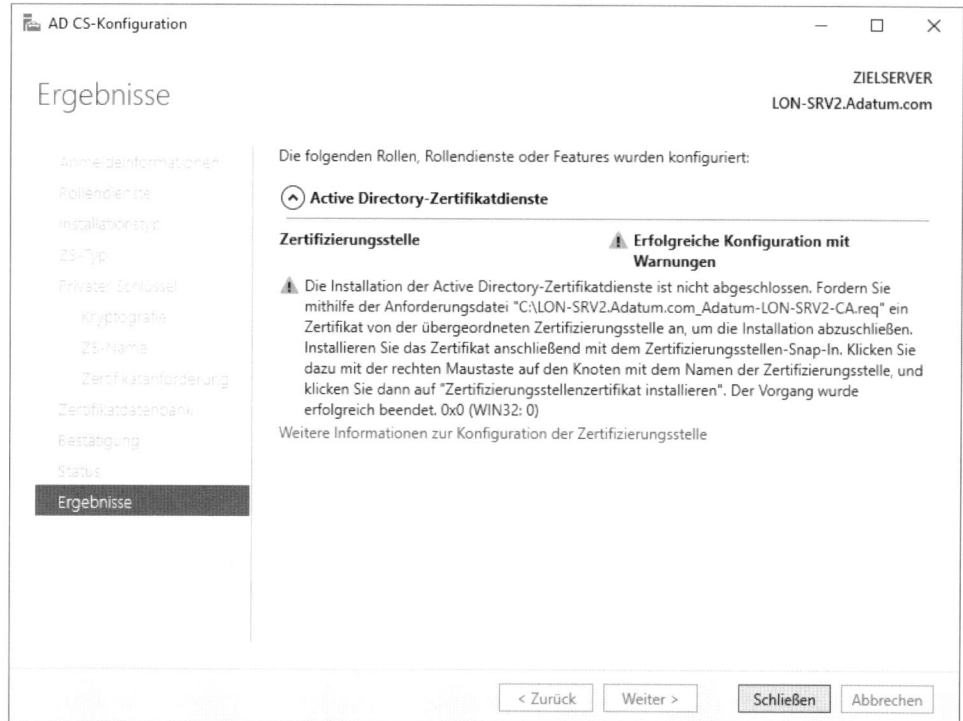

Abb. 4–27   Anzeige der Konfigurationsergebnisse für eine untergeordnete Zertifizierungsstelle

8. Öffnen Sie auf dem Servercomputer mit der Stammzertifizierungsstelle die Konsole *Zertifizierungsstelle*. Rechtsklicken Sie auf die Stammzertifizierungsstelle im Navigationsbereich, zeigen Sie auf *Alle Aufgaben* und wählen Sie *Neue Anforderung einreichen*.

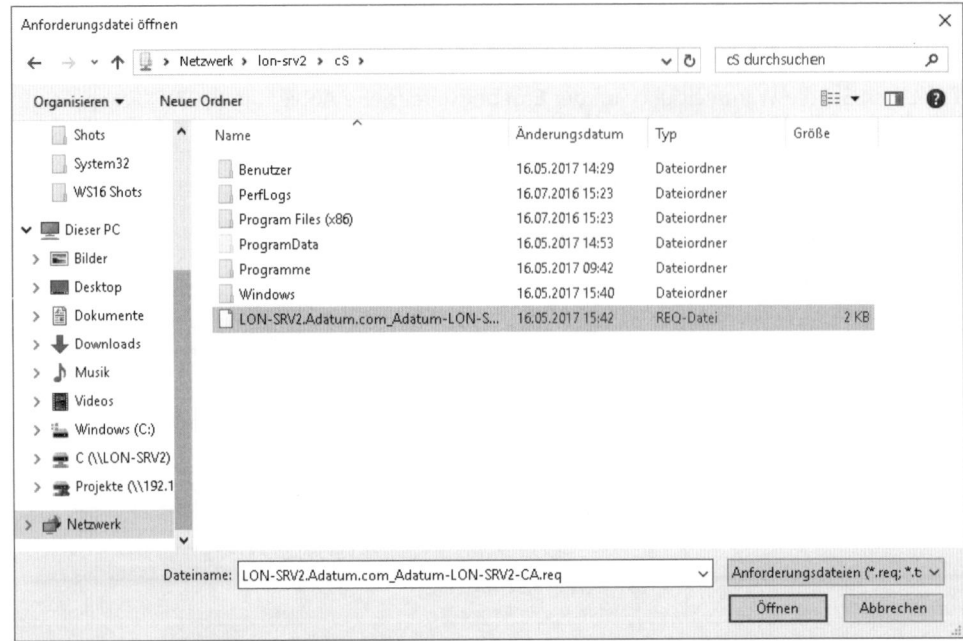

Abb. 4–28 Öffnen einer Anforderungsdatei

9. Suchen Sie im Dialogfeld *Anforderungsdatei öffnen* die REQ-Datei, die Sie in Schritt 4 erstellt haben, und klicken Sie auf *öffnen*. Diese Datei kann sich wie in Abbildung 4–28 gezeigt in einem freigegebenen Ordner befinden, aber auch auf einem USB-Stick oder einem anderen Wechselmedium.

10. Rechtsklicken Sie in der Konsole *Zertifizierungsstelle* auf den Container *Ausstehende Anforderungen* und wählen Sie *Aktualisieren*. Jetzt sollte die Anforderung angezeigt werden, die Sie im vorherigen Schritt geöffnet haben. Rechtsklicken Sie im Detailbereich auf die Anforderung (mit der ID 2), zeigen Sie auf *Alle Aufgaben* und wählen Sie *Ausstellen*.

11. Als Nächstes müssen Sie die ausgestellte Anforderung exportieren und dann auf der untergeordneten Zertifizierungsstelle importieren. Klicken Sie in der Konsole *Zertifizierungsstelle* auf *Ausgestellte Zertifikate*.

12. Doppelklicken Sie im Detailbereich auf das Zertifikat, wechseln Sie zur Registerkarte *Details* und klicken Sie auf *In Datei kopieren*.

13. Klicken Sie auf der Seite *Format der zu exportierenden Datei* des Zertifikatexport-Assistenten auf *Syntaxstandard kryptografischer Meldungen – "PKCS #7"-Zertifikate (.P7B)*, aktivieren Sie das Kontrollkästchen *Wenn möglich, alle Zertifikate im Zertifizierungspfad einbeziehen* und klicken Sie auf *Weiter*.

14. Geben Sie auf der Seite *Zu exportierende Datei* einen Speicherort an, der von der untergeordneten Zertifizierungsstelle aus zugänglich ist. Geben Sie der Datei einen aussagekräftigen Namen, klicken Sie auf *Weiter* und schließen Sie den Exportvorgang ab.

15. Wechseln Sie zur untergeordneten Zertifizierungsstelle. Klicken Sie dort im Server-Manager auf *Tools* und wählen Sie *Zertifizierungsstelle*.

16. Rechtsklicken Sie in der Konsole *Zertifizierungsstelle* auf den lokalen Server, zeigen Sie auf *Alle Aufgaben* und wählen Sie *Zertifizierungsstellenzertifikat installieren*.

17. Suchen Sie im Dialogfeld *Wählen Sie eine Datei, um die Installation der Zertifizierungsstelle abzuschließen* den Speicherort, an den Sie in Schritt 13 das Zertifikat exportiert haben. Doppelklicken Sie auf die Datei mit dem PKCS-7-Zertifikat (siehe Abbildung 4–29). Jetzt können Sie die untergeordnete Zertifizierungsstelle starten.

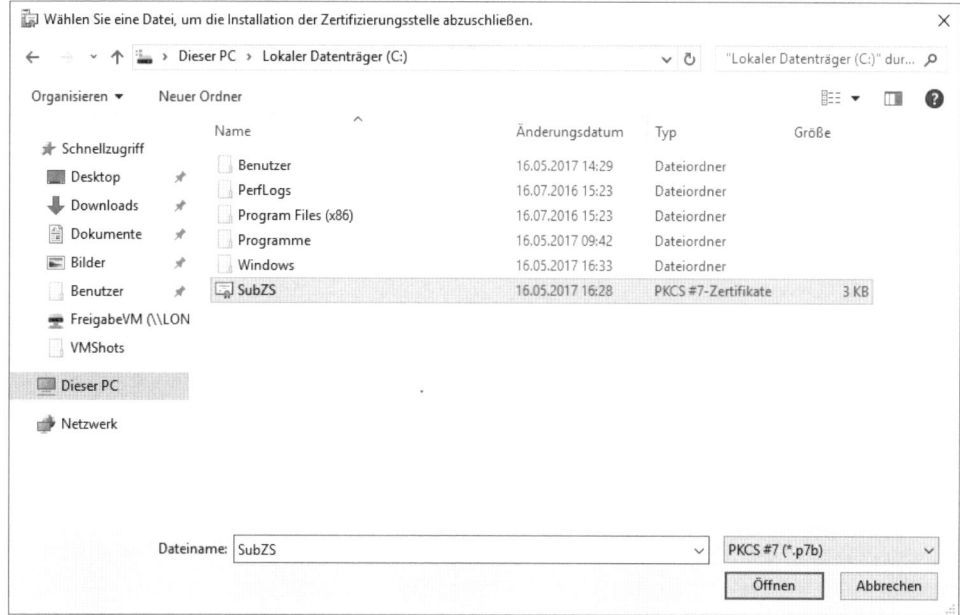

Abb. 4–29   Installieren des Zertifikats für die untergeordnete Zertifizierungsstelle

Nachdem Sie die Bereitstellung der untergeordneten Zertifizierungsstellen abgeschlossen haben, können Sie die Stammzertifizierungsstelle herunterfahren.

Veröffentlichen der Stammzertifizierungsstelle in Active Directory

Wenn Sie die untergeordneten Zertifizierungsstellen in einer AD DS-Umgebung bereitgestellt haben, sollten Sie das Zertifikat der Stammzertifizierungsstelle mithilfe von Gruppenrichtlinien für alle Client- und Servercomputer in der Domäne veröffentlichen. Gehen Sie dazu wie folgt vor:

1. Öffnen Sie auf einem Domänencontroller die Gruppenrichtlinien-Verwaltungskonsole.

2. Öffnen Sie *Default Domain Policy* zur Bearbeitung.

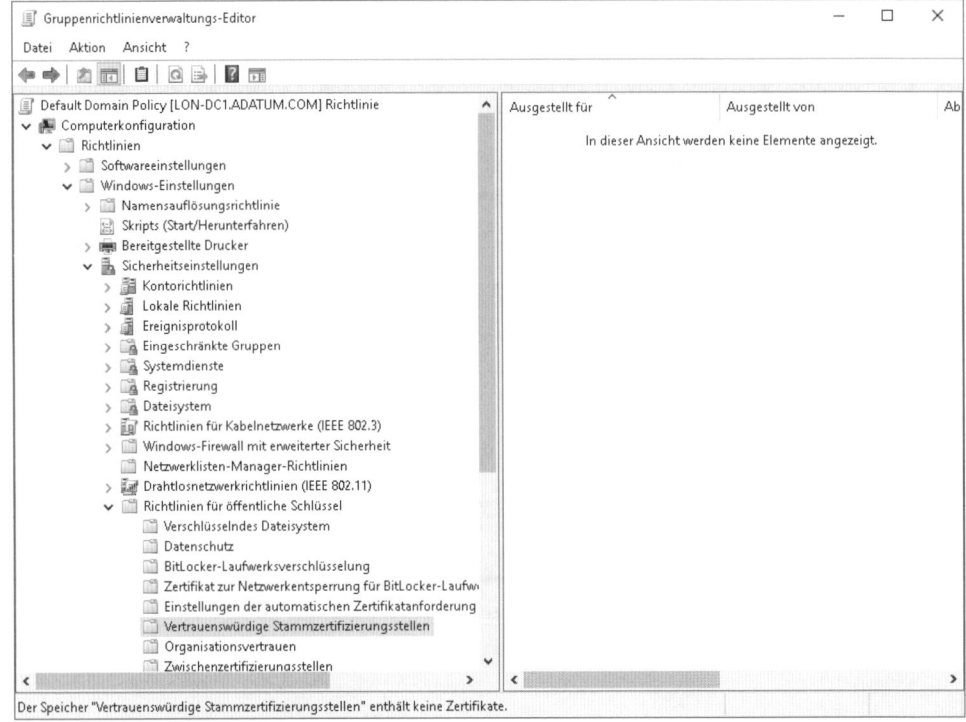

Abb. 4–30   Veröffentlichen des Zertifikats der Stammzertifizierungsstelle mithilfe von
Gruppenrichtlinien

3. Öffnen Sie unter dem Knoten *Computerkonfiguration* die Ordner *Richtlinien, Windows-Ein-
    stellungen, Sicherheitseinstellungen, Richtlinien für öffentliche Schlüssel* und *Vertrauenswür-
    dige Stammzertifizierungsstellen* (siehe Abbildung 4–30).

4. Rechtsklicken Sie auf *Vertrauenswürdige Stammzertifizierungsstellen*, wählen Sie *Importie-
    ren* und klicken Sie auf *Weiter*.

5. Suchen Sie den Speicherort auf, an dem Sie das exportierte Zertifikat der Stammzertifi-
    zierungsstelle abgelegt haben, und doppelklicken Sie auf die Zertifikatdatei. Sie trägt die
    Dateinamenerweiterung *.cer*.

6. Klicken Sie zweimal auf *Weiter* und dann auf *Fertig stellen*.

7. Klicken Sie im Dialogfeld des Zertifikatimport-Assistenten auf *OK*.

8. Sie können jetzt den Gruppenrichtlinienverwaltungs-Editor und die Gruppenrichtlinien-
    Verwaltungskonsole schließen.

Installieren und Einrichten eines Online-Responders

Online-Responder geben Informationen über gesperrte Zertifikate und bilden eine Alternative zu Zertifikatsperrlisten. Da sie gezielt den Status gegebener Zertifikate und nicht sämtlicher Zertifikate melden, bieten sie gegenüber Sperrlisten folgende Vorteile:

- **Bessere Unterstützung für Remoteclients** Computer mit Remoteanbindung, z. B. über ein VPN, verfügen möglicherweise nicht über die angemessene Bandbreite, um für die Überprüfung eines einzelnen Zertifikats die gesamte Sperrliste herunterzuladen.

- **Vermeidung übermäßiger Netzwerkaktivität** Zu bestimmten Tageszeiten, etwa wenn sich die Benutzer anmelden, muss das Netzwerk Zertifikate gehäuft auf Sperrungen überprüfen.

- **Höherer Durchsatz bei der Prüfung auf Sperrungen** Die komplette Sperrliste zur Überprüfung eines einzigen Zertifikats heranzuziehen, stellt eine überflüssige Belastung der PKI dar. Bei der Verwendung eines Online-Responders dagegen werden nur die tatsächlich zur Prüfung benötigten Daten abgerufen.

> **WEITERE INFORMATIONEN** **Funktionsweise von Online-Respondern**
>
> Weitere Informationen über das OCSP (Online Certificate Status Protocol) finden Sie auf der Microsoft TechNet-Website unter:
>
> *https://technet.microsoft.com/library/cc731001(v=ws.11).aspx*

Installieren des Rollendienstes für Online-Responder

Um die Online-Responderfunktion in Windows Server 2016 bereitzustellen, müssen Sie wie folgt den zugehörigen Rollendienst installieren:

1. Melden Sie sich an dem Server mit der Zertifizierungsstelle als lokaler Administrator an und öffnen Sie den Server-Manager.

2. Klicken Sie auf *Verwalten* und dann auf *Rollen und Features hinzufügen*.

3. Klicken Sie sich durch den Assistenten, bis Sie die Seite *Serverrollen* erreichen. Erweitern Sie dort *Active Directory-Zertifikatdienste* und aktivieren Sie das Kontrollkästchen *Online-Responder*.

4. Da OCSP zur Handhabung an Sperranforderungen HTTP verwendet, müssen Sie mehrere Webserverkomponenten installieren. Klicken Sie auf der Seite *Sollen für Online-Responder erforderliche Features hinzugefügt werden?* des Assistenten zum Hinzufügen von Rollen und Features auf *Features hinzufügen* und anschließend auf *Weiter*.

5. Schließen Sie den Assistenten ab, um den Rollendienst für Online-Responder hinzuzufügen.

 PRÜFUNGSTIPP

Führen Sie den Rollendienst *Online-Responder* nicht auf demselben Servercomputer hinzu, auf dem sich der Rollendienst *Zertifizierungsstelle* befindet.

Nachdem der Online-Responderdienst installiert ist, richten Sie ihn wie folgt ein:

1. Klicken Sie im Server-Manager auf die Benachrichtigung *Active Directory-Zertifikatdienste auf dem Zielserver konfigurieren.*

2. Geben Sie auf der Seite *Anmeldeinformationen* des Konfigurations-Assistenten für Active Directory-Zertifikatdienste die erforderlichen Anmeldeinformationen für die Konfiguration ein, also mindestens die eines lokalen Administrators. Klicken Sie auf *Weiter.*

3. Aktivieren Sie auf der Seite *Rollendienste* das Kontrollkästchen *Online-Responder* und klicken Sie auf *Weiter.*

4. Klicken Sie auf *Konfigurieren* und abschließend auf *Schließen.*

Des Weiteren müssen Sie die Zertifikatvorlage *OCSP-Antwortsignatur* ausgeben:

1. Rechtsklicken Sie in der Konsole *Zertifizierungsstelle* auf den Knoten *Zertifikatvorlagen.*

2. Zeigen Sie auf *Neu* und wählen Sie *Auszustellende Zertifikatvorlage.*

3. Markieren Sie im Dialogfeld *Zertifikatvorlage aktivieren* die Vorlage *OCSP-Antwortsignatur* und klicken Sie auf *OK.*

Als Letztes müssen Sie eine Sperrkonfiguration für den Online-Responder erstellen:

1. Klicken Sie im Server-Manager auf *Tools* und wählen Sie *Online-Responderverwaltung.*

2. Rechtsklicken Sie im Navigationsbereich auf *Sperrkonfiguration* und wählen Sie *Sperrkonfiguration hinzufügen.*

3. Klicken Sie im Assistenten zum Hinzufügen einer Sperrkonfiguration auf *Weiter.*

4. Geben Sie auf der Seite *Sperrkonfiguration benennen* einen Namen für die Konfiguration ein und klicken Sie auf *Weiter.*

5. Aktivieren Sie auf der Seite *Pfad des Zertifizierungsstellenzertifikats auswählen* die passende Option für Ihr Zertifikat und klicken Sie auf *Weiter.* Zur Auswahl stehen folgende Möglichkeiten:

    • *Zertifikat für eine vorhandene Unternehmenszertifizierungsstelle auswählen* (Standardwert)

    • *Zertifikat aus dem lokalen Zertifikatspeicher auswählen*

    • *Zertifikat aus einer Datei importieren*

6. Wählen Sie auf der Seite *Zertifizierungsstellenzertifikat auswählen* das zu verwendende Zertifikat aus und klicken Sie auf *Weiter.*

7. Wählen Sie auf der Seite aus Abbildung 4–31 eine der folgenden Optionen aus und klicken Sie auf *Weiter.*

    • *Signaturzertifikat automatisch auswählen* (Standardwert)

    • *Signaturzertifikat manuell auswählen*

    • *Zertifizierungsstellenzertifikat für die Sperrkonfiguration verwenden*

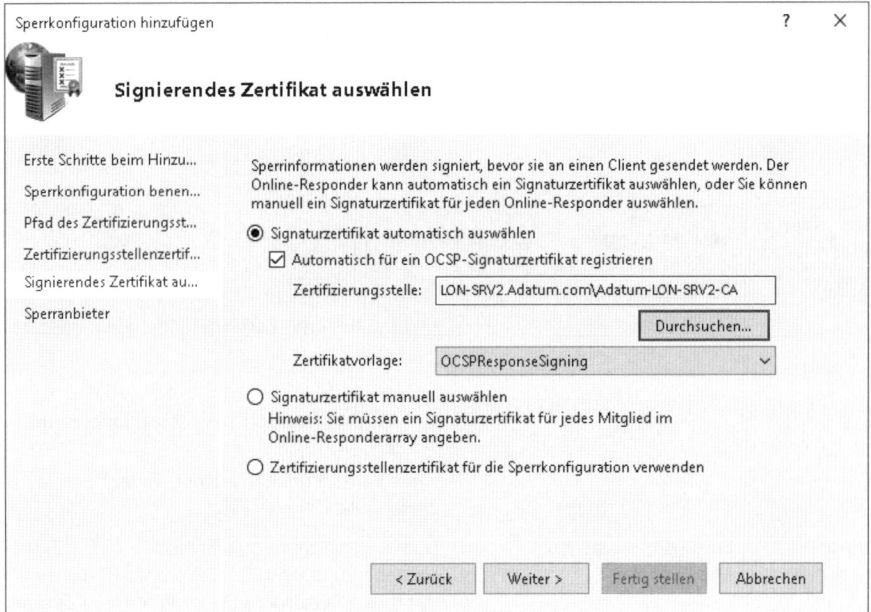

Abb. 4–31   Hinzufügen einer Sperrkonfiguration

8. Klicken Sie auf der Seite *Sperranbieter* auf *Anbieter* und geben Sie im Dialogfeld *Sperran-bietereigenschaften* den Speicherort der Sperrlisten an. Klicken Sie dazu auf *Hinzufügen*, geben Sie beispielsweise *http://lon-svr2.adatum.com/cert/Adatum-NYC-1-CA.crl* ein und klicken Sie zweimal auf *OK*.

9. Klicken Sie auf *Fertig stellen*.

WEITERE INFORMATIONEN   **Erstellen einer Sperrkonfiguration**

Weitere Informationen über die Einrichtung eines Online-Responders finden Sie auf der Microsoft TechNet-Website unter:

https://technet.microsoft.com/library/cc731099(v=ws.11).aspx

Trennung der Verwaltungsrollen

In kleinen Organisationen ist es üblich, sämtliche Verwaltungsaufgaben von einer einzigen Administratorengruppe erledigen zu lassen. Je größer die Organisation wird, umso weniger geeignet ist diese Vorgehensweise jedoch. Daher sollten Sie sich Gedanken darüber machen, wie Sie die Verwaltung der Architektur Ihrer Zertifikatdienste auf verschiedene, eng umrissene Rollen aufteilen können, die jeweils für einen anderen Aspekt der Zertifikatverwaltung zuständig sind, beispielsweise Verwaltung der Zertifizierungsstelle, Verwaltung von Zertifikaten, Verwaltung der Sicherung sowie Überwachung.

In Windows Server 2016 gibt es keine integrierten Rollen für die Zertifikatverwaltung. Sie müssen sie schon selbst erstellen. Dazu wird empfohlen, in Active Directory Sicherheitsgruppen mit entsprechenden Namen zu erstellen und ihnen die erforderlichen Berechtigungen für ihre Verwaltungsaufgaben zuzuweisen. Ziehen Sie zur Planung dieser Gruppen die Angaben aus Tabelle 4–1 heran.

Rollen- oder Gruppenname	Berechtigungen	Erklärungen

ZS-Admin	Zertifizierungsstelle verwalten	▪ Diese Zertifizierungsstellenrolle kann Folgendes tun:
		  • Alle anderen Zertifizierungsstellenrollen zuweisen
		  • Das Zertifikat der Zertifizierungsstelle erneuern
		  • Die Zertifizierungsstelle konfigurieren und warten
		▪ Diese Berechtigungen werden in der Konsole *Zertifizierungsstelle* zugewiesen.

Zertifikat-manager	Zertifikate ausstellen und verwalten	▪ Diese Zertifizierungsstellenrolle kann Zertifikate ausgeben und verwalten. Das schließt die Genehmigung von Zertifikatregistrierungen und Sperranforderungen ein. ▪ Diese Berechtigungen werden in der Konsole *Zertifizierungsstelle* zugewiesen.
Sicherungs-Operator	▪ Sichern von Dateien und Verzeichnissen ▪ Wiederherstellen von Dateien und Verzeichnissen	▪ Führt Sicherungs- und Wiederherstellungsvorgänge auf dem System durch ▪ Integrierte Rolle des Betriebssystems
Auditor	Verwalten von Überwachungs- und Sicherheitsprotokollen	▪ Inhaber dieser Rolle können Überwachungsprotokolle einrichten und warten. ▪ Integrierte Rolle des Betriebssystems

Tab. 4–1   Trennung der Verwaltungsrollen

 PRÜFUNGSTIPP

Standardmäßig verfügt die lokale Administratorengruppe über die Berechtigungen *Zertifizierungsstelle verwalten* und *Zertifikate ausstellen und verwalten*. Für Unternehmenszertifizierungsstellen haben die globale Sicherheitsgruppe *Domänen-Admins* und die universelle Sicherheitsgruppe *Organisations-Admins* diese Berechtigungen.

Die erforderlichen Berechtigungen für die von Ihnen erstellen Gruppen richten Sie wie folgt in der Konsole *Zertifizierungsstelle* ein:

1. Rechtsklicken Sie in der Konsole *Zertifizierungsstelle* auf Ihre Zertifizierungsstelle und wählen Sie *Eigenschaften*.

2. Öffnen Sie im Eigenschaftendialogfeld der Zertifizierungsstelle die Registerkarte *Sicherheit*.

3. Fügen Sie die erforderlichen Gruppen hinzu und richten Sie dann in der darunter befindlichen Liste *Berechtigungen* die gewünschten Berechtigungen für sie ein.

Welche Gruppen Sie erstellen und welche Rollen Sie ihnen zuweisen müssen, hängt von der Bereitstellung Ihrer Zertifikatdienste und der gewünschten Trennung der Verwaltung ab. Betrachten Sie dazu das folgende Beispiel:

Sie haben eine eigenständige Stammzertifizierungsstelle bereitgestellt, die Mitglied einer AD DS-Domäne ist, sowie zwei untergeordnete Unternehmenszertifizierungsstellen, von denen die eine Benutzer- und die andere Computerzertifikate ausstellt. Sie wollen nun eine Gruppe einrichten, die über ZS-Admin- und Zertifikatmanager-Berechtigungen für sämtliche Zertifizierungsstellen in der Organisation verfügt, und eine andere, die diese Berechtigungen nur für die beiden untergeordneten Zertifizierungsstellen hat.

Um eine solche rollengestützte Verwaltung einzurichten, gehen Sie wie folgt vor:

1. Erstellen Sie in *Active Directory-Benutzer und -Computer* die folgenden Sicherheitsgruppen:

    *   *Unternehmens-ZS-Admins*

    *   *Untergeordnete-ZS-Admins*

    *   *Benutzerzertifikatmanager*

    *   *Computerzertifikatmanager*

2. Weisen Sie der Gruppe *Unternehmens-ZS-Admins* auf allen Zertifizierungsstellen wie zuvor beschrieben die Berechtigungen *Zertifizierungsstelle verwalten* und *Zertifikate ausstellen und verwalten* zu.

3. Weisen Sie der Gruppe *Untergeordnete-ZS-Admins* auf beiden untergeordneten Zertifizierungsstellen die Berechtigungen *Zertifizierungsstelle verwalten* und *Zertifikate ausstellen und verwalten* zu.

4. Weisen Sie auf der Zertifizierungsstelle für Benutzerzertifikate der Gruppe *Benutzerzertifikatmanager* die Berechtigung *Zertifikate ausstellen und verwalten* zu (siehe Abbildung 4–32).

Abb. 4–32 Trennung der Verwaltungsaufgaben für Zertifikatdienste mithilfe von Berechtigungen

5. Wechseln Sie dann zur Registerkarte *Zertifikatverwaltungen* des Eigenschaftendialogfelds und schränken Sie dort wie in Abbildung 4–33 gezeigt die Gruppe *Benutzerzertifikatmanager* auf die Zertifikatvorlage *Benutzer* ein:

   a. Klicken Sie auf *Zertifikatverwaltungen einschränken*. Die eingerichteten Sicherheitsgruppen werden in der Liste *Zertifikatverwaltungen (auf der Registerkarte "Sicherheit" konfiguriert)* angezeigt.

   b. Klicken Sie auf *Hinzufügen*, markieren Sie im Dialogfeld *Zertifikatvorlagen aktivieren* die Vorlage *Benutzer* und klicken Sie auf *OK*.

   c. Markieren Sie *<Alle>* in der Liste *Zertifikatvorlagen* und klicken Sie auf *Entfernen*.

   d. Klicken Sie auf *OK*.

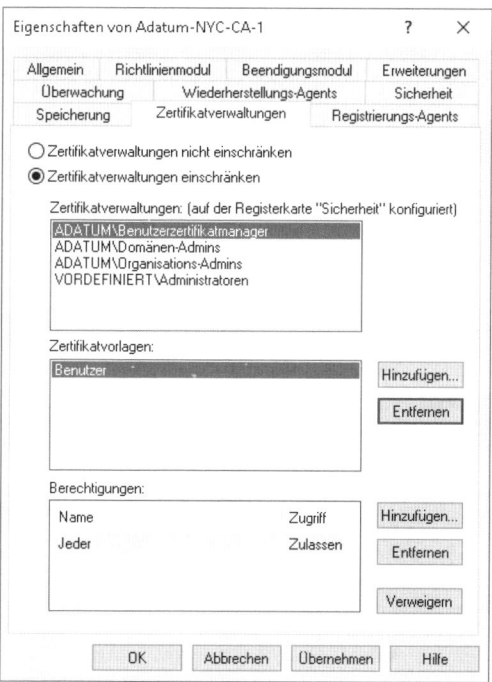

Abb. 4–33   Einschränken der Zertifikatverwaltung

6.   Weisen Sie auf der Zertifizierungsstelle für Computerzertifikate der Gruppe *Computerzertifikatmanager* die Berechtigung *Zertifikate ausstellen und verwalten* zu und schränken Sie sie auf die Zertifikatvorlage *Computer* ein.

WEITERE INFORMATIONEN   **Rollengestützte Verwaltung**

Weitere Informationen über die Trennung der Verwaltungsaufgaben für Zertifikatdienste finden Sie auf der Microsoft TechNet-Website unter:

https://technet.microsoft.com/library/cc732590(v=ws.11).aspx

Sichern und Wiederherstellen von Zertifizierungsstellen

Da Zertifikate für den Schutz der Anwendungen und Dienste Ihrer Organisation so wichtig sind, müssen Sie genau wissen, wie Sie Zertifizierungsstellen sichern und wiederherstellen. Dazu können Sie die Konsole *Zertifizierungsstelle*, die Windows PowerShell oder das Befehlszeilenwerkzeug `Certutil.exe` verwenden.

Sichern einer Zertifizierungsstelle

Um eine Zertifizierungsstelle in der Konsole *Zertifizierungsstelle* zu sichern, gehen Sie wie folgt vor:

1. Rechtsklicken Sie im Navigationsbereich auf die Zertifizierungsstelle, zeigen Sie auf *Alle Aufgaben* und wählen Sie *Sichern* (siehe Abbildung 4–34).

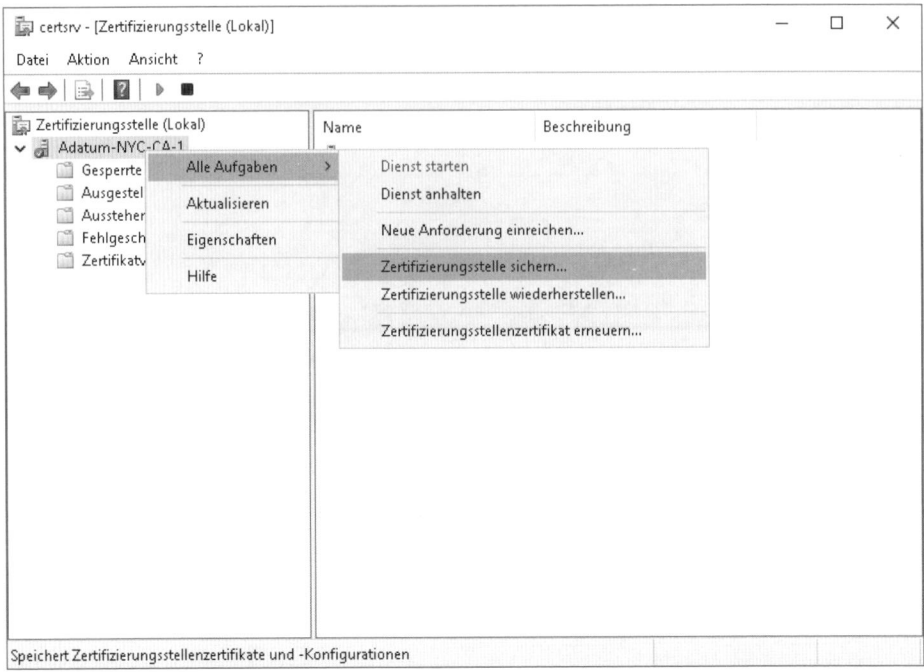

Abb. 4–34   Sichern der Zertifizierungsstelle

2. Klicken Sie im Sicherungs-Assistenten der Zertifizierungsstelle auf *Weiter* und aktivieren Sie dann auf der Seite *Zu sichernde Elemente* aus Abbildung 4–35 die Kontrollkästchen *Privater Schlüssel und Zertifizierungsstellenzertifikat* sowie *Zertifikatdatenbank und Zertifikatdatenbankprotokoll*.

Abb. 4–35 Auswählen der Sicherungsoptionen

3. Wenn Sie die Zertifizierungsstelle schon einmal gesichert haben, können Sie auch eine inkrementelle Sicherung durchführen.

4. Legen Sie den Speicherort für die Sicherung fest und klicken Sie auf *Weiter*.

5. Geben Sie auf der Seite *Kennwort auswählen* ein Kennwort für den Schutz der Sicherungs- dateien an und klicken Sie auf *Weiter*.

6. Klicken Sie auf *Fertig stellen*.

Um die Zertifizierungsstelle an der Befehlszeile zu sichern, verwenden Sie folgenden Befehl:

```
Certutil -Backup c:\Backup
```

Sie können diesen Vorgang auch mit der Windows PowerShell durchführen. Verwenden Sie dazu das Cmdlet `Backup-CAARoleService`.

Wiederherstellen der Zertifizierungsstelle

Um eine Zertifizierungsstelle in der Konsole *Zertifizierungsstelle* wiederherzustellen, gehen Sie folgendermaßen vor:

1. Rechtsklicken Sie im Navigationsbereich auf die Zertifizierungsstelle, zeigen Sie auf *Alle Aufgaben* und wählen Sie *Sichern*.

2. Wenn Sie dazu aufgefordert werden, die auf dem Server laufenden Zertifikatdienste zu beenden, klicken Sie auf *OK*.

 PRÜFUNGSTIPP

Während einer Wiederherstellung dürfen die Zertifikatdienste nicht ausgeführt werden.

---

3. Klicken Sie im Wiederherstellungs-Assistenten der Zertifizierungsstelle auf *Weiter* und aktivieren Sie dann auf der Seite *Wiederherzustellende Elemente* die Kontrollkästchen *Privater Schlüssel und Zertifizierungsstellenzertifikat* sowie *Zertifikatdatenbank und Zertifikatdatenbankprotokoll*.

4. Geben Sie den Speicherort der Sicherungsdateien an und klicken Sie auf *Weiter*.

5. Geben Sie das Kennwort für die Sicherungsdateien ein und klicken Sie auf *Weiter*.

6. Klicken Sie auf *Fertig stellen*.

Um die Zertifizierungsstelle an der Befehlszeile wiederherzustellen, verwenden Sie folgenden Befehl:

```
Certutil -Restore c:\Backup
```

Sie können diesen Vorgang auch mit der Windows PowerShell durchführen. Verwenden dazu das Cmdlet `Restore-CAARoleService`.

Prüfungsziel 4.2:
Verwalten von Zertifikaten

Die Bereitstellung und Einrichtung der Zertifikatdienste im Rahmen Ihrer PKI ist nur die halbe Miete. Darüber hinaus ist es auch erforderlich, Zertifikatvorlagen, Zertifikate, die automatische Registrierung sowie die Archivierung und Wiederherstellung von Schlüsseln einzurichten und zu verwalten.

Inhalt dieses Abschnitts:

▦ Verwalten von Zertifikatvorlagen

▦ Bereitstellen, Validieren und Sperren von Zertifikaten

▦ Archivieren und Wiederherstellen von Schlüsseln

Verwalten von Zertifikatvorlagen

Digitale Zertifikate gibt es für viele verschiedene Zwecke. Mit Zertifikatvorlagen können Sie den jeweiligen Zweck bestimmen und festlegen, wie Benutzer oder Computer bestimmte Zertifikate anfordern. Mit den grafischen Werkzeugen und den Befehlszeilenprogrammen lassen sich schnell und einfach neue Zertifikatvorlagen anlegen.

Vorlagenversionen

Windows Server 2016 kann mit vier verschiedenen Versionen von Vorlagen umgehen, die jeweils ihre eigenen Möglichkeiten und Eigenschaften aufweisen:

- **Version 1** Diese Vorlagen werden automatisch erstellt, wenn Sie den Rollendienst *Zertifizierungsstelle* installieren. Vorlagen dieser Art können Sie nur begrenzt ändern. Insbesondere können Sie die Berechtigungen einstellen.

> **PRÜFUNGSTIPP**
> Eine automatische Registrierung ist für Vorlagen der Version 1 nicht möglich.

- **Version 2** Bei der Installation der Rolle *Zertifizierungsstelle* werden mehrere Vorlagen der Version 2 automatisch erstellt. Sie können diese Vorlagen ändern sowie nach Bedarf eigene Vorlagen dieser Art erstellen.
- **Version 3** Vorlagen dieser Art weisen anspruchsvollere Funktionen auf, darunter CNG (Cryptography Next Generation).
- **Version 4** Diese Vorlagen stehen seit Windows Server 2012 zur Verfügung. Sie bieten neuere Funktionen, darunter für Kryptografiedienst- und Schlüsselspeicherungsanbieter.

Sicherheit von Vorlagen

Auf der Registerkarte *Sicherheit* im Eigenschaftendialogfeld einer Vorlage können Sie bestimmen, welche Benutzer welchen Zugriff auf die jeweilige Vorlage haben. Dabei können Sie folgende Berechtigungen festlegen:

- **Lesen** Ermöglicht dem Benutzer oder Computer, beim Registrieren eines Zertifikats die Eigenschaften der Vorlage zu lesen.

> **PRÜFUNGSTIPP**
> Achten Sie darauf, die standardmäßige Leseberechtigung für die Gruppe *Authentifizierte Benutzer* nicht von einer Vorlage zu entfernen.

- **Schreiben** Ermöglicht dem Benutzer oder Computer, die Eigenschaften der Vorlage zu ändern.
- **Vollzugriff** Ermöglicht Benutzern, alle Eigenschaften der Vorlage einschließlich der Sicherheitseinstellungen zu ändern.
- **Registrieren** Diese Berechtigung ermöglicht Benutzern und Computern mit Leseberechtigung für die Vorlage, ein Zertifikat auf der Grundlage dieser Vorlage zu registrieren.
- **Automatisch registrieren** Diese Berechtigung ermöglicht Benutzern und Computern mit Lese- und Registrierungsberechtigung für die Vorlage, die automatische Registrierung für ein Zertifikat zu nutzen.

Verwalten anderer Vorlageneigenschaften

Neben den Sicherheitseinstellungen, die festlegen, ob Benutzer und Computer ein Zertifikat auf der Grundlage der Vorlage lesen, ändern und registrieren können, lässt sich in der Vorlage auch der Zweck eines Zertifikats festlegen. Wenn Sie die Serverrolle einer Zertifizierungsstelle bereitstellen, installiert Windows Server 2016 automatisch mehrere Vorlagen, von denen die meisten mehrere Zwecke haben (siehe Abbildung 4–36).

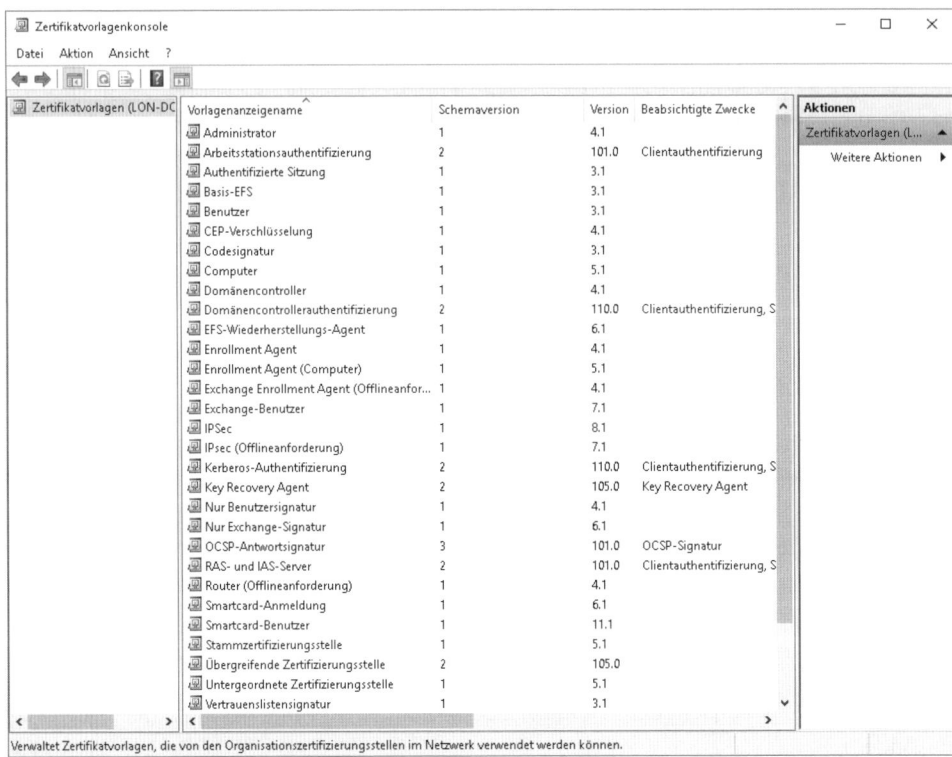

Abb. 4–36   Die Standardvorlagen

Wenn Sie eigene Vorlagen erstellen oder vorhandene bearbeiten wollen, müssen Sie unter anderem die folgenden Aspekte berücksichtigen:

- Den Zweck des Zertifikats
- Die Methoden, die Benutzer oder Computer einsetzen müssen, um eine Zertifikatanforderung einzureichen

Schlüssellänge und Gültigkeitsdauer der Zertifikate

Registrierungsvorgang und Voraussetzungen für die Registrierung

---

Erstellen und Verwalten von Vorlagen

Um Zertifikatvorlagen zu erstellen und zu verwalten, rechtsklicken Sie in der Konsole *Zertifizierungsstelle* auf den Knoten *Zertifikatvorlagen* und wählen *Verwalten*. Daraufhin wird die Zertifikatvorlagekonsole angezeigt. Um beispielsweise eine neue Vorlage auf der Grundlage der Vorlage *Benutzer* anzulegen, gehen Sie wie folgt vor:

1. Rechtsklicken Sie in der Zertifikatvorlagenkonsole aus Abbildung 4–36 auf die Vorlage *Benutzer* und wählen Sie *Vorlage duplizieren*.

2. Geben Sie auf der Registerkarte *Allgemein* des Dialogfelds *Eigenschaften der neuen Vorlage* einen aussagekräftigen Namen für die neue Vorlage in das Feld *Vorlagenanzeigename* ein, wie hier *Adatum-Standardbenutzervorlage* (siehe Abbildung 4–37).

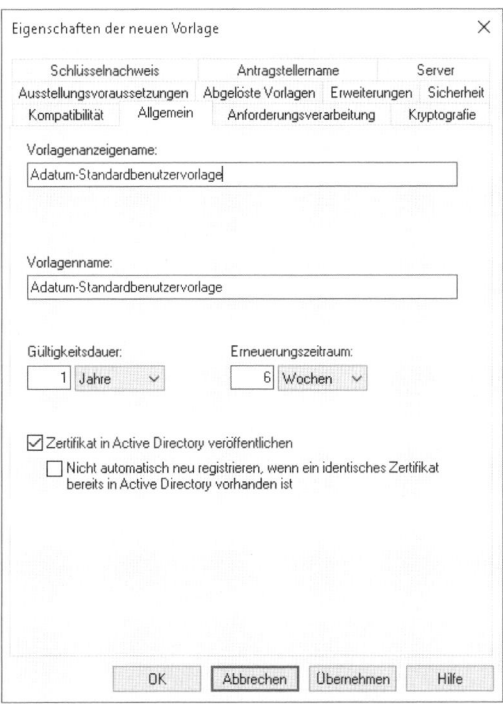

Abb. 4–37   Einrichten der allgemeinen Eigenschaften der Vorlage

3. Legen Sie Gültigkeitsdauer und Erneuerungszeitraum fest.

4. Legen Sie auf der Registerkarte *Anforderungsverarbeitung* den allgemeinen Zweck in der Liste *Zweck* fest und richten Sie dann die Einstellungen für die Registrierung ein (siehe Abbildung 4–38). Hier haben Sie die Wahl zwischen folgenden Optionen:

   - *Antragsteller ohne Benutzereingabe registrieren* (Standard)

   - *Benutzer zur Eingabe während der Registrierung auffordern*

   - *Benutzer zur Eingabe während der Registrierung auffordern und Benutzereingabe beim Verwenden eines privaten Schlüssels anfordern*

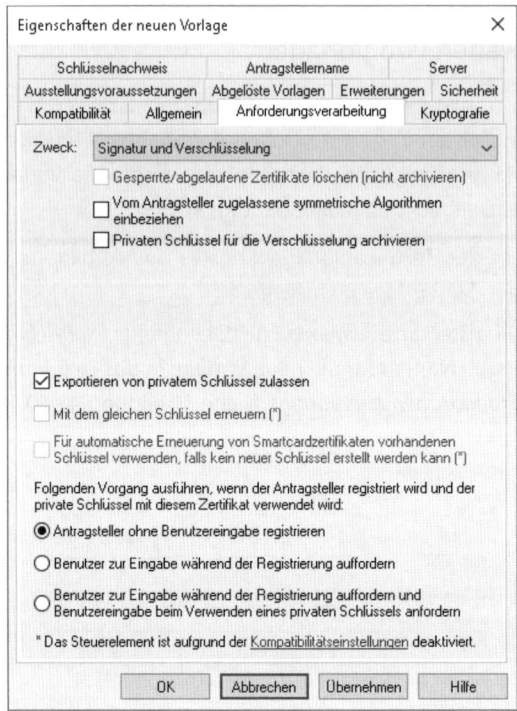

Abb. 4–38   Einrichten der Optionen zur Anforderungsverarbeitung

5. Klicken Sie auf die Registerkarte *Sicherheit*, fügen Sie alle weiteren Gruppen hinzu, die Berechtigungen für die Vorlage benötigen, und richten Sie die erforderlichen Berechtigungen ein. Damit beispielsweise alle Benutzer Zertifikate auf der Grundlage dieser Vorlage registrieren und dafür die automatische Registrierung nutzen können, markieren Sie *Authentifizierte Benutzer* und aktivieren dann im Abschnitt *Berechtigungen für "Authentifizierte Benutzer"* die Kontrollkästchen *Registrieren* und *Automatisch registrieren* (siehe Abbildung 4–39).

Abb. 4–39   Einrichten der Sicherheit

6. Legen Sie alle erforderlichen Voraussetzungen auf der Registerkarte *Ausstellungsvoraus-setzungen* aus Abbildung 4–40 fest. Wenn zur Ausstellung eines Zertifikats auf der Grund-lage dieser Vorlage beispielsweise die Genehmigung des Zertifizierungsstellenmanagers notwendig sein soll, aktivieren Sie das Kontrollkästchen *Genehmigung von Zertifikatver-waltung der Zertifizierungsstelle*.

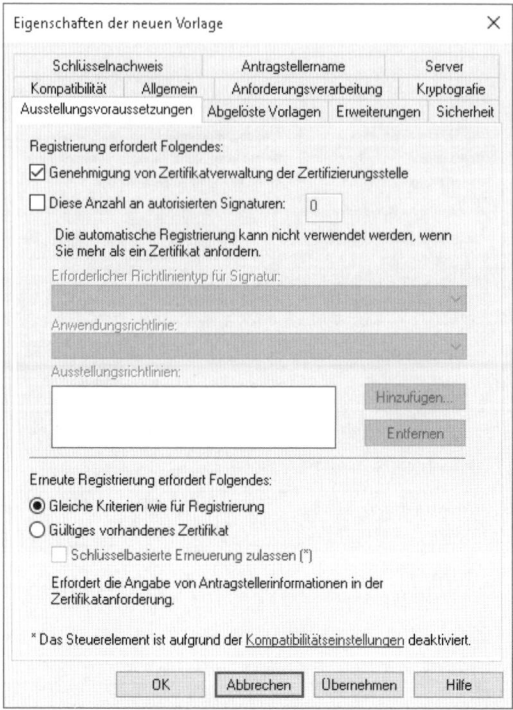

Abb. 4–40   Festlegen der Voraussetzungen zur Ausstellung des Zertifikats

7. Wenn Sie den konkreten Zweck des Zertifikats ändern möchten, markieren Sie auf der Registerkarte *Erweiterungen* aus Abbildung 4–41 den Eintrag *Anwendungsrichtlinien* in der Liste *Erweiterungen in dieser Vorlage* und klicken Sie auf *Bearbeiten*.

Abb. 4–41   Ändern des Zwecks der Vorlage

8. Klicken Sie im Dialogfeld *Anwendungsrichtlinienerweiterung bearbeiten* aus Abbildung 4–42 auf *Hinzufügen*.

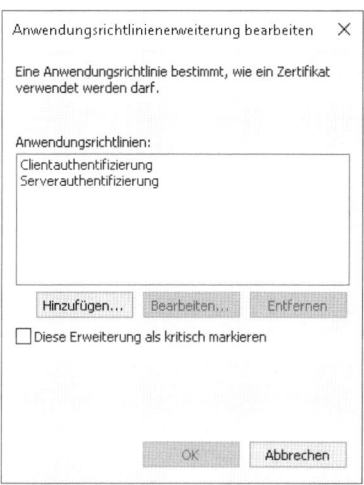

Abb. 4–42   Ändern des Zwecks der Vorlage

9. Wählen Sie zusätzliche Verwendungszwecke in der Liste *Anwendungsrichtlinien* aus. Klicken Sie zweimal auf *OK*.

10. Klicken Sie im Dialogfeld *Eigenschaften der neuen Vorlage* auf *OK*.

Um die Vorlage verfügbar zu machen, wechseln Sie zur Konsole *Zertifizierungsstelle* und gehen dort wie folgt vor:

1. Rechtsklicken Sie auf den Knoten *Zertifikatvorlagen*.
2. Zeigen Sie auf *Neu* und wählen Sie *Auszustellende Zertifikatvorlage*.
3. Markieren Sie im Dialogfeld *Zertifikatvorlagen aktivieren* die neue Vorlage und klicken Sie auf *OK*.

Ändern und ablösen

Um eine Vorlage zu erstellen, duplizieren Sie eine vorhandene Vorlage, die Ihren Anforderungen möglichst nahe kommt, und passen den vorgesehenen Zweck oder andere Eigenschaften dieser Kopie wie zuvor beschrieben an. Geben Sie der Kopie einen aussagekräftigen Namen, der ihren Zweck beschreibt.

Eine vorhandene Zertifikatvorlage können Sie auch ändern oder ersetzen:

■ **Ändern** Sie können eine vorhandene Zertifikatvorlage ändern, indem Sie ihr beispielsweise einen neuen Zweck hinzufügen oder ihre Sicherheitseinstellungen anpassen. Alle neuen Zertifikate, die auf der Grundlage dieser Vorlage ausgestellt werden, spiegeln diese Änderungen wider.

■ **Ablösen** Wenn Sie mehrere Vorlagen mit dem gleichen oder einem ähnlichen Zweck haben, können Sie sie durch eine neue Vorlage ersetzen. Alle Benutzer, die über die älteren Zertifikate verfügen, erhalten das neue.

Bereitstellen, Validieren und Sperren von Zertifikaten

Nachdem Sie Zertifikatvorlagen geplant und erstellt haben, müssen Sie Zertifikate für die Sicherheitsbedürfnisse Ihrer Organisation bereitstellen und verwalten. Dazu müssen Sie sich auch überlegen, wie Sie die Zertifikate den Benutzern und Computern zur Verfügung stellen.

Der Erwerb eines Zertifikats durch einen Benutzer oder Computer wird als *Registrierung* bezeichnet. Dazu gibt es verschiedene Möglichkeiten:

■ **Manuell** Wenn ein Benutzer ein Zertifikat benötigt, muss er es bei dieser Vorgehensweise manuell erwerben. Dazu erstellt er auf seinem lokalen Computer eine Anforderung und überträgt die Anforderungsdatei zur Verarbeitung an eine Zertifizierungsstelle. Ist die Anforderung gültig, gibt die Zertifizierungsstelle das entsprechende Zertifikat aus und sendet es zur Installation an den Benutzer. Zur manuellen Registrierung können Benutzer die Konsole *Zertifikate* sowie das Befehlszeilenwerkzeug Certreq.exe verwenden.

 PRÜFUNGSTIPP
Die manuelle Registrierung wird verwendet, wenn der Benutzer nicht direkt mit der Zertifizierungsstelle kommunizieren kann.

- **Automatische Registrierung**   Dies ist die bequemste Form der Registrierung, da der Benutzer hierbei gar nichts tun muss. Wenn Sie die automatische Registrierung für ein Zertifikat mithilfe von Gruppenrichtlinien eingerichtet haben, können Computer, die Mitglieder der AD DS-Domäne sind, mit dieser Methode Zertifikate anfordern, abrufen und erneuern. Dies ist die bevorzugte Registrierungsmethode.

- **Webregistrierung**   Benutzer können Zertifikate auch über eine Website der Zertifizierungsstelle anfordern und abrufen. Dazu meldet sich der Benutzer an der Website an und wählt das gewünschte Zertifikat aus. Wenn alle Voraussetzungen erfüllt sind, gibt die Zertifizierungsstelle das Zertifikat aus. Um diese Methode bereitzustellen, müssen Sie auf dem Computer mit der Zertifizierungsstelle den Rollendienst *Zertifizierungsstellen-Webregistrierung* installieren. Die Webregistrierung stellt eine gute Alternative für den Fall dar, dass die automatische Registrierung nicht möglich ist.

- **Stellvertretende Registrierung**   Nicht alle Benutzer sind mit den Werkzeugen zur Anforderung und Installation von Zertifikaten vertraut. Daher können Zertifikate auch stellvertretend für die Benutzer registriert werden. Diese Vorgehensweise kann beispielsweise angebracht sein, wenn ein Manager für die Benutzer Zertifikate zur Smartcard-Authentifizierung installiert. Dazu müssen Sie einen Registrierungs-Agent erstellen. Dabei handelt es sich um ein Benutzerkonto, das Sie verwenden, um Zertifikate für andere Benutzer anzufordern.

PRÜFUNGSTIPP

Um den Registrierungs-Agent zu aktivieren, muss das dafür vorgesehene Benutzerkonto über ein Zertifikat auf der Grundlage der Vorlage *Registrierungs-Agent* verfügen. Microsoft empfiehlt, diese Vorlage nur dann in Ihren Zertifizierungsstellen zu veröffentlichen, wenn Sie einen Registrierungs-Agent anlegen wollen.

Welche Methode Sie wählen, hängt von den Anforderungen Ihrer Organisation und der PKI ab.

Verwalten der Registrierung und Erneuerung von Zertifikaten für Computer und Benutzer mithilfe von Gruppenrichtlinien

Die automatische Registrierung bietet viele Vorteile für den Administrator der Zertifizierungsstelle, insbesondere die relative Einfachheit, mit der sich die Zertifikatinfrastruktur aufbauen lässt. Bei Nutzung der automatischen Registrierung können Benutzer und Computer ihre Zertifikate ohne Benutzereingriff erwerben und erneuern.

PRÜFUNGSTIPP

Die automatische Registrierung steht in eigenständigen Zertifizierungsstellen nicht zur Verfügung. Um sie nutzen zu können, müssen Sie eine Unternehmenszertifizierungsstelle einrichten. Wie bereits beschrieben, können Sie jedoch eine eigenständige Offline-Stammzertifizierungsstelle mit untergeordneten Unternehmenszertifizierungsstellen verwenden.

Wenn alle Benutzer und Computer die gleichen Zertifikate benötigen, z.B. zur Benutzer- oder Computerauthentifizierung, ist es angebracht, mithilfe von Gruppenrichtlinien eine automatische Registrierung einzurichten.

Melden Sie sich dazu als Mitglied der globalen Sicherheitsgruppe *Domänen-Admins* oder der universellen Sicherheitsgruppe *Organisations-Admins* an Ihrer Unternehmenszertifizierungsstelle an. Alle Zertifikate, die Sie automatisch registrieren lassen wollen, müssen auf Vorlagen beruhen, für die Sie die Berechtigung *Automatisch registrieren* gewährt haben. Außerdem müssen Sie die Gruppenrichtlinieneinstellungen für die automatische Registrierung einrichten.

Um diesen letzten Schritt durchzuführen, gehen Sie wie folgt vor:

1. Melden Sie sich auf einem Domänencontroller als Mitglied der Gruppe *Domänen-Admins* an.

2. Klicken Sie im Server-Manager auf *Tools* und dann auf *Gruppenrichtlinienverwaltung*.

3. Öffnen Sie *Default Domain Policy* zur Bearbeitung.

4. Öffnen Sie im Gruppenrichtlinienverwaltungs-Editor *Computerkonfiguration*, *Richtlinien*, *Windows-Einstellungen*, *Sicherheitseinstellungen* und *Richtlinien für öffentliche Schlüssel* (siehe Abbildung 4–43).

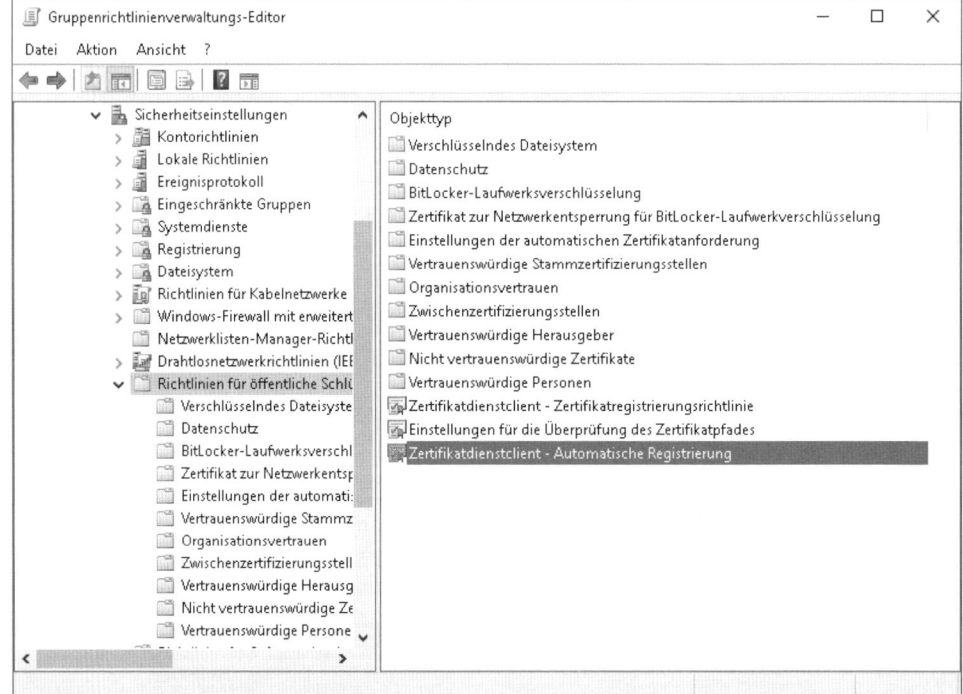

Abb. 4–43 Einrichten der automatischen Registrierung mithilfe von Gruppenrichtlinien

5. Doppelklicken Sie im Detailbereich auf *Zertifikatdienstclient – Automatische Registrierung*. Dadurch wird das Eigenschaftendialogfeld geöffnet, das Sie in Abbildung 4–44 sehen.

6. Nehmen Sie die folgenden Einstellungen vor und klicken Sie auf *OK*:

   • Klicken Sie in der Liste *Konfigurationsmodell* auf *Aktiviert*.

   • Aktivieren Sie die Kontrollkästchen *Abgelaufene Zertifikate erneuern, ausstehende Zertifikate aktualisieren und gesperrte Zertifikate entfernen* und *Zertifikate, die Zertifikatvorlagen verwenden, aktualisieren*.

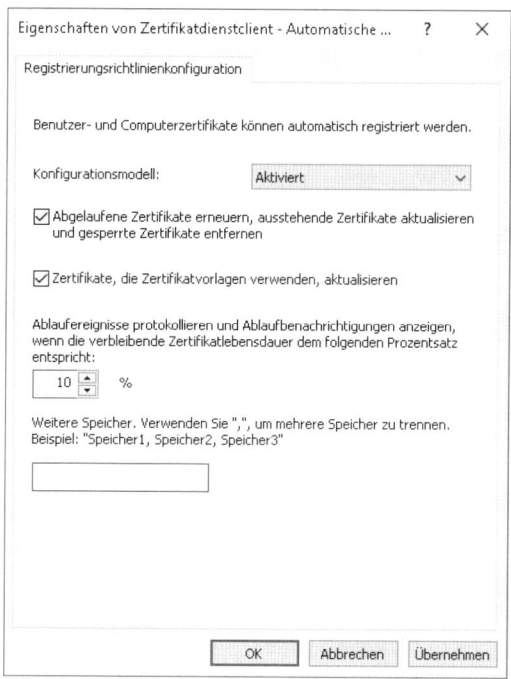

Abb. 4–44   Festlegen der Einstellungen für die automatische Registrierung

Im selben Knoten des Gruppenrichtlinienobjekts können Sie auch die Richtlinie für die Zertifi-katregistrierung einrichten. Gehen Sie dazu wie folgt vor:

1. Doppelklicken Sie im Detailbereich auf *Zertifikatdienstclient – Zertifikatregistrierungsricht-linie*.

2. Klicken Sie in der Liste *Konfigurationsmodell* des Dialogfelds *Eigenschaften von Zertifikat-dienstclient – Zertifikatregistrierungsrichtlinie* auf *Aktiviert* (siehe Abbildung 4–45).

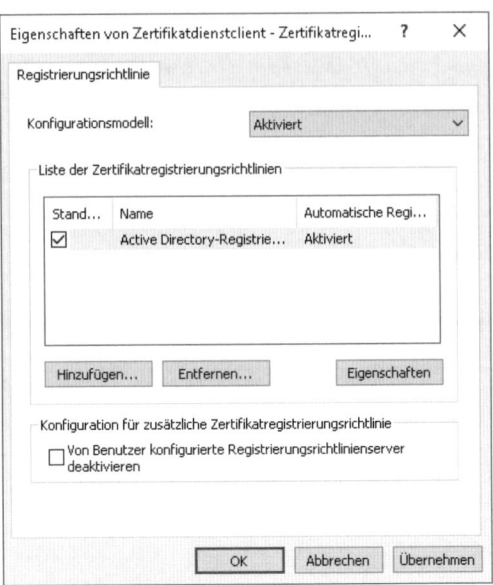

Abb. 4–45   Definieren der Registrierungsrichtlinie

3. Die *Active Directory-Registrierungsrichtlinie* ist automatisch aktiviert.

4. Wollen Sie weitere Server für Zertifikatregistrierungsrichtlinien einrichten, klicken Sie auf *Hinzufügen*, geben in dem Dialogfeld *Zertifikatregistrierungs-Richtlinienserver* aus Abbil-dung 4–46 den URI des Richtlinienservers ein und klicken auf *Server überprüfen*. Klicken Sie anschließend auf *Hinzufügen*.

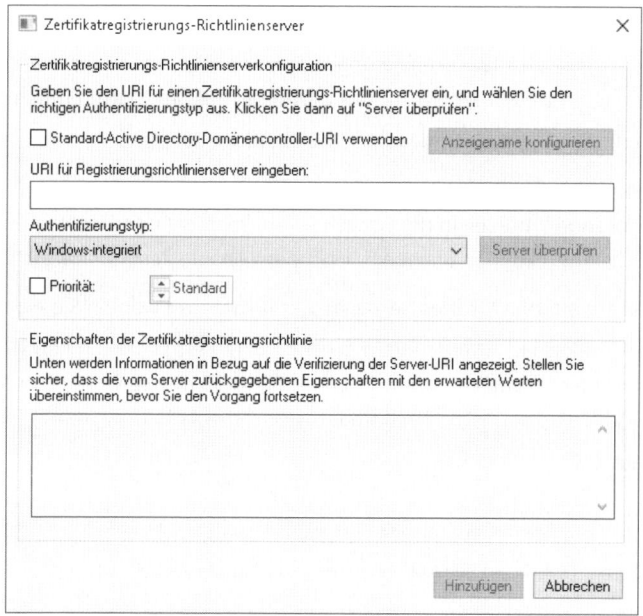

Abb. 4–46   Hinzufügen von Richtlinienservern

5.   Klicken Sie auf *OK* und schließen Sie den Gruppenrichtlinienverwaltungs-Editor.

> **WEITERE INFORMATIONEN**   **Verwaltung der Zertifikatregistrierung mithilfe von Gruppenrichtlinien**
>
> Weitere Informationen über die Verwaltung der Zertifikatregistrierung mithilfe von Gruppenrichtlinien finden Sie auf der Microsoft TechNet-Website unter:
>
> *https://technet.microsoft.com/library/dd851772(v=ws.11).aspx*

Sperren von Zertifikaten

Durch die Sperrung wird ein Zertifikat ungültig gemacht. Wenn Sie ein Zertifikat sperren, werden Angaben über diesen Vorgang in der Zertifikatsperrliste gespeichert. Wie weiter vorn in diesem Kapitel erklärt, greifen Client- und Servercomputer direkt oder über einen Online-Responder auf die veröffentlichten Sperrlisten zu.

Zertifikate werden gewöhnlich aus folgenden Gründen gesperrt:

- Der Schlüssel des Zertifikats wurde geknackt.
- Die ausgebende Zertifizierungsstelle wurde geknackt.
- Das Zertifikat ist nicht mehr für den ursprünglichen Zweck gültig.
- Das Zertifikat wurde abgelöst.
- Der Benutzer oder Computer ist nicht mehr zur Nutzung des Zertifikats berechtigt.

Um ein Zertifikat zu widerrufen, gehen Sie wie folgt vor:

1. Öffnen Sie in der Konsole *Zertifizierungsstelle* den Ordner *Ausgestellte Zertifikate* und rechtsklicken Sie im Detailbereich auf das Zertifikat, das Sie sperren möchten.

2. Zeigen Sie auf *Alle Aufgaben* und wählen Sie *Zertifikat sperren*.

Es ist wichtig, dass die Aufzeichnungen über die Sperrung von Zertifikaten sauber geführt werden. Jegliche Änderungen müssen in der Sperrliste veröffentlicht werden. Den zeitlichen Abstand dieser Veröffentlichungen können Sie ebenfalls in der Konsole *Zertifizierungsstelle* einstellen:

1. Rechtsklicken Sie auf den Ordner *Gesperrte Zertifikate* und wählen Sie *Eigenschaften*.

2. Öffnen Sie im Dialogfeld *Eigenschaften für Gesperrte Zertifikate* die Registerkarte *Parameter für Sperrlistenveröffentlichung* und richten Sie dort die Veröffentlichungsintervalle für Sperrlisten und Deltasperrlisten nach Bedarf ein (siehe Abbildung 4–47).

3. Klicken Sie auf *OK*.

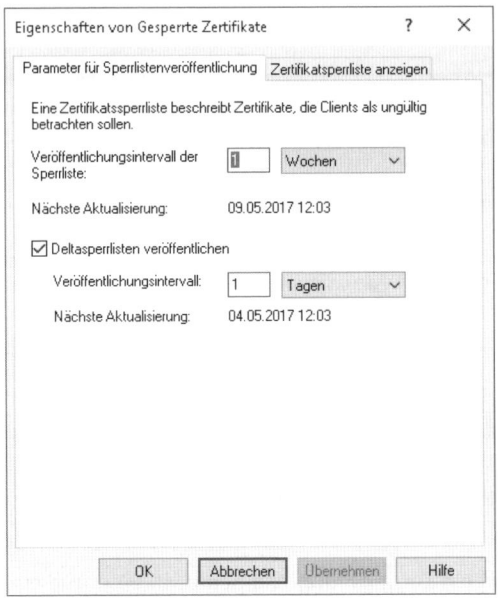

Abb. 4–47   Einrichten des Veröffentlichungsintervalls für Sperrlisten

Archivieren und Wiederherstellen von Schlüsseln

Digitale Zertifikate und die zugehörigen Schlüssel müssen unbedingt sicher aufbewahrt werden. Wenn Sie die Schlüssel verlieren, die zur Verschlüsselung von Datendateien verwendet wurden, ist es nicht mehr möglich, auf diese Dateien zuzugreifen.

Schlüssel können unter folgenden Umständen verloren gehen:

▨ Neuinstallation des Betriebssystems

▨ Beschädigung einer Festplatte

- Diebstahl oder Verlust eines Benutzercomputers
- Beschädigung oder Löschung eines Benutzerdesktop-Profils

Um beim Verlust eines Schlüssels keinen Datenverlust zu erleiden, können Sie die Schlüssel-archivierung und -wiederherstellung einrichten. Die Schlüsselarchivierung muss sowohl in der Zertifizierungsstelle als auch in den entsprechenden Zertifikatvorlagen eingeschaltet werden. Außerdem müssen Sie dazu einen Schlüsselwiederherstellungs-Agent aktivieren, was es wiede-rum erforderlich macht, im Kontext des Benutzerkontos, das Sie als Agent verwenden wollen, ein Zertifikat für diesen Zweck zu installieren.

Aktivieren und Einrichten eines Schlüsselwiederherstellungs-Agents

Die folgenden Anleitungen zeigen, wie Sie einen Schlüsselwiederherstellungs-Agent aktivieren und einrichten. Als Erstes müssen Sie dazu die Zertifikatvorlage *Key Recovery Agent* aktivieren.

1. Suchen Sie in der Zertifikatvorlagenkonsole die Vorlage *Key Recovery Agent*.
2. Rechtsklicken Sie auf die Vorlage und wählen Sie *Eigenschaften*.
3. Deaktivieren Sie auf der Registerkarte *Ausstellungsvoraussetzungen* das Kontrollkästchen *Genehmigung von Zertifikatverwaltung der Zertifizierungsstelle* und klicken Sie auf *OK* (sie-he Abbildung 4–48).

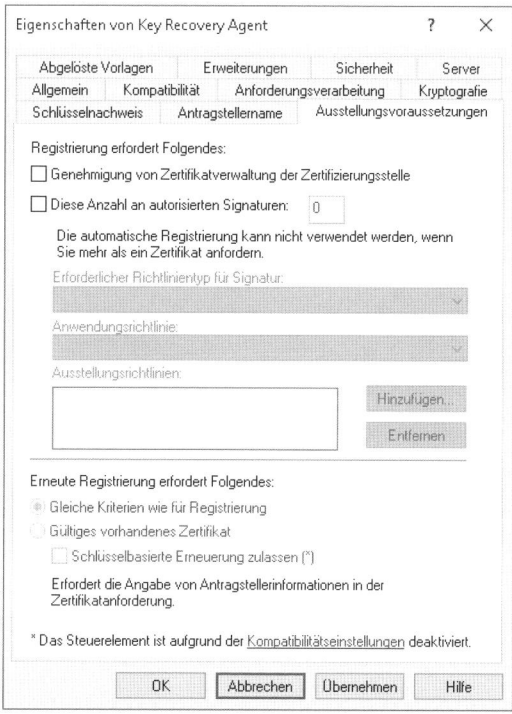

Abb. 4–48 Einrichten der Zertifikatvorlage für den Schlüsselwiederherstellungs-Agent

4. Wechseln Sie zur Konsole *Zertifizierungsstelle*.

5. Rechtsklicken Sie auf *Zertifikatvorlagen*, zeigen Sie auf *Neu* und wählen Sie *Auszustellende Zertifikatvorlage*.

6. Markieren Sie im Dialogfeld *Zertifikatvorlage aktivieren* die Vorlage *Key Recovery Agent* und klicken Sie auf *OK*.

Als Nächstes müssen Sie ein Zertifikat auf der Grundlage der Vorlage *Key Recovery Agent* registrieren:

1. Führen Sie mmc.exe aus und fügen Sie das Snap-In *Zertifikate* mit der Option *Eigenes Benutzerkonto* hinzu.

2. Rechtsklicken Sie auf den Ordner *Eigene Zertifikate* und zeigen Sie auf *Alle Aufgaben*.

3. Klicken Sie auf *Neues Zertifikat anfordern*.

4. Klicken Sie auf der Seite *Zertifikatregistrierungsrichtlinie auswählen* des Zertifikatregistrierungs-Assistenten auf *Active Directory-Registrierungsrichtlinie* und dann auf *Weiter*.

5. Aktivieren Sie auf der Seite *Zertifikate anfordern* aus Abbildung 4–49 das Kontrollkästchen *Key Recovery Agent* und klicken Sie auf *Registrieren*.

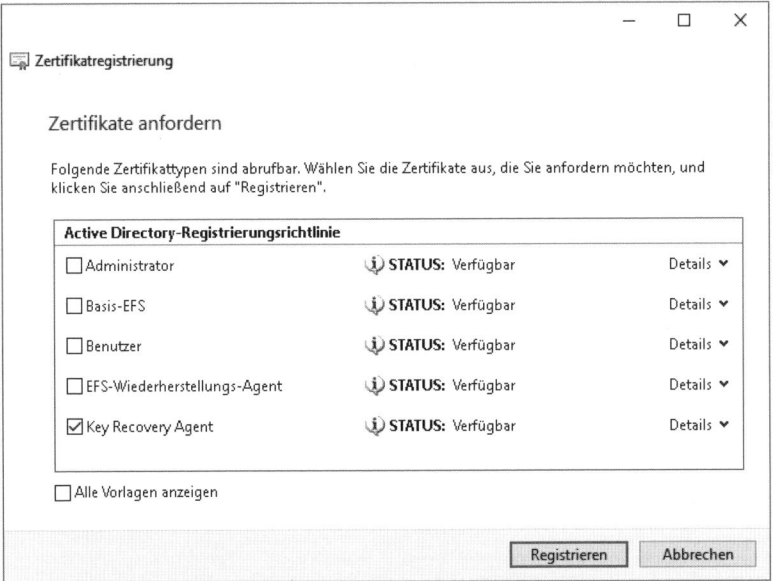

Abb. 4–49   Installieren des Zertifikats für den Schlüsselwiederherstellungs-Agent

6. Schließen Sie die Konsole.

Als letzten Schritt müssen Sie die Zertifizierungsstelle so einrichten, dass sie eine Schlüsselwiederherstellung zulässt:

1. Rechtsklicken Sie im Navigationsbereich der Konsole *Zertifizierungsstelle* auf Ihre Zertifizierungsstelle und wählen Sie *Eigenschaften*.

2. Öffnen Sie die Registerkarte *Wiederherstellungs-Agents* (siehe Abbildung 4–50).

3. Aktivieren Sie den Optionsschalter *Schlüssel archivieren* und klicken Sie auf *Hinzufügen*.

4. Klicken Sie in dem daraufhin eingeblendeten Dialogfeld auf *OK*, um das Zertifikat *Key Recovery Agent* auszuwählen.

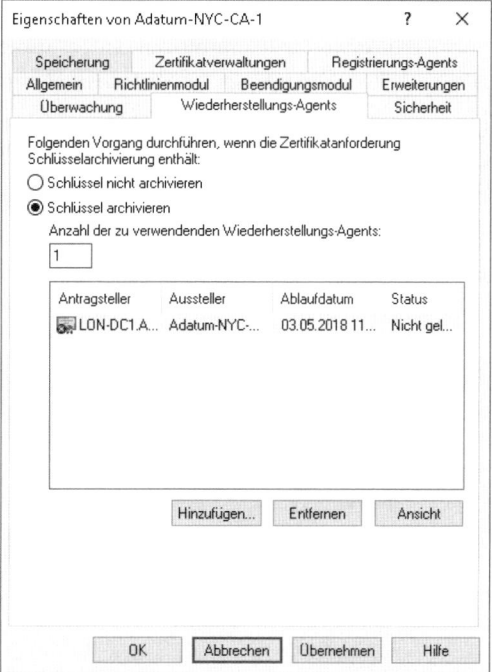

Abb. 4–50   Einrichten des Schlüsselwiederherstellungs-Agents in der Zertifizierungsstelle

5. Klicken Sie auf *OK* und starten Sie die Zertifikatdienste neu, wenn Sie dazu aufgefordert werden.

Aktivieren und Einrichten der Schlüsselarchivierung

Nach der Aktivierung des Schlüsselwiederherstellungs-Agents müssen Sie die Vorlagen für alle Zertifikate ändern, für die Sie die Schlüsselarchivierung einrichten möchten. Gehen Sie dazu folgendermaßen vor:

1. Rechtsklicken Sie in der Zertifikatvorlagenkonsole auf ein Zertifikat, für das Sie die Schlüsselarchivierung aktivieren wollen, und wählen Sie *Vorlage duplizieren*.

2. Richten Sie die allgemeinen Einstellungen für die Vorlage ein, auf jeden Fall aber den Namen auf der Registerkarte *Allgemein*.

3. Klicken Sie auf der Registerkarte *Abgelöste Vorlagen* auf *Hinzufügen*, um die Vorlagen auszuwählen, die diese Vorlage ersetzen soll.

4. Aktivieren Sie auf der Registerkarte *Anforderungsverarbeitung* das Kontrollkästchen *Privaten Schlüssel für die Verschlüsselung archivieren* (siehe Abbildung 4–51).

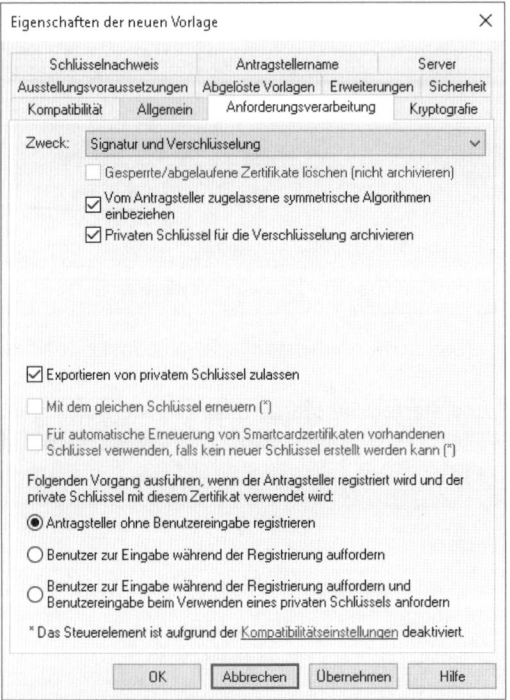

Abb. 4–51 Aktivieren der Schlüsselarchivierung

5. Klicken Sie auf *OK*

6. Wechseln Sie zur Konsole *Zertifizierungsstelle*.

7. Rechtsklicken Sie auf *Zertifikatvorlagen*, zeigen Sie auf *Neu* und dann auf *Auszustellende Zertifikatvorlage*.

8. Markieren Sie im Dialogfeld *Zertifikatvorlagen aktivieren* die Vorlage, die Sie gerade eben dupliziert und eingerichtet haben, und klicken Sie auf *OK*.

Zusammenfassung des Kapitels

▓ Active Directory-Zertifikatdienste enthalten die erforderlichen Komponenten zur Unterstützung Ihrer PKI und der Bedürfnisse Ihrer Organisation für digitale Zertifikate.

▓ Zertifizierungsstellen lassen sich sowohl eigenständig als auch in AD DS integriert bereitstellen.

▓ Eigenständige Stammzertifizierungsstellen können offline geschaltet werden, um die Sicherheit der PKI zu verstärken.

▓ Wenn Sie untergeordnete Zertifizierungsstellen als Unternehmenszertifizierungsstellen bereitstellen, können Sie AD DS-Funktionen wie die automatische Registrierung und die Einrichtung mithilfe von Gruppenrichtlinien nutzen.

▓ Bevor Sie Ihre Stammzertifizierungsstelle offline schalten, müssen Sie unbedingt die Sperrlistenverteiler und AIA-Speicherorte einrichten.

▓ Der Rollendienst *Online-Responder* ermöglicht es, Clientanfragen nach der Sperrung einzelner Zertifikate gezielt zu beantworten.

▓ Mithilfe von Gruppenrichtlinien können Sie das Zertifikat der Stammzertifizierungsstelle veröffentlichen und die automatische Registrierung für Benutzer und Computer in Active Directory einschalten.

▓ Durch rollengestützte Verwaltung können Sie die Verwaltungsaufgaben für die Zertifikatdienste treffen.

▓ Zertifikatvorlagen vereinfachen die Zertifikatverwaltung.

▓ Die Einrichtung eines Schlüsselwiederherstellungs-Agents bietet einen Schutz gegen Datenverluste für den Fall, dass Benutzerschlüssel verloren gehen oder beschädigt werden.

Gedankenexperiment

In diesem Gedankenexperiment sollen Sie Ihre Fähigkeiten und Kenntnisse über die in diesem Kapitel behandelten Themen unter Beweis stellen. Die Antworten finden Sie im folgenden Abschnitt.

Sie arbeiten als Berater der Firma Adatum. Beantworten Sie die folgenden Fragen über die Einrichtung von AD DS in der Organisation Adatum:

1. Adatum hat Tausende von Benutzern in vielen verschiedenen Standorten. Um die Bereitstellung digitaler Zertifikate zu ermöglichen, sollen Sie Zertifikatdienste für die gesamte Organisation einrichten. Welche Vorgehensweisen ziehen Sie in Betracht?

2. Was müssen Sie beachten, bevor Sie Ihre Stammzertifizierungsstelle offline schalten?

3. Warum ist es notwendig, das Zertifikat einer eigenständigen Stammzertifizierungsstelle zu veröffentlichen?

4. Welche Berechtigungen außer *Automatisch registrieren* braucht ein Benutzer in einer Zertifikatvorlage, um die automatische Registrierung nutzen zu können?

5. Wie ändern Sie den Zweck eines Zertifikats?

→

Antworten zum Gedankenexperiment

Dieser Abschnitt enthält die Lösungen der Aufgaben im Gedankenexperiment.

1. Sehr wahrscheinlich wird mehr als eine Zertifizierungsstelle benötigt. Die Verwendung mehrerer Zertifizierungsstellen sorgt für hohe Verfügbarkeit und Lastenausgleich. Außerdem ist für eine Organisation der Größenordnung von Adatum eine mehrschichtige Zertifikatinfrastruktur angemessen. Stellen Sie eine eigenständige Stammzertifizierungsstelle und untergeordnete Unternehmenszertifizierungsstellen bereit. Die untergeordneten Zertifizierungsstellen können Sie nach Standorten, Abteilungen oder anderen wichtigen Faktoren gliedern. Nach der Einrichtung der untergeordneten Zertifizierungsstellen können Sie die Stammzertifizierungsstelle offline schalten.

2. Bevor Sie die Stammzertifizierungsstelle offline schalten, müssen Sie die untergeordneten Zertifizierungsstellen bereitstellen. Dazu gehört es auch, das Zertifikat der Stammzertifizierungsstelle auf jeder einzelnen untergeordneten Zertifizierungsstelle zu installieren. Außerdem müssen Sie die Sperrlistenverteiler und AIA-Speicherorte festlegen.

3. Benutzer und Computer vertrauen dem Zertifikat der Stammzertifizierungsstelle nicht und damit auch nicht den untergeordneten Zertifizierungsstellen. Durch die Veröffentlichung des Zertifikats der Stammzertifizierungsstelle in AD DS sorgen Sie dafür, dass die Benutzer und Computer der Stammzertifizierungsstelle und damit auch den untergeordneten Zertifizierungsstellen und allen von ihnen ausgegebenen Zertifikaten vertrauen.

4. Um die automatische Registrierung nutzen zu können, benötigen Benutzer neben *Automatisch registrieren* auch die Berechtigungen *Lesen* und *Registrieren*.

5. Den Zweck ändern Sie gewöhnlich auf einer Kopie der Vorlage, die Sie bearbeiten wollen. Ändern Sie dazu zunächst die Zwecke in der Anwendungsrichtlinie auf der Registerkarte *Erweiterungen*. Legen Sie dann auf der Registerkarte *Abgelöste Vorlagen* fest, welche Vorlagen durch die Kopie ersetzt werden sollen. Aktivieren Sie abschließend die neue Zertifikatvorlage, sodass sie in der Organisation zur Verfügung steht. Wenn die automatische Registrierung für die Vorlage eingerichtet ist, erhalten Benutzer und Computer automatisch eine aktualisierte Vorlage.

KAPITEL 5

Identitätsverbund und Zugriffslösungen

Windows Server 2016 bietet verschiedene Merkmale und Dienste an, mit denen Sie die Inhalte Ihrer Organisation auf sichere Weise den Benutzern in anderen Organisationen, Benutzern im Internet und Benutzern mit einem Azure AD-Konto (Microsoft Azure Active Directory) bereitstellen können. Dazu gehören die Active Directory-Verbunddienste, die Active Directory-Rechteverwaltungsdienste und der Webanwendungsproxy. Um Benutzern außerhalb Ihrer Organisation auf sichere Weise Zugriff auf Ihre Ressourcen zu gewähren, müssen Sie wissen, wie Sie diese Dienste bereitstellen und einrichten.

In diesem Kapitel behandelte Prüfungsziele:

- Installieren und Einrichten der Active Directory-Verbunddienste
- Verwenden des Webanwendungsproxys
- Installieren und Einrichten der Active Directory-Rechteverwaltungsdienste

Prüfungsziel 5.1:
Installieren und Einrichten der Active Directory-Verbunddienste

Durch die Bereitstellung der Active Directory-Verbunddienste ermöglichen Sie Ihren Benutzern, sich mit einer einmaligen Anmeldung (Single Sign-On, SSO) für die Anwendungen und Dienste in Azure, die Netzwerkinfrastruktur Ihres Geschäftsstandorts oder das Netzwerk einer Partnerorganisation zu authentifizieren (abhängig von der Einrichtung).

Die Verbunddienste stützen sich auf Vertrauensbeziehungen, die Sie zwischen Organisationen einrichten, um die gemeinsame Nutzung von Ressourcen zu ermöglichen. Sie werden als *Verbundvertrauensstellungen* bezeichnet und können nach den geschäftlichen Bedürfnissen über die Grenzen von Gesamtstrukturen hinweg und zwischen Organisationen eingerichtet werden.

In jeder der Organisationen definiert der Administrator, welche Ressourcen über die Vertrauensstellung zugänglich sind und wer Zugriff auf sie hat.

PRÜFUNGSTIPP

Verbundvertrauensstellungen haben nichts mit Gesamtstrukturvertrauensstellungen in AD DS zu tun. Es ist auch nicht erforderlich, dass die Verbunddienstserver der Organisationen direkt miteinander kommunizieren.

Nehmen Sie als Beispiel an, die Mitarbeiter eines Theaters wollen die Kartenverkäufe für eine kommende Vorstellung einsehen, die von einer externen Organisation abgewickelt werden. Der Netzwerkadministrator des Theaters muss dazu alle Benutzerkonten, die Zugriff auf diese Informationen benötigen, in eine Gruppe stellen, und der Administrator des Kartenverkäufers muss dieser Gruppe über die Vertrauensstellung den erforderlichen Zugriff auf die Verkaufsdatenbank gewähren. Dabei muss der Administrator des Kartenverkäufers dafür sorgen, dass lediglich die entsprechenden Mitarbeiter des Theaters Zugriff auf die Kartendaten für ihr Theater und auf keine anderen erhalten.

Bei der Einrichtung von Verbundvertrauensstellungen ist es wichtig, dass sich jede der Parteien darüber im Klaren ist, wie die Benutzeridentitäten verwendet werden. Insbesondere muss ihnen bekannt sein, welche Arten von Anmeldeinformationen erforderlich sind und wie sie gespeichert und genutzt werden. Des Weiteren müssen alle beteiligten Organisationen eine Richtlinie festlegen, um die Vertraulichkeit von Daten zu gewährleisten, die nicht über die Vertrauensstellung bereitgestellt werden sollen.

WEITERE INFORMATIONEN   **Überblick über Active Directory-Verbunddienste**

Weitere Informationen über Active Directory-Verbunddienste finden Sie auf der Microsoft TechNet-Website unter:

https://technet.microsoft.com/library/hh831502(v=ws.11).aspx

Inhalt dieses Abschnitts:

- Überprüfen der Voraussetzungen für Verbunddienste
- Installieren der Verbunddienste
- Einrichten der Verbunddienste
- Einrichten der anspruchsgestützten Authentifizierung
- Einrichten von Authentifizierungsrichtlinien
- Einrichten der Geräteregistrierung
- Einrichtung zur Verwendung von Microsoft Azure und Microsoft Office 365
- Einrichten der Verbunddienste zur Authentifizierung von Benutzern in LDAP-Verzeichnissen
- Aktualisieren und Migrieren von früheren Verbunddienst-Bereitstellungen auf Windows Server 2016

Überprüfen der Voraussetzungen für Verbunddienste

Zur Einrichtung von Verbünden gibt es in Windows Server 2016 die Serverrolle *Active Directory-Verbunddienste* (Active Directory Federation Services, AD FS) mit folgenden Komponenten:

- **Verbundserver**   Jede Partei benötigt mindestens einen Verbundserver. Diese Komponente stellt das Herz der Verbunddienste dar und ist für die Ausgabe und Überprüfung von Identitätsansprüchen zuständig.

- **Webanwendungsproxy**   Diese Komponente ist optional. Sie wird gewöhnlich in einem Umkreisnetzwerk bereitgestellt, wo sie als Webproxy sowie als umgekehrter Webproxy für die Verbunddienste fungiert. In der letztgenannten Rolle wird sie als Verbundproxy bezeichnet.

PRÜFUNGSTIPP

Der Webanwendungsproxy wird als Rollendienst der Serverrolle *Remotezugriff* installiert.

- **Ansprüche**   Eine vertrauenswürdige Partei in einer Verbundvertrauensstellung macht eine Aussage über einen Sicherheitsprinzipal, z. B. einen Benutzer, die zur Authentifizierung über die Vertrauensstellung genutzt wird. Dieser Anspruch kann ein oder mehrere Attribute des Objekts enthalten, z. B. den Benutzernamen oder die Abteilung.

- **Anspruchsregeln**   Die vertrauende Partei verwendet Anspruchsregeln, um zu bestimmen, wie sie Ansprüche verarbeiten soll. Beispielsweise kann eine Anspruchsregel besagen, dass ein Benutzerprinzipalname (User Principal Name, UPN) ein gültiger Anspruch ist.

- **Anspruchsanbieter**   Ein Anspruchsanbieter ist eine Komponente der vertrauenswürdigen Partei. Sie ist für die Verwaltung der Benutzerauthentifizierung und die Ausgabe von Ansprüchen zuständig, die den Benutzer darstellen.

- **Anspruchsanbieter-Vertrauensstellung**   Legt die Regeln dafür fest, wann ein Client Ansprüche von einem Anspruchsanbieter anfordern kann, die der Client dann an eine vertrauende Partei überträgt.

- **Attributspeicher**   Ein Attributspeicher, etwa AD DS, enthält Anspruchswerte. Einfach ausgedrückt, handelt es sich um einen Verzeichnisdienst, der Benutzerobjekte mit geeigneten Eigenschaften wie UPNs oder E-Mail-Adressen enthält. AD DS ist die übliche Wahl bei der Bereitstellung der Verbunddienste, da jeder AD FS-Server Mitglied einer Domäne sein muss, weshalb AD DS als Attributspeicher gut zugänglich ist.

PRÜFUNGSTIPP

AD DS ist auf Ihren AD FS-Servern automatisch und ohne Einrichtung durch einen Administrator als Attributspeicher verfügbar.

- **Vertrauende Seiten** Die vertrauenden Seiten befinden sich am vertrauenden Ende der Verbundvertrauensstellung, also dem Ende mit der Ressource. Sie werden durch einen Webdienst bereitgestellt, in dem WIF (Windows Identity Foundation) installiert ist. Als Alternative zu WIF können vertrauende Seiten auch den anspruchsfähigen Agent AD FS 1.0 verwenden.

WEITERE INFORMATIONEN **Windows Identity Foundation**

Weitere Informationen über Windows Identity Foundation finden Sie auf der Microsoft MSDN-Website unter:

https://msdn.microsoft.com/library/ee748475.aspx

- **Vertrauensstellung der vertrauenden Seite** Sie besteht aus Regeln und Bezeichnern und dient dazu, einer vertrauenden Seite Ansprüche bereitzustellen.

- **Zertifikate** In der AD FS-Architektur werden Zertifikate ausgiebig als Sicherheitsmaßnahme genutzt. AD FS-Server verwenden folgende Zertifikate:

  - Selbst signierte Zertifikate
  - Zertifikate von einer internen Zertifizierungsstelle
  - Zertifikate von einer externen Zertifizierungsstelle

Unabhängig von der Art der verwendeten Zertifikate müssen ihnen alle kommunizierenden Seiten vertrauen. Bei der Einrichtung einer Verbundvertrauensstellung zwischen zwei getrennten Organisationen müssen Sie daher sehr wahrscheinlich eine PKI auf der Grundlage öffentlicher Zertifikate für die AD FS-Architektur einrichten.

HINWEIS **Verwenden einer internen Zertifizierungsstelle**

Wenn Sie AD FS ausschließlich in Ihrer eigenen Organisation nutzen, um eine einmalige Anmeldung für mehrere Webanwendungen zu ermöglichen, können Sie zur Bereitstellung und Verwaltung der erforderlichen Zertifikate eine interne Unternehmenszertifizierungsstelle verwenden. Die benötigten Zertifikate können Sie dann mithilfe von Gruppenrichtlinienobjekten bereitstellen.

Um sich klar zu machen, wozu die einzelnen Komponenten gut sind, betrachten Sie das folgende Beispiel. Die beiden Organisationen Adatum und Contoso möchten ihre Ressourcen gemeinsam nutzen. Insbesondere benötigt Adatum Zugriff auf eine Webanwendung von Contoso. Dazu stellt die IT-Abteilung AD FS und die entsprechenden Komponenten bereit. In diesem Beispiel ist Contoso die Organisation mit der Ressource und Adatum die mit den Konten. In der Terminologie der Verbunddienste handelt es sich bei Adatum also um einen Anspruchsanbieter und bei Contoso um die vertrauende Seite. In Abbildung 5–1 können Sie erkennen, dass der folgende Vorgang abläuft, wenn ein Benutzer aus Adatum versucht, auf die Webanwendung von Contoso zuzugreifen:

1. Ein Benutzer in Adatum öffnet im Internet Explorer eine Verbindung zum Webserver von Contoso. Die Webanwendung erkennt, dass der Benutzer nicht authentifiziert ist, und leitet den Client an den Verbundserver von Contoso weiter.

2. Der Clientcomputer sendet eine Anforderung an den Verbundserver von Contoso. Der Verbundserver erkennt, dass der Benutzer zu Adatum gehört. Jetzt leitet der Webserver den Client zum Verbundserver von Adatum weiter.

3. Der Client sendet eine Anforderung an den Verbundserver von Adatum.

4. Der Domänencontroller von Adatum authentifiziert den Benutzer und meldet diesen Erfolg an den Verbundserver von Adatum.

5. Der Verbundserver von Adatum erstellt einen Anspruch für den Benutzer. Dies geschieht auf der Grundlage der Regeln, die für den Verbundpartner definiert sind, also für Contoso. Anschließend sendet der Verbundserver den Anspruch an den Clientcomputer.

6. Der Clientcomputer sendet den Anspruch an den Verbundserver von Contoso.

7. Der Verbundserver von Contoso überprüft die Vertrauensstellung im Token und erstellt und signiert ein neues Token, das er an den Clientcomputer sendet.

8. Der Clientcomputer sendet das neue Token an den ursprünglichen Webserver.

9. Die Anwendung auf dem Webserver überprüft das Token und gewährt aufgrund des Anspruchs in dem Token Zugriff auf die Anwendung.

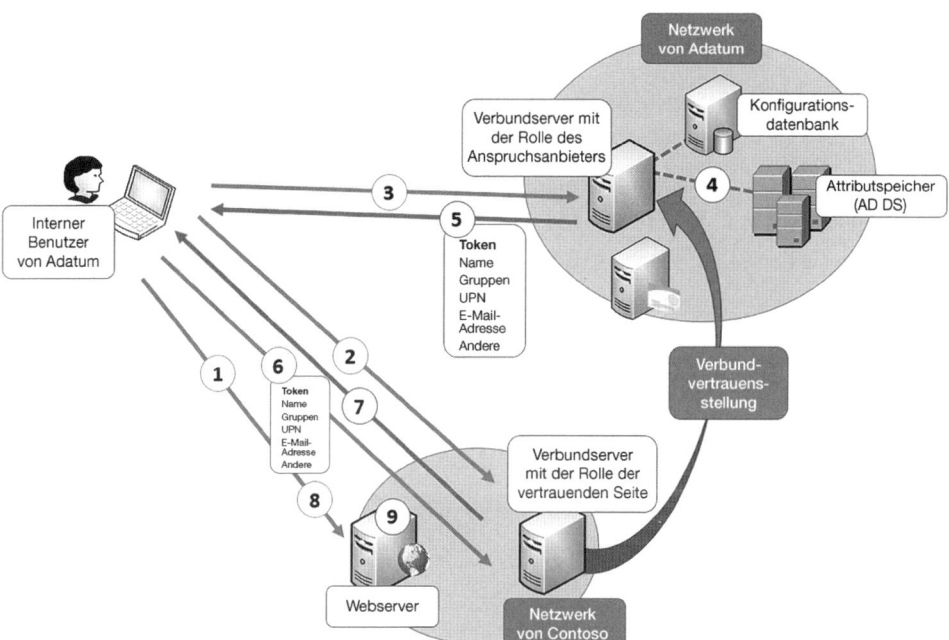

Abb. 5–1   Komponenten der Active Directory-Verbunddienste

Voraussetzungen für Active Directory-Verbunddienste

Damit Sie die Active Directory-Verbunddienste bereitstellen können, muss Ihre Netzwerkinfrastruktur die folgenden Voraussetzungen erfüllen:

- **Active Directory-Domänendienste** Alle Verbundserver müssen Mitglieder einer Domäne sein.
- **Attributspeicher** Enthält die Attribute von Sicherheitsprinzipalen.
- **Namensauflösung** Die Namensauflösung erfolgt durch DNS (Domain Name System). Interne Clientcomputer müssen den DNS-Namen des Verbundservers (oder der Serverfarm) auflösen können, externe Clientcomputer den Namen des Verbundproxys in ihrem Umkreisnetzwerk.
- **Netzwerk** Clientcomputer benötigen Netzwerkverbindungen zum Verbundserver oder Verbundproxy, Verbundserver brauchen Verbindungen zu Domänencontroller und der Verbundproxy muss eine Verbindung zum Verbundserver haben.

PRÜFUNGSTIPP

Die Kommunikation in den Verbunddiensten erfolgt über HTTPS (Hypertext Transfer Protocol über Secure Sockets Layer).

Installieren der Verbunddienste

Grundlage der Verbunddienste ist die Bereitstellung der Serverrolle *Active Directory-Verbunddienste*. Gehen Sie zu ihrer Installation wie folgt vor:

1. Melden Sie sich an einem Servercomputer in Ihrer Domäne als Mitglied der globalen Sicherheitsgruppe *Domänen-Admins* an.
2. Öffnen Sie den Server-Manager, klicken Sie auf *Verwalten* und dann auf *Rollen und Features hinzufügen*.
3. Aktivieren Sie in der Liste *Rollen* auf der Seite *Serverrollen auswählen* das Kontrollkästchen *Active Directory-Verbunddienste* und klicken Sie auf *Weiter* (siehe Abbildung 5–2).

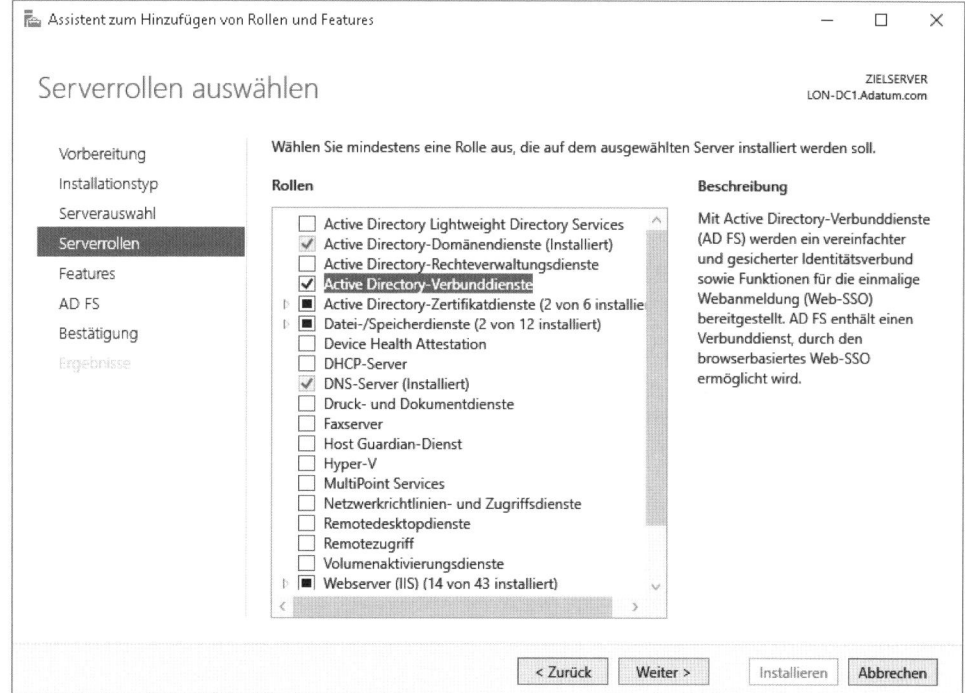

Abb. 5–2   Installieren der Serverrolle *Active Directory-Verbunddienste*

4.   Klicken Sie sich durch den Rest des Assistenten und schließlich auf *Installieren*.

5.   Klicken Sie nach Abschluss des Vorgangs auf *Schließen*.

Zur Installation der Active Directory-Verbunddienste können Sie auch das Windows Power-Shell-Cmdlet `Install-WindowsFeatures` verwenden. Um die Serverrolle einschließlich aller Verwaltungswerkzeuge bereitzustellen, führen Sie folgenden Befehl aus:

```
Install-WindowsFeature -Name adfs-federation -IncludeManagementTools
```

Einrichten der Verbunddienste

Nachdem Sie die Serverrolle installiert haben, müssen Sie sie einrichten. Dazu müssen Sie das Dienstkonto, die Konfigurationsdatenbank, die Zertifikate und den Verzeichnisdienst angeben. Dazu gehen Sie folgendermaßen vor:

1.   Klicken Sie im Server-Manager auf das Benachrichtigungssymbol und dann auf *Konfigurieren Sie den Verbunddienst auf diesem Server*.

2.   Klicken Sie auf der Willkommensseite auf eine der beiden folgenden Optionen und dann auf *Weiter*:

  •   *Erstellt den ersten Verbundserver in einer Verbundserverfarm*

  •   *Fügt einer Verbundserverfarm einen Verbundserver hinzu*

3. Geben Sie auf der Seite *Mit Active Directory-Domänendiensten verbinden* die erforderlichen Anmeldeinformationen ein, gewöhnlich die eines Mitglieds der Gruppe *Domänen-Admins*. Klicken Sie auf *Weiter*.

4. Wählen Sie auf der Seite *Diensteigenschaften angeben* aus Abbildung 5–3 das geeignete SSL-Zertifikat, überprüfen Sie den Verbunddienstnamen und geben Sie den Anzeigenamen für die Verbunddienste ein. Klicken Sie auf *Weiter*.

HINWEIS   **Auswählen des Zertifikats**

Der Verbunddienstname entspricht dem Namen des von Ihnen ausgewählten Zertifikats und sollte auch mit dem vollqualifizierten Domänennamen des Verbundservers identisch sein. Bevor Sie den Konfigurations-Assistenten für die Active Directory-Verbunddienste starten, müssen Sie das erforderliche Zertifikat mit dem entsprechenden Antragstellernamen installieren.

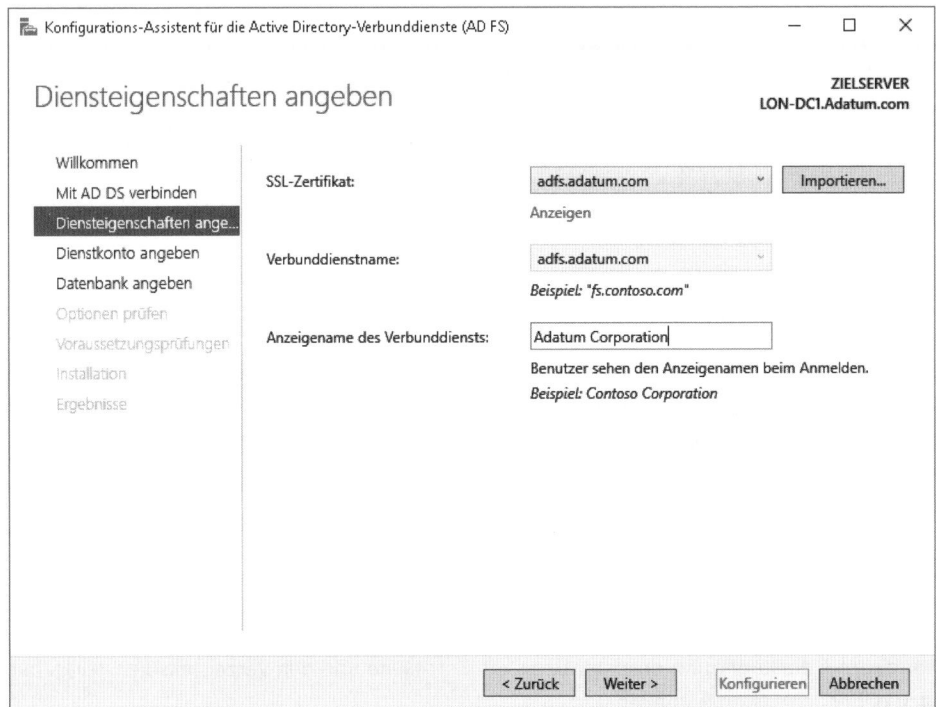

Abb. 5–3   Auswählen des Zertifikats und des Anzeigenamens für die Verbunddienste

5. Geben Sie auf der Seite *Dienstkonto angeben* aus Abbildung 5–4 ein geeignetes Dienstkonto an, am besten ein gruppenverwaltetes Dienstkonto. Klicken Sie danach auf *Weiter*.

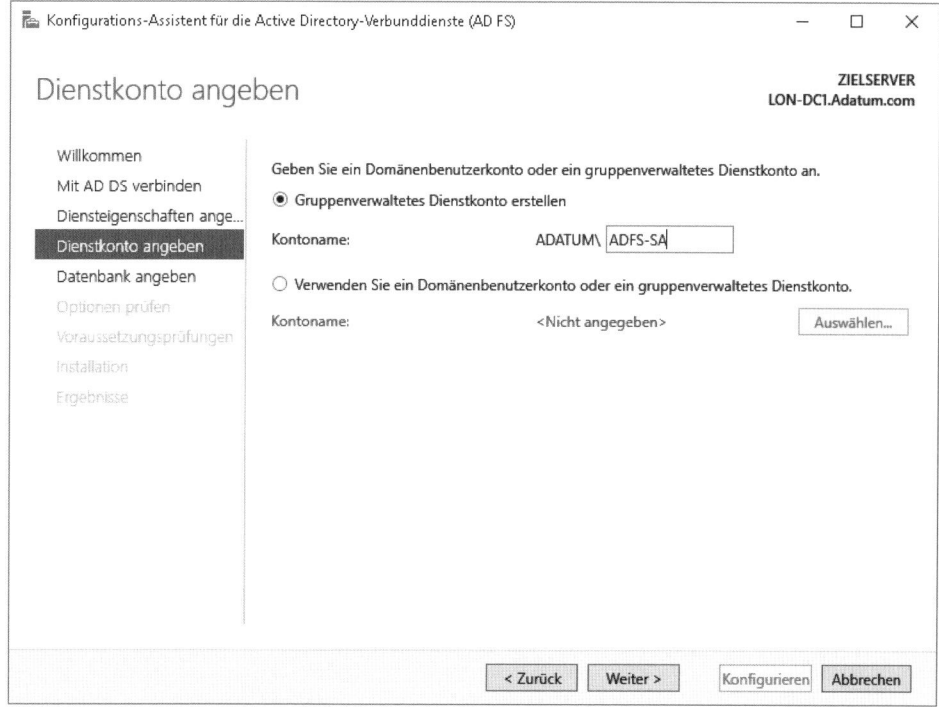

Abb. 5–4   Erstellen des Dienstkontos für die Verbunddienste

6. Behalten Sie auf der Seite *Konfigurationsdatenbank angeben* entweder die Standardauswahl der internen Windows-Datenbank bei oder aktivieren Sie die Option *Geben Sie den Ort einer SQL Server-Datenbank ein*. In letzterem Fall müssen Sie den Host- und den Instanznamen der Datenbank angeben. Klicken Sie anschließend auf *Weiter*.

7. Schauen Sie sich Ihre Auswahl auf der Seite *Optionen prüfen* noch einmal an und klicken Sie auf *Weiter*.

8. Die Voraussetzungen werden überprüft. Wenn sie erfüllt sind, klicken Sie auf *Konfigurieren*. Klicken Sie sich anschließend durch den Rest des Assistenten, um die Einrichtung abzuschließen.

Zur Einrichtung und Verwaltung der Verbunddienste können Sie auch das Windows PowerShell-Cmdlet `Install-ADFSFarm` verwenden. Um beispielsweise den ersten Server einer Verbundserverfarm in der Organisation *Adatum.com* bereitzustellen, führen Sie folgenden Befehl aus:

```
Install-AdfsFarm -CertificateThumbprint 8d4ece8e4397923563868d3f61b944103573a248
-FederationServiceName adfs.adatum.com -GroupServiceAccountIdentifier ADATUM\ADFS-SA
```

Um sich den Fingerabdruck des Zertifikats zu beschaffen, rufen Sie die Eigenschaften des betreffenden Zertifikats auf und kopieren den Wert in die Zwischenablage.

WEITERE INFORMATIONEN   Windows PowerShell-Cmdlets für Active Directory-Verbunddienste

Weitere Informationen über die Einrichtung der Active Directory-Verbunddienste mithilfe der Windows PowerShell finden Sie auf der Microsoft TechNet-Website unter:

https://technet.microsoft.com/library/dn479343.aspx

Nach der Bereitstellung des Verbundservers müssen Sie ihn für eine oder beide der folgenden Funktionen einrichten:

- Anspruchsanbieter
- Vertrauende Seite

Wenn im B2B-Verkehr die Benutzerkonten einer Organisation auf Ressourcen in der anderen zugreifen müssen, richten Sie die Anspruchsanbieterfunktion in der Organisation mit den Konten ein und die Funktion der vertrauenden Seite in der Organisation mit der Ressource. Es ist aber auch möglich, Verbunddienste innerhalb einer einzigen Organisation bereitzustellen, sodass die Benutzer und die Ressourcen zur selben Organisation gehören. Daher kann ein einzelner Verbundserver sowohl als Anspruchsanbieter als auch als vertrauende Seite fungieren. Im nächsten Abschnitt sehen wir uns an, wie Sie den Anspruchsanbieter und die vertrauende Seite einrichten.

Einrichten der anspruchsgestützten Authentifizierung

Um die anspruchsgestützte Authentifizierung einzurichten, müssen Sie die beiden folgenden Ausgaben ausführen:

- Einrichten einer Anspruchsanbieter-Vertrauensstellung
- Einrichten einer Vertrauensstellung der vertrauenden Seite

Einrichten einer Anspruchsanbieter-Vertrauensstellung

Um eine Anspruchsanbieter-Vertrauensstellung einzurichten, führen Sie auf dem Verbundserver mit der Funktion des Anspruchsanbieters den folgenden Vorgang aus:

1. Klicken Sie im Server-Manager auf *Tools* und dann auf *AD FS-Verwaltung*.

2. Klicken Sie im Navigationsbereich der AD FS-Verwaltungskonsole auf *Anspruchsanbieter-Vertrauensstellungen*. Im Detailbereich wird das Standardobjekt *Active Directory* angezeigt.

3. Klicken Sie im Aktionsbereich unter *Active Directory* auf *Anspruchsregeln bearbeiten*.

4. Klicken Sie auf der Registerkarte *Akzeptanztransformationsregeln* des Dialogfelds *Anspruchsregeln für Active Directory bearbeiten* auf *Regel hinzufügen* (siehe Abbildung 5–5).

Abb. 5–5   Anzeigen der Akzeptanztransformationsregeln

5. Wählen Sie auf der Seite *Regelvorlage auswählen* des Assistenten zum Hinzufügen einer Transformationsanspruchsregel eine der folgenden Optionen aus der Liste *Anspruchsregelvorlage* (siehe Abbildung 5–6):

-   **LDAP-Attribute als Ansprüche senden**   Verwenden Sie diese Vorlage, um ein oder mehrere LDAP-Attribute (Lightweight Directory Access Protocol) aus dem LDAP-Speicher auszuwählen, z. B. aus AD DS oder AD LDS (Lightweight Directory Service). Die Regel entnimmt dem Speicher die angegebenen Werte und sendet sie als Claims.

-   **Gruppenmitgliedschaft als Anspruch senden**   Verwenden Sie diese Vorlage, um die Mitgliedschaft in einer AD DS-Sicherheitsgruppe als Anspruch zu verwenden.

-   **Eingehenden Anspruch transformieren**   Mit dieser Vorlage erstellen Sie eine Regel, die eingehende Ansprüche umwandelt, indem sie die Regeltypen und optional auch die Werte ändert.

-   **Eingehenden Anspruch filtern oder zulassen**   Mit dieser Vorlage können Sie eingehende Ansprüche filtern und nur diejenigen durchlassen, die bestimmte Kriterien erfüllen. Beispielsweise können Sie damit eine Regel erstellen, die nur Ansprüche auf der Grundlage von UPNs mit dem Suffix *@Adatum.com* durchlässt.

-   **Ansprüche mithilfe einer benutzerdefinierten Regel senden**   Verwenden Sie diese Vorlage, wenn keine der anderen Ihre Bedürfnisse erfüllt.

6. Wählen Sie beispielsweise *LDAP-Attribute als Ansprüche senden* aus und klicken Sie auf *Weiter*.

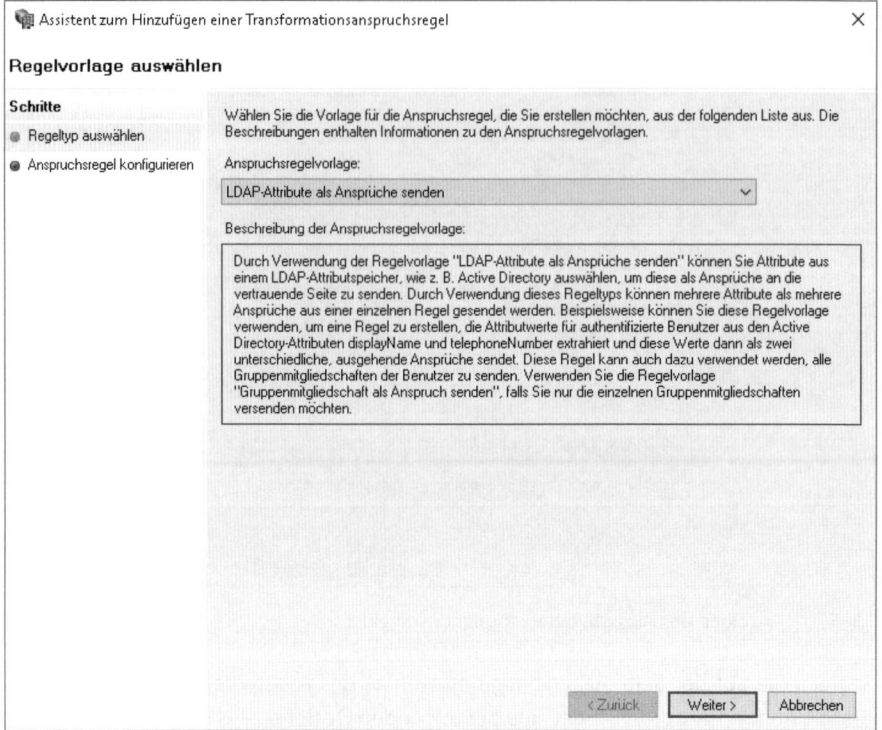

Abb. 5–6   Auswählen einer Regelvorlage

7. Geben Sie auf der Seite *Regel konfigurieren* aus Abbildung 5–7 einen Namen in das Feld *Anspruchsregelname* ein, in unserem Beispiel *Ausgehende LDAP-Regel*.

8. Wählen Sie *Active Directory* aus der Liste *Attributspeicher* aus.

9. Wählen Sie im Bereich *Zuordnung von LDAP-Attributen zu Typen ausgehender Ansprüche* geeignete Werte für die LDAP-Attribute und die zugehörigen ausgehenden Anspruchsty-pen aus. In Abbildung 5–7 sehen Sie als Beispiel die folgenden Zuordnungen:

   •   *E-Mail-Addresses > E-Mail-Adresse*

   •   *User-Principal-Name > UPN*

10. Klicken Sie auf *Fertig stellen* und dann auf *OK*.

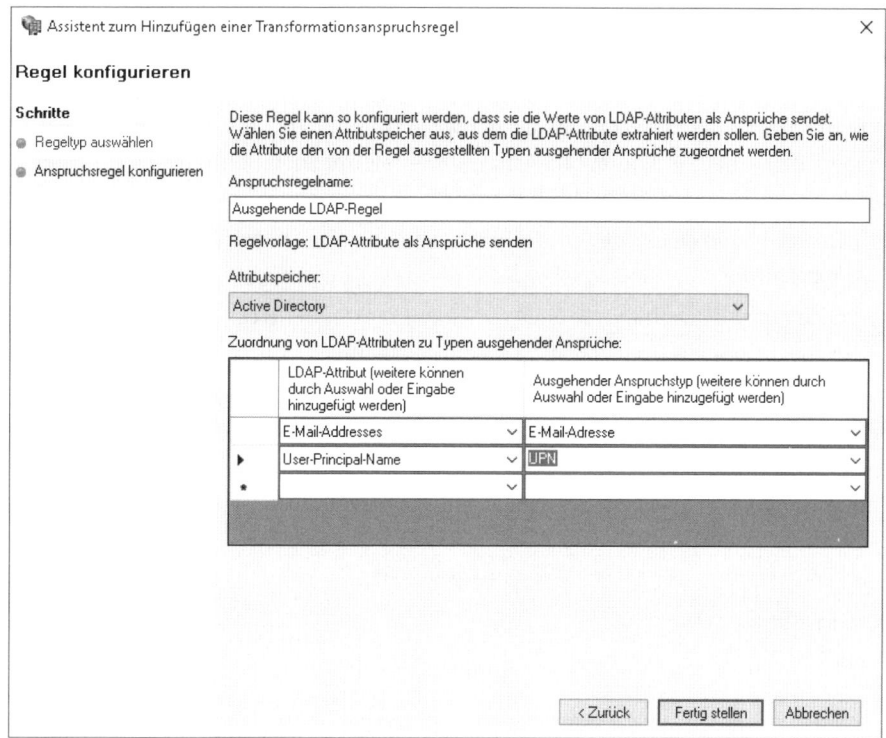

Abb. 5–7   Einrichten einer ausgehenden LDAP-Anspruchsregel

WEITERE INFORMATIONEN   **Einrichten einer Anspruchsanbieter-Vertrauensstellung**

Weitere Informationen darüber, wie Sie eine Anspruchsanbieter-Vertrauensstellung anlegen können, finden Sie auf der Microsoft TechNet-Website unter:

https://technet.microsoft.com/library/dn486771(v=ws.11).aspx

Einrichten einer Vertrauensstellung der vertrauenden Seite

Nachdem Sie die Anspruchsanbieter-Vertrauensstellung eingerichtet haben, müssen Sie auf dem Verbundserver, der als vertrauende Seite dient, eine Vertrauensstellung der vertrauenden Seite anlegen. Bei einem Verbund innerhalb derselben Organisation kann dies auf demselben Verbundserver geschehen, bei einem Verbund zwischen zwei Unternehmen erfolgt dieser Vorgang auf einem Verbundserver in der anderen Organisation. Zur Einrichtung der Vertrauensstellung gehen Sie wie folgt vor:

1. Öffnen Sie auf dem Verbundserver die AD FS-Verwaltungskonsole.

2. Rechtsklicken Sie auf *Vertrauensstellungen der vertrauenden Seite* und wählen Sie *Vertrauensstellung der vertrauenden Seite hinzufügen*.

3. Aktivieren Sie auf der Willkommensseite des Assistenten zum Hinzufügen von Vertrauens-
    stellungen der vertrauenden Seite die Option *Ansprüche unterstützend* und klicken Sie auf
    Start.

4. Machen Sie auf der Seite *Datenquelle auswählen* aus Abbildung 5–8 die erforderlichen An-
    gaben, damit der Konfigurations-Assistent die Informationen über die vertrauende Seite
    finden kann. Folgende Möglichkeiten stehen zur Auswahl:

    *   *Online oder in einem lokalen Netzwerk veröffentlichte Daten über die vertrauende Seite*
        importieren

    *   *Daten über die vertrauende Seite aus einer Datei importieren*

    *   *Daten über die vertrauende Seite manuell eingeben*

5. Wenn Sie auf *Online oder in einem lokalen Netzwerk veröffentlichte Daten über die vertrau-*
    ende Seite importieren geklickt haben, müssen Sie im Textfeld *Verbundmetadaten-Adresse*
    (Hostname oder URL) den Pfad zu der Anwendung mit den Metadaten über die vertrauen-
    de Seite eingeben. Klicken Sie anschließend auf *Weiter*.

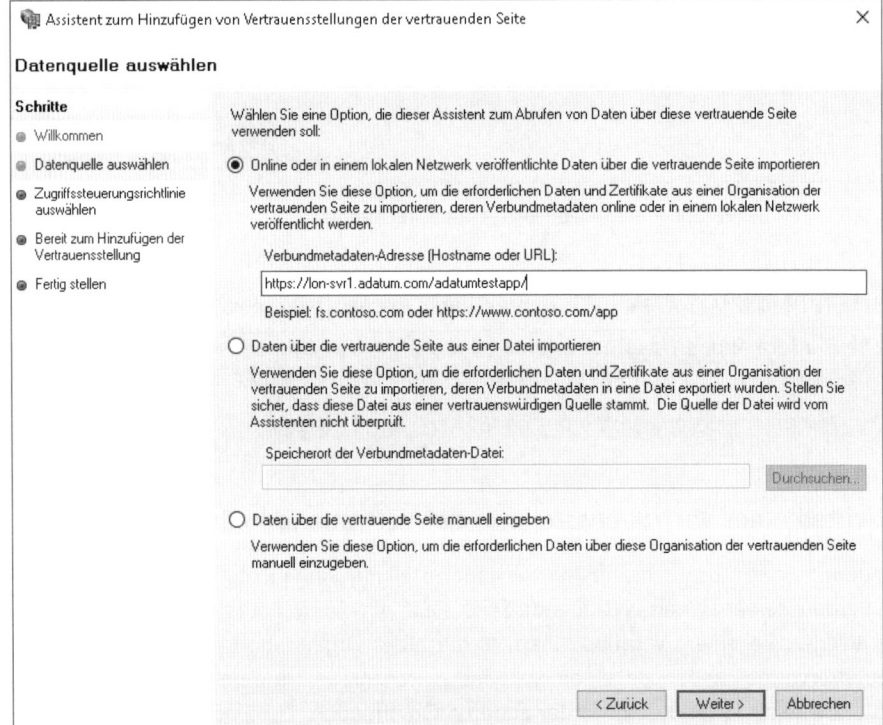

Abb. 5–8   Angeben der Datenquelle für die Vertrauensstellung der vertrauenden Seite

6. Geben Sie auf der Seite *Anzeigename angeben* einen Namen für die Vertrauensstellung in
    das Feld *Anzeigename* ein und klicken Sie auf *Weiter*.

7. Wählen Sie auf der Seite *Zugriffssteuerungsrichtlinie auswählen* eine passende Richtlinie unter den folgenden aus:

   * *Jedem Einzelnen Zugriff gewähren*

   * *Jedem Einzelnen Zugriff gewähren und MFA verlangen*

   * *Jedem Einzelnen Zugriff gewähren und MFA für bestimmte Gruppe verlangen*

   * *Jedem Einzelnen Zugriff gewähren und MFA für Extranetzugriffe verlangen*

   * *Jedem Einzelnen Zugriff gewähren und MFA für nicht authentifizierte Geräte verlangen*

   * *Jedem Einzelnen Zugriff gewähren und MFA verlangen, automatische Geräteregistrierung zulassen*

   * *Jedem Einzelnen Intranetzugriff gewähren*

   * *Bestimmter Gruppe Zugriff gewähren*

8. Klicken Sie beispielsweise auf *Jedem Einzelnen Zugriff gewähren* und dann auf *Weiter*.

9. Um die Konfiguration abzuschließen, klicken Sie auf der Seite *Bereit zum Hinzufügen der Vertrauensstellung* auf *Weiter* und nach Fertigstellung auf *Schließen*.

WEITERE INFORMATIONEN   **Einrichten einer Vertrauensstellung der vertrauenden Seite**

Weitere Informationen darüber, wie Sie eine Vertrauensstellung der vertrauenden Seite anlegen können, finden Sie auf der Microsoft TechNet-Website unter:

https://technet.microsoft.com/library/dn486828(v=ws.11).aspx

Als Nächstes müssen Sie die Ausstellungsrichtlinien festlegen:

1. Rechtsklicken Sie in der Liste der Vertrauensstellungen der vertrauenden Seite auf die gewünschte Vertrauensstellung und wählen Sie *Anspruchsausstellungsrichtlinie bearbeiten*.

2. Klicken Sie auf der Registerkarte *Ausstellungstransformationsregeln* auf *Regel hinzufügen*.

3. Wählen Sie in der Liste *Anspruchsregelvorlage* des Dialogfelds *Regelvorlage auswählen* eine der folgenden Vorlagen aus:

   * *LDAP-Attribute als Ansprüche senden*

   * *Gruppenmitgliedschaft als Anspruch senden*

   * *Eingehenden Anspruch transformieren*

   * *Eingehenden Anspruch filtern oder zulassen*

   * *Ansprüche mithilfe einer benutzerdefinierten Regel senden*

4. Klicken Sie beispielsweise auf *Eingehenden Anspruch filtern oder zulassen* und dann auf *Weiter*.

5. Geben Sie auf der Seite *Regel konfigurieren* einen Namen für die Regel in das Feld *Anspruchsregelname* ein und wählen Sie das gewünschte Attribut aus der Liste *Typ des eingehenden Anspruchs* aus, z. B. *Windows-Kontoname* (siehe Abbildung 5–9).

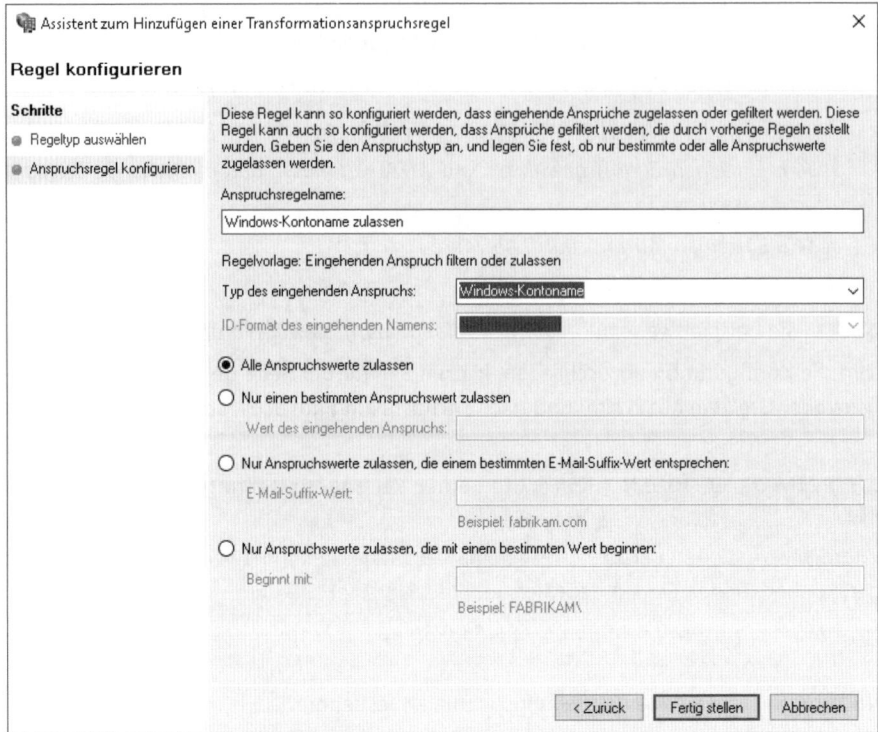

Abb. 5–9   Festlegen einer Transformationsanspruchsregel für eine Ausstellungsrichtlinie

6. Wählen Sie aus, wie mit dem Anspruch umgegangen werden soll:

- *Alle Anspruchswerte zulassen*
- *Nur einen bestimmten Anspruchswert zulassen*
- *Nur Anspruchswerte zulassen, die einem bestimmten E-Mail-Suffix-Wert entsprechen*
- *Nur Anspruchswerte zulassen, die mit einem bestimmten Wert beginnen*

7. Klicken Sie auf *Fertig stellen*.

8. Definieren Sie nun weitere Transformationsregeln, indem Sie den Vorgang wiederholen. So können Sie beispielsweise eine Regel zum Zulassen von Ansprüchen auf der Grundlage der E-Mail-Adresse oder des UPN hinzufügen (siehe Abbildung 5–10). Klicken Sie danach auf *OK*, um die Einrichtung der Ausstellungsrichtlinie abzuschließen.

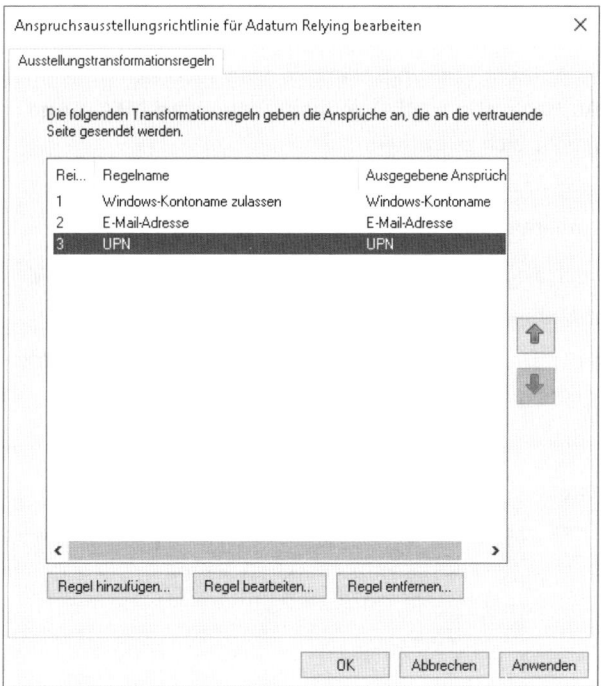

Abb. 5–10   Anzeige der Ausstellungstransformationsregeln

WEITERE INFORMATIONEN   **Einrichten von Anspruchsregeln**

Weitere Informationen darüber, wie Sie Anspruchsregeln in AD FS erstellen können, finden Sie auf der Microsoft TechNet-Website unter:

https://technet.microsoft.com/library/dn486796(v=ws.11).aspx

Einrichten von Authentifizierungsrichtlinien

Mit Authentifizierungsrichtlinien können Sie festlegen, welche Authentifizierungsmechanismen akzeptabel sind, um den Zugriff auf Ihre Ressourcen über eine Verbundvertrauensstellung abzusichern. Authentifizierungsrichtlinien lassen sich auf zwei Ebenen festlegen:

▓ **Global**   Eine globale Authentifizierungsrichtlinie gilt für alle Dienste und Anwendungen, die von den Verbunddiensten geschützt werden. Sie wird verwendet, wenn es keine spezifische Richtlinie für eine Vertrauensstellung der vertrauenden Seite gibt.

▓ **Spezifisch**   Sie können eine Authentifizierungsrichtlinie für einen einzelnen geschützten Dienst oder eine einzelne Anwendung einrichten, indem Sie sie für eine einzelne Vertrauensstellung der vertrauenden Seite erstellen. Eine solche spezifische Richtlinie überschreibt nicht die von Ihnen festgelegten globalen Authentifizierungsrichtlinien.

PRÜFUNGSTIPP

Wenn eine Authentifizierungsrichtlinie eine mehrstufige Authentifizierung (Multi-Factor Authentication, MFA) verlangt, dann wird MFA ausgelöst, sobald ein Benutzer versucht, sich zu authentifizieren.

Um eine globale Authentifizierungsrichtlinie einzurichten, gehen Sie wie folgt vor:

1. Erweitern Sie im Navigationsbereich der AD FS-Konsole den Knoten *Dienst*.

2. Klicken Sie auf Authentifizierungsmethoden.

3. Klicken Sie auf den Link *Bearbeiten* unter der Überschrift *Primäre Authentifizierungsmethoden* (siehe Abbildung 5–11).

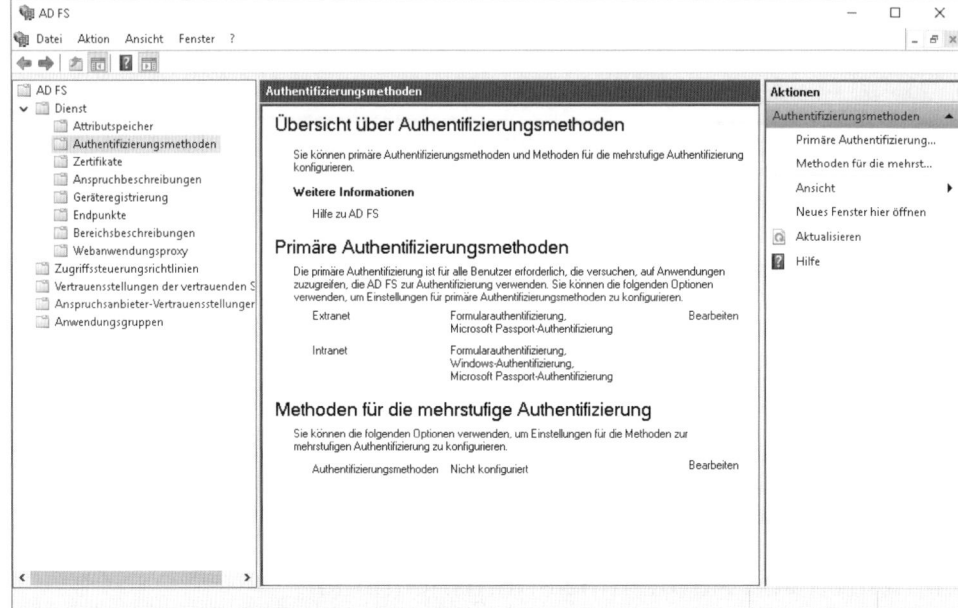

Abb. 5–11   Einrichten von Authentifizierungsmethoden

4. Richten Sie auf der Registerkarte *Primär* des Dialogfelds *Authentifizierungsmethoden bearbeiten* die gewünschten Methoden für Ihre Organisation ein (siehe Abbildung 5–12). Dabei können Sie Einstellungen für Intranet- und Extranetbenutzer wählen. Folgende Methoden sind verfügbar:

- *Formularauthentifizierung*
- *Windows-Authentifizierung* (nur für *Intranet*)
- *Zertifikatsauthentifizierung*
- *Geräteauthentifizierung*
- *Microsoft Passport-Authentifizierung*

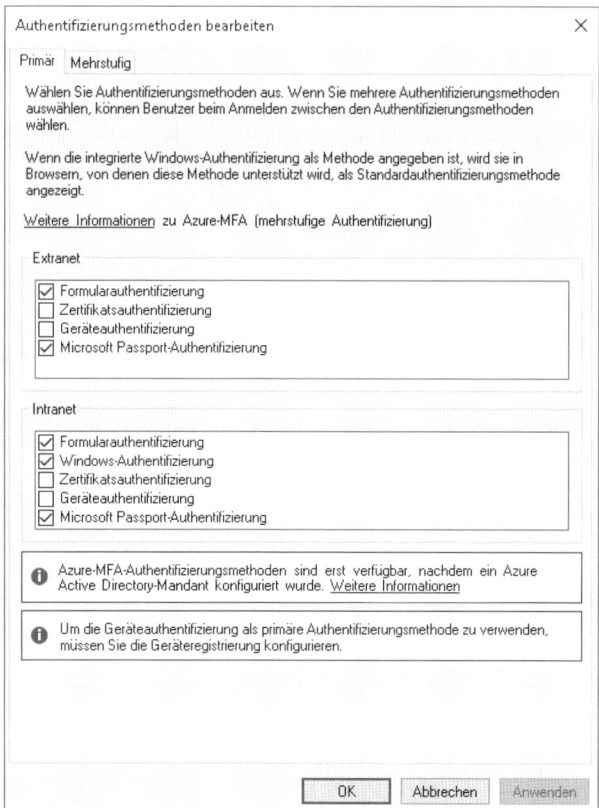

Abb. 5–12   Einrichten der primären Authentifizierungsmethoden

Einrichten von MFA

Bei der herkömmlichen Computerauthentifizierung werden Benutzername und Kennwort gegenüber einer Authentifizierungsstelle angegeben. Eine solche Kennwortauthentifizierung ist zwar in vielen Situationen akzeptabel, doch die Verbunddienste von Windows Server 2016 stellen eine Reihe weiterer, sichererer Methoden zur Verfügung, darunter auch eine mehrstufige Authentifizierung (MFA).

Bei MFA müssen sich die Benutzer anhand mehrerer Faktoren identifizieren: Sie müssen etwas wissen, etwas haben und etwas sein. Beispielsweise kann verlangt werden, dass ein Benutzer ein Kennwort weiß, ein Sicherheitstoken hat (in der Form eines digitalen Zertifikats) und seine Identität mit einem biometrischen Merkmal nachweisen kann, z. B. einem Fingerabdruck.

Um MFA in den Verbunddiensten von Windows Server 2016 zu aktivieren, müssen Sie mindestens eine weitere Authentifizierungsmethode auswählen. Standardmäßig stehen die Zertifikatsauthentifizierung und Azure MFA zur Verfügung. Gehen Sie zur Einrichtung von MFA wie folgt vor:

1. Erweitern Sie im Navigationsbereich der AD FS-Konsole den Knoten *Dienste*.

2. Klicken Sie auf *Authentifizierungsmethoden* und unter *Primäre Authentifizierungsmethoden* auf *Bearbeiten*.

3. Öffnen Sie im Dialogfeld *Authentifizierungsmethoden bearbeiten* die Registerkarte *Mehrstufig*, legen Sie die gewünschten Methoden fest und klicken Sie auf *OK* (siehe Abbildung 5–13). Zur Auswahl stehen:

   • *Zertifikatsauthentifizierung*

   • *Azure MFA*

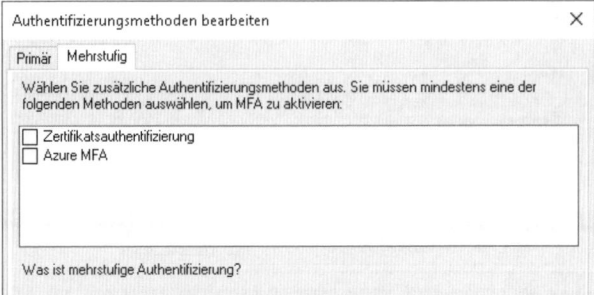

Abb. 5–13 Einrichten der Mehrfaktor-Authentifizierung

WEITERE INFORMATIONEN **Mehrstufige Authentifizierung mit Azure**

Weitere Informationen über Azure MFA finden Sie auf der Microsoft-Website unter:

https://docs.microsoft.com/azure/multi-factor-authentication/multi-factor-authentication-get-started-adfs-w2k12

Einrichten der Geräteregistrierung

Heutzutage greifen viele Benutzer von ihren eigenen Geräten aus auf Firmenressourcen zu. Der Anschluss privater Geräte an das Unternehmensnetzwerk stellt jedoch ein Sicherheitsrisiko dar und erfordert ein gewisses Maß an administrativer Arbeit.

Durch die Verwendung der Geräteregistrierung in den Verbunddiensten können Sie einige der Funktionen, die für Geräte in der Domäne zur Verfügung stehen, auch auf andere Geräte ausweiten und dabei gleichzeitig die Sicherheit Ihrer Organisation wahren.

HINWEIS **Gesamtstrukturfunktionsebene**

Um die Geräteregistrierung und die Einbindung von Microsoft Passport nutzen zu können, muss die Gesamtstruktur mindestens die Funktionsebene Windows Server 2016 aufweisen.

Wenn Sie die Geräteregistrierung einrichten, können Benutzer von ihren eigenen Geräten beispielsweise über SSO auf Ressourcen und Anwendungen des Unternehmens zugreifen.

Um die Geräteregistrierung der Verbunddienste einzuschalten, gehen Sie wie folgt vor:

1. Erweitern Sie in der AD FS-Konsole den Knoten *Dienste* und klicken Sie auf *Geräteregistrierung*.

2. Klicken Sie im Detailbereich auf *Geräteregistrierung wird konfiguriert* und dann auf *OK*.

Sie können diese Aufgabe auch mit dem Windows PowerShell-Cmdlet `Initialize-ADDevice-Registration` durchführen.

Einbindung von Microsoft Passport in die Verbunddienste

Mit Passport bietet Microsoft ein Authentifizierungssystem an, bei dem keine Kennwörter mehr an eine Authentifizierungsstelle, etwa einen Domänencontroller, gesendet werden müssen. Es handelt sich dabei um eine zweistufige Authentifizierung, bei der biometrische Daten auf der Grundlage von Windows Hello (oder ein PIN) den einen Faktor bilden und der Besitz eines bestimmten Geräts den zweiten.

PRÜFUNGSTIPP

Windows Hello ist ein biometrischer Authentifizierungsmechanismus. Er gehört zum Lieferumfang von Windows 10 und ermöglicht Benutzern, ihre Identität durch ein eindeutig zu ihnen gehörendes Merkmal nachzuweisen. Bei der Verwendung von Windows Hello können Benutzer ihre Geräte durch Gesichtserkennung oder eine Abtastung der Fingerabdrücke entsperren. In den ersten Versionen von Windows 10 waren Windows Hello und Microsoft Passport noch zwei verwandte, aber getrennte Sicherheitsfunktionen. Microsoft hat sie jedoch inzwischen unter dem Namen Windows Hello zusammengefasst.

Die Verwendung von Windows Hello bietet Ihrer Organisation die beiden folgenden Vorteile:

- **Komfort für die Benutzer** Nach der Einrichtung von Windows Hello können die Benutzer auf Unternehmensressourcen zugreifen, ohne sich Benutzernamen und Kennwörter merken zu müssen.

- **Sicherheit** Da bei Microsoft Passport keine Kennwörter verwendet werden, sind die Identitäten der Benutzer und ihre Anmeldeinformationen besser geschützt.

WEITERE INFORMATIONEN **Windows Hello für Unternehmen**

Weitere Informationen über Microsoft Passport und Windows Hello finden Sie auf der Microsoft TechNet-Website unter:

https://technet.microsoft.com/itpro/windows/keep-secure/microsoft-passport-guide

---

Zur Einbindung von Microsoft Passport in die Verbunddienste führen Sie den weiter vorn beschriebenen Vorgang zur Geräteregistrierung aus und gehen anschließend wie folgt vor:

1. Öffnen Sie die Gruppenrichtlinien-Verwaltungskonsole.

2. Erstellen Sie ein neues Gruppenrichtlinienobjekt und öffnen Sie es zur Bearbeitung.

3. Öffnen Sie im Gruppenrichtlinienverwaltungs-Editor *Computerkonfiguration*, *Richtlinien*, *Administrative Vorlagen*, *Windows-Komponenten* und *Geräteregistrierung*.

4. Doppelklicken Sie im Detailbereich auf *In die Domäne eingebundene Computer als Geräte registrieren*.

5. Klicken Sie im Dialogfeld *In die Domäne eingebundene Computer als Geräte registrieren* auf *Aktiviert* und dann auf *OK* (siehe Abbildung 5–14).

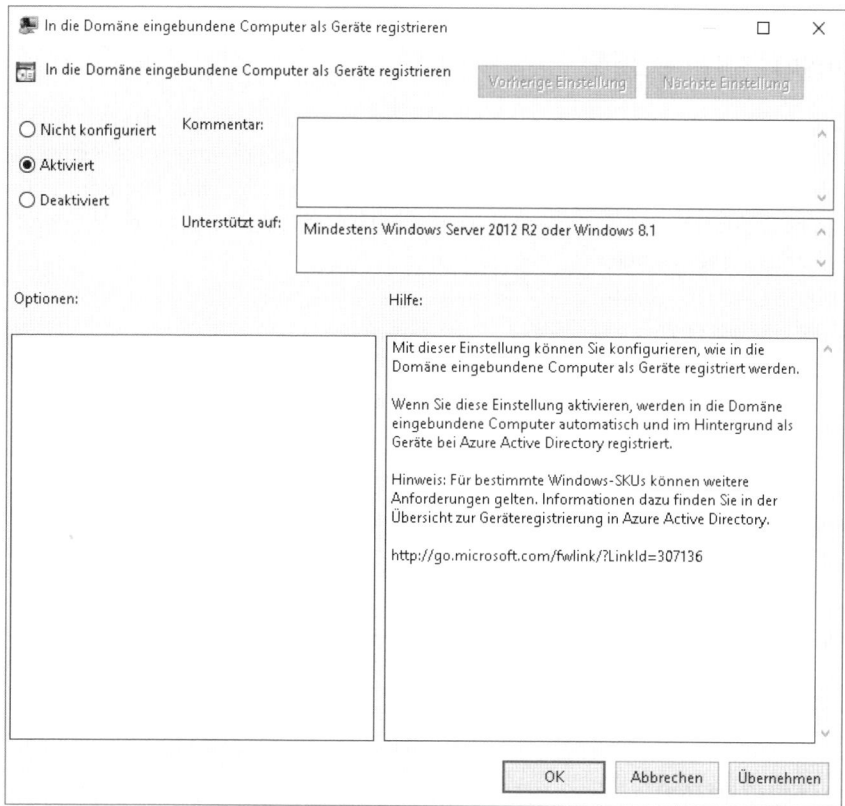

Abb. 5–14 Aktivieren der Gruppenrichtlinieneinstellung *In die Domäne eingebundene Computer als Geräte registrieren*

6. Öffnen Sie im Navigationsbereich *Computerkonfiguration*, *Richtlinien*, *Administrative Vorlagen*, *Windows-Komponenten* und *Windows Hello for Business*.

7. Doppelklicken Sie im Detailbereich auf *Windows Hello for Business*.

8. Klicken Sie im Dialogfeld *Windows Hello for Business* auf *Aktiviert* und dann auf *OK*.

9. Verknüpfen Sie das Gruppenrichtlinienobjekt mit dem passenden Container, beispielsweise mit dem Domänencontainer, wenn Sie die Einstellung für alle Geräte aktivieren möchten.

WEITERE INFORMATIONEN   **Einrichten der Verbunddienste zur Nutzung von Microsoft Passport im Unternehmen**

Weitere Informationen darüber, wie Sie die Verbunddienste zur Nutzung von Microsoft Passport einrichten, finden Sie auf der Microsoft TechNet-Website unter:

https://technet.microsoft.com/library/mt732271.aspx

Einrichtung zur Verwendung von Microsoft Azure und Microsoft Office 365

Viele Organisationen verlagern einige oder alle ihre Anwendungen und Dienste auf Online-plattformen wie Microsoft Azure oder Microsoft Office 365. Sie können die Active Directory-Verbunddienste auch darin einbinden, sodass die Benutzer mit einer einzigen Anmeldung auf Anwendungen und Dienste sowohl in ihrer eigenen Infrastruktur als auch auf den Online-plattformen zugreifen können.

PRÜFUNGSTIPP

Die Verbunddienste können nicht nur mit Onlinediensten von Microsoft, sondern auch mit verschiedenen anderen Cloud-Anbietern verzahnt werden.

Um die einmalige Anmeldung (Single-Sign On, SSO) für Microsoft-Onlinedienste in den Verbunddiensten einzurichten, gehen Sie wie folgt vor:

1. Richten Sie den Extranetzugriff über die Verbunddienste ein. Dazu müssen Sie auf einem Server in Ihrem Umkreisnetzwerk die Rolle *Webanwendungsproxy* bereitstellen. Mehr dazu erfahren Sie in »Prüfungsziel 5.2: Verwenden des Webanwendungsproxys«.

2. Richten Sie mit dem Windows PowerShell-Cmdlet `New-MsolFederatedDomain` eine Vertrauensstellung zwischen AD FS und Azure AD ein.

PRÜFUNGSTIPP

Bevor Sie dieses Cmdlet nutzen können, müssen Sie Microsoft Azure Active Directory Module installieren.

3. Richten Sie die Verzeichnissynchronisation Ihrer AD DS-Domäne mit Microsoft Azure ein, indem Sie Azure AD Connect herunterladen und installieren.

> **WEITERE INFORMATIONEN   Verbinden von Active Directory mit Azure AD**
>
> Weitere Informationen über die Verbindung mit Azure AD finden Sie auf der Micro-soft-Website unter:
>
> *https://docs.microsoft.com/azure/active-directory/connect/active-directory-aadconnect*

4. Vergewissern Sie sich, dass Sie SSO korrekt eingerichtet haben:

   - Melden Sie sich auf einem Computer in der Domäne mit Ihren Domänenanmeldeinformationen an dem Microsoft-Cloud-Dienst an. Wenn die einmalige Anmeldung eingerichtet ist, so wird das Kennwortfeld grau dargestellt und zeigt die folgende Meldung an:

     Eine Anmeldung an <Ihr Unternehmen> ist erforderlich.

   - Klicken Sie auf den Link *Anmeldung an <Ihr Unternehmen>*. Wenn die Anmeldung erfolgreich verläuft, haben Sie SSO korrekt eingerichtet.

Einrichten der Verbunddienste zur Authentifizierung von Benutzern in LDAP-Verzeichnissen

Die Verbunddienste ermöglichen auch eine Authentifizierung von Objekten, die in LDAP-Verzeichnissen gespeichert sind, z.B. in AD LDS. Um ein LDAP-Verzeichnis als Attributspeicher einzurichten, gehen Sie wie folgt vor:

1. Öffnen Sie die AD FS-Konsole.

2. Klicken Sie unter dem Knoten *Dienst* auf *Attributspeicher*. Im Detailbereich wird *Active Directory* angezeigt.

3. Rechtsklicken Sie auf *Attributspeicher* und wählen Sie *Attributspeicher hinzufügen*.

4. Geben Sie im Feld *Anzeigename* des Dialogfelds *Attributspeicher hinzufügen* einen Namen ein und wählen Sie *LDAP* aus der Liste *Attributspeichertyp* (siehe Abbildung 5–15).

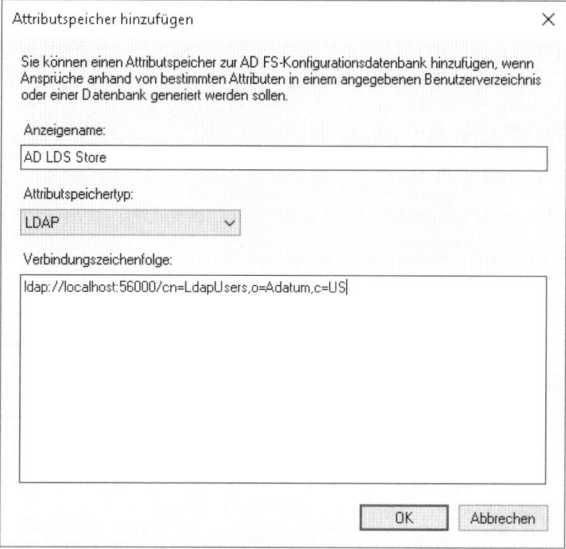

Abb. 5–15   Einrichten eines LDAP-Attributspeichers

5. Geben Sie in das Feld *Verbindungszeichenfolge* die Verbindungszeichenfolge ein und klicken Sie auf *OK*. Diese Zeichenfolge sieht beispielsweise wie folgt aus: `ldap://local-host:56000/cn=LdapUsers,o=Adatum,c=US`. Die genaue Angabe hängt jedoch davon ab, wo das LDAP-Verzeichnis untergebracht ist. In diesem Beispiel wird die AD LDS-Serverrolle vom lokalen Host ausgeführt und ist über Port 56000 erreichbar.

Nachdem Sie den Attributspeicher erstellt haben, müssen Sie eine neue Anspruchsanbietervertrauensstellung einrichten. Bei der Definition der Regeln für diese Vertrauensstellung wählen Sie dann den neuen Attributspeicher aus.

Aktualisieren und Migrieren von früheren Verbunddienst-Bereitstellungen auf Windows Server 2016

In Windows Server 2016 wurden einige neue und verbesserte Merkmale in den Active Directory-Verbunddiensten eingeführt:

▨ Unterstützung für LDAP-3-konforme Verzeichnisse

▨ Unterstützung von Azure MFA

▨ Einführung von Anwendungsrichtlinien und delegierte Dienstverwaltung

▨ Verbesserungen bei der Geräteregistrierung

Haben Sie die Verbunddienste in Windows Server 2012 R2 oder früher bereitgestellt, sollten Sie eine Aktualisierung oder Migration auf Windows Server 2016 ernsthaft in Betracht ziehen. Wenn Sie einen neuen Verbundserver mit Windows Server 2016 zu einer Verbundserverfarm mit Windows Server 2012 R2 hinzufügen, bietet die Farm weiterhin die alten Merkmale an, das heißt, sie wird weiterhin auf der alten Farmverhaltensebene Windows Server 2012 R2 betrieben.

PRÜFUNGSTIPP

Die Farmverhaltensebene ist ein Windows Server 2016-Merkmal, das den Funktionsumfang einer AD FS-Farm bestimmt.

Dadurch können Sie Ihrer Farm weitere AD FS-Server hinzufügen, ohne deren Funktionsumfang zu ändern. Anschließend können Sie die Verbunddienstrolle auf den verbliebenen Computern mit Windows Server 2012 R2 abschalten und die Farmverhaltensebene auf Windows Server 2016 anheben, um die neuen und verbesserten Verbunddienstfunktionen zu nutzen.

Zur Aktualisierung oder Migration der Verbunddienste auf Windows Server 2016 gehen Sie folgendermaßen vor:

1. Stellen Sie die Verbunddienste auf Windows Server 2016 bereit. Wählen Sie bei der Konfiguration die Option *Fügt einer Verbundserverfarm einen Verbundserver hinzu.*

2. Richten Sie den Verbundserver mit Windows Server 2016 als primären Verbundserver ein. Dazu führen Sie das Windows PowerShell-Cmdlet `Set-AdfsSyncProperties -Role Primary-Computer` aus.

3. Führen Sie auf einem der Computer mit Windows Server 2012 R2 das Windows Power-Shell-Cmdlet `Set-AdfsSyncProperties -Role SecondaryComputer -PrimaryComputerName {FQDN}` aus.

4. Öffnen Sie auf dem Verbundserver mit Windows Server 2016 eine Eingabeaufforderung mit erhöhten Rechten und führen Sie die Befehle `adprep /forestprep` und `adprep /domainprep` aus, die Sie auf der Windows Server 2016-DVD im Ordner *support\adprep* finden. Dadurch werden die Gesamtstruktur und die Domäne auf das Vorhandensein eines Verbundservers mit Windows Server 2016 vorbereitet.

5. Wenn Sie alles eingerichtet haben, können Sie die Verbundserver mit Windows Server 2012 R2 außer Betrieb nehmen.

WEITERE INFORMATIONEN **Aktualisieren auf die Verbunddienste von Windows Server 2016**

Weitere Informationen darüber, wie Sie eine Verbunddienst-Bereitstellung auf Windows Server 2016 aktualisieren, finden Sie auf der Microsoft TechNet-Website unter:

https://technet.microsoft.com/windows-serverdocs/identity/ad-fs/deployment/upgrading-to-ad-fs-in-windows-server-2016

Prüfungsziel 5.2:
Verwenden des Webanwendungsproxys

Viele Organisationen möchten ihre Anwendungen und Dienste auch für Benutzer außerhalb ihres Intranets bereitstellen. Das erfordert es gewöhnlich, Verbindungen von Remotebenutzern über das Internet zu ermöglichen. Sie können dazu den Rollendienst *Webanwendungsproxy* auf einem Servercomputer einrichten, den Sie in Ihrem Umkreisnetzwerk bereitstellen. Der Webanwendungsproxy ermöglicht es Ihnen, Anwendungen und Dienste Ihres internen Netzwerks für Benutzer in externen Netzwerken zu veröffentlichen.

Inhalt dieses Abschnitts:

- Installieren und Einrichten des Webanwendungsproxys
- Einbinden des Webanwendungsproxys in Active Directory-Verbunddienste
- Einrichten des Webanwendungsproxys im Pass-through-Modus
- Veröffentlichen von Remotedesktopgateway-Anwendungen

Installieren und Einrichten des Webanwendungsproxys

Der Webanwendungsproxy lässt sich auf unkomplizierte Weise installieren und einrichten. Sie können diesen Rollendienst im Server-Manager, aber auch mithilfe der Windows PowerShell bereitstellen. In den grafischen Werkzeugen gehen Sie dazu wie folgt vor:

1. Klicken Sie im Server-Manager auf dem Zielserver auf *Verwalten* und dann auf *Rollen und Features hinzufügen*.

2. Aktivieren Sie auf der Seite *Serverrollen auswählen* des Assistenten zum Hinzufügen von Rollen und Features das Kontrollkästchen *Remotezugriff* in der Liste *Rollen* und klicken Sie auf *Weiter*.

3. Aktivieren Sie auf der Seite *Rollendienste auswählen* aus Abbildung 5–16 das Kontrollkästchen *Webanwendungsproxy*, klicken Sie auf *Features hinzufügen* und dann auf *Weiter*.

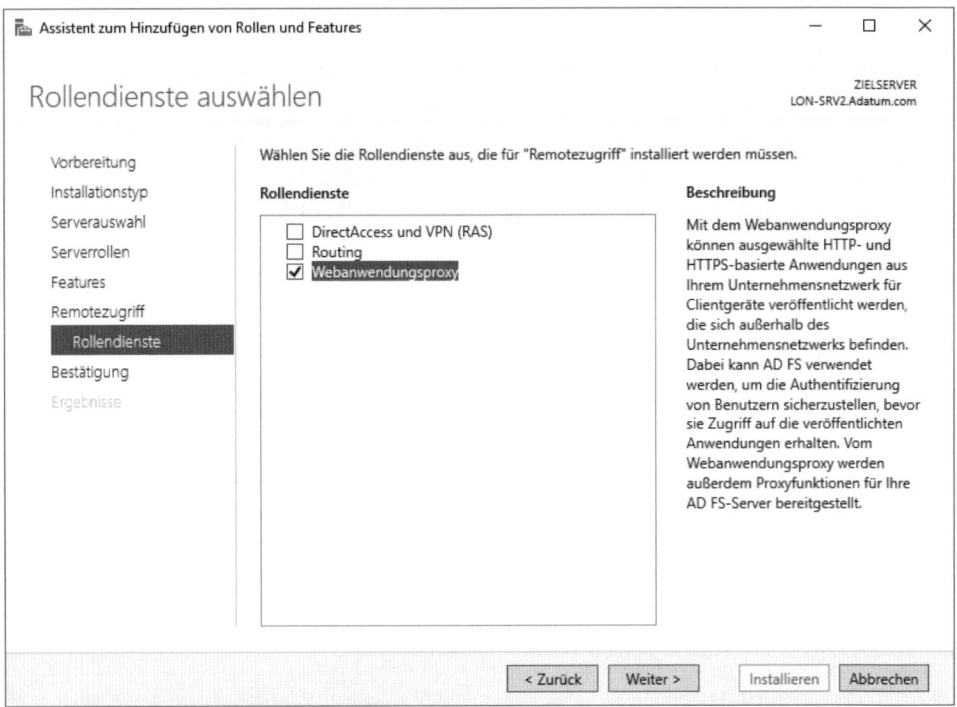

Abb. 5–16 Installieren der Rolle des Webanwendungsproxys

4. Klicken Sie auf *Installieren* und schließen Sie den Assistenten, wenn Sie dazu aufgefordert werden.

Zur Bereitstellung des Webanwendungsproxys können Sie auch den Befehl `Install-Windows-Feature Web-Application-Proxy -IncludeManagementTools` ausführen.

Nach der Installation des Rollendienstes klicken Sie im Benachrichtigungsbereich des Server-Managers auf den Link *Assistent für Webanwendungsproxy öffnen*. Richten Sie den Rollendienst dann wie folgt ein:

1. Klicken Sie auf der Willkommensseite des Assistenten für den Webanwendungsproxy auf *Weiter*.

2. Geben Sie auf der Seite *Verbundserver* den vollqualifizierten Domänennamen des Verbundservers in das entsprechende Feld ein. Dies ist der Name, den Sie bei der Einrichtung der Verbunddienste festgelegt haben, beispielsweise *adfs.Adatum.com* (siehe Abbildung 5–17).

3. Geben Sie einen Benutzernamen und ein Kennwort für die Verbindung mit den Verbundservern ein und klicken Sie auf *Weiter*.

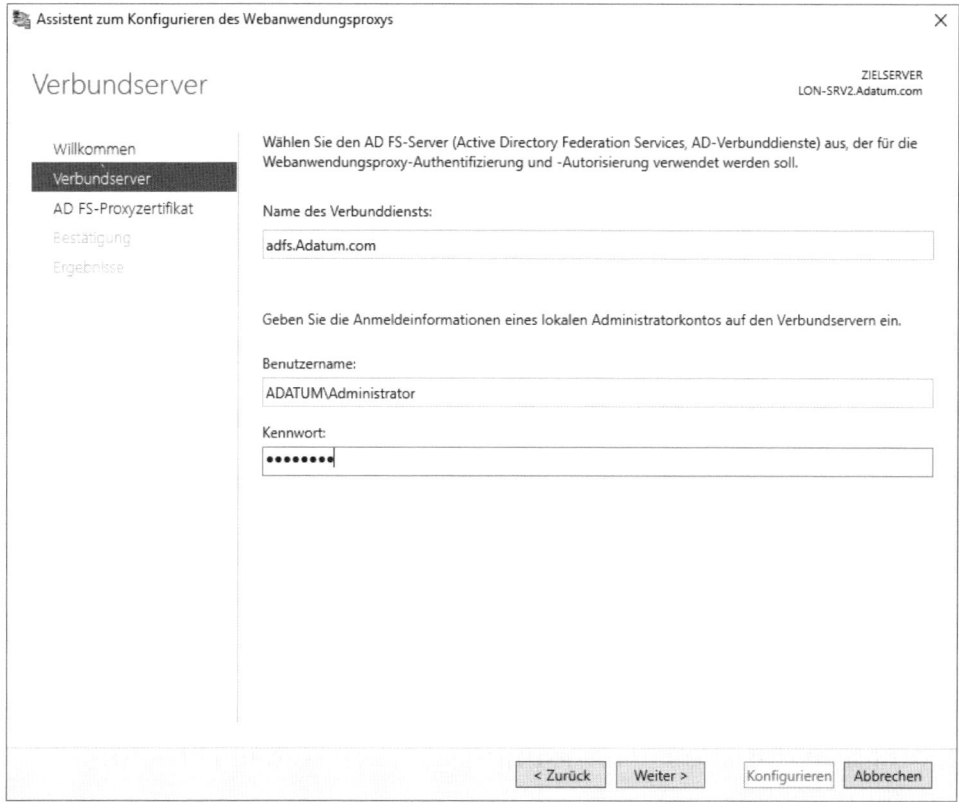

Abb. 5–17   Angeben des Verbundservers

4. Wählen Sie auf der Seite *AD FS-Proxyzertifikat* in der Liste *Wählen Sie ein Zertifikat aus, das vom AD FS-Proxy verwendet werden soll* das gewünschte Zertifikat aus und klicken Sie auf *Weiter* (siehe Abbildung 5–18).

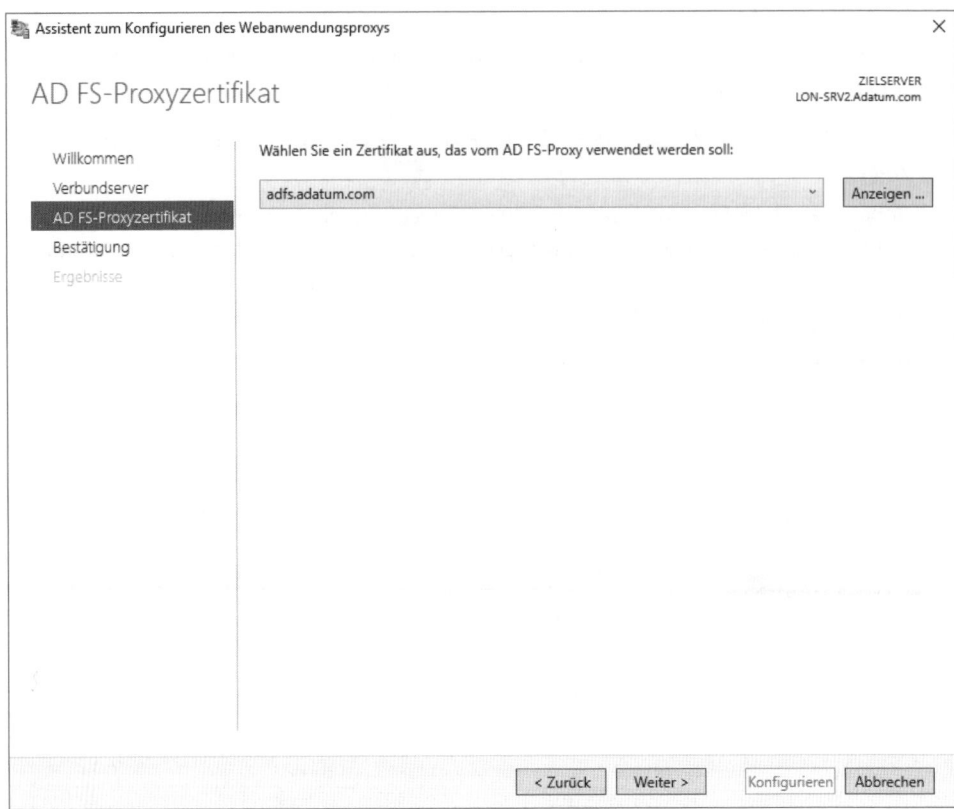

Abb. 5–18 Auswählen des Proxyzertifikats für die Verbunddienste

> **HINWEIS** **Zertifikate für die Integration in die Verbunddienste**
> Bevor Sie den Rollendienst einrichten, müssen Sie ein passendes Zertifikat auf dem Weban-
> wendungsproxy installieren. Dies wird im folgenden Abschnitt erläutert.

5. Klicken Sie auf der Bestätigungsseite auf *Konfigurieren* und abschließend auf *Schließen*.

Einbinden des Webanwendungsproxys in Active Directory-Verbunddienste

Durch die Verzahnung der Verbunddienste mit dem Webanwendungsproxy können Sie eine
einmalige Anmeldung für veröffentliche Anwendungen und Dienste ermöglichen. Dadurch
können Remotebenutzer auf Ihre internen Ressourcen zugreifen, ohne ständig ihre Anmelde-
daten eingeben zu müssen.

Wenn Sie die Verbunddienste zusammen mit dem Webanwendungsproxy verwenden
möchten, können Sie dabei eine Authentifizierung mit Durchleitung für Webanwendungen
oder eine Verbunddienst-Vorauthentifizierung für Anwendungen einrichten, die mit Ansprüchen umgehen können.

Einrichten der Voraussetzungen in den Verbunddiensten

Wenn Benutzer versuchen, von außerhalb des Unternehmensnetzwerks Verbindung mit den Verbunddiensten aufzunehmen, wird der Name des Computers mit der AF FS-Rolle im internen Netzwerk mithilfe von DNS aufgelöst. Der Computer, mit dem die Remotebenutzer tatsächlich Verbindung aufnehmen, ist jedoch nicht der AD FS-Server selbst, sondern der Webanwendungsproxy.

Daher muss auf dem Webanwendungsproxy unbedingt ein geeignetes Zertifikat installiert sein. Der Antragstellername dieses Zertifikats muss mit dem DNS-Namen des AD FS-Servers übereinstimmen, also beispielsweise *adfs.adatum.com*.

Exportieren Sie dazu auf dem AD FS-Server das Zertifikat, das Sie zur Einrichtung der Verbunddienste verwendet haben (siehe den Abschnitt »Einrichten der Verbunddienste« in »Prüfungsziel 5.1: Installieren und Einrichten der Active Directory-Verbunddienste«). Achten Sie darauf, auch den privaten Schlüssel zu exportieren. Importieren Sie das Zertifikat anschließend auf dem Webanwendungsproxy und legen Sie es im lokalen Zertifikatspeicher des Computers ab.

Eine allgemeine Übersicht über den Export und Import von Zertifikaten finden Sie im Abschnitt »Exportieren des Zertifikats der Stammzertifizierungsstelle« von »Prüfungsziel 4.1: Installieren und Einrichten von Active Directory-Zertifikatdiensten«, in Kapitel 4.

Einrichten des Webanwendungsproxys als Verbunddienstproxy

Wenn die Remotebenutzer auf veröffentlichte Anwendungen zugreifen möchten, die mit Ansprüchen umgehen können, ist es nicht wünschenswert, dass sie aus dem Internet heraus unmittelbar Verbindung mit dem Verbundserver aufnehmen. Daher können Sie den Webanwendungsproxy auch als Verbunddienstproxy einrichten, sodass die Remotebenutzer sich stattdessen an ihn wenden.

Um das tun zu können, müssen Sie zunächst die zuvor beschriebene Bereitstellung und Einrichtung durchführen. Zur Veröffentlichung von Ansprüchen vertrauenden Anwendungen gehen Sie dann auf dem Webanwendungsproxy wie folgt vor:

1. Klicken Sie im Server-Manager auf *Tools* und dann auf *Remotezugriffsverwaltung*.

2. Klicken Sie in der Remotezugriffs-Verwaltungskonsole unter dem Knoten *Konfiguration* auf *Webanwendungsproxy* und dann im Aufgabenbereich auf *Veröffentlichen*.

3. Klicken Sie auf der Willkommensseite des Assistenten zum Veröffentlichen neuer Anwendungen auf *Weiter*.

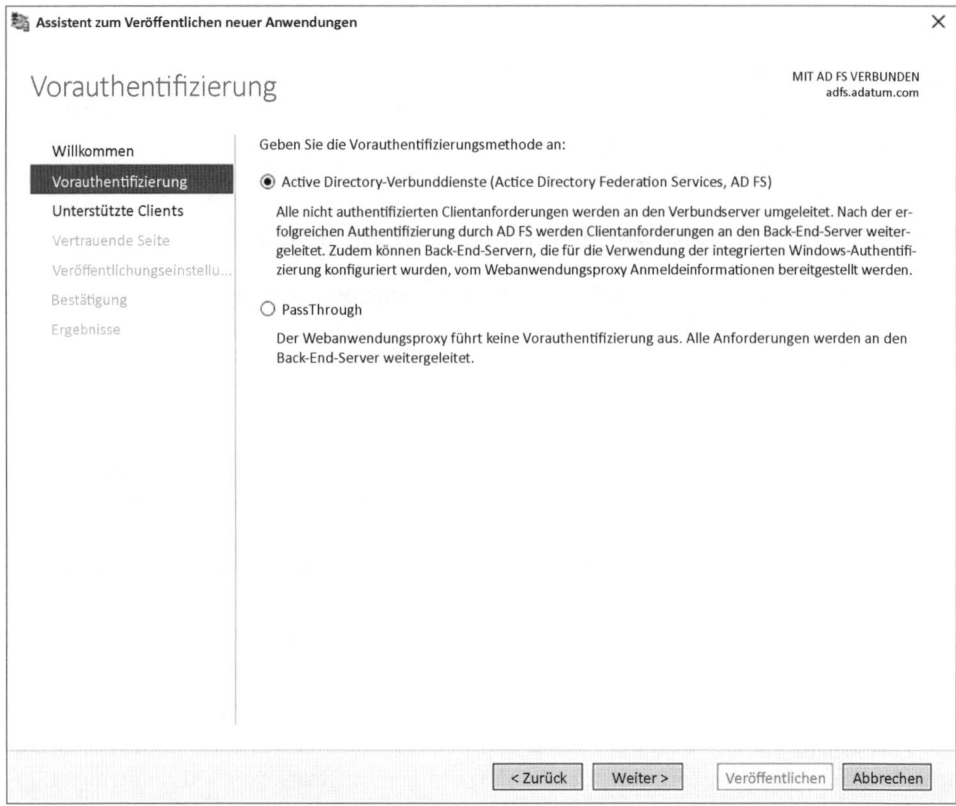

Abb. 5–19   Aktivieren der Vorauthentifizierung auf dem Webanwendungsproxy

4. Klicken Sie auf der Seite *Vorauthentifizierung* aus Abbildung 5–19 auf *Active Directory-Verbunddienste* und dann auf *Weiter*.

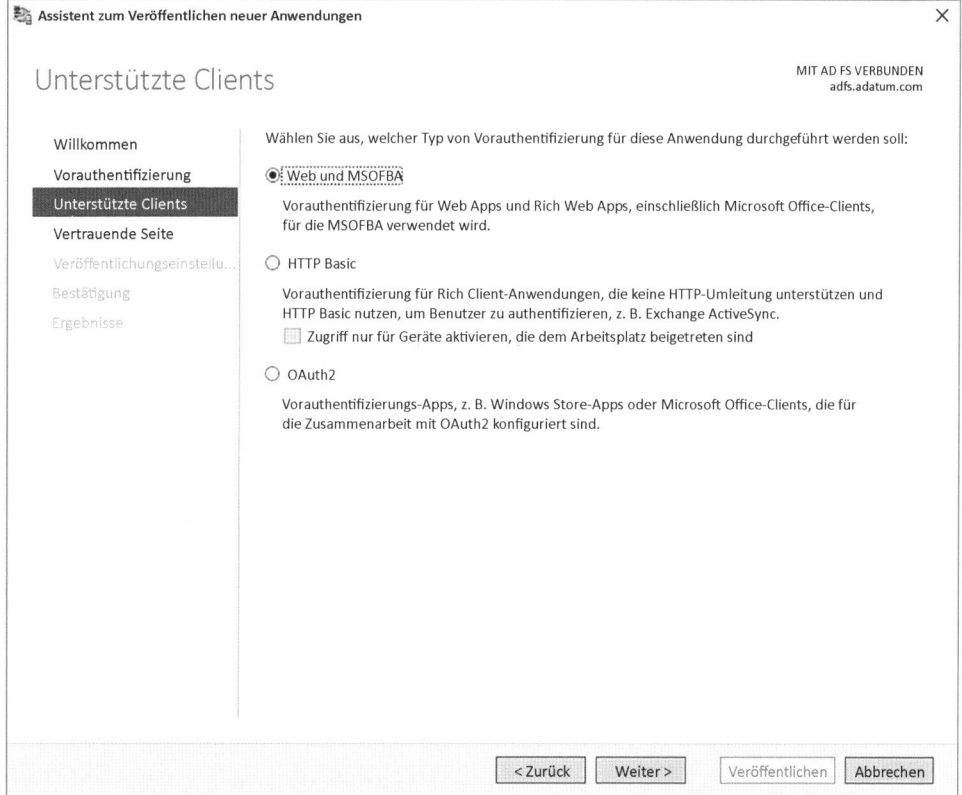

Abb. 5–20   Auswählen des Clienttyps

5. Wählen Sie auf der Seite *Unterstützte Clients* die Vorauthentifizierungsmethode aus und klicken Sie auf *Weiter* (siehe Abbildung 5–20). Folgende Möglichkeiten stehen zur Auswahl:

*   **Web und MSOFBA**   Wird von Microsoft Office-Clients verwendet.

*   **HTTP Basic**   Wird von Exchange ActiveSync-Clients verwendet.

*   **OAuth2**   Wird von Windows Store-Apps verwendet.

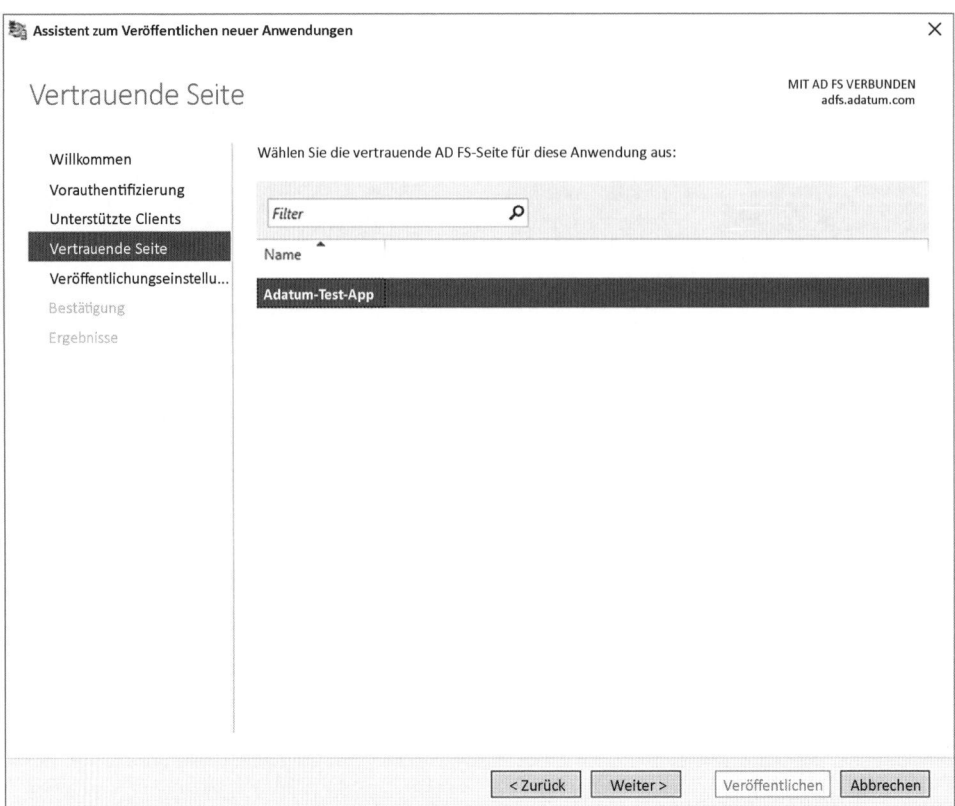

Abb. 5–21   Auswählen der Vertrauensstellung der vertrauenden Seite

6. Wählen Sie auf der Seite *Vertrauende Seite* die gewünschte Vertrauensstellung aus und klicken Sie auf *Weiter* (siehe Abbildung 5–21).

7. Geben Sie in das Namensfeld auf der Seite *Veröffentlichungseinstellungen* den Namen der Anwendung ein, die Sie veröffentlichen möchten (siehe Abbildung 5–22).

8. Geben Sie den externen URL in das entsprechende Textfeld ein und wählen Sie in der Liste *Externes Zertifikat* das Zertifikat aus, dessen Antragstellername mit dem angegebenen URL übereinstimmt. Der URL des Back-End-Servers sollte ebenfalls der externe URL sein.

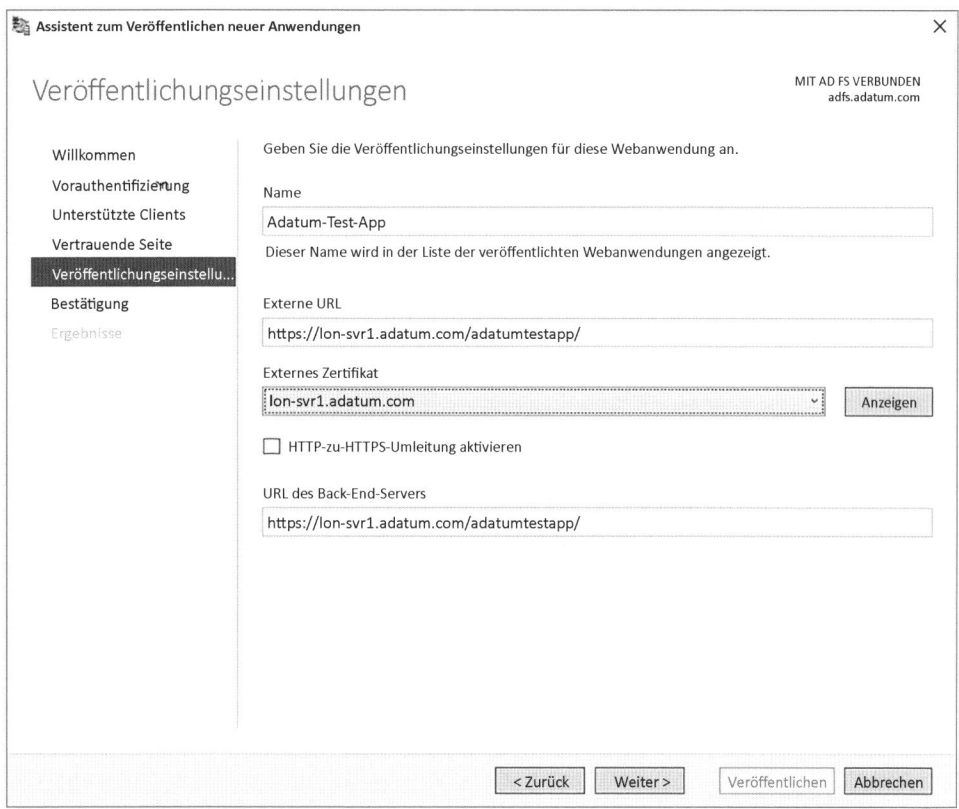

Abb. 5–22   Einrichten der internen und externen URLs und des Zertifikats

---

***HINWEIS*   Externe und interne URLs**

Für jede Anwendung, die Sie veröffentlichen, müssen Sie sowohl einen externen als auch einen internen URL einrichten. Der interne URL wird vom Webanwendungsproxy verwendet, um für externe Benutzer auf die Anwendung zuzugreifen, der externe URL dagegen von diesen externen Benutzern. Bei der Festlegung des externen URLs müssen Sie ein Zertifikat auswählen, das den Hostnamen aus dem externen URL enthält, und es auf dem lokalen Servercomputer installieren.

---

9. Aktivieren Sie optional das Kontrollkästchen *HTTP-zu-HTTPS-Umleitung aktivieren*. Klicken Sie auf *Weiter*.

10. Klicken Sie auf der Bestätigungsseite auf *Veröffentlichen* und abschließend auf *Schließen*.

Einrichten des Webanwendungsproxys im Pass-through-Modus

Anstatt der im letzten Abschnitt beschriebenen Vorauthentifizierung können Sie sich bei der Veröffentlichung einer Webanwendung auch für den Pass-through-Modus entscheiden. Dabei führt der Webanwendungsproxy keine Vorauthentifizierung mithilfe der Verbunddienste durch, sondern leitet die Authentifizierungsanforderung an den Back-End-Server mit der veröffentlichten Anwendung weiter.

Um eine Anwendung in diesem Modus zu veröffentlichen, gehen Sie wie folgt vor:

1. Klicken Sie im Aufgabenbereich der Remotezugriffs-Verwaltungskonsole auf *Veröffentlichen*.

2. Klicken Sie auf der Willkommensseite des Assistenten zum Veröffentlichen neuer Anwendungen auf *Weiter*.

3. Klicken Sie auf der Seite *Vorauthentifizierung* aus Abbildung 5–23 auf *Pass-through* und dann auf *Weiter*.

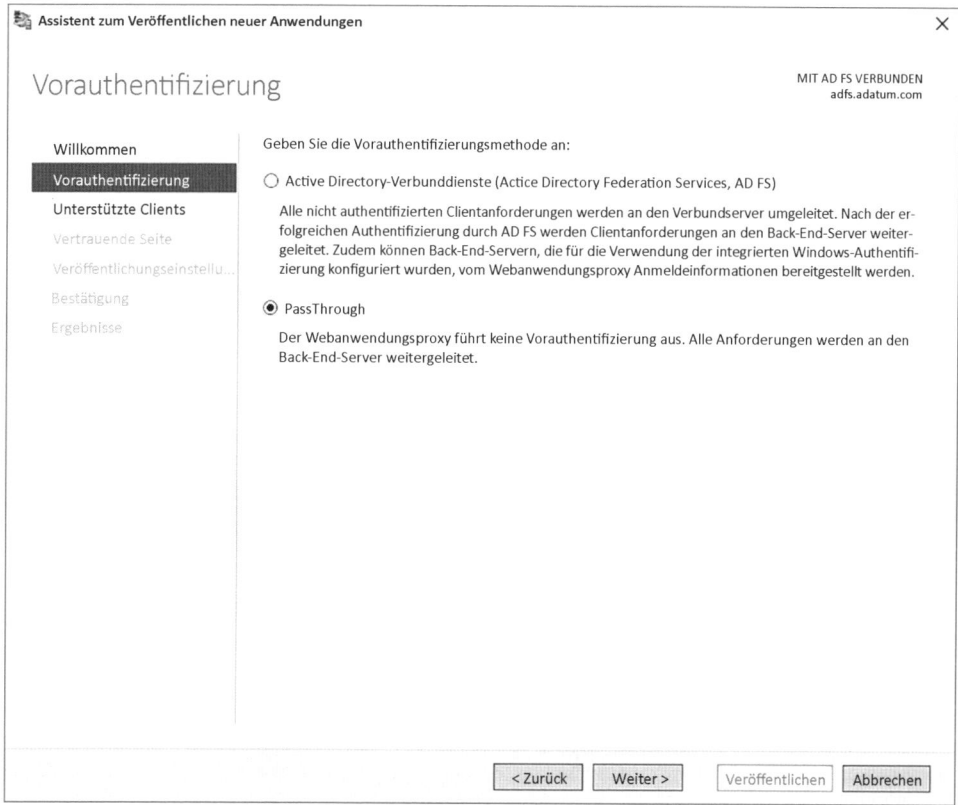

Abb. 5–23   Einrichten des Pass-through-Modus

4. Geben Sie auf der Seite *Veröffentlichungseinstellungen* den Namen, den externen URL, das externe Zertifikat und den URL des Back-End-Servers an.

5. Aktivieren Sie optional das Kontrollkästchen *HTTP-zu-HTTPS-Umleitung aktivieren*. Klicken Sie auf *Weiter* und dann auf *Veröffentlichen*.

Veröffentlichen von Remotedesktopgateway-Anwendungen

Viele Organisationen, die Remotedesktopgateway-Anwendungen für ihre Benutzer bereitstellen, möchten diese Anwendungen auch für Remotebenutzer zugänglich machen. Ihre Infrastruktur wird sicherer, wenn Sie zur Veröffentlichung solcher Anwendungen ebenfalls den Webanwendungsproxy verwenden, da der Remotedesktopgateway-Server dann von außen weniger stark zugänglich ist.

> **HINWEIS   Voraussetzungen**
>
> Die folgenden Ausführungen setzen voraus, dass Sie bereits den Remotedesktopgateway und die zugehörigen Komponenten bereitgestellt und die Anwendung, die Sie den Benutzern zur Verfügung stellen wollen, erstellt und eingerichtet haben.

Um eine Remotedesktopgateway-Anwendung ohne Vorauthentifizierung zu veröffentlichen, richten Sie den Webanwendungsproxy wie im vorherigen Abschnitt beschrieben im Pass-through-Modus ein. Geben Sie dabei auf der Seite *Veröffentlichungseinstellungen* den Stamm-FQDN des RD-Webzugriffservers als externen URL an.

PRÜFUNGSTIPP

Wenn sich RD-Webzugriff und RD-Gateway auf verschiedenen Servercomputern befinden, müssen Sie zwei getrennte virtuelle Verzeichnisse veröffentlichen.

Zur Veröffentlichung einer Remotedesktopgateway-Anwendung mit Vorauthentifizierung gehen Sie wie folgt vor:

1. Erstellen Sie in der AD FS-Konsole des Verbundservers eine Vertrauensstellung der vertrauenden Seite:

   a. Führen Sie den Assistenten zum Hinzufügen von Vertrauensstellungen der vertrauenden Seite aus und aktivieren Sie die Option *Daten über die vertrauende Seite manuell eingeben* (siehe Abbildung 5–24).

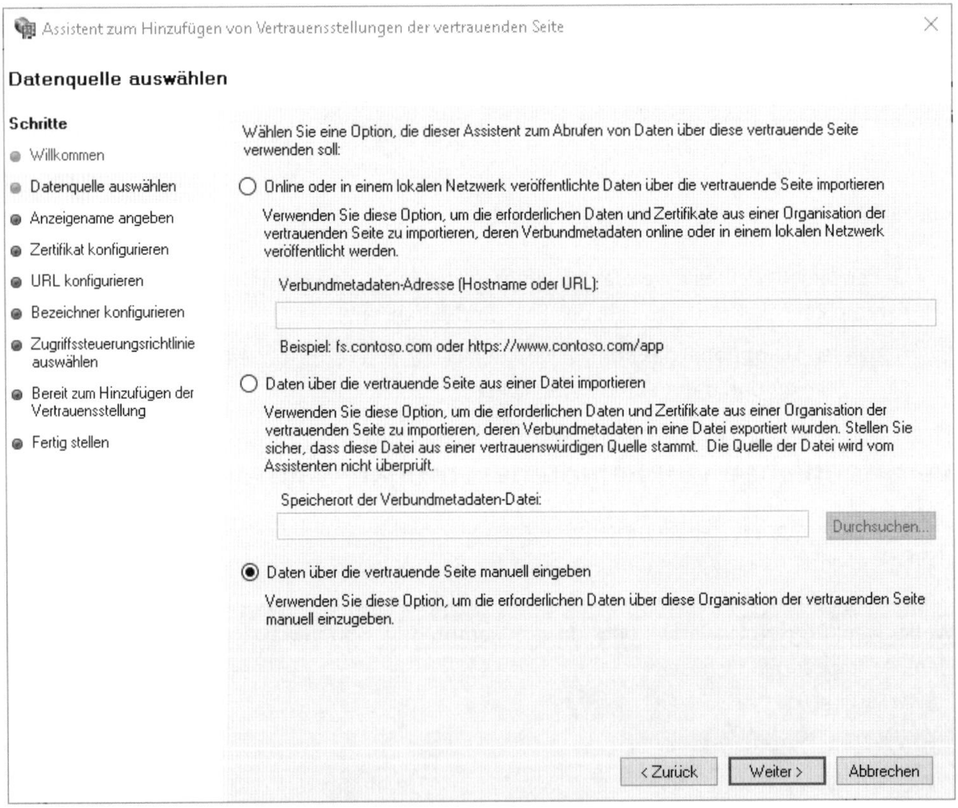

Assistent zum Hinzufügen von Vertrauensstellungen der vertrauenden Seite   ✕

Datenquelle auswählen

Schritte

● Willkommen

● Datenquelle auswählen

● Anzeigename angeben

● Zertifikat konfigurieren

● URL konfigurieren

● Bezeichner konfigurieren

● Zugriffssteuerungsrichtlinie auswählen

● Bereit zum Hinzufügen der Vertrauensstellung

● Fertig stellen

Wählen Sie eine Option, die dieser Assistent zum Abrufen von Daten über diese vertrauende Seite verwenden soll:

○ Online oder in einem lokalen Netzwerk veröffentlichte Daten über die vertrauende Seite importieren

Verwenden Sie diese Option, um die erforderlichen Daten und Zertifikate aus einer Organisation der vertrauenden Seite zu importieren, deren Verbundmetadaten online oder in einem lokalen Netzwerk veröffentlicht werden.

Verbundmetadaten-Adresse (Hostname oder URL):

[   ]

Beispiel: fs.contoso.com oder https://www.contoso.com/app

○ Daten über die vertrauende Seite aus einer Datei importieren

Verwenden Sie diese Option, um die erforderlichen Daten und Zertifikate aus einer Organisation der vertrauenden Seite zu importieren, deren Verbundmetadaten in eine Datei exportiert wurden. Stellen Sie sicher, dass diese Datei aus einer vertrauenswürdigen Quelle stammt. Die Quelle der Datei wird vom Assistenten nicht überprüft.

Speicherort der Verbundmetadaten-Datei:

[   ]   [Durchsuchen...]

● Daten über die vertrauende Seite manuell eingeben

Verwenden Sie diese Option, um die erforderlichen Daten über diese Organisation der vertrauenden Seite manuell einzugeben.

[< Zurück]   [Weiter >]   [Abbrechen]

Abb. 5–24   Angeben der Datenquelle für die Vertrauensstellung

b. Klicken Sie sich durch den Assistenten und akzeptieren Sie dabei die vorgegebenen Einstellungen.

c. Geben Sie auf der Seite *Bezeichner konfigurieren* den externen vollqualifizierten Domänennamen, den Sie für den Remotedesktopgateway-Zugriff verwenden möchten, in das Feld *Bezeichner der Vertrauensstellung der vertrauenden Seite* ein (siehe Abbildung 5–25). Klicken Sie auf *Hinzufügen* und klicken Sie sich durch den Rest des Assistenten.

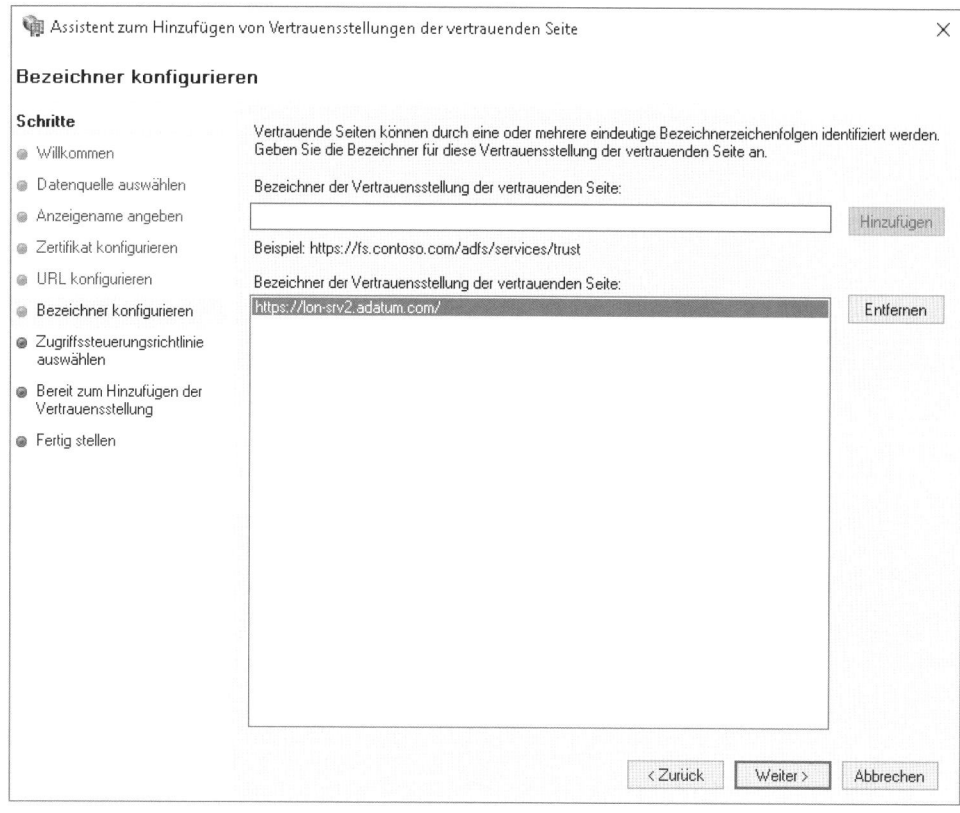

Abb. 5–25   Festlegen des Bezeichners für die Vertrauensstellung

2. Wechseln Sie zum Webanwendungsproxy. Klicken Sie in der Remotezugriffs-Verwaltungskonsole unter *Konfiguration* auf *Webanwendungsproxy*.

3. Klicken Sie in der Aufgabenliste auf *Veröffentlichen*.

4. Klicken Sie auf der Willkommensseite des Assistenten zum Veröffentlichen neuer Anwendungen auf *Weiter*.

5. Klicken Sie auf der Seite *Vorauthentifizierung* auf *Active Directory-Verbunddienste* und dann auf *Weiter*.

6. Wählen Sie auf der Seite *Unterstützte Clients* die Vorauthentifizierungsmethode aus und klicken Sie auf *Weiter*.

7. Wählen Sie auf der Seite *Vertrauende Seite* die gewünschte Vertrauensstellung aus und klicken Sie auf *Weiter* (siehe Abbildung 5–26).

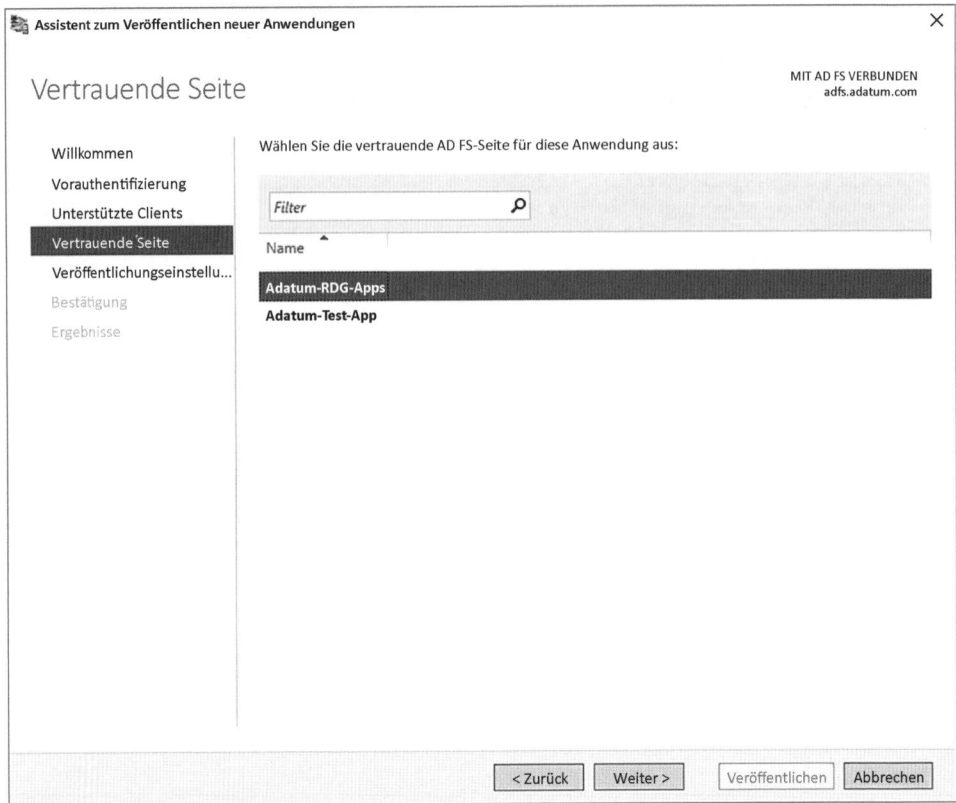

Abb. 5–26 Auswählen der Vertrauensstellung der vertrauenden Seite

8. Geben Sie in das Namensfeld auf der Seite *Veröffentlichungseinstellungen* den Namen der Anwendung ein, die Sie veröffentlichen möchten. Geben Sie den externen URL in das entsprechende Textfeld ein und wählen Sie in der Liste *Externes Zertifikat* das Zertifikat aus, dessen Antragstellername mit dem angegebenen URL übereinstimmt. Der URL des Back-End-Servers sollte ebenfalls der externe URL sein. Aktivieren Sie optional das Kontrollkästchen *HTTP-zu-HTTPS-Umleitung aktivieren*. Klicken Sie auf *Weiter*.

9. Klicken Sie auf der Bestätigungsseite auf *Veröffentlichen* und abschließend auf *Schließen*.

WEITERE INFORMATIONEN   **Veröffentlichen von Anwendungen mit SharePoint, Exchange und RDG**

Weitere Informationen über die Veröffentlichung von Remotedesktopgateway-Anwendungen mithilfe des Webanwendungsproxys finden Sie auf der Microsoft TechNet-Website unter:

https://technet.microsoft.com/library/dn765486.aspx

Prüfungsziel 5.3:
Installieren und Einrichten der Active Directory-Rechteverwaltungsdienste

Eines der Probleme, mit denen Netzwerkadministratoren ständig zu kämpfen haben, besteht darin, die Daten ihrer Organisation vor unangemessenem Zugriff zu schützen. Wer Zugriff auf eine Datei hat, können Sie mithilfe der NTFS-Dateiberechtigungen bestimmen. Zur Verbesserung des Datenschutzes können Sie darüber hinaus noch Funktionen wie das verschlüsselnde Dateisystem (Encrypting File System, EFS) oder die BitLocker-Laufwerksverschlüsselung einrichten.

> ## Inhalt dieses Abschnitts:
>
> - Überblick über AD RMS
> - Bereitstellen eines AD RMS-Servers
> - Verwalten von Vorlagen für Benutzerrechterichtlinien
> - Einrichten von Ausschlussrichtlinien
> - Sichern und Wiederherstellen von AD RMS

Überblick über AD RMS

Die Active Directory-Rechteverwaltungsdienste (Active Directory Rights Management Services, AD RMS) ergänzen die genannten Sicherheitsvorkehrungen und ermöglichen Ihnen, Datendateien zu schützen, und zwar sowohl im Dateisystem als auch während der Übertragung, z. B. über E-Mail. Sie können damit steuern, wer welche Art von Zugriff auf die Daten hat, und sogar festlegen, wie lange dieser Zugriff dauern kann.

Typische Verwendungszwecke von AD RMS sind:

- **Verhindern der Weiterleitung** Sensible Informationen sollen nicht per E-Mail gesendet werden.
- **Einschränken von Benutzeraktionen** Benutzer sollen ein Dokument nur einsehen, aber nicht bearbeiten oder drucken dürfen.
- **Schützen von Daten auf Wechseldatenträgern** Wenn ein Datenträger mit sensiblen Daten verloren geht, muss sichergestellt sein, dass die Daten für nicht autorisierte Personen nicht zugänglich sind.

Komponenten

Die Active Directory-Rechteverwaltungsdienste bestehen aus den folgenden Komponenten:

- **AD RMS-Server** Dies ist ein Servercomputer, der Mitglied einer Domäne ist und auf dem die Rolle *Active Directory-Rechteverwaltungsdienste* installiert ist. Server veröffentlichen ihre AD RMS-Fähigkeiten über einen Dienstverbindungspunkt in Active Directory, sodass Clients sie finden können.

- **AD RMS-Client** Windows 7 und höher unterstützen AD RMS. Diese Fähigkeit ist in das Clientbetriebssystem eingebaut. Wenn ein Gerät nicht AD RMS-fähig ist, kann es nicht auf AD RMS-geschützte Inhalte zugreifen.

- **AD RMS-Anwendungen** Anwendungen wie Microsoft Office Outlook sind ADM RMS-fähig und können mit AD RMS-geschützten Inhalten umgehen.

- **Datenbank** AD RMS speichert seine Konfiguration in einer Datenbank. Bei umfangreichen Bereitstellungen kann dies eine Microsoft SQL Server-Datenbank sein, doch für kleinere Bereitstellungen reicht auch die interne Windows-Datenbank aus.

- **PKI** Da AD RMS digitale Zertifikate nutzt, muss eine entsprechend eingerichtete Infrastruktur für öffentliche Schlüssel (Public Key Infrastructure, PKI) vorhanden sein. AD RMS verwendet folgende Zertifikate und Lizenzen:

  - **Lizenzgebendes Serverzertifikat** Dieses Zertifikat wird bei der Bereitstellung eines AD RMS-Clusters (einer Gruppe von AD RMS-Servern) angelegt. Damit kann der AD RMS-Server die folgenden Zertifikate ausgeben:
    - Zusätzliche lizenzgebende Serverzertifikate für andere AD RMS-Server
    - Rechtekontozertifikate für Clients
    - Lizenzgebende Clientzertifikate
    - Veröffentlichungslizenzen
    - Benutzerlizenzen
    - Vorlagen für Benutzerrechterichtlinien

  - **Lizenzgebendes Clientzertifikat** Ermöglicht einem Benutzer, geschützte Inhalte zu veröffentlichen.

  - **Computerzertifikat** Dient zur Identifizierung eines Computers oder Geräts.

  - **Rechnerkontozertifikat** Identifiziert einen einzelnen Benutzer.

  - **Veröffentlichungslizenz** Bestimmt die geltenden Rechte für geschützten Inhalt.

  - **Benutzerlizenz** Ermöglicht einem Benutzer, auf geschützten Inhalt zuzugreifen.

WEITERE INFORMATIONEN **Überblick über AD RMS**

Weitere Informationen über AD RMS finden Sie auf der Microsoft TechNet-Website unter:

https://technet.microsoft.com/library/hh831364(v=ws.11).aspx

Bereitstellen eines AD RMS-Servers

In diesem Abschnitt werden auch die Prüfungsziele »Installieren eines lizenzgebenden Zertifikats« und »Verwalten eines Dienstverbindungspunkts für AD RMS« behandelt.

Die Rolle *Active Directory-Rechteverwaltungsdienste* können Sie wie folgt im Server-Manager bereitstellen und einrichten:

1. Klicken Sie im Server-Manager auf *Verwalten* und dann auf *Rollen und Features hinzufügen*.

2. Klicken Sie sich durch den Assistenten, bis Sie die Seite *Serverrollen* erreichen. Aktivieren Sie hier das Kontrollkästchen *Active Directory-Rechteverwaltungsdienste*, klicken Sie auf *Features hinzufügen* und dann auf *Weiter*.

3. Klicken Sie auf der Seite *Active Directory-Rechteverwaltungsdienste* auf *Weiter*. Auf der Seite *Rollendienste* aktivieren Sie das Kontrollkästchen *Active Directory-Rechteverwaltungsserver* und klicken auf *Weiter* (siehe Abbildung 5–27). Die Option *Unterstützung für Identitätsverbund* dient zur Einbindung in die Active Directory-Verbunddienste.

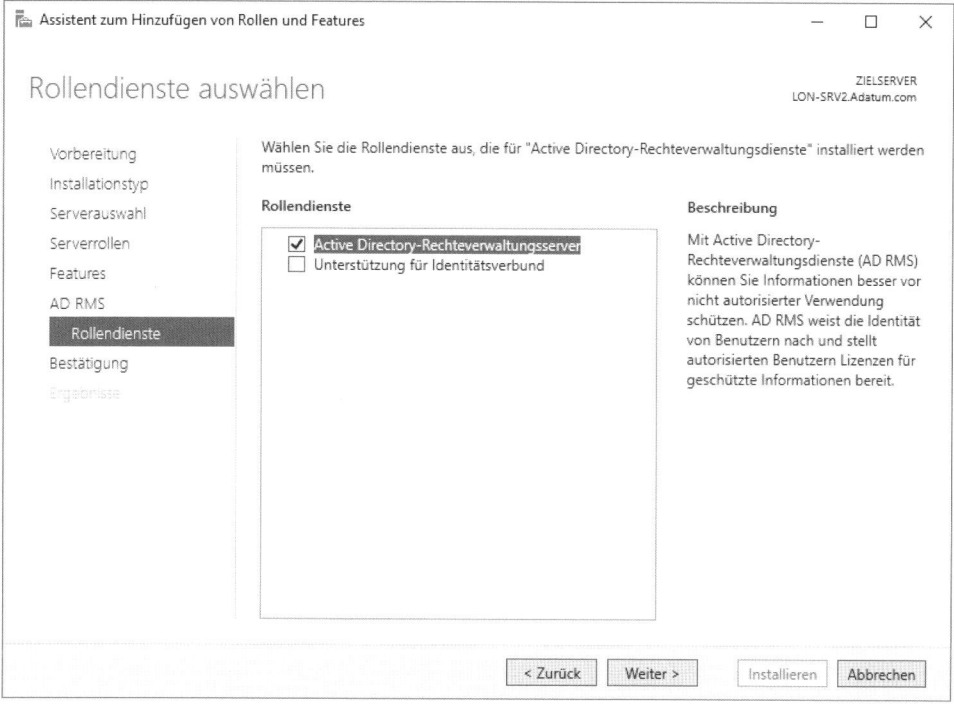

Abb. 5–27 Bereitstellen der Active Directory-Rechteverwaltungsdienste

4. Klicken Sie auf *Installieren* und abschließend auf *Schließen*.

Zur Installation der Active Directory-Rechteverwaltungsdienste können Sie auch den Windows PowerShell-Befehl `Install-WindowsFeature ADRMS -IncludeManagementTools` ausführen.

Nachdem Sie die Rolle bereitgestellt haben, müssen Sie sie wie folgt konfigurieren:

1. Klicken Sie im Benachrichtigungsbereich des Server-Managers auf *Zusätzliche Einstellungen konfigurieren*. Dadurch wird der AD RMS-Konfigurations-Assistent gestartet.

2. Klicken Sie auf der Begrüßungsseite des Assistenten auf *Weiter*.

3. Aktivieren Sie auf der Seite *AD RMS-Cluster* die Option *AD RMS-Stammcluster erstellen* und klicken Sie auf *Weiter* (siehe Abbildung 5–28).

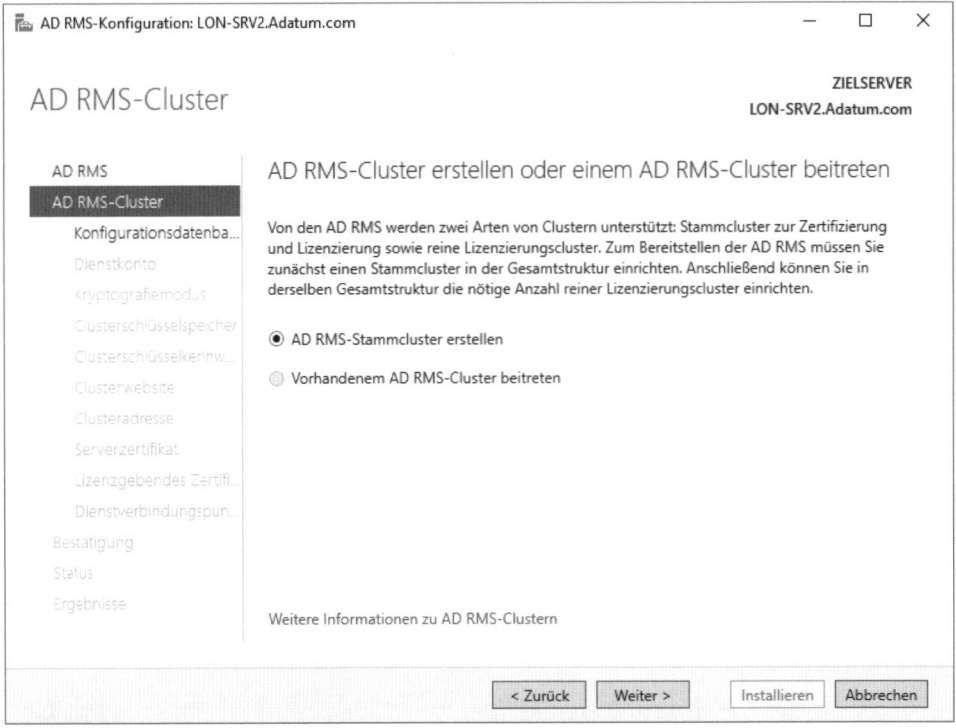

Abb. 5–28   Erstellen eines AD RMS-Clusters

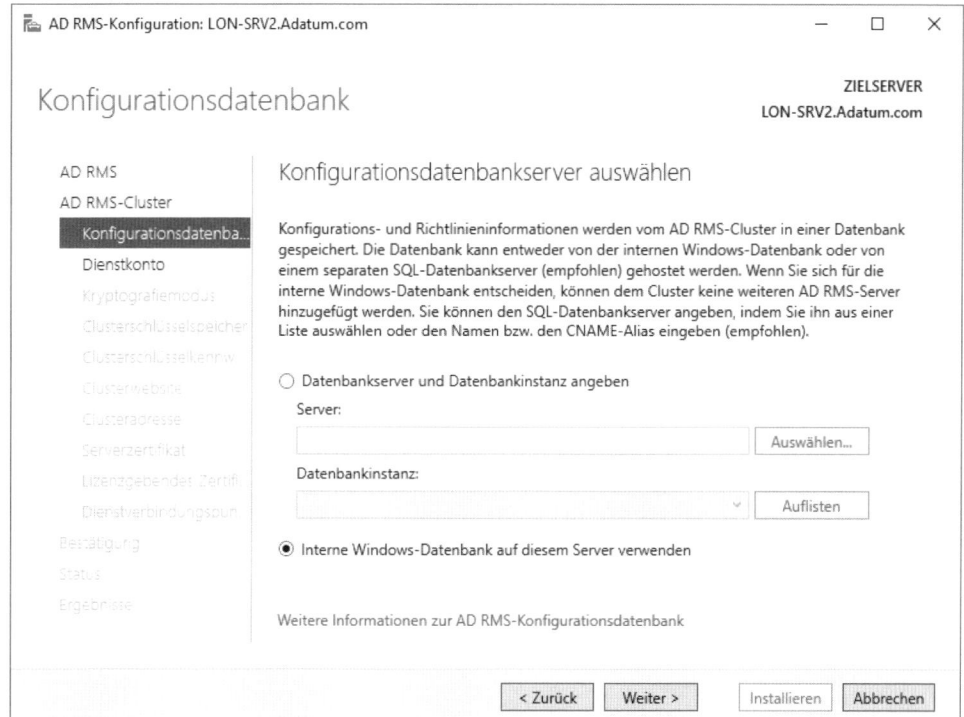

Abb. 5–29   Festlegen der Datenbank für AD RMS

4. Wählen Sie auf der Seite *Konfigurationsdatenbank* entweder wie in Abbildung 5–29 gezeigt die interne Windows-Datenbank aus oder geben Sie Verbindungsinformationen für eine SQL Server-Datenbankinstanz ein. Klicken Sie auf *Weiter*.

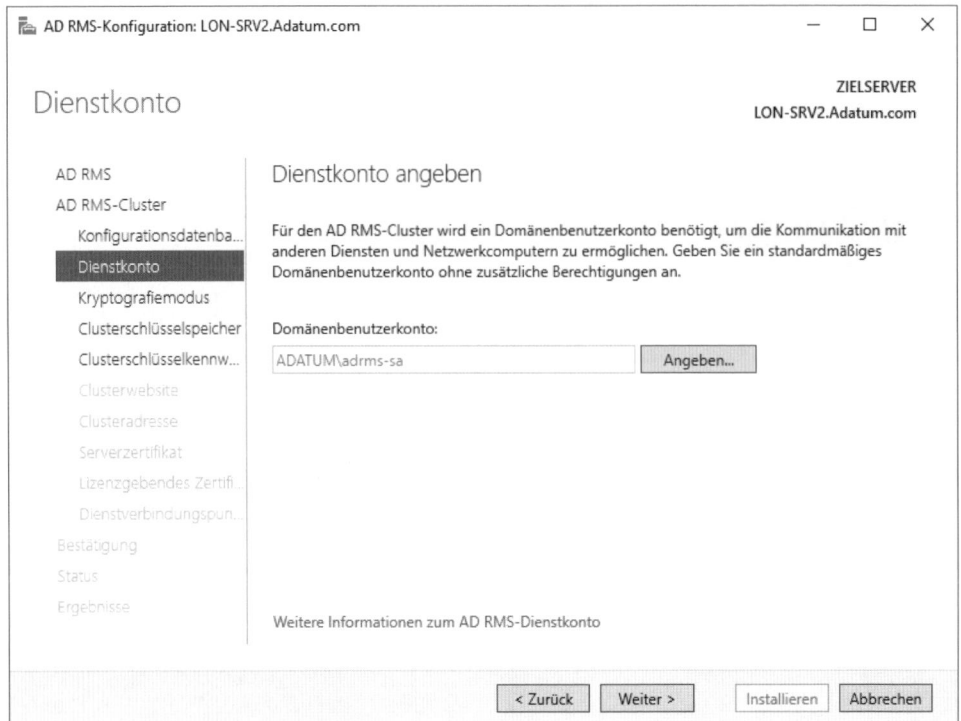

Abb. 5–30   Festlegen des Dienstkontos

5. Geben Sie auf der Seite *Dienstkonto* das Domänenbenutzerkonto an, das als Dienstkonto
    verwendet werden soll (siehe Abbildung 5–30), und klicken Sie auf *Weiter*. Bei diesem Kon-
    to müssen die Optionen *Benutzer kann Kennwort nicht ändern* und *Kennwort läuft nie ab*
    aktiviert sein.

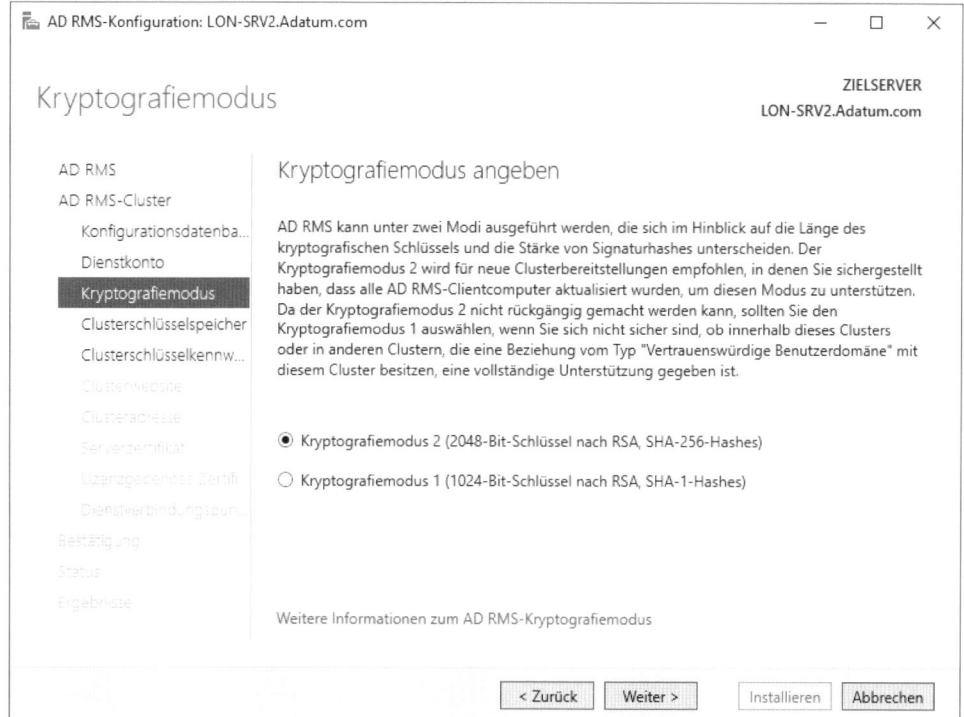

Abb. 5–31   Auswählen des Kryptografiemodus

6. Wählen Sie auf der Seite *Kryptografiemodus* den Kryptografiemodus aus und klicken Sie auf *Weiter*. Empfohlen wird *Kryptografiemodus 2* (siehe Abbildung 5–31).

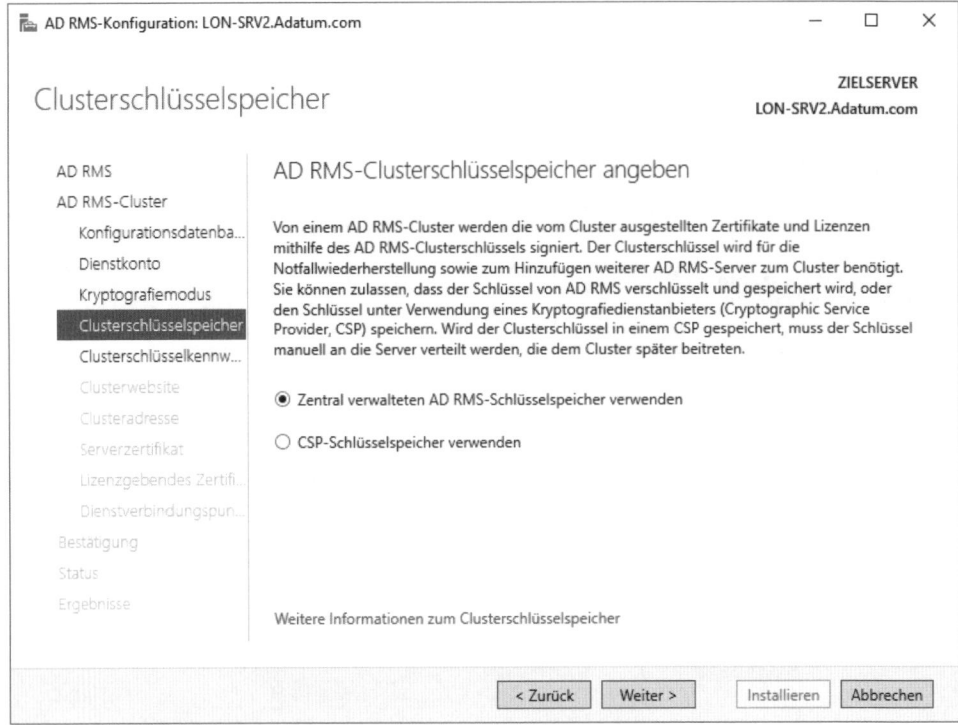

Abb. 5–32   Auswählen der Methode für die Speicherung des Clusterschlüssels

7. Wählen Sie auf der Seite *Clusterschlüsselspeicher* aus Abbildung 5–32 den Speichermodus für den AD RMS-Clusterschlüssel aus. Dieser Schlüssel wird für die Notfall-Wiederherstellung und beim Hinzufügen von Servern zu dem Cluster benötigt. Folgende Optionen stehen zur Auswahl:

   • *Zentral verwalteten AD RMS-Schlüsselspeicher verwenden*

   • *CSP-Schlüsselspeicher verwenden*

> **WEITERE INFORMATIONEN**   **Schutz und Speicherung von AD RMS-Schlüsseln**
>
> Weitere Informationen über die Speicherung von AD RMS-Schlüsseln finden Sie auf der Microsoft TechNet-Website unter:
>
> *https://technet.microsoft.com/library/cc754905.aspx*

8. Geben Sie auf der Seite *Clusterschlüsselkennwort* ein Kennwort ein und bestätigen Sie es. Klicken Sie dann auf *Weiter*. Das Kennwort gilt für die Verschlüsselung des Clusterschlüssels. Wenn Sie dem Cluster weitere Server hinzufügen möchten, müssen Sie dieses Kennwort eingeben.

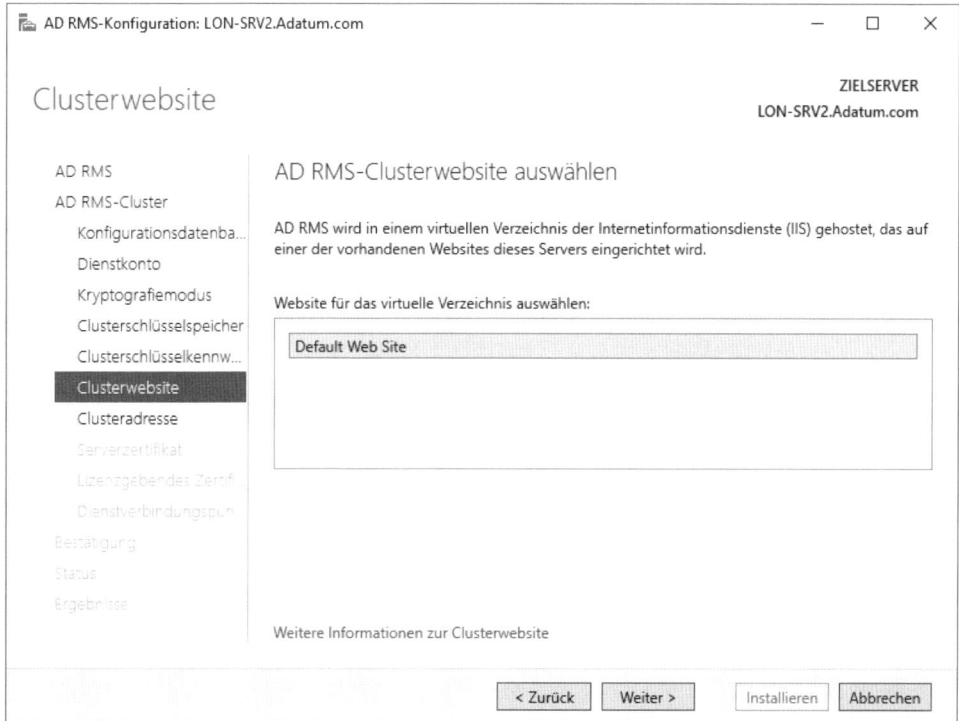

Abb. 5–33   Auswählen der Website

9. Wählen Sie auf der Seite *Clusterwebsite* die geeignete Website auf dem lokalen Server aus, auf der die AD RMS-Komponenten untergebracht werden sollen. Die Standardwebsite ist vorab ausgewählt, wie Sie in Abbildung 5–33 sehen. Klicken Sie auf *Weiter*.

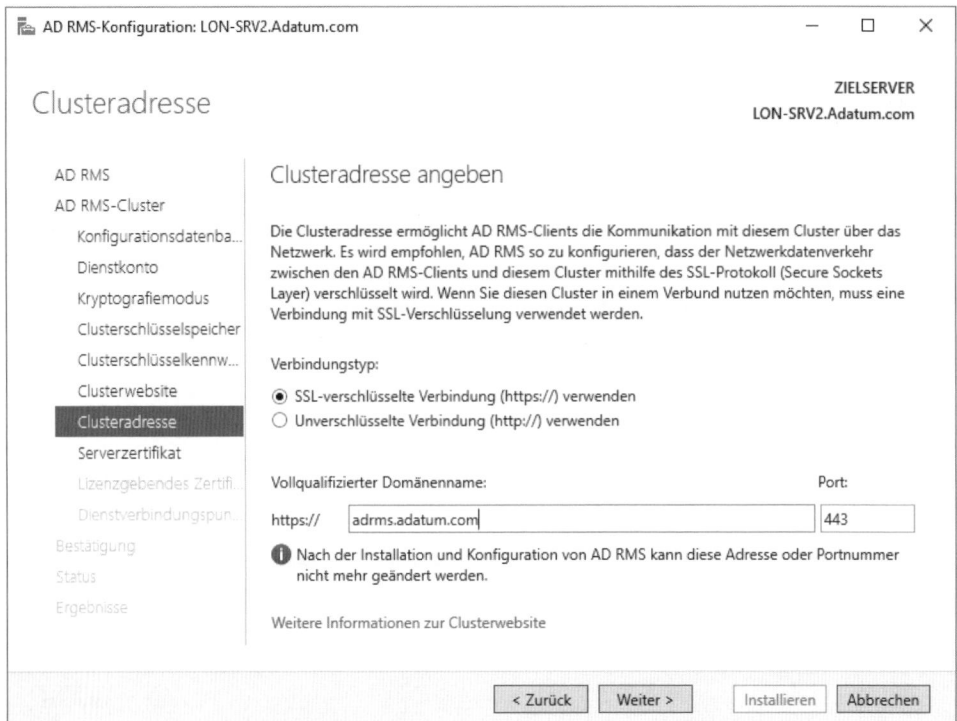

Abb. 5–34   Angeben der Clusteradresse

10. Geben Sie auf der Seite *Clusteradresse* aus Abbildung 5–34 den URL des Clusterservers ein. Diese Angabe können Sie nach der Einrichtung des AD RMS-Servers nicht mehr ändern. Klicken Sie auf *Weiter*. Der von Ihnen eingegebene vollqualifizierte Domänenname muss in DNS aufgelöst werden können. Wenn Sie SSL verwenden, was empfehlenswert ist, brauchen Sie außerdem ein Zertifikat mit dem passenden Antragstellernamen.

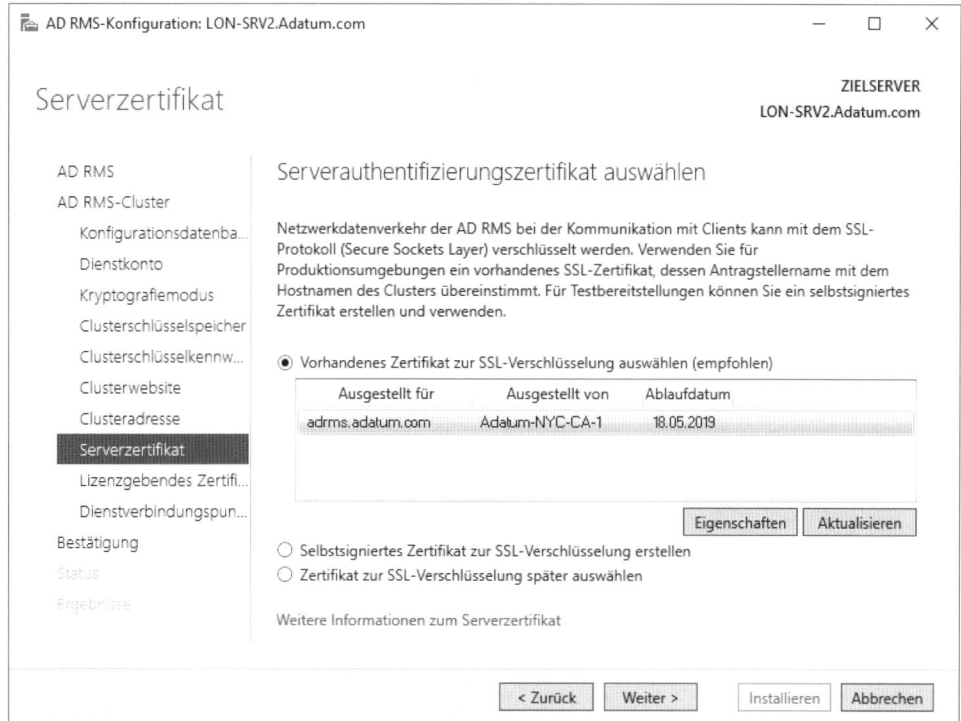

Abb. 5–35 Auswählen des Authentifizierungszertifikats

11. Geben Sie auf der Seite *Serverzertifikat* das Zertifikat an, das Sie für SSL verwenden möchten. In Produktionsumgebungen sollten Sie keine selbst signierten Zertifikate verwenden. Klicken Sie auf *Weiter* (siehe Abbildung 5–35).

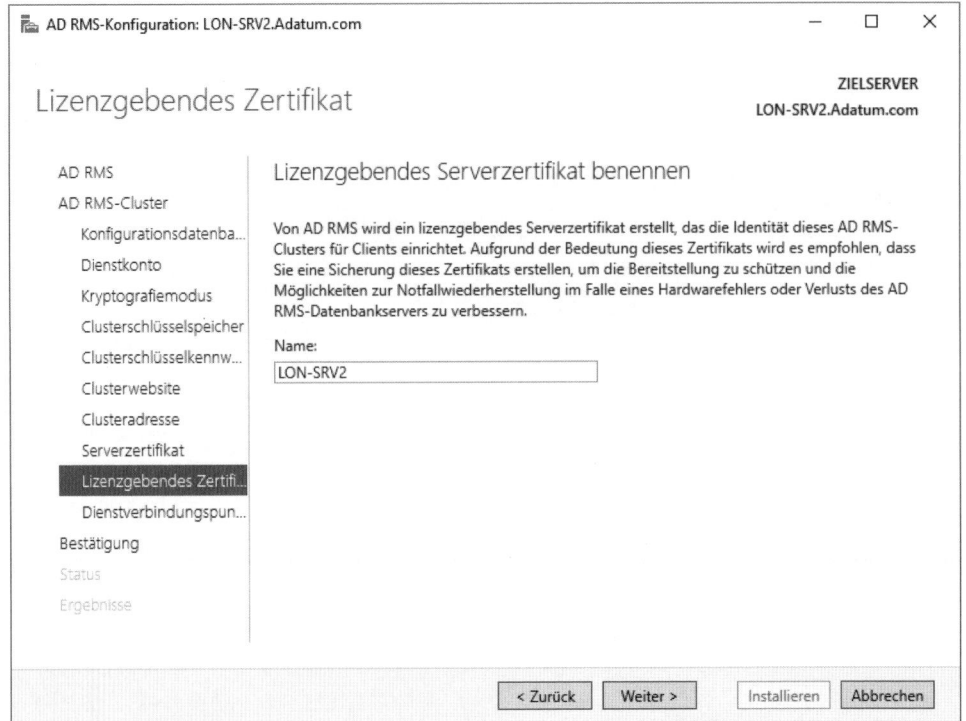

Abb. 5–36   Festlegen des lizenzgebenden Zertifikats

12. Klicken Sie auf der Seite *Lizenzgebendes Zertifikat* aus Abbildung 5–36 auf *Weiter*.

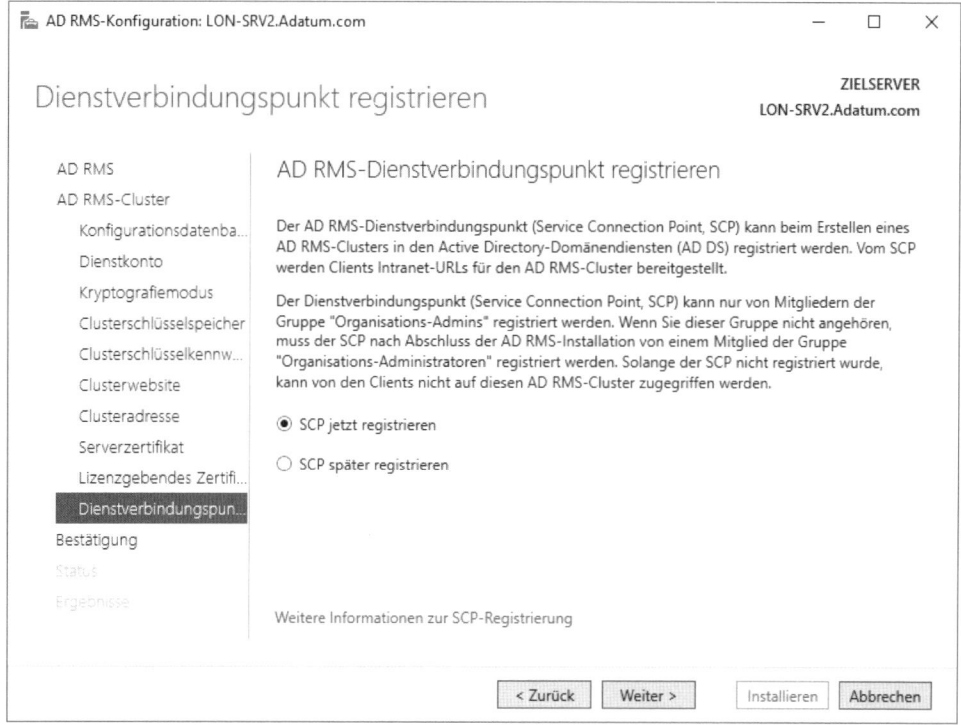

Abb. 5–37   Registrieren des Dienstverbindungspunkts

13. Aktivieren Sie auf der Seite *Dienstverbindungspunkt-Registrierung* aus Abbildung 5–37 die Option *SCP jetzt registrieren*.

14. Klicken Sie auf der Bestätigungsseite auf *Installieren* und abschließend auf *Schließen*.

Verwalten von Vorlagen für Benutzerrechterichtlinien

Um die Rechteverwaltung in Ihrer Organisation zu vereinfachen, können Sie in AD RMS Vorlagen für Benutzerrechterichtlinien nutzen. Beispielsweise können Sie Vorlagen einrichten, mit denen der Umgang mit Word-Dokumenten auf das Lesen beschränkt ist. Die von Ihnen erstellten Vorlagen können die Benutzer dann in einer AD RMS-fähigen Anwendung wie Microsoft Office Word auf Inhalte anwenden, indem sie die Option *Dokument schützen* verwenden.

Die Vorlagen für Benutzerrechterichtlinien sind in der AD RMS-Datenbank gespeichert. Die Bearbeitung können Sie in der AD RMS-Konsole und in der Windows PowerShell vornehmen. Um Rechterichtlinien zu erstellen, klicken Sie im Server-Manager auf *Tools* und *Active Directory-Rechteverwaltungsdienste* und gehen dann wie folgt vor:

1. Klicken Sie im Navigationsbereich der Konsole *Active Directory-Rechteverwaltungsdienste* auf den Knoten *Vorlagen für Benutzerrechterichtlinien*.

2. Klicken Sie im Aktionsbereich auf *Verteilte Vorlage für Benutzerrechterichtlinien erstellen*.

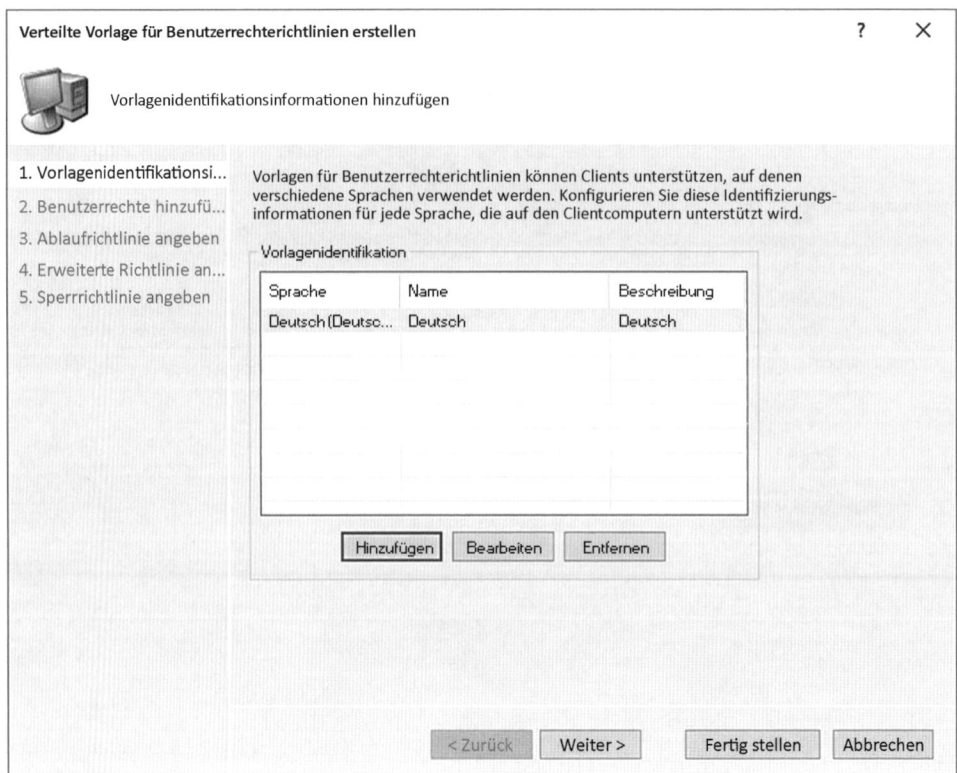

Abb. 5–38   Festlegen der verfügbaren Sprachen für die Vorlage der Benutzerrechterichtlinie

3. Klicken Sie auf der Seite *Vorlagenidentifikationsinformationen hinzufügen* des Assistenten auf *Hinzufügen*, um Sprachen für diese Vorlage auszuwählen. Sie müssen mindestens eine Sprache angeben (siehe Abbildung 5–38). Klicken Sie auf *Weiter*.

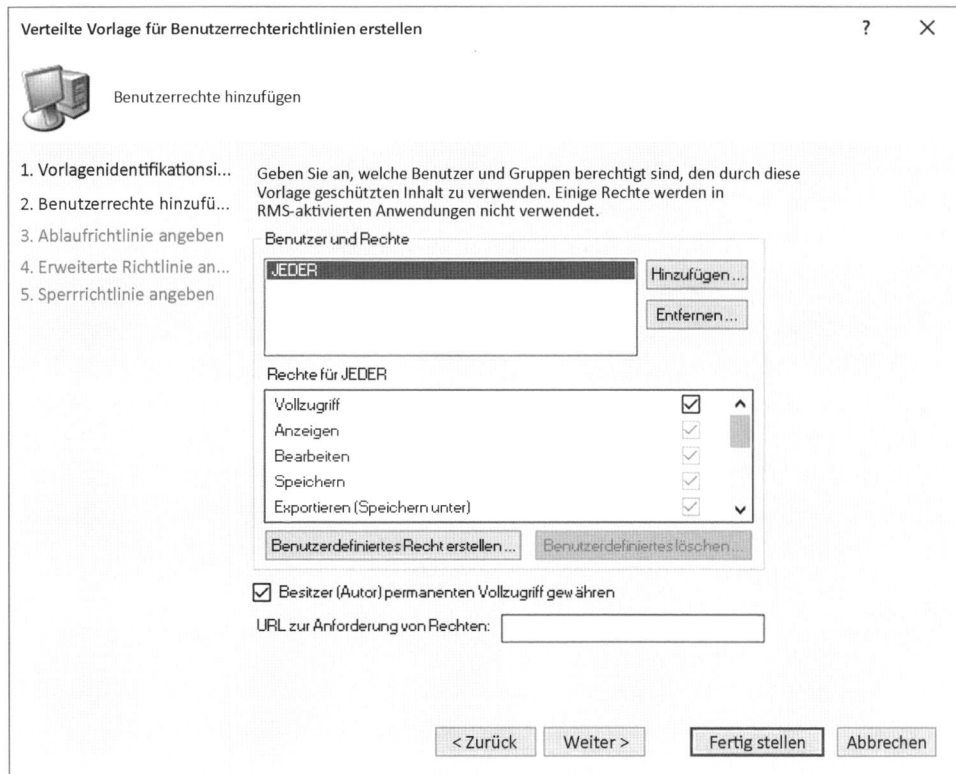

Abb. 5–39 Hinzufügen der einzelnen Rechte zu einer Vorlage

4. Klicken Sie auf der Seite *Benutzerrechte hinzufügen* aus Abbildung 5–39 auf *Hinzufügen*, um die gewünschten Benutzer oder Gruppen auszuwählen. Wenn Sie nicht den Joker *Jeder* verwenden, müssen Sie E-Mail-Adressen der Benutzer oder Gruppen angeben. Wählen Sie anschließend die gewünschten Benutzerrechte aus der Liste aus und klicken Sie auf *Weiter*.

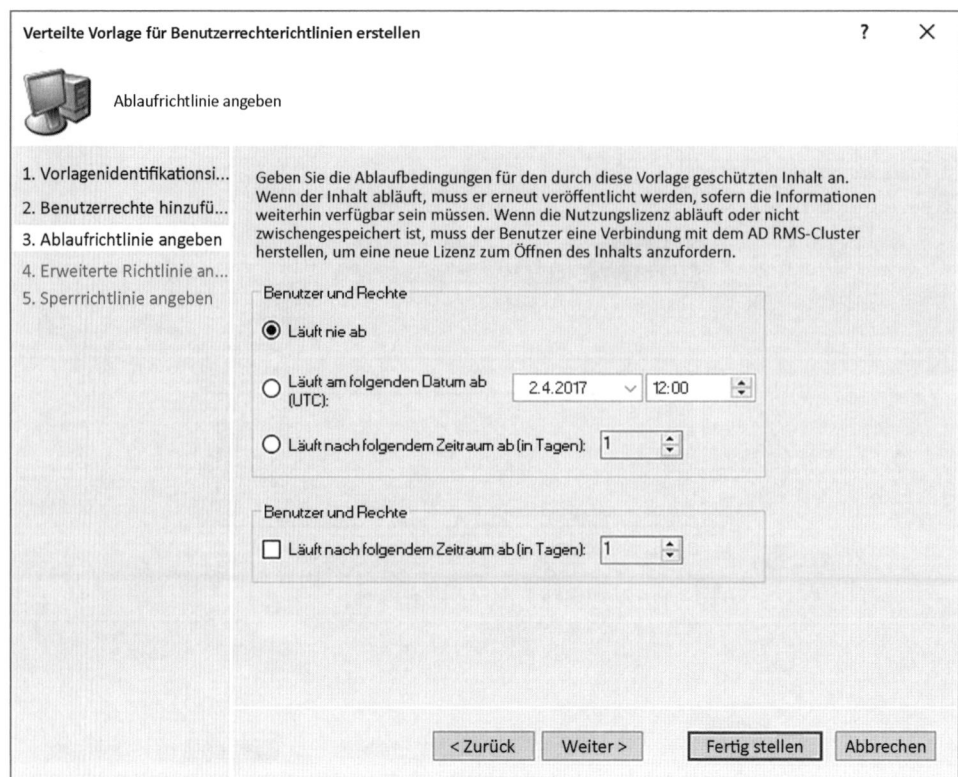

Abb. 5–40   Festlegen eines Ablaufdatums oder einer Ablaufzeit

5. Optional können Sie auf der Seite *Ablaufrichtlinie angeben* ein Ablaufdatum oder eine Ablaufzeit für die Inhalte angeben (siehe Abbildung 5–40).

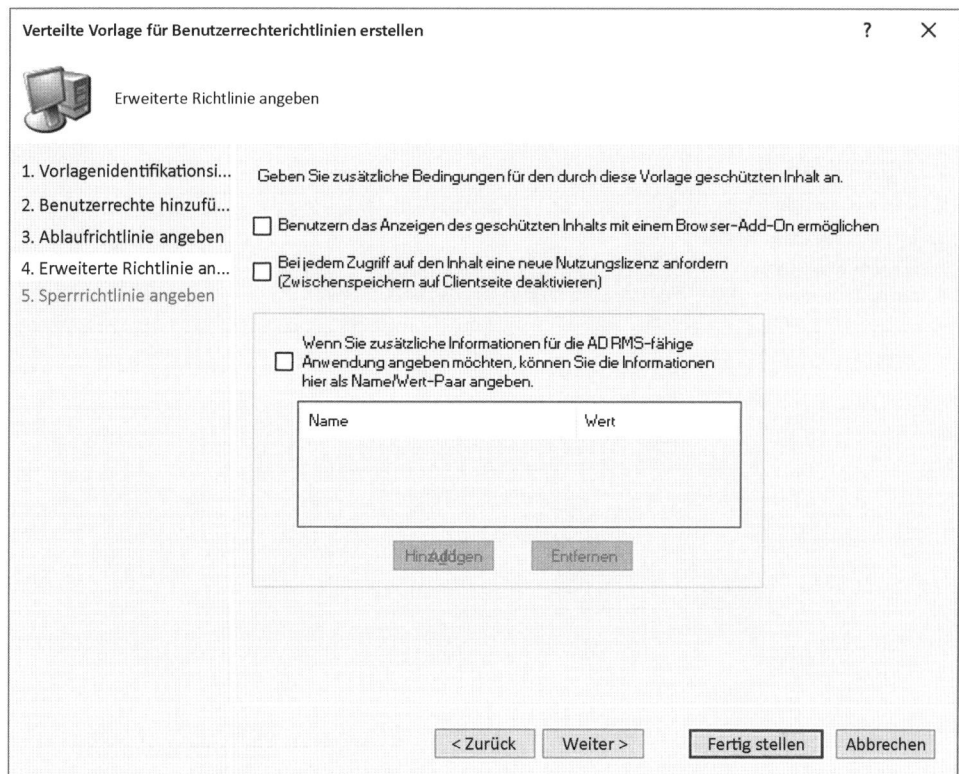

Abb. 5–41   Festlegen von Erweiterungen

6.   Auf der Seite *Erweiterte Richtlinie angeben* aus Abbildung 5–41 können Sie folgende Erwei-
      terungen auswählen:

- *Benutzern das Anzeigen des geschützten Inhalts mit einem Browser-Add-On ermöglichen*

- *Bei jedem Zugriff auf den Inhalt eine neue Nutzungslizenz anfordern*

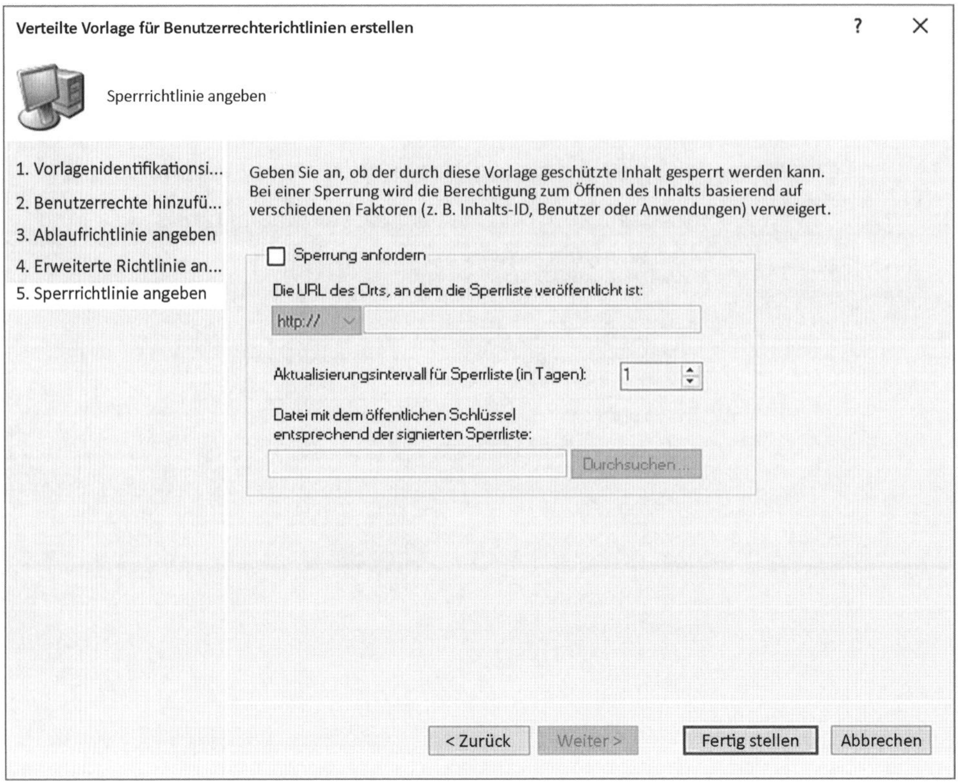

Verteilte Vorlage für Benutzerrechterichtlinien erstellen   ?   ✕

Sperrrichtlinie angeben

1. Vorlagenidentifikationsi...
2. Benutzerrechte hinzufü...
3. Ablaufrichtlinie angeben
4. Erweiterte Richtlinie an...
5. Sperrrichtlinie angeben

Geben Sie an, ob der durch diese Vorlage geschützte Inhalt gesperrt werden kann. Bei einer Sperrung wird die Berechtigung zum Öffnen des Inhalts basierend auf verschiedenen Faktoren (z. B. Inhalts-ID, Benutzer oder Anwendungen) verweigert.

☐ Sperrung anfordern

Die URL des Orts, an dem die Sperrliste veröffentlicht ist:

[http:// ▾] [   ]

Aktualisierungsintervall für Sperrliste (in Tagen): [1   ▴▾]

Datei mit dem öffentlichen Schlüssel entsprechend der signierten Sperrliste:

[   ] [Durchsuchen...]

[< Zurück] [Weiter >]   [Fertig stellen] [Abbrechen]

Abb. 5–42   Festlegen der Sperreinstellungen

7. Geben Sie auf der Seite *Sperrrichtlinie angeben* Sperroptionen für die Inhalte an (siehe Abbildung 5–42). Klicken Sie auf *Fertig stellen*, um die Vorlage zu erstellen.

> **PRÜFUNGSTIPP**
> Wenn Sie die Vorlage später ändern, wird der Schutz der Dokumente, auf die Richtlinien auf der Grundlage dieser Vorlage angewendet wurden, entsprechend angepasst.

Einrichten von Ausschlussrichtlinien

Mithilfe von Ausschlussrichtlinien können Sie einzelne Benutzer oder Anwendungen an der Nutzung von AD RMS hindern. Es gibt drei verschiedene Arten von Ausschlussrichtlinien:

▨ **Anwendungsausschluss**   Hiermit können Sie einzelne Anwendungen blockieren, z. B. Microsoft Office Word.

▨ **Benutzerausschluss**   Hiermit können Sie einzelne Benutzer ausschließen.

▨ **Lockbox-Versionsausschluss**   Hiermit können Sie einzelne Clientversionen blockieren, z. B. Windows XP.

Ausschlussrichtlinien erstellen und verwalten Sie in der Konsole *Active Directory-Rechteverwaltungsdienste*. Um beispielsweise Microsoft Word zu blockieren, gehen Sie wie folgt vor:

1. Klicken Sie im Navigationsbereich auf den Knoten *Ausschlussrichtlinien* (siehe Abbildung 5–43).

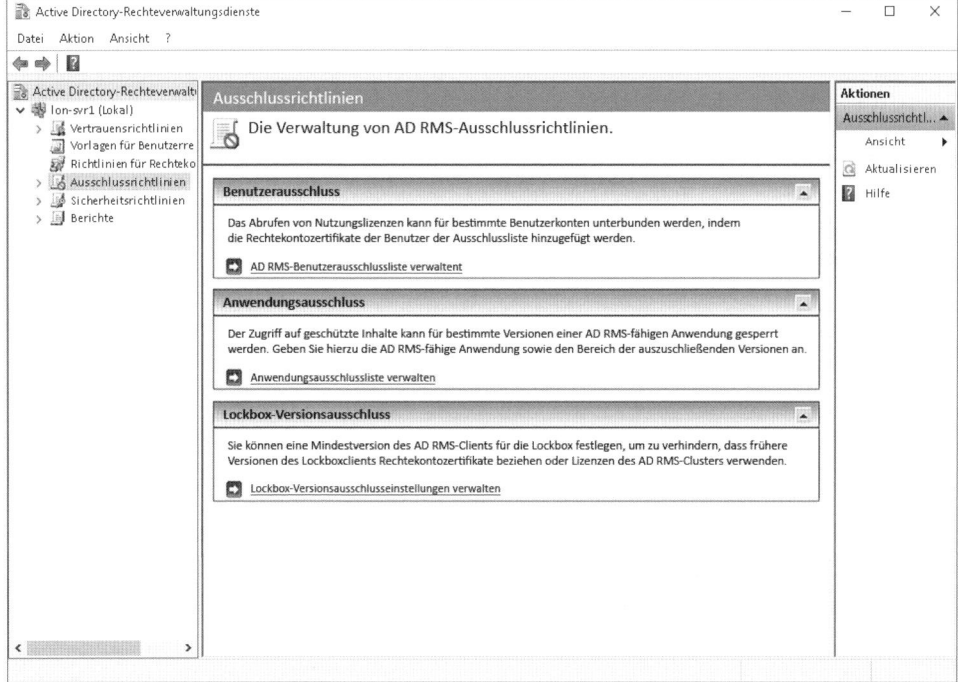

Abb. 5–43   Ausschlussrichtlinien

2. Klicken Sie im Detailbereich auf *Anwendungsausschlussliste verwalten*.

3. Klicken Sie im Aktionsbereich auf *Anwendungsausschluss aktivieren*.

4. Klicken Sie im Aktionsbereich auf *Anwendung ausschließen*.

5. Geben Sie im Dialogfeld *Anwendung ausschließen* die folgenden Informationen ein und klicken Sie auf *Fertig stellen*:

   • Anwendungsdateiname: Word.exe

   • Mindestversion: 14.0.0.0

   • Maximalversion: 16.0.0.0

Sichern und Wiederherstellen von AD RMS

Wenn AD RMS nicht verfügbar ist, können Sie nicht mehr auf die damit geschützten Inhalte zugreifen. Um Datenverluste zu vermeiden, müssen Sie daher Ihre AD RMS-Bereitstellung schützen.

Die wichtigsten AD RMS-Komponenten sind:

▤ **Private Schlüssel und Zertifikate**   Die einfachste Möglichkeit, um die privaten Schlüssel und zugehörigen Zertifikate für AD RMS zu schützen, besteht darin, die Zertifikate mitsamt dem Schlüssel zu exportieren und offline zu speichern.

▤ **AD RMS-Datenbank**   Welche Methode Sie zum Schutz dieser Komponente verwenden, hängt davon ab, ob Sie die interne Windows-Datenbank oder eine SQL Server-Datenbank verwenden. Die interne Windows-Datenbank ist in einer vollständigen Systemsicherung enthalten. Bei einer SQL Server-Datenbank ist das nicht zwangsläufig der Fall, da sie sich auch an anderer Stelle befinden kann. Sichern Sie die SQL Server-Datenbank auf angemessene Weise.

▤ **Vorlagen**   Um die von Ihnen eingerichteten Vorlagen zu sichern, exportieren Sie sie zu einem freigegebenen Ordner. Dort können Sie sie als Dateien sichern.

WEITERE INFORMATIONEN   **Notfall-Wiederherstellung für AD RMS**

Weitere Informationen über die Wiederherstellung von AD RMS finden Sie auf der Microsoft TechNet-Website unter:

https://social.technet.microsoft.com/wiki/contents/articles/9111.disaster-recovery-guide-for-active-directory-rights-management-services.aspx

---

Zusammenfassung des Kapitels

▤ AD FS-Verbundvertrauensstellungen haben nichts mit AD DS-Gesamtstrukturvertrauensstellungen zu tun.

▤ Die Rolle *Active Directory-Verbunddienste* dient dazu, Identitätsansprüche auszugeben, zu verwalten und zu überprüfen.

▤ Der Anspruchsanbieter verfügt über den Attributspeicher und verwaltet die Benutzerauthentifizierung.

▤ Die vertrauende Seite verfügt über die Ressourcen.

▤ Mit dem Webanwendungsproxy können Sie sowohl Anwendungen bereitstellen, die mit Ansprüchen umgehen können, als auch solche, die es nicht können.

▤ Durch die Kombination der Verbunddienste und des Webanwendungsproxys können Sie eine Vorauthentifizierung für veröffentlichte Anwendungen und Websites einrichten.

▤ Mit den Active Directory-Rechteverwaltungsdiensten können Sie Inhalte schützen und Benutzerrechte für Inhalte festlegen.

Gedankenexperiment

In diesem Gedankenexperiment sollen Sie Ihre Fähigkeiten und Kenntnisse über die in diesem Kapitel behandelten Themen unter Beweis stellen. Die Antworten finden Sie im folgenden Abschnitt.

Sie arbeiten als Berater der Firma Adatum. Beantworten Sie die folgenden Fragen über die Einrichtung von AD DS in der Organisation Adatum:

1. Sie richten den ersten Verbundserver in der Organisation Adatum ein. Der Server trägt den Namen *LON-SVR1*. Welchen Namen sollten Sie als AD FS-Diensthostnamen zuweisen?

2. Wozu dienen Anspruchsregeln?

3. Sie sollen auf dem AD RMS-Server ein SSL-Zertifikat erwerben. Wozu dient dieses Zertifikat?

4. Ihr Vorgesetzter wünscht nicht, dass die Benutzer Inhalte in Microsoft Word schützen. Wie können Sie dies erreichen?

5. Wenn die Angestellten von zu Hause aus arbeiten, verwenden sie dabei ihre eigenen Computer. Sie versuchen, über den Webanwendungsproxy im Umkreisnetzwerk auf eine Anwendung zuzugreifen, die mit Ansprüchen umgehen kann. Dabei erhalten sie jedoch eine Meldung über einen Zertifikatfehler. Was kann die Ursache sein?

Antworten zum Gedankenexperiment

Dieser Abschnitt enthält die Lösungen der Aufgaben im Gedankenexperiment.

1. Sie sollten nach Möglichkeit vermeiden, den tatsächlichen Servernamen zu verwenden, denn wenn Sie weitere Server zu der Farm hinzufügen, teilen sie sich alle den ursprünglichen Namen. Das ist aber nicht möglich, wenn Sie den Namen eines physischen Servers verwenden.

2. Anspruchsregeln definieren, welche eingehenden Ansprüche akzeptiert und welche ausgehenden Ansprüche an die vertrauenden Seiten weitergeleitet werden sollen, und wenden die festgelegten Autorisierungsregeln an.

3. Mit dem SSL-Zertifikat können Sie den Netzwerkdatenverkehr zwischen den AD RMS-Clients und dem AD RMS-Server schützen.

4. Erstellen Sie in der AD RMS-Konsole eine Anwendungsausschlussrichtlinie für Microsoft Word.

5. Sehr wahrscheinlich stammt das Zertifikat, das Sie für die Anwendung verwendet haben, nicht von einer vertrauenswürdigen Zertifizierungsstelle. Wenn Sie Anwendungen auch für Computer außerhalb Ihrer Organisation bereitstellen möchten, sollten Sie zur Ausgabe der Zertifikate für die veröffentlichten Anwendungen eine öffentliche Zertifizierungsstelle verwenden.

Index